欧洲政体发展史

〔英〕亨利·西季威克 著

胡 勇 译

商务印书馆
The Commercial Press

Henry Sidgwick
THE DEVELOPMENT OF EUROPEAN POLITY
Macmillan and Co., Limited
London, 1920

据伦敦麦克米伦出版公司 1920 年版译出

目 录

编者前言 …………………………………………… 1

第一讲 对于主题的引导性概述
§1 本书的目的是从归纳性政治科学的角度处理政治社会或国家的历史。 ………………………………………… 7

§2 它既涉及政体形式的分类,也涉及政体形式的发展。………… 9

§3 在过去历史与当代政治之间的类比必须慎用,但是,西欧"现代国家"及其殖民地的发展,不仅通过类似与比较,而且由于直接影响,而同古代希腊和罗马相关联。这个群体,不仅发展出了许多政治制度,而且发展出了诸种宪政。本书限于对这个群体的研究,尽管我们当然不会把绝对君主政体排除在外。………… 12

§4 种族、气候效应,以及地理状况上的差别对政治发展的影响是重要的。………………………………………… 18

§5 本书的谋篇纲要。 …………………………………… 21

§6 在政体的发展中,模仿必须被当作一项干扰因素,但是,只有先前存在一种走向被模仿政体的倾向时,它才会发挥作用。…… 26

§7 "政治社会"(Political Society)、"国家"(State)和"民族"(Nation)的含义。 …………………………………… 31

第二讲 历史上的政体的开端
§1 已知最早的希腊、罗马和日耳曼的政体具有重要的相似性。但

是，在这三种政体中，根据我们现有的最早的记录，日耳曼人的政体发展最早，罗马人的最晚。………………………………… 35

§2 在原始的日耳曼政体中，我们会发现一个武装起来的自由民组成的大会，一个首领议事会，有时会有一个国王；可以看到一个走向王政的运动。………………………………………… 38

§3 荷马史诗时代的希腊政体更具有君主政体性质，尽管不管是在这里还是在罗马，我们都发现了三种成分：国王、议事会和公民大会。……………………………………………………… 41

第三讲 父权制理论

§1 在这一讲中，我们从原始政体开始回顾，猜测政治社会是如何起源的。由于具有实践上的重要性，这个问题在现代政治思想的早期阶段引起了如此多的争议，现在仅仅具有历史价值。…… 50

§2 在有史时期，新的国家是通过结合和分裂形成的。但是，政治生活不可能由非政治的分裂形成。它们或许是通过结合，尤其是自愿性合并而形成的。……………………………… 51

§3 那么，它们是通过自然家庭首领的自愿性结合形成的，还是通过单一家庭扩展为更大的亲属团体形成的？梅因根据古代法律和有关原始社会的知识，坚持后一种观点；他猜测，由父权制家庭如此构成的独立群体通常被最年长的男性所统治，他代表共同的祖先。……………………………………………………… 54

§4 在考虑这种情况时，我们要回答如下三个问题：(1)真实的或假定的亲属关系可以被认为是原始群体中的纽带；…………… 58

§5 但是(2)这种亲属关系并不必然属于父权制类型；………… 59

§6 并且(3)即使当父权制家庭在氏族内部建立起来的时候，也没有理由把父亲的权力看作政治权力的最初类型。然而，世袭王政源于某种结合而出现，即选择最强和最智者的原则，和把儿子视为父亲的自然继承人的倾向的结合。…………………………… 63

第四讲　对起源理论的概述——从原始王政开始的转变

§1　对在上一讲中已经获得的起源理论进行概括和进一步解释。…… 66

§2　在从希腊的原始政体开始追踪政体的发展时，我们或许注意到，我们可以通过许多例子进行归纳，但是，这种好处被我们对大部分希腊国家和殖民地的碎片化认识抵消了。然而，在早期历史中，雅典和斯巴达可以被认为是分别通过整合（integration）和征服（conquest）所形成的国家类型。………………………………… 69

§3　在希腊，不像在罗马，从王政向早期寡头政体的转变似乎一般是和平的。在希腊，君主专制（monarchical despotism）——"僭主政体"（tyrannis）在寡头政体（oligarchy）之后到来。…………… 71

§4　早期日耳曼历史中通往王政的运动和希腊历史中摆脱王政的运动两者之间的差别，是与前者形成地理国家而后者形成城邦国家的趋势有关的。向城镇的集中起因于（1）经济原因；（2）城镇中更快的文明发展；（3）在希腊形成小的独立国家的地理条件和在小国家中城镇的围墙能够提供针对侵略的保护。（民众）生活向城镇的集中形成了国家情感，而这种情感的发展将城市共同体理念确定为最高的政治发展。……………………… 76

§5　从乡村向城镇的过渡常常是半强制的，或许得到了原始国王的野心的驱动。但是，文明生活在小的分离的共同体中的发展剥夺了王政作为民族团结之纽带的价值，并且一般来说，在希腊的政治社会从原始王政转变为原始寡头政体的过程中，议事会成为统治机关。……………………………………………………… 81

第五讲　希腊城邦中的早期寡头政体

§1　武装自由民大会因为各种原因，也往往获得一种寡头政体的特色。有两种寡头政体：在一个富有的少数公民统治多数贫穷公民的地方建立的寡头政体；在一个同自由的非公民相比，公民整体是少数的地方建立的寡头政体。正是在后一种意义上，斯巴

§2 　像斯巴达这种产生于征服的寡头政体在希腊其他地方也可以看到。但是，它也可以在同自由移民相比成为少数的代代相继的公民集体中产生。同时，"整合"——就像雅典的小城镇的联合——往往会把权力交到居住在中心城镇并且能够参与公民大会的少数人手中。 ……………………………………………… 91

§3 　渐增的财富不平等是寡头政体形成的一个重要原因。无地的自由民被解除了以自己的费用参加战斗的负担，就会丧失他在公民大会中的位置。战争中重装兵的重要性也会把权力交到富人手中。这种早期的寡头政体或许是"自然的寡头政体"(natural oligarchy)。 ……………………………………………… 93

第六讲　僭主政体

§1 　"僭主政体"，非法的专制政体，往往在希腊的两个时期盛行。在第一个时期，僭主通常是一位民众领袖，他靠反对早期寡头政体的运动而获利。在第二个时期，他更常常是一位雇佣兵首领。 ……………………………………………… 99

§2 　反对早期寡头政体的运动是由于富人的压迫、古老家族之外的新财富的增加、奢侈和傲慢的增长、对不成文法的怀疑。法典编纂者和"正义分配者"即合法的独裁者有时可以避免这种危机。 ……………………………………………… 102

§3 　在希腊存在巨大的发展不平等；早期的民主运动发生在更先进的地区。 ……………………………………………… 104

§4 　因此，我们在商业与海洋国家中和殖民地中，发现了早期的僭主政体。有时，通过拓展寡头政体的基础僭主政体被避开。 ……………………………………………… 107

§5 　僭主政体对富人比对穷人更为严苛，并且它常常可以增强国家的权力并提高声誉，但是，由于不合规矩、不合法，它普遍遭受谴责。 ……………………………………………… 109

第七讲　希腊民主政体

§1　在早期僭主政体时期之后,出现了非常普遍的通往民主政体的潮流,也有滑入寡头政体的可能。 …………………………… 117

§2　对于这个时期的寡头政体我们知道的很少。 …………… 119

§3　关于民主政体,我们从雅典这里知道的更多。在这里,人民的公民大会实施统治;官员和议事会处在从属地位,并且由抽签任命;参加大会是有薪酬的;司法属于人民;大会自身并不立法。 …… 120

§4　亚里士多德的政府分类暗含着对希腊城邦现实政府的一种普遍谴责。 …………………………………………………… 124

§5　他对充分发展的民主政体的谴责得到了柏拉图和伊索克拉底的确认。但是,他们都赞成,一种坏的寡头政体更糟糕。 ……… 129

§6　民主政体似乎往往导致个人自由。雅典腐败的司法和富人的税负重担,或许被夸大了。民主政体常常充满暴力,但它的某些压迫形式或许更常常是空谈而非现实。 …………………… 132

第八讲　亚里士多德和柏拉图的理想国家

§1　必须把柏拉图和亚里士多德的雅典——公元前4世纪已经充分发展的民主政体,而非公元前5世纪正在发展的民主政体——当作一种典型。 ……………………………………… 139

§2　柏拉图和亚里士多德把这种政体视为坏政体,把普通的寡头政体视为更坏的政体,然后开始设计理想国家。理想国家不比单个城市更大,在其中,公民是生活在悠闲之中的土地所有者,受过认真的教育和军事训练,农夫、手工业者和小贩被排除在公民资格之外。柏拉图的理想国中有一种选举的官职和议事会;亚里士多德将审议和司法职能给予了过了服役年龄后的土地所有者阶级。 …………………………………………………… 141

§3　显然,斯巴达被当作这样一种贵族理想的原型。但是,作为实际的策略,亚里士多德推荐一种在贵族政体和民主政体之间的融

　　　　合——politeial/constitutional demoncracy［立宪民主］。………… 146
　§4　他没有把任何种类的君主政体引入到他的平衡宪制中。…… 149

第九讲　希腊联邦制度

　§1　重新概述希腊政治发展。这些转型很大程度上是由于经济和其他内部原因,但是,也有战争的原因。抵抗更大国家的需要产生了联邦制度(federalism)。………………………………………… 151
　§2　实际上,通过像亚该亚同盟一样的联邦制,或者通过像罗马一样的扩张与同化,向地理国家转型的时机已经到来了。它的表现是,单词"ethnos"［民族］取代了"polis"［城邦］。………… 154
　§3　更早曾有过联邦制,但是,随着城市重要性的增长,它变得更加难以实行。………………………………………………………… 155
　§4　重建的亚该亚同盟克服了城邦的孤立性。民族层面上的政府是民主的和非代议制的,但是,实际上不可避免地趋向一种代议的和贵族的特征。………………………………………………… 157

第十讲　罗马

　§1　在亚里士多德的分类中,他会把共和罗马当作一种"politeia",尽管这是一种奇怪的politeia,因为它有两个统治性大会,还存在保民官(tribune)和平民大会的立法权——贵族和平民之间斗争的结果。……………………………………………………………… 161
　§2　尽管平民胜利了,行政机关却保留了贵族性质。这是由于外部斗争的压力,还由于大会的压倒性的农村特征;平民想要确保的是摆脱不公正的统治,而不是进行统治。………………… 165
　§3　斗争发生在穷人与富人、古老家族与新兴家族之间;当最重要的平民被授予官职时,他们就同贵族联合起来,成为新兴贵族。这就是罗马在进行征服时究竟由谁在进行统治的情况。…… 169

§4 由于对被征服土地的分配和殖民地(colonie)的建立,穷人与富人的冲突被暂时搁置;这些地区构成传播语言与文明的中心。这样,由于扩张与同化,城邦扩大了。但是,当革命时代开始,已经没有更多的公共土地可以分配了。 171

§5 在这次革命中,垮台的是贵族制政府,它曾一直承认人民大会的主权。我们不仅可以看到一种寡头政体的退化,也看到一种不发达的民主政体的腐化。 175

第十一讲 罗马(续)

§1 在罗马宪制中,波利比乌斯发现了除贵族政体和民主政体成分之外的君主政体成分。但是,执政官(consul)的权力远不是亚里士多德所说的君主的权力,尽管各行省的总督(proconsul)像君主一样实施统治。 178

§2 在从君主政体向共和政体转型后的早期,执政官更像国王,拥有裁判官的司法职能和监察官的职能,并且不被保民官限制。行政权威的分裂增加了元老院的权力。 180

§3 共和政体向君主政体的逆转源于城邦国家规模日渐庞大,使得政府形式难以胜任,然而这种规模是物质实力必需的。军队也发生了相应变化,它从一支公民军队变成个别将军的军团。只有把军团指挥集中在一个人手中,秩序才能得以维持。帝国权威(imperial authority)的首要素基于总督的权威,共和的形式在一开始得到了保留。 184

第十二讲 希腊与罗马的政府职能以及法律与政府的关系

§1 据说,古代政府比现代政府更多地控制着个人的生活;但是除了斯巴达,在希腊存在违背这种观点的证据,例外情况是教会与国家融合时和战争主导一切时所产生的干涉。 189

§2 与之相对,在现代的政府职能观中,立法比在古代的政府职能观中更为重要。在希腊人看来,法律不单是人民意志的一种产物。 ………………………………………………………………………… 192

§3 在罗马,我们可以追踪常规立法涉及的政府观念的发展过程。在《十二表法》中有一些新的立法。 ………………………… 197

§4 但是,在此后的几个世纪里,立法并不是改变法律的主要手段。它可以在"学识渊博的人"的回答中通过诠释被修正,而且可以通过对法律的推翻被修正,基于裁判官法令的衡平法可以推翻法律。这样,即产生了万民法(jus gentium)。 …………… 199

§5 它来自同外国人交易时产生的实际需要。万民法更普遍的特点导致了它最终和自然法(jus naturale)的哲学观念相融合,但是,特别就奴隶制而言,它们并不能完全互相转化。 …………… 201

第十三讲 向中世纪历史的转型

§1 在帝国统治下,立法不断增加,而且变得越来越具有帝国性质。查士丁尼的活动象征着立法权力集中于皇帝。 …………… 206

§2 我们现在转向地理国家。在它的缓慢发展中,如果我们要找到一种模糊类比的话,可以追踪到发展更为迅速的希腊城邦国家。 …… 208

§3 但是,这种比较使得前者中更强烈的通往君主政体的趋势变得明显起来。主要原因来自整合纽带的需要;但是,以前存在过的罗马帝国也是另一种原因,这种原因依靠范例与传统通过法学家与教会发挥作用。 …………………………………………… 213

§4 同城邦国家相比,地理国家是复杂的。在其发展中,我们必须考察政治权力与土地所有制之间的关系,国家内部城镇的发展,单独的教士组织。 ……………………………………………………… 216

§5 另一个造就复杂性的成分是神圣罗马帝国。 ………………… 218

§6 泛泛而言,不同的发展进程在 17 世纪导致了绝对君主政体,而且这种进程开始于古老的日耳曼共同体。尽管随着野蛮人逐渐在罗马帝国占据优势，日耳曼王政的发展达成了自己的任务，然而，它并没有变得足够强大起来；在同无序与混乱的斗争中，社会自身通过封建体系结合起来。……………………………… 220

第十四讲　封建与半封建政体

§1　一种趋势是身份与服务的关系胜过了公民与公民的关系，另一种趋势是个人和土地之间的关系决定了他的政治地位；这两种趋势联合起来，形成了封建制度特有的个人服务与土地占有之间的结合。但是，正是土地所有和政府权力的结合构成了它突出的政治特色。…………………………………………………… 224

§2　结果是和土地相关的一种身份等级。封臣对他的直接上级封主而不是直接对国王效忠，封建关系可以在两个国家存在；这些现象是分裂性力量。在等级的底部，农奴对于自己领主的司法，大部分情况下没有法律上诉权。尽管封建制度为国家生活提供了一种暂时的框架，但在它之外的王权代表着国家不可分割的权力和更公平正义的源头。………………………………… 227

§3　法兰克君主政体是原初意义上的封建制度发源地。………… 231

§4　但是，正如英格兰的情况所表明的，封建制度的主要发展趋势是在其他地方展现出来的。………………………………………… 234

第十五讲　中世纪神权政体

§1　再次做出论述。在封建社会，国王、教会和城镇在某种意义上代表着文明，但并不总是结合在一起。…………………………… 238

§2　界定神权政体。在古代希腊和罗马的历史中，它并不存在。教会另外建立的组织对它有利。…………………………………… 240

§3　它对犹太法律的继承保持了早期基督教会同国家的分离；当基

督教成为帝国的既定宗教时,态度仅仅部分有所改变。……… 244

§4 在紧随西部帝国陷落的混乱中,当教会整合在一起,并且成为一种理智影响力时,这样种下的神权政体的种子就得到了发育。神职人员参与了世俗管理,并且后来在封建世袭制中拥有了重要地位。当希尔德布兰德(Hildebrand)通过让教士独身以保证他们同平信徒相分离时,无论是政治事实还是思想与情感状态都在趋向于实现他的梦想:一个教皇而非一个国王或皇帝构成封建组织的压顶石。……………………………………… 246

§5 神权政体的主要运动由希尔德布兰德开始,在英诺森三世之下达到顶峰,终结于卜尼法斯八世。………………………… 250

§6 支持神权政体主张的类法律观点并不是这些主张的影响力所依赖的真实基础。………………………………………………… 252

第十六讲 中世纪城市——一般类型

§1 中世纪城市既是国家的组成部分,又是部分独立的共同体。它们的组织与发展在整个西欧是相似的。在手工劳动的自由和最终权力与尊严上,在它们外部的国家统治阶级上,它们不同于古代城邦。当中央政府最软弱时,它们获得了最大的权力。……… 256

§2 但是,具有强大中央政府的英格兰同样表现出了这种一般类型,最终表现为一种行业联盟。城镇努力让自己摆脱了周边农村的政治体系;商人起到了前驱作用;然后,行会获得了平等地位;作为最后阶段,由熟练手工业者所组成的寡头体制在行会内部发展出来。…………………………………………………………… 261

§3 在西班牙、法兰西等地,城镇在不同时间获得了不同程度的独立性。………………………………………………………… 266

第十七讲 中世纪城市——德意志

§1 不具备古老罗马文明的德意志在中世纪早期环境下被完全文明化。教会和城镇是这一过程的手段,而城镇属于一种殖民化的类型。 268

§2 城镇在主教领导下走向发展。城镇逐渐获得了在理事会领导下的自治,最初是一种"自然的寡头政体",但是,日益具有排他性。发达的商人寡头政体受到被组织于"行会"中的手工业者民众的反对。 271

§3 中世纪的"行会"肯定直接或间接来自晚期的罗马手工业者团体。 275

§4 行会同商人寡头政体之间的长期斗争就像罗马的贵族与平民之间的斗争。拥有广泛对外贸易的城市构成了寡头政体的堡垒。在德意志城镇就像在希腊一样,我们看到了由于财富的不平等从自然的寡头政体走向更加排他的寡头政体的一场运动,然后走向更加大众化的宪制的运动;但是,德意志城镇没有落入僭主政体之中。 277

§5 直到18世纪末,许多城市都保持着"自由的帝国城市"的地位。但是,民主运动实际上在15世纪后停下来,趋势是走向狭隘的寡头政体,部分原因是君主政体观念的感染,部分原因是(像在英格兰一样)行会内部的寡头倾向。 280

第十八讲 中世纪城市——意大利:伦巴第

§1 在意大利,城市的工业特性不如其他地方纯粹,由于这些地方相对于封建势力获得了支配地位。 283

§2 导致意大利被教皇国家分为两部分的特殊意大利史解释了不同城市和城市群的多样状况。南部意大利的城市和威尼斯在东部帝国的名义统治下发展较早。 285

§3 不管怎样,威尼斯或许和其他沿海城市——热那亚和比萨一样,发展得较早。托斯卡纳的内陆城市发展较晚,或许是由于它的边远位置。 288

§4 伦巴第的城市最先组织起来,保护自己对抗匈人和萨拉森人。像在德意志一样,在教会的羽翼下,工业势力发展起来,但是,渐渐获得了自由,而且在 12 世纪,城镇被"领事"(Consul)统治。 290

§5 城镇的独立性通过它们彼此的战争表现出来,并且被它们同弗里德里希·巴巴罗萨(Frederick Barbarossa)的成功斗争证实。 293

§6 同时,它们同临近的封建贵族展开斗争,迫使他们交出司法权,并且部分居住在城镇中。 295

§7 由此造成的混乱导致了"最高长官"(Podestàs)制度,并最终导致了僭主政体。因此,充分的工业发展在 13 世纪被提前打断。 298

第十九讲 中世纪城市——意大利城市共同体同古代希腊的比较

§1 在北部意大利,成片区域中的大部分土地被城市瓜分,这些城市表现出了和希腊城邦的鲜明相似性。 302

§2 但是,相似性受到了重要的相异性的限定:独立性在程度上有所不同。宗派——归尔甫派(Guelf)和吉伯林派(Ghibelin)——在种类上有所不同。 306

§3 在希腊,我们没有贵族和富豪(popolani grassi)之间,以及后者和手工业者之间的双重对立。 308

§4 希腊的僭主政体和意大利的有所不同。 309

第二十讲 中世纪城市——佛罗伦萨

§1 佛罗伦萨的独立性发展得较晚——在1015年女伯爵玛蒂尔达死去之后。而且,我们很快发现它处在领事统治之下。 ……… 313

§2 为了在同贵族的斗争中凝聚力量,领事(就像在伦巴第)被一个"最高长官"取代,后来还有一个"人民领袖"(Capitano del Popolo),每一个机构都有一个特定的和一个一般的理事会。 ……… 315

§3 由于归尔甫派参与政府事务,宪制被进一步复杂化。 ……… 317

§4 较大的行会也是如此的情况。 ……… 318

§5 1283年,行会的支配地位上升,而且1293年,当安排一位"正义旗手"执行新创设的反对贵族的"正义法规"时,这种支配地位又得到了提高。 ……… 320

§6 抽签被部分地引入到官职选举中。 ……… 323

§7 宪制斗争导致了更小的行会得以参与政府事务。 ……… 325

§8 但是,依靠归尔甫派的组织和对明显的及伪装的吉伯林派的迫害,寡头政体得以恢复。由此出现的不满导致了梳毛工(Coimpi)——比有组织的行会地位还低的工人——的反叛,这是民主运动巅峰的标志。寡头政体重获权力,最终向美第奇家族治下的实际君主制的转型得到了大众的支持。 ……… 327

第二十一讲 中世纪代议制度

§1 古代和现代在税收观念上的不同或许源于现代政体从封建状态中成长起来的方式。从君主的立场而言,等级会议是在募集金钱上克服困难的一种手段。 ……… 330

§2 等级会议中的民主成分源于城镇的发展。组建等级会议的冲动有时来自上层,有时就像在德意志那样,来自下层。在德意志,我们发现了一种强烈的自发结社的倾向,只不过这种倾向并没有导致持久的立宪政府。 ……… 331

§3 在法兰西,这场运动来自上层。在王权的反封建策略中,和城市建立直接联系是一项优势。由于各等级之间缺乏联盟——主要在税收问题上,所以,人民控制政府的努力不能产生持久的成果。在西班牙和斯堪的纳维亚具有类似的后果。 ………… 335

§4 在英格兰,岛国的孤立性、中央政府的强大、不能传给非长子的贵族身份,导致了阶级间更大的联盟和格外强大的议会制政府。
………………………………………………… 338

第二十二讲 通往绝对君主政体的运动

§1 在18世纪,绝对君主政体或许可以很好地被视为地理国家长期发展的最终结果。从某种视角而言,在走向现代政治社会概念的这个过程中,首先通向它然后又从它开始的这两次运动是其中的两个阶段。 ……………………………………… 344

§2 可以说,现代历史开始于17世纪中叶。这时,君主政体最终支配了国家中的其他势力,整合的现代国家取代了中世纪制度所形成的不完善秩序。 ……………………………… 348

§3 在中世纪国家中,每个人都拥有权利,但没有足够强大的中央权力保证他享有它们。君主政体的胜利象征着首次接近于实现这种状态;因此,爱国主义情感支持君主对抗无政府的力量。 … 352

§4 中世纪等级会议的失败是同一事物的另一面;各阶级的代表不能够团结起来代表国家。但除此之外,无论是在事实还是在理论上,一人统治看起来是获得统一的最简单模式。 ………… 355

第二十三讲 通往绝对君主政体的运动(续)

§1 我们必须考虑神学和罗马法对君主政体的影响,尽管前者是混杂和多变的。中世纪神学的理想是实施普遍领导的一种君主制组织。但是,当这种组织崩溃时,和世俗权力的冲突导致宗教作家们强调世俗政府依赖人民同意的学说。在宗教改革期间,天主教和新教的影响力随环境而变化,但总体而言,它的结果有利于君主政体,就像在西班牙和法国看到的那样。……………… 358

§2 制定于帝国时期的罗马法,更为稳定地支持君主政体。……… 363

§3 失败了的中世纪议会的残余和贵族与法学家的特权,对于君主政体的绝对性存在一些限定。………………………………… 364

§4 由于地理与其他原因也存在一些例外情况。………………… 367

§5 英国是最重要的例外,议会最终在1688年取得了胜利。…… 369

第二十四讲 政治思想——霍布斯和洛克

§1 政治观念——应然的政府观念,很大程度上来自现在的和过去的政府实践。它们也是政治变革的原因,随着文明的进步,会更为明显。因此,政治理论一定程度上被当作获得直接实践结果的工具,这影响到了它们的发展。………………………… 373

§2 实际上,以君主政体为基础建立的政治秩序在思想上对应于霍布斯的学说:绝对的政府权力对于秩序井然的政治社会是必需的。他认为,这种政府最好是君主政体,但这对于他的理论而言不是不可避免的。……………………………………………… 377

§3 霍布斯假定了一种原初契约。通过它,处在"自然状态"中的个人结合起来,服从一个政府。他们这样做是因为无政府状态下的自然状态是悲惨的。一项契约只有把所有人结合起来,毫不质疑地服从一种拥有无限权力的主权,它才是有效的。……… 381

§4 对于决定英国绝对主义君主政体失败的行为,洛克的理论将其合理化。他坚称,通过原初契约,权力因为某些目的被委托给政府;如果委托被违背,服从义务就停止了。……………… 385

§5 他同传统观念的分离在于,他坚称没有人有自愿为奴的权利;一个正当的政府必须是生活在自然自由中的人们理性地联合起来

建立的。如果政府寻求非法的强制和未经许可的税收，它就违背了政府设置的目的。……………………………………… 388

第二十五讲　政治思想——从洛克到孟德斯鸠

§1　洛克的理论像霍布斯的理论一样，认可所有的政府形式。但是，霍布斯偏爱君主政体，而洛克偏爱立法权力同行政权力相分离的政府形式。……………………………………………… 393

§2　18世纪的政治思想的重心位于法国。在该世纪的上半叶，英国思想处在萧条之中。人们对于光荣革命的后果有些失望，直到孟德斯鸠为英国宪制奠定了令欧洲人欣赏的基础。………… 396

§3　孟德斯鸠和卢梭为法国大革命铺就了道路。孟德斯鸠激发了人们对于古代共和国的赞赏，作为一种政府形式范例，它们要求一种高度的政治美德。……………………………………… 401

§4　他也赞赏英国宪制维护了政治自由，尤其是立法、行政与司法权力的分立，使得任何一种权力不会成为暴政的强势力量。… 404

第二十六讲　政治思想——卢梭的影响

§1　把对作为一种理想的自然法的赞赏转变为实现它的现实的激情，并将其从市民关系扩展到宪制关系，在法国这是卢梭的工作。………………………………………………………………… 407

§2　绝对君主政体从封建制度中成长起来的方式，以及随之发生的种种腐化与不平等，为他的学说铺平了道路。……………… 409

§3　他宣扬同社会的造作与轻浮相对比的自然，他宣扬不可分割的人民主权。但是，在重构符合自然法的社会时，他并不想要恢复自然状态。……………………………………………………… 413

§4　卢梭有三个主要论点：(1)人们是生而自由和平等的；(2)政府权利依赖一项契约；(3)在这样一项契约里，每个人必须把自己的意志让渡给整体的意志。在这三个论点中：第一点属于罗马法学家的自然法；第二点同这种自然法相联系，是被普遍接受的观点；第三点是属于卢梭的，是通过把霍布斯和洛克的思想线索结合起来得到的。………………………………………………… 420

§5 卢梭的观点同重农学派的观念形成对比；后者不希望重构政府，只希望限制它的职能。………………………………………… 422

第二十七讲 1688年以来英国政体的发展

§1 尽管法国思想对立宪君主政体（或者共和政体，它同立宪君主政体并没有根本差别）在西欧的变革发挥了重要作用，但英国宪制对此的影响更加无可争议。………………………………… 426

§2 但是，英国宪制的模仿者并不总是清楚它在不同阶段是何等不同。……………………………………………………………… 428

§3 在内阁制政府中，首相是在平民院拥有多数的政党领袖。这在18世纪仅仅以萌芽形式存在，当时的普遍观点是，大臣们是由君主遴选的。…………………………………………………… 433

§4 在《改革法案》之后，人们发现，君主任命大臣的权力已经消失了。18世纪的宪制非常像德国的宪制。……………………… 439

第二十八讲 19世纪的立宪

§1 孟德斯鸠的理想是，一个代议制大会控制着立法和税收，而且由于行政机关获得行政拨款的必要性，对行政机关行使一种制约；司法机关的独立性和对审判之前的监禁权的严格限制，保证了法治。简而言之，这是西欧政治发展的最近成果，其类型在新英国与德国或旧英国之间有所变化。……………………………… 443

§2 孟德斯鸠所认识的英国宪制，即美国宪制的建立者们面前的版本，在一些重要方面不同于新英国宪制——内阁制政府。后一种宪制在许多情况下被西欧国家所采纳。……………………… 447

§3 在说到英国模式被他国采纳时,我们忽视了一些小的差别,例如第二院的建构和选举权的范围。........................ 452

§4 但是,英国司法体系很大程度上被模仿,尽管在行政机关同普通法庭之间的关系上存在差别。........................ 454

第二十九讲 现代联邦制度

§1 重新概述一下德国的联邦制,奥地利和匈牙利的联邦制,瑞典和挪威的联邦制。........................ 458

§2 瑞士政体的发展。........................ 460

§3 同其他不太持久的联盟相比,这种发展具有独一无二的连续性。........................ 462

§4 联邦制国家——由政治上近乎平等的部分所构成的一个整体,整体和部分的政府职能在宪法上有所区分——通常需要一个"特别立法机关",以便对宪法做出改变。因此,尽管它比一个单一制国家更容易分裂,但它的宪法往往具有非凡的稳定性,合众国证实了这一点。........................ 465

§5 联邦制度最重要的原因是在对外关系中需要力量。商业考虑是另一个原因。........................ 468

§6 原先实行单一制的一些国家为了确立有保障的地方自由也可能成立联邦。........................ 470

§7 部分由于这种民主趋势,部分由于在整个历史上都能看到的"整合"趋势,联邦制度的扩张看起来是在政府形式上最有可能实现的政治预言。........................ 471

索 引 473

译后记 486

编者前言

在这部呈现给公众的书中结集了面向剑桥大学的历史与道德科学专业学生举办的讲座。在为出版进行筹划时,我[*]保留了讲座形式,以避免不必要的措辞变动。

晚年的著者越来越明确的观点是(可以由他所留下的文字看出来),对政治学的三重处理在完整性上是可取的:首先,是一种分析与演绎上的阐释,正如他在《政治学要义》撰写中的尝试;其次,是对欧洲历史上政体演化的一种发展性研究,开始于已知最早的希腊-罗马(Graeco-Roman)和日耳曼政体,延续到作为最近政治演化结果的欧洲现代国家及其殖民地;最后,对欧洲及其殖民地宪政的一种比较研究,它同刚刚结束的所谓立宪世纪的历史相关。本书是从上述第二种视角对政治科学进行处理的一种尝试。在著者的首次讲座中,可以发现对其计划与范围的描述。在阅读本书时,应该牢记于心的是,它处理的并不是理论政治学本身。政治理论是《政治学要义》的处理对象;在该书中,作者考察了现代国家的运作和结构。尽管本书自身是完整的,为了全面地认识该主题,建议两部书都读一读。事实上,西季威克先生在举办有关政治学理论的课程讲座时,常常伴以

---

[*] Eleanor Mildred Sidgwick,西季威克的妻子,曾于1892年在他创办的剑桥大学第一所女子学院——纽纳姆学院担任院长。——译者

本书所包含的讲座，而他的一些学生这两门课程都上。

关于第三种视角，西季威克先生本人称之为当代宪政的比较研究，在一定范围内与本书重合，但仅仅在后面的部分。当他为未来拟定计划时，他最喜欢的想法是，他或许应该到国外，在不同国家相继居住一段时间。这样，不但可以了解这些国家纸面上的宪制，而且可以现场了解它们的实际状态：它们实际上如何运作，存在什么发展倾向。就西季威克先生的年龄而言，这种方案或许太雄心勃勃，从而不太可能真地由他执行。但是，这样一种方案如果得以完全执行，应该能够提供更多的兴趣与教益。

回到当前这项工作，应该可以看到，在举行这些讲座时，西季威克先生的习惯做法是把这些讲座的讲稿非常完整地写下来（尽管偶尔有些部分最初仅仅采取完整笔记的形式），并且一般会随后通过论文和讨论课同他课上的成员探讨这些讲座的主题。当下一次对同样主题做讲座时，他会在举办之前再通读一下这些讲稿，增加进一步研究的成果，努力消除晦涩与模糊之处，做出他想到的所有其他改善（常常会稍微改变顺序编排）。为了这样做起来更为便利，在他写作生涯的晚期，他通常会使用活页稿纸，这些纸张可以随手放在一边，如果由于涂改和页边内容的增补造成严重的模糊不清时，他会把它们重新誊录。这样一种做法可以便于他插入增加的纸张。当他觉得这些材料已经非常成熟，可以形成一本书时，他会决定它的总体安排，并且让讲座适应这种安排。最后，在为出版而做准备工作时，他会修订写出的内容，增加新的材料，并且弥补缺失。这就是他的《政治学要义》和(我相信)他的《伦理学方法》的写作方式。当然,当前这项工作没有经过这种后期的完善过程;的确,著者自己还不敢确定,如果要出版的话,它是否足够完善。只要他还拥有教授讲席,他就总有放弃出版的念头,因为他觉得,要使之成为他认为的具有足够学术性的著作,所需要的时间和劳作——由于剑桥有关教学和考试的安排——和他的道德哲学教授的职责存在冲突。他打算在一两年内辞去教职,然后回到这项工作中。但是,他在1900年的病逝打断了这一计划。对于该书的出版,他指示我寻求有能力做出判断的朋友的帮助。我获得了他们大量无私的建议和帮助,包括詹姆斯·布赖斯[*]先生、A. V. 戴雪[**]先生、O. 布朗宁(O. Browning)先生、T. 索恩利(T. Thornely)先生和其他人,还有所有我请教过的人,包括我的兄弟A. J. 巴尔弗(A. J. Balfour)先生,他读了本书的上半部分,并且建议出版。然而,读者无疑会发现,本书的内容编排是不平衡的,某些要点同其他要点相比,处理得更为充实,在形式上更为完整。尤其是,我毫不怀疑,如果著者还健在,最后三次讲座应该会在他手里得到进一步完善。然而,或许幸运的是,在《政治学要义》中有大量内容碰巧和当代政体相关,可以视为对第二十八讲和第二十九讲的补充。起码,关于当代政体,可以部分参阅相应位置上的脚注。

---

[*] 詹姆斯·布赖斯(James Bryce,1838—1922),英国学者、法学家、历史学家和自由主义政治家。著作有《神圣罗马帝国》(*The Holy Roman Empire*)、《美利坚共和国》(*The American Commonwealth*)、《历史与法学研究》(*Studies in History and Jurisprudence*)、《现代民治政体》(*Modern Democracies*)等。——译者

[**] 阿尔伯特·文恩·戴雪(Albert Venn Dicey,1835—1922),英国法学家和宪法理论家。著作有《英宪精义》(*Introduction to the Study of the Law of the Constitution*)。——译者

作为编辑，我的责任是遵照著者对于其身后出版的任何作品的明确意愿，对全书各处因疏忽造成的字词错误做出必要的改动和校正，当然也在手稿中句子不是很完整时增加了一些连接词语。但是，一旦有些地方根据字词本义可能存在哪怕是一丁点疑问，我就会补充一些内容并用方括号括起来。我认为，在全书中这种情况仅仅出现过两三次。因此，该书内容和表达完全是著者的。

由于该书采用了讲座形式，在编排上我的责任更大一些。我记得，西季威克先生关于这个主题的第一讲是在1885—1886年；从那时起，他似乎每年都要就此主题开讲座，直到1898—1899年。但是，在1899年复活节学期开设的最后一次课程，是包含八讲的短课程，而且前一次课程也不是完整的课程。为了将讲座改成这些短课程，他大幅度重新编排了手稿，后来就再也没有按顺序编排。著者习惯于改变讲义的顺序，并且不停地重新编页码，这样做使得页码标注在大部分情况下变得毫无意义。因此，在排序上，我必须自行判断。在这部分工作中，我从学生的笔记本中获得了大量实质性帮助。我拿到了不同学年的笔记本，因此，我不但能够大概看出原来的顺序，也能看到不同学年的不同排序。在这种情况下，必须以一定的工作把它们拼凑在一起。在做这种工作时，我用到了著者的全部手稿。但是，为了让过渡尽可能顺畅，当同一部分有不同版本时，我会从不同的版本中选择句子。偶尔，我也会插入来自著者手稿的部分段落作为本书的内容，而不是选择那些勾连在一起的段落。当然，这样重新编排会有误读著者意思和使用著者原打算换掉的材料的危险。但是,我已努力避免这两种危险。

从刚才我所说的可以看出,我要为编排细节负主要责任。我希望,如果读者认为在编排上存在缺陷,在特定要点上存在太多重复,或其他类似缺陷,应该把过错归咎于编者而不是著者。应该提及的是,为了课堂使用,著者曾刊印过前三讲和(关于罗马的)第十讲。这些部分的编排一如其故,除了我在第一讲中所插入的第六节,这里似乎是最适合它的位置。

我也要为选定脚注和附录负主要责任。的确,大量脚注实际上是由著者做的。手稿中与本书关系紧密但似乎不太适合放入正文中的材料,被放在注释*中。但是,其他脚注和附录中的大部分注释,是我从著者留下的其他一些手稿中纳入的,因为在我看来,它们对于理解正文是有用的,或者本身是有价值的。脚注和附录的区别仅仅是,后者中的注释或者太长而不便作为脚注,或者它们同正文的联系有点间接。在本书当中,我还插入了一到两个编者注,我想它们本身的意思是很清楚的。

我应该为著者在从事这项工作时所受惠的书列一个清单,著者也应该会这样做。但是不幸的是,这样做是不可能的。我可以为准备这本书的过程中用到的和作为注释的书给出一个长长的清单,但是,它基本上是不完整的,而且无论如何也不能表明他分别对这些书的利用程度。我所能做的仅仅是,尽可能给出实际引用到或者近似引用到的参考书。

仍然要感谢在这项工作中以不同方式提供了帮助的人们。

---

* 原书将几条注释以附录形式置于全书正文之后。为读者阅读方便,中译本将这些注释置于相应各讲的末尾。——译者

我要首先感谢布赖斯先生、戴雪先生、布朗宁先生、索恩利先生和纽纳姆学院（Newnham College）历史学讲师爱丽丝·加德纳（Alice Gardner）小姐。感谢他们，不仅因为已经提到过的建议，还因为对校样的阅读和提出的批评。尽管他们不能修正这本书的实质内容（也许著者在世时可以），但是依然让我清除了文字上的错误，而且在手稿的其他部分的帮助下，让我改良了一些段落，并且让一些要点更明确。在这里，我应该提及，著者曾经请 P. F. 威勒特（P. F. Willert）先生、斯坦利·利斯（Stanley Leathes）先生和已故的约翰·西利（John Seeley）爵士，或许还有其他人读过其中一些早期形式的讲稿，并且得到了他们的批评和建议，他无疑也善用了这些批评和建议。H. G. 戴金斯（H. G. Dakyns）先生之前也读过其中一些讲稿。他不仅阅读了校样，而且还和我通读了一些手稿，对我大有帮助。我必须感谢 E. M. 科尔曼（E. M. Colman）小姐和珀西·戈德伯（Percy Godber）小姐，她们把分别在 1894—1895 年和 1895—1896 年各自参加讲座的笔记借给我。已经提及的加德纳小姐和纽纳姆学院古典学讲师 E. M. 沙普利（E. M. Sharpley）小姐，除了帮助我校对校样外，还不厌其烦地帮我寻找和核实引文。在这个方面，索恩利先生和戴金斯先生也提供了帮助。对于加德纳小姐，我要为她在索引和目录上的帮助表达更深的谢意。

埃莉诺·米尔德里德·西季威克
剑桥，纽纳姆学院
1903 年 8 月

第一讲
对于主题的引导性概述

§1 在随后的讲座中，我会从我构思的归纳性政治科学（inductive political science）的视角，概括性地处理政治社会史的一个重要组成部分。术语"政治社会"（political society）的完整含义将会随着我们的论述而展开。我暂时认为它是一群将自己整合起来并同其他人群相区别的人，他们通常服从同一个政府，因此构成了一个联合的整体，这一整体的生活同构成它的个体的生活具有明显区别。当这样一个社会到达一定的文明阶段时，也被称作一个"国家"（state），我会将它当作一个替代术语。我把政府视为国家或政治社会本身的基本特征，我自始至终关注这些团体正是因为它们拥有政府。我对社会人在不同时代和国家的语言、习俗、信仰、科学和艺术，乃至经济状况等其他特征的关注是间接的。也就是说，只有当这些其他特征在因果关系上同我所谓的（简洁而言）社会人的"政体"（polity）具有某种重要联系时，我才会关注它们。"政体"指的是社会人生活于其下的政府结构以及它同被统治者的关系。

我从"政治科学"的角度处理政治社会，是说我主要关注的是现在和过去存在过的政体而不是应然的政体，且主要是从探明下述问题的角度研究它们：（1）它们所属的种类或者它们所代表的一般类型，（2）导致在不同地区和时代这种或那种一般类型占主导地位的原因。因此，我把政治科学的视角同更普遍和更全面的学科——我们所谓的政治哲学——的视角区别开来，同时也同一般政治史的视角区别开来。一方面，（如此看待的）政治科学并不像政治哲学一样，让自身直接关注正确的或最好的政府形式，或在社会发展中我们所达到的特定阶段中应该致力引入的形式。诚然，我们或许希望从政治科学中提炼出具有实际功效的结果（我会马上在方式和范围上对此加以考虑），但是，它的主要工作依然不是政治建构，而是对政治事实的归纳，不管通过观察历史还是当下。就我们研究的政体类型而言，它们只是从现实世界中抽象出来的类型，而不是要求我们作为典型致力达成的理想类型。

另一方面，政治科学和一般政治史的区别在于研究对象的一般性（generality）。作为政治科学家，我们主要关注的不是要探明历史上某一特定共同体中的政府结构或功能，而是不同形式的政府在其结构或功能上的明显特性；不是在（例如）雅典或英格兰的特定政治变迁过程，而是这些特定过程所代表的一般变迁规律或趋势。

因此，常常出现的情况是，历史学家和政治科学家从非常不同的角度分别研究同样的政治事实。历史学家的目标主要是根据时间顺序描述事实。但是，在比较人类不同地区的政治发展时，我们发现，无论是现在还是过去，这些地区会同时处在非常不同的发展阶段，因而也会在很大跨度的时间内大致处在相同阶段。因此，政治科学的目标是，把在政治特性上相似的社会放在一起进行比较，不管它们在时间上离得有多远。这样，在我们研究的开端，当我们努力构建一种有关"原始印度-日耳曼语系政体"（primitive Indo-Germanic polity，这是弗里曼的用法）的一般概念时，我们不是把塔西佗告诉我们的他那个时代的日耳曼人的情况同当时罗马人的政治组织进行对比，而是要与我们靠文物研究才能搞清的最早的罗马政体形式进行对比。

§2　那么，政治科学像其他科学一样，致力于探明其研究对象间相似之处的关系。它寻求把它们按照种类排列起来，或者把它们当作类型的例子加以展示。但是，尽管分类是它的任务的重要部分，却不是全部，可以说，也不是最有意义的部分。在比较不同形式的政体时，特别让我们感兴趣的是查明它们的原因和结果，尤其是查明它们的发展顺序，一种形式往往会根据这种发展顺序取代另一种形式。无疑，这是一项困难的任务，对于我们所知的历史上所有的政治社会，即使是采取一种概括的和尝试性的方式，我也无法试图开展这项任务。但实际上，我会把自己主要局限在这个主题的有限部分，从科学和政治的角度挑选出我的读者会特别感兴趣的内容。我的主要尝试是，对于由欧洲文明史所展现出的政治社会的主要形式，根据它们的不同特性对它们进行描述，根据它们最重要的相似性对它们进行分类，根据连续发展的概念把它们联系起来，把它们视为政治社会所经历的历史发展过程的不同阶段，如我们所知，现代国家是其结果。

因此，这样处理的欧洲历史获得了一种所谓的形态学上的一致性。当然，看待历史的一致性时，这不是唯一的角度。文明社会的发展是一种非常复杂的事实,有许多成分或方面。存在着其他一些可以被合理地视为中心的和首要的成分(例如思想与知识的发展),围绕这些事实还有其他一些有待归类的发展。即使这样,组织化政治社会的发展的确可以提供给我们一种社会变迁的核心成分或部分,对其进行考察时,自然会导致我们把习惯分开的"古代的""中世纪的"和"现代的"历史诸过程看作一个连续的整体。

现在,为了鲜活地和充分地获得这个过程的一致性,重要的是把过去和当前联系起来,让我们记住"历史是过去的政治,政治是现在的历史"。这样,当我们把过去和当前联系起来时,我们的思想会不可避免地被从当前带到未来,尤其是去往我们自己作为其中一员的国家群体或国家体系的未来,它现在明显在全球大部分地方占据了主导地位。这样,尽管如我所言,政治科学的目标没有直接的实践性,但我们自然会在它的引导下,不止出于纯粹思辨上的好奇心,研究政治社会过去的历史。我们关注于探明涉及自己时代实际问题的教导的种类和数量,并有望从此项研究中获取这些。我曾经在其他地方解释过[①],我不认为,在尝试寻找实际政治问题的理性解决方案时,应主要采取历史方法。首先,我认为,历史不能决定政治制度的好与坏、正确与错误的最终目的和标准,不管我们是认为这种最终目的和标准是普遍的幸福(general happiness),还是其他人认为的和幸福有所不同的人类福利。我们无法从历史中获得这种最终目的,而当我们判断历史向我们展示的过去的法律和政治制度的

---

① *Elements of Politics*, chap. i.

善与恶时，我们会把它带向历史。其次，假设在政治家应该致力的最终目的上我们达成一致，那么在我看来，在决定我们选择何种方法达到这种目的上，历史研究仅仅具有有限的和次要的用处。因为，政治社会在经历持续的变化和发展过程，这个过程会导致过去的经验——除非这种经验属于较近的过去——对于最发达的共同体的当前需要在很大程度上变得不切实际。

尽管在我看来，在判断我们时代和国家的政治问题时，过去的历史不是我们的资料的主要源头，但依然非常重要的是，我们应该从中获取它所能提供的指导。首先，只要从对过去的研究中，我们能够探明政治演化的法则从而（即使模糊地）预测将来，那么就算这种预测不能积极地决定我们的政治理想，这种研究也可以通过指明什么东西在我们能力之外而不能成为未来的目标，消极地影响我们的政治理想。我们可以从中获得有关某些限度的认识，任何可行性的理想都要受到这些限度的限制。我们可以从中获得对于某种社会和环境的认识，未来的政治制度必须适应这种社会和环境。我们也可以得知（即使不具有确定性也具有相当的可能性），随着时间的流逝，我们政治社会的什么成分和特性可能会增长，并变得更重要起来，什么可能会衰败并变得不太重要起来。任何这样的预测多大程度上可以科学地获得，我依然不能肯定，但是，尽可能地做到这一点，肯定总是政治科学的目标和抱负。

其次，在研究其他社会（不管是外国还是属地）而不是我们自己的社会时，历史会发挥不同的作用。由于政治制度史可以向我们展示许多种政治与社会组织形式，对于它们的研究可以让我们更好地理解以同样面目存在的组织的性质和可能行为。因为如我所评论的，人类社会的所有不同发展阶段是共存的，并且我们实际上必须研究这样的共同体：对于它们当前的政治与社会状况而言，可以从我们更熟知的社会的过去状况中找到富有教益的类比。这样，称职的评判者会认为，如果当权的政治家能够知道土地保有权（land-tenure）的历史发展（我们现在认为它曾出现在欧洲国家中），或许就可以避免我国在印度的殖民政府的严重失误。

通过这样的方式，一般意义上的历史——对于过去的研究——提供了所谓"比较政治"的一种因素，另一种因素则是由当代观察所提供的。两种因素相互促进相互补充，尽管把两组不同的资料结合起来常常是一项困难的任务。

§3 这样就把我们导向这个最具有实用价值的问题，即在政体的过去历史中，多大程度上我们可以找到对我们自己的政治状况富有教益的类比？

现在，初看起来，如果我们西欧人将自己视为处在进步的前列的观点是正确的，那么，我们就只能从和我们一起构成进步群体的国家的最近历史中寻找密切的类比。例如，关于代议制民主的运作，美国和我们自己的殖民地可以教给我们有益的经验教训；代议制民主看起来是我们命运，但它是在那里而不是在这里更完全地确立起来的。

但是，并不仅是在最近历史中，我们才会在长期和活跃的政治探讨中发现这样的类比，因为，在18世纪中叶的欧洲,对共和主义自由与美德的渴望已得到鼓舞人心的表达。从孟德斯鸠和卢梭的时代起,一直到亨利·梅因爵士的时代,在这样的探讨中为我们熟知的对来自希腊和罗马的民主的考察占据了主要地位。人们认为,对于这种先前经验的认真研究,可能会为在我们自己国家所属的政治社会类型(我们可称之为常态的西欧和美洲国家)中正在发生的变革过程带来重要的理解。人们通常认为,当前西欧国家正在走向民主;在考虑这个运动是好还是坏、我们应该如何应对它所涉及的危险和困难时,类比性观点不断地将其基础建立在我们的某种历史认知之上,这种历史认知关乎希腊城邦民众(demos)和罗马共和国晚期公民大会的行为。我认为,运用这种类比必须慎之又慎,因为,在希腊-罗马的政治状况和现代欧洲的政治状况之间存在重要差别,尤其是:(1)所有人都能够在一个大会中集会的小国直接民主制,和属于我们现代世界常规类型的更大国家的代议制民主之间的差别;(2)由奴隶制带来的差别,在古代最民主的共同体中,奴隶制可以把体力劳动者阶级中的很大部分人口完全排除在政治权利之外;(3)我们现代社会从中世纪欧洲所继承的政教分离(separation of Church and State);(4)工业的状况与地位在现代国家中已经发生了变化。即使接受所有这些差别,我也认为,将古代希腊和意大利城邦较快发展的各个阶段同现代欧洲"地理国家"(country-state)或"民族国家"(nation-state)较慢发展的各个阶段加以比较,是有意义和有教益的。①因为,无论这些发展阶段的相似度如何,细致而系统地运用此种比较至少会给我们恰当的

---

① 许多年前,这种比较就由德国历史学家格维努斯(Gervinus)在他的《19世纪史》(History of the Nineteenth Century)的导论中提出过。

视角,去评估那些源源不断地从古代历史中为现代政治家们提取的教训。

更不要说,那些较早的发展过程和较晚的过程的联系不仅仅是相似和类比。作为政治文明最新成果的"现代国家"(modern state),是一种几乎仅以西欧国家和以它们为母体的殖民地为代表的国家类型。西欧国家或者是罗马帝国的组成部分,后者因日耳曼人入侵而分崩离析,而后在罗马文明和这些日耳曼部落的原始政治习惯的混合影响下得以重建;或者是和这些征服者部落最初同源的民族,随后在他们的政治和社会发展的影响下产生出来。法国、西班牙和意大利是前一种类型的范例;德国和斯堪的纳维亚属于后一种类型;英格兰在历史上位于两者之间,但是在追踪政治发展状况时,必须被归类于后者。[1]而且,很大程度上,这整个国家群体的政治思想受到希腊历史研究,和希腊思想家通过对希腊城邦现象反思而得到的政治概念与学说的影响。

因此,我将会把关注点主要限定于古代希腊与罗马的政治制度,以及后罗马时代西欧及其殖民地的政治制度。如果我们还记得上面所释的政治科学的独特目标和抱负,那么,这种限定就没有表面上看起来狭隘。当然,在最宽泛的含义上,对于地球任何一个部分而言,或者对于不同人类种族中的任何一支而言,政治制度都不是什么稀罕物。尽管在一些社会(集合起来的人群)中,统治者和被统治者的分化几乎看不出来,但这样的社会只是构成了人类非常微不足道的组成部分:几乎放之四海

---

[1] 尽管英格兰长久以来是罗马帝国的一个行省,而日耳曼基本上不是,然而,基于后面将会论述的理由,日耳曼的政治发展比英格兰更受源于罗马的一些观念的影响。

而皆准的是，人是"政治动物"，不是统治者就是被统治者，或者服从或者建立某种类型的政府。但是，在某种意义上，更高级的政治发展几乎独一无二地起源于，并且现在依然主要限于白人的或者（如某些人依然所称的）高加索种族的某些部分。只有他们才随着其文明的演进①发展出了其成员习惯于"交替成为统治者和被统治者"（ἄρχειν καὶ ἄρχεσθαι）的统治机关：（1）最高统治者仅在限定时间内被公民选举出来行使权力，然后放弃权力，并且要为权力的行使正式接受问责；或者（2）最高统治整体地或部分地由经常集会的一个公民团体共同行使。

在政治制度史中，这些形式最令我们感兴趣，不管我们是作为现代西欧国家的公民，还是作为政治科学的研究者，正如生物学家对于最高级的生命形式具有一种特殊兴趣一样。因此，我将把自己的关注点主要限于已经表现出具有发展他们的能力的民族。其中最重要的和最显著的肯定是希腊人、罗马人和西欧人，其历史已经为我们熟知。人类的某些文明化部分在其文明已经到达的最高程度上，不仅发展出了政治制度，而且发展出了宪政*和宪政观念与理论，上述国家在其中卓然而立。

诚然，我们不能仅仅关注立宪政府，因为几乎从我们所研究的这一过程的开端至结尾，我们都会不断地提及通常被归入"绝对"君主政体的政府形式。的确，如果我们尽可能广地在时

---

① 这种界定是必需的，因为，在不限于任一族群的原始政体中的"武装起来的国民大会"这一形式中，我们可以发现这样一种机关的萌芽。

* 作者用斜体字母突出制度（*institution*）和宪政（*constitution*）两个单词的前缀，是为了强调这些国家不仅发展出了政治制度，而且也发展出了对政治制度的制约（con）制度，即宪政。——译者

间和空间上概览文明社会有关政府事务的实际经验，那么值得注意的是，那个在其统治的人群的范围上超过所有其他政府的，就是所谓的"绝对君主政体"（absolute monarchy）。词语"绝对的"当然并不意味着统治者施加于被统治者的权力实际上是不受限制的——他能像对待牲畜一样对待他的臣民。这样一位统治者总是或多或少受控于他对其臣民责难的恐惧，和对其尊重的渴望；受控于对于作为最终手段（ultima ratio）的革命的恐惧，在任何政治社会中，革命都不是什么新鲜事；受控于宗教对他本人心智的影响，和他对宗教对其他人心智的影响的认识。在文明的早期阶段，他受限于他所分享的一种共识：法律或习俗作为一种固定的和不可改变的事情，比普通的人类意志具有更高级的源头；在晚期阶段，他受限于文明国家中法律体系和行政机制的复杂性，这使得君主越来越难以发动任何他渴望的变革，而不会引起他不希望的其他严重后果。把他称作"绝对的"，意思是，不存在制度上的宪制权威——不存在其他人类权威，其臣民会像服从他那样习惯性地服从之——可以正当地对抗他或对他问责。

不难理解，为什么这种君主制这么普遍。如果任何政府，不管其结构如何复杂，要保持理想的良好状态，那么，它的各个部分与机关的决策与行动应该是和谐一致的，就好像它们来自一个理性意志。显然，在统治效果中造就统一与秩序的最简单方法是，把所有事务的最终控制权交给一个人的意志。当权力集中到一个能人手中时，这样一种政府的效力甚至在古代和现代的许多非常规的专制统治中都有体现。无疑，在通过征服所建立的伟大君主政体中，被征服者中的服从习惯并不是来自对政府优势的认识，而是来自对抵抗后果的恐惧。但是，在征服者民族中，意识到服从单一个人意志所具有的优势——在同其他民族斗争时，服从单一个人意志保证了行动的活力和一致——无疑强化了这种服从习惯。难怪在原始时代，不仅《伊利亚特》(*Iliad*)中的武士，还有许多武士曾经说过："多人统治不是优良的统治，我们需要一人统治。"正如我刚刚提示过的，我们不能假定，在这种政府形式已经长期确立的地方，对于权力集中到不称职和不负责任的个人手中所造成的罪恶，被统治者会始终如一地耐心屈从它。但是，在他们已经取得反抗成功的地方，他们也不会去费神修正这种政府形式，他们只是摆脱一个人，再把另一个人放在他的位置上。

在普遍的政治制度史中，只有白人种族的某些部分具有如下特征：在文明的高级阶段，他们另外拥有了一种更具人为设计又更为有条理的避免专断统治罪恶的方法，同时还能努力保持有效履行政府职能所必须的决策与行动的统一。这就是我们所谓的宪政方法。

考虑到在流行的政府概念和政治服从习惯中，这种方法在充分发展后会涉及更大的复杂性，我们本来期待，它的完全发展会限于在文明上取得某些进展的社会。但是，历史进一步表明，文明的进步，至少在早期阶段，并没有将这种方法投入运用的普遍趋势。我已经说过，实际上，它直到最近都局限在白人种族，主要尽管不是完全①局限于印度-日耳曼民族群(family

---

① 在亚里士多德的时代及其后，闪族的迦太基的宪制似乎在希腊社会中具有高度的声望。

of nations），甚至在这些范围内，似乎也需要特殊的外部条件才能做到。

§4 对于"种族"和"民族群"这些概念，需要做些解释。首先，我所谓"白人种族"，并不是指存在四个或五个原初人类种族，被肤色或其他标记区分为"白种""棕种""黄种""黑种"。以当前人类学研究状况而论，没有根据认为存在此类种族上的原初差别。实际存在的生理差别更多和更复杂，不同于流行命名所表达的意思，他们越来越多地逐渐彼此交融。由于所有种类的人类在动物学上属于一个物种——任意两个个体通婚都可诞生有生育能力的后代，历史上出现的生理差别几乎都可以归因于杂交繁殖。或许，我们发现的两种白种人——北欧的浅色白种人和南欧与亚洲部分地区的深色白种人——之间的明显差别可以作为这一点的特别示例。主流人类学家认为，后者或许产生于浅色白种人与一种更深色种族的杂交。可以看到，这种划分与基于比较语言学（comparative philology）做出的雅利安或印度-日耳曼语系民族和闪米特民族之间的划分是相抵触的。这种划分也说明了在运用"种族"这一概念时的另一种不确定性：难以分清那些区分出不同社会普通成员的心理特征中，哪些来自生理遗传，哪些来自社会影响。结果，语言上的相似性难以导出种族上的相似性。这样，在谈到"印度-日耳曼民族群"时，不能将我的意思理解为，被这样划为一个群体的民族在生理上都来自一个祖先。我的意思只是，他们通过一种连续的社会生活而与一个古代社会群体联系在一起，这种连续的社会生活由语言的连续性所证实，而且至少部分来自种族的连续性。

然而，在历史上存在某些广泛的种族生理划分，几乎保持不变。泰勒先生说过①，在底比斯的壁画上，我们可以分辨出红棕色的埃及人、与今天样貌类似的埃塞俄比亚人、来自巴勒斯坦的具有典型闪族外形的战俘、厚嘴唇的黑人，和浅色皮肤的利比亚人。这些例子提醒我们，文明就其最宽泛的含义而言，不是白人种族的专利。"在历史的黎明期，文化上的领袖是棕色的埃及人和巴比伦人"，他们的语言同各白人民族的任何已知语言都没有联系；而黄皮肤的蒙古利亚中国人"在四千年间或更长时间内一直是一个文明化的和有修养的民族"。散布于地中海地区的文明不是由深色白种人——腓尼基人、希腊人、罗马人——开创的，他们只是接续了下去。但是，我们或许仍要说，在一种文明化状态中拥有发展出立宪政府的能力的高级政治文明，主要还是属于白人种族，并且主要是那些操印度-日耳曼语系语言的白人分支，由于来自一个单一的原初群体，因而表现出一种部分的世系连续性。

对于种族的考察自然导致我们考察气候和外部条件，由于人类种族多样性来自不同起源的观点现在已经过时了，这种多样性现在被普遍认为是由于一些直接或间接效应的逐渐积累，这些效应是由外在条件对原始人类机体发挥作用产生的。因此，简单地探讨一下气候和外在条件在多大程度上发挥了作用，使得白人种族的某些部分或其印度-日耳曼语系分支比其他种族更适应高级政治发展，是一件有意义的事情。肯定可以看出来，温和的气候对于这种发展是有利的。因为，在极寒地区，挣扎

---

① Tylor, *Anthropology*, chap. i.

求生特别困难，人口相应稀疏，阻碍了文明的发展；而一个古老的论断是，炎热气候中的居民往往既是热情的，（除非在生理需求的压力之下）又是懒散的。这样，立宪政府所要求的清醒头脑、自我克制和持久活力更有机会在温和的气候中形成。然而，这种政体虽然在这里形成，却可以扩散到并非其源头的其他地区，就像其他改良人类状况的发明一样，最初都是在特定有利的条件下产生的。

但是，在追踪政体历史时，气候并非唯一重要的外在条件。的确，在全部政体史中，我们不断遇到一些鲜明案例，其中某些人类种族的独特政治发展显然源于他们所生活土地的独特性质和面貌。在中世纪和现代历史中，要想让读者想到这方面的确实实例，我只需提及威尼斯、瑞士、荷兰、英格兰就足够了。最重要的例子是希腊。甚至仅仅对希腊史进行研究就可以明显地表明，希腊特殊的地形——拥有把部落分开从而有利于独立的山脉，有利贸易和交通的水路——特别适合文明化的立宪政府形式的早期成长。这个观点得到了其他例子的支持：在一些地方的自然环境中，大河横贯肥沃的平原，有利于运输和交通而不利于孤立，也因此推动了野蛮转向文明，一种在纯粹君主政体的基础上发展起来的文明。实际上，我们已经注意到，在文明史的大部分时间里简单的君主政体都是主流。正是这种情况证实了，我们把希腊的独特发展部分归因于它的特殊自然环境似乎是合理的。埃及、巴比伦、亚述、波斯这些伟大国家的历史或先于希腊或与希腊同时。在这些国家中，根据上文所解释的含义，君主政体是绝对的。从我们对它们有所了解之时起，人民大众就"除了服从他们国家的政府之外无所作为",下属官员没有对抗君主意志的任何宪制权利。一旦这样的对抗发生,就意味着反叛和局部动乱。

然而,我们现在必须看到,就目前的历史证据而言,上述情况并不是原始的政治状况。在后文中我会试图证明,我们没有理由将上述情况视作国家从家庭中产生出来时,自然而然最先出现的状况。至少在我们主要关注的这些民族的历史中,我们已知的最早政体似乎(即便不普遍也通常如此)不仅具有更多的身份平等性和更强的个人独立性,而且由原始部落的战士们实施更强的集体控制。

§5 因此,我将从弗里曼先生所谓的"原始雅利安或印度-日耳曼政体"①这种政体形式开始我对于欧洲政治制度发展的概述,对雅利安人或者印度-日耳曼人来说这种政体形式并不陌生。然而,我将只考察我们特别关注的那些印度-日耳曼种族分支(希腊人、罗马人和日耳曼人)有史可循的发展之初的政体形式。我会将已知最早的日耳曼人的政治制度同已知最早的希腊罗马的政治制度进行对比,在这些差别中追踪其相似性。然后,我将从我有关这些最令我们感兴趣的民族的历史开端的看法出发,向前追溯,竭力简要地考察在其更早时代中所能够发现的模糊的和臆测的政治发展,将考古上的推理同一些推论结合起来,这些推论来自我们已知的由社会其他方面所展示出的这些早期发展阶段。这样,在我看来,我们就可以尽可能地像一位头脑清醒的研究者应该做的一样,去思考政治社会起源的古老问题。

---

① 在后面我会试图证明,词语"原始的"往往具有误导性。

之后，我们再转向不停流动的时间之河，追踪城邦中不同政府形式相对较快的发展；在古代希腊最辉煌的时期，城邦是文明化的政治共同体的主导类型，而现代欧洲历史中的主导类型则是地理国家。我将会在我们不完善的知识范围内，追踪从原始政体到一种寡头政府形式的运动。在这种运动中的三种此消彼长的势力——一个国王、一个由次级首领组成的议事会和全体自由民战士——之间，我们可以辨别出一定的权力划分。我也将简单地说明一下，这种寡头政体如何会在不同国家里采取各种形式，并且经历了多个阶段。然后，我将转而考察僭主政体(Tyrannis)或曰非立宪的专制政体。在公元前7世纪和公元前6世纪，它在希腊许多主要城邦中流行过一段时间，一定程度上是人民反对既存寡头政体运动的结果。它的盛行，在古代希腊和与之类似的中世纪意大利，是城邦发展中的一种独特和重要的面貌。接下来，我转而考察我们最熟知的时期。总体而言，这个时期无疑是走向充分发达的民主政体的，尽管这种政府形式常常被寡头政体暂时颠覆，并且在这个时期末期，由于旧的公民军被雇佣军取代，越来越容易再次陷入非立宪的专制政体中。我将在亚里士多德的帮助下，简要地分析一下在古希腊城邦中，形成或保持一两种不同政府形式的一般原因。并且，我要指出，亚里士多德自己认为的由最有资格的人统治的理想政府——真正意义上的贵族政体，即使其近似形式也是如何地稀少。而且，我要指出，即使保持那种中庸的立宪民主政体也是如何地困难，亚里士多德认为这种政体是公元前4世纪后半叶希腊城邦最实际可行的政府形式。我会接着指出，希腊城邦在其最辉煌的历史阶段没能建立一个稳定的联邦团体,而在最后会关注,即使在马其顿统治的诸多不利条件下,联邦制(federation)也取得了显著的成功。

然后,我转向罗马,通过同希腊类比带来的启发指出罗马政治制度的早期特色与变革,并且分析一下奇怪但成功拼合起来的宪政的性质与原因,它源于公元前5世纪和公元前4世纪的长期冲突。我会试着解释,在罗马首先征服意大利然后征服地中海世界的过程中,人民大会(popular assembly)如何在宪制上获得了至上性,并且它后期的两种形式——部落大会(assembly in tribes)和百人团大会(assembly in hundreds)——中的每一种都在不断成为更加民主化的组织,却安然地把实际事务的控制权交给一个贵族元老院。我将会进一步指出,随着征服的继续,通过扩张(expansion)和同化(absorption)相结合的过程而得以扩大的罗马公民资格,如何使这个伟大的城邦国家膨胀成亚里士多德眼中的庞然大物。直到公元前1世纪初,在同意大利联盟者发生的战争的冲击下,通过对全体意大利人的同化,它最终被转变为一个地理国家,都市的大众不足以成为其代表,其组织非常不适于完成帝国统治的任务。接下来,我将简要地解释这种由扩张与征服带来的,不可避免的痛苦又血腥的从共和政体到君主政体的转型的性质。这种转型最初隐藏在共和形式之下,通过共和制度而运作,直到在卡拉卡拉*的统治下,罗

---

* 卡拉卡拉(Caracalla,186—217年),罗马帝国皇帝(211—217年在位)。212年颁布安东尼敕令(Constitutio Antoniniana),把罗马公民权赋予全体罗马帝国自由民,以增加税收与服役居民的数量。——译者

马公民与罗马臣民之间的区别消失,并且在戴克里先[*]的手中,帝国作为一种赤裸裸的和野蛮的专制政体而被建立起来。

接下来,在从这里开始概述希腊-意大利(Graeco-Italian)文明先前的整个历史时,我将会考察有关政府职能(尤其有关法律与政府关系)的一般理念的发展,它既是古代思想家的构想,也在希腊-罗马政体的现实中得到了实现。

我会一笔带过西罗马帝国的陷落。5世纪建立的全新半野蛮王国带来了复杂和混乱的状态,古老的日耳曼(Teutonic)共同体为了努力应对这种状态对它提出的严峻要求,它的政治结构经受了变迁。我将说明日耳曼的、帝国的和基督教的制度是如何结合和交织起来的,直到在无序到几乎解体的西欧部分地区,社会在基于我们所谓的封建体系的局部秩序中逐渐地得到了自我重建。我将指出,教会以其智识上的强大优势,在同内部和外部的离心力量的成功斗争中建立起一种更紧密的共同生活,如何极力试图把西欧置于教会控制之下。并且,我还会指明,在我们研究的政体发展史上这一著名阶段,为亚里士多德一无所知的神权政府类型如何第一次出现。我将会进一步阐明,在世俗领域,随着中世纪国家(nation)在文明上的进步,其内部城市(city)和乡村(country)之间的差别如何在政治上变得重要起来。我将会把在德意志和意大利获得了实际独立的中世纪工业城镇共同体,与古代希腊以奴隶制为基础的城邦进行比较。在

---

[*] 戴克里先(Diocletian,244—312年),罗马帝国皇帝(284—305年在位)。在位期间建立四帝共治制,将"元首"的称号改为"多米努斯"(意为主人),成为罗马第一位名实相符的皇帝。——译者

这里，手工业者首先向上发展，获得了自由，然后获得了尊严和权力。

我将会说明，现代民族如何从整合不完善的封建体系中获得了更为彻底的统一，而这一过程为作为民族统一与秩序的源头和纽带的君主政体增加了权力和声望，也产生了那些等级会议，它们似乎一度注定要发展成为稳定的立宪政府机关。我们也不得不指出，这种明朗的前景是如何几乎在所有地方都破灭了——这主要是因为，在这些等级会议中被代表的不同"等级"之间的分裂是难以克服的，直到纯粹的君主政体在西欧大部分地方逐步建立起来，并且作为一种最适合有序且文明的地理国家的政府形式被接受。我们也注意到，一些例外的条件使得联邦与共和制度出现在荷兰和瑞士这样小却重要的共同体中，并发展繁荣。

我将从此处起以一种简要与概括的方式，从政治事实领域转向政治思想领域，从罗马法学家开始追踪观念运动。这一观念运动在18世纪末发展为对普遍政治自由与平等的热烈要求；尽管在法国首次尝试实现这种要求后出现了反动，但它依然是主要属于19世纪的重大变革过程的一种基本要素。这种变革过程已经在整个西欧建立起了现代宪政国家。沿着这条道路，我请你们思考一下这种伟大变革中的另一个基本因素——具有良好连续性的宪政发展。在西欧大国中，只有英格兰才有资格成为这一典范。我也会考察18世纪有关政府职能的个人主义理论的起源，这一理论同对财富生产、分配与交换的自然过程所进行的分析结合在一起，构成了通常被称作政治经济学的典型现代学说体系。

然后，我转向西方的大陆，简要地描绘一下同欧洲类型具有重要不同的政体类型，殖民地的独立使其成为现实。我将会考察联邦制体系的性质与运作，卓越的北美英国殖民地凭借它在比西欧还大的国土上，在一个世纪的独立生活中维持了共和秩序。最后，在概述整个欧洲文明史时，我将会考虑，对其未来的可能发展可以做出什么合理的预测。

或许有人认为，这样做是把大量的历史塞进一个过小的篇幅中。但是，要记住，我们不关注历史特例本身的情况，而只关注这些特例所说明的一般事实。我的意思是，我们不仅仅不关注历史中的个人与戏剧化因素——政治家与将领的事业、王室婚姻和战争，而且在大部分时候，我们也不主要关注任一特定共同体的政治发展，除非它能够说明一般原因与趋势。我们要关注的是一些特殊社会在某一发展阶段所代表的政治社会的一般类型，这种类型在形式和结构上的主要特征，在其中所发生的变革及其原因。

§6 在这里，或许应当考察一种干扰因素，在做出和发展有关的任何归纳时，把它纳入考虑是重要的，它就是模仿（imitation）。

比如，在现代欧洲，我们不能说，采取了立宪君主政体形式的现代议会制政府，是已经建立起这种体制的意大利、比利时、西班牙和斯堪的纳维亚诸王国中相似发展趋势的一种独立的结果。就是最肤浅的历史学者也能看到，在这些存在于不同国家政府形式中的相似性，很大程度上来自对英格兰直接或间接的模仿。而当代的英国政府形式本身则是议会制度从中世纪到现代的连续发展结果，它在欧洲历史上几乎可以说是独一无二的。当我们带着这个观点研究更古老的历史阶段时，不禁感到，当探究特定发展阶段的特定政体类型在彼此活跃交流的国家中盛行的可能原因时，必须充分考虑直接模仿，（例如）希腊诸城邦很大程度上就是这种情况。①

我们必须足够重视这种模仿，即使我们对此没有直接证据。同时，模仿的效果不能剥夺我们在比较不同国家政治制度时所做的归纳的全部实质价值。因为，正是从某种政府形式由于模仿才得到传播这一事实，我们或许可以推断，在采纳它的国家中存在着一种走向这种政府形式的强大趋势。在这些不同国家中，由于某些普遍原因，对于变革的相似需求和愿望开始变得显著起来，即使采用某一政府形式或许只是因为它之前在那个提供了模仿典范的单一国家中实现过。因此，即使在英格兰历史上不曾出现过令其卓然不群的、独特的、渐进发展的代议制度，我们也有理由假定，西欧国家在 19 世纪会普遍地走向大众政府。我们可以猜想，考虑到在法国或西班牙这样规模的国家中全体人民直接管理政府存在明显的实际困难，也考虑到所有的西欧国家，除了意大利（出于我们后面将会考察的原因），都拥有或多或少类似于中世纪英国议会的中世纪代议制等级会议，那么，它们还是会成立一个完全或部分基于代议制原则的立法机关。但是，如果断言就算没有不列颠宪政可以用来模仿，西

---

① 弗里曼在他的《比较政治学》(*Comparative Politics*)中已经注意到模仿这种干扰效果。

欧国家也会普遍拥有两院制立法机关，就太轻率了。例如，在一个像法国这样的国家中，如果宪法制定者受到了现代观念的影响，他们或许会轻易认为，通过立法、行政和司法权力的适度分立与制衡，不需要再采纳造成事务的复杂化的两院制立法机关，就可以在最高政府中引入充分的复合性。或者，在一些不像法国那样旧制度被一扫而光的国家里，或许会出现中世纪等级制度的复兴，导致三重甚至四重的议会划分，如同实际上在瑞典所发生的那样，1810—1866 年间，贵族、教士、市民和农民四个等级分别商讨大部分议题。

再次强调，如果除去英国模式的影响，没有任何理由认为，我们会像现在这样，在一些（而不是全部）西欧国家中找到被白芝浩（Bagehot）称为内阁制政府的特定政府形式，即在这种政府中，最高行政功能实际上被委托给立法机关的一个委员会，如果得到了多数选民的支持，它实际上可以被代议制议会的多数随时解散。

我可以举例说明这样一种观点：在政治制度的发展中，人们认为模仿意味着（在模仿之外的）一种趋势，产生出某种类似于被模仿类型的事物，或至少有利于其维持的条件。我将比较希腊历史中的两个主要的城邦案例，一个是肯定性的，一个是否定性的。

我们都知道，从公元前 480 年击退波斯到公元前 326 年向马其顿屈服，在这段希腊历史上最著名和最辉煌的一个半世纪中，雅典和斯巴达是两个领先的国家。在这段时期，在希腊其他城邦持续进行的寡头政体与民主政体两种原则的斗争中，总体而言，雅典站在民主政体一方，斯巴达站在寡头政体一方。事实上，亚里士多德指责这两个城邦都利用它们的支配地位，在受到它们影响的其他国家中分别建立起寡头政体和民主政体，"不是出于对相关国家的利益考虑，只是为了它们自己的帝国利益"①。因此，我们在追踪希腊城邦共同的民主发展时，往往把对雅典的模仿当作一个重要的因素，虽然对于这种模仿到底到了何种程度，我们并没有足够充分的细节可谈。但是显然，几乎没有任何模仿斯巴达的尝试——这就是我说的否定性案例。因为，我们会发现②，尽管斯巴达在政策上倾向其他地方的寡头政体，但根据古代思想家的观点，它的政府即使具有寡头成分也不应该被归类到寡头政体。这点格外值得注意，因为大部分杰出政治思想家往往根据他们对人类福利条件的认识构建理想政体，他们所构建的理想政体更接近于斯巴达的现实政体而不是雅典的。确切地说，在柏拉图（晚期作品）和亚里士多德的理想政体中，公民在严格意义上就像是在斯巴达那样，是一个把产业群体严格排除在外的阶级，靠农奴劳作的土地上的产出生活，为了军事技能受到严格训练。但是，尽管斯巴达在真实世界中声望卓著，而且柏拉图和亚里士多德在观念世界中影响巨大，却几乎看不到模仿现实斯巴达政体或实现哲学家的理想国家的任何趋势。这个显著证据说明了，只有当被模仿的类型同进行模仿的国家的普遍政治发展趋势相一致时，模仿才会发生。

然而，一般而言，依然正确的是，当模仿在一些国家的政

---

① *Politics*. VI. (iv.) ii. 18.
② 第五讲，第76—80页（原书页码，即本书边码，下同。——译者）

体形式的普遍变革中已经发生时，很难（如果不是不可能的话）断定有多少变革的细节来自那个作为典范的政体的特殊发展的结果。

简而言之，模仿不能够解释所有事情，但是它可以解释许多事情。既然如此，当我们努力探明政治发展的法则，在对那些其中的相似性无法被合理归于模仿的相似案例进行比较时，从中尽可能多地取得教益就非常重要。正是给予这种比较以应有的突出地位的愿望，决定了本书的基本谋划。因为，欧洲历史的独特进程本身包含了几个不同的政体发展系列，正如我已经指出过，虽然它们很大程度上是独立的，彼此却具有明确的相似性，因此为相互比较提供了材料。首先是古代城邦国家的发展和西欧地理国家的发展之间的比较。但是，罗马政体的发展在细节上与希腊极为不同，所以在解释罗马政体发展的原因时，尽管不能忽视模仿，也不能将大部分原因归为对希腊的直接模仿。因此，我们可以认为希腊城邦的发展和罗马城邦的发展彼此几乎是独立的。这样，现代地理国家的发展提供了第三个系列。我们可以在中世纪城市的发展中找到第四个系列，我已经提过这一点。

或许可以说，在这四个不同的政体类型变迁系列中，其中三个的联系是如此紧密，以至于它们构成了一种历史，在其中，后期的阶段在因果上同前面的阶段联系在一起。从罗马的发端到罗马帝国，从罗马帝国到部分支离破碎的且中世纪城市在其中获得了部分独立的中世纪王国，从中世纪王国到现代欧洲国家，我们看到的是一种只能武断地找出断裂点的连续过程。就此而言，我赞成弗里曼关于"古代的"和"现代的"历史的观点。诚然，希腊的历史不是这样的，即使如此，希腊历史对于罗马和现代历史具有一种重要影响，尽管在这里像在其他专业一样，它的影响主要在思想领域。我们研习希腊历史是因为它提供了政治观念，而不是因为传递了实际的政治制度和习惯。

同时，希腊城邦在我刚刚谈到过的不同发展系列中有着不可或缺的位置，并不仅仅是这一个原因。我研究计划的一个基本组成部分，就是研究我所谓的"城邦国家"这种类型在总体趋势上所经过的发展阶段。当我们把注意力集中于文明化政体的最高级形式时，这种类型不仅在时间顺序上是最早的，而且基于我在后面要解释的原因，它在政治发展顺序上也是居先的。那么，如果要研究这种类型，研究它的希腊类型是必不可少的。特殊的原因在于，罗马的发展是独一无二的，它是城邦国家扩张为帝制的地理国家的例子。中世纪的城市也不是完全独立的，即便是在意大利——那里的城市是最接近独立的。

§7 在前面所给出的概括性论述中，我有时谈到"政治社会"（political society）或"国家"（state），有时谈到"民族"（nation）。在我们向前推进之前，合适的做法是更仔细地考察一下这些术语的含义和联系。我已经解释过，我一般将"国家"和"政治社会"视为可以相互转换的术语，除了我会把术语"国家"限定于在政治文明上取得一定发展的社会。但是，我们应该看到，有时候，我们在狭义上使用"国家"一词，指代被法学家称作"非自然人"（artificial person）的一种政治社会，这样，它拥有的权利和义务就不同于构成它的个人所拥有的权利和义务。在没有语意含糊的危险时,我自己会在狭义上使用这个词语,而不做出进一步的解释。而且,我认为,我们也可以部分地依据这一特点,界定一个政治社会可以被合理地称作"国家"时所达成的文明程度,即它能明确意识到,共同体作为整体所具有的权利与义务和构成它的个人的权利与义务之间存在基本区别。在处于原始"部落"状态下的我们的日耳曼祖先和其他未文明化和半文明化的民族那里,这种区别依然是模糊的。

进一步而言,属于我们对于一个国家的一般[①]认识是,所谓的政治社会应该依托于地球表面的一个特定部分。对于居住在这部分上的人们,它应该拥有普遍公认的权力,规定他们的法定权利与义务,不管他们是否是这个社会中的成员。我们就是在这个意义上将被权力规定的地球表面的这个部分称作"国家"。

到目前为止,我判断一个国家的"统一"(unity)完全依赖这样的事实:它的成员服从一个共同的政府。并且,我也不认为在国家这个概念中,还有任何其他基本纽带。即使这样,我们也应该承认,如果一个政治社会的成员除了对政府的服从外,意识不到任何其他把他们联系起来的纽带,那么它就几乎没有必要的整合性力量,以应对外部战争和内部不满常常带来的导致解体的冲击和震动。如果一个政治社会要处在一种稳定的和令人满意的状态,它的成员必须拥有一种作为一个团体一分子的彼此相属的意识(同一个国家的成员有时会缺少这种意识),仅凭同处一个政府管辖之下这个事实而产生的意识是不够的。

[①] 如果一个政治社会离开了它的领土,并且在新的土地上重新建立起来,或许可以认为,在这种转变期间和其后,它依然是同一个国家。但我认为这个观点是可疑的。

只有当我认为他们拥有这种意识时,我才把这样的国家也看作一个"民族"(nation)。根据现代政治思想所普遍接受的理想类型,一个国家无疑应该是一个民族。然而,我们不能说,"成为一个民族"的特性通常包含在术语"国家"或"政治社会"的当代用法中。通常,国家所包含的意思仅仅是:(1)这样意指的人类集合体(如果不通过其他方式)通过承认对于一个政府的永久服从这一事实团结在一起,并且,通过政府和被统治者之间的永久关系,拥有一种可以和其成员的生命相区别的共同生命;(2)政府对于地球表面的某一部分行使着控制权;(3)这个社会的成员人数并不稀少,尽管不能明确地说明这个数目。①

我们在分析当代的国家概念时,可以找到这些特性。但是,如果在比较方法的帮助下,我们沿着发展的河流向上,追溯政治社会的历史(假定不太发达的在更发达的之前),这些特性看起来逐渐变得模糊和不稳定起来。社会成员的人数有所减少;我们追溯到氏族,它不容易同一个扩大了的家庭区别开来;氏族和土地的关系松散起来,成为一群游荡的牧人或猎人的集合体;政府和被统治者的关系难以辨认。公认的首领并不制定法律;人群追随因袭的惯例,但不存在惩罚不服从的法官;如果首领要发布命令,(至少在和平时期)它们很少有可能得到普遍服从。最终,我们回溯到一个无法分清明确领导关系的群居团体。因此,在开始对政治社会的发展进行研究时存在某种困难,如果我们试图从开端开始(这看起来很自然),我们就必须在几

---

① 通常,人们认为一个"国家"的政府是独立于外部控制的。但是,我们也将这个术语用于缺少这种特性的被统治社会,它或是一个联邦的成员,或是一个支配性国家的附属国。

28 乎完全黑暗中开始。如果我们自己的政治社会在直接源头上来自一批政治上最不发达的类型这一推断是正确的（这个问题我现在不予考虑），那么，这种发展过程的很长一部分必定发生在史前时代。当历史之光首次落在作为现代欧洲国家的明确源头的一些社会上时，它们已经有了一种非常明确和复杂的政治组织。任何对于政治社会最初起源的研究都会把我们带离严格意义的历史，进入通过类比进行的推理、猜测和推断中去。因此，在我看来，最好是从历史上已知的最早的政体开始，而不必认为它是最初的政体；然后，以此为立足点，猜测在它之前的政体；接着，通过历史之光，追踪随后的发展过程。

第二讲
历史上的政体的开端

§1 在前面的讲座中,我已经解释过这门课程的方法与目标。我们要研究的是通向现代国家的发展过程。现代国家是一种宪政国家;因此,我们把欧洲历史看作通向宪政国家的一个过程,主要关注的是宪制的历史;根据对这种有限目标的考虑,我们将主要留在印度-日耳曼国家群体的三个分支的历史之内。我们把注意力集中在:(1)希腊;(2)罗马及其帝国,尤其西方部分;(3)击溃和改变西部帝国的日耳曼部落,他们的征服为这个改变后的帝国带来了新条件,反过来,他们的政治发展和这些新条件发生了反应,并且很大程度上被这些条件所改变。

在我们开始时,重要的是要看到,尽管希腊-意大利文明和日耳曼文明的发展线索出现了分叉,但在它们的开端,它们离得并不是这样远。当根据可以获得的最好证据比较希腊、罗马和日耳曼最早的政治社会形式时,我们发现,它们之间除了重要的差别,在一般特征上还具有某种一致性。的确,据弗里曼所言:"当我们最早瞥见雅利安大家庭的(至少)所有欧洲成员的政治生活时,在我们面前就会出现具有各种变体的某种政府形式。这就是,一个国王或者首领,和平时期的头号统治者,战争时期的第一统帅。但是,他不是靠自己的专断意志进行统治,而是在一个首领议事会（council）的建议下进行统治，这些首领以年龄、血统或个人功绩而著称。并且国王还可以进一步把特定时刻的所有事务提交给由全体人民组成的公民大会（general Assembly）做出最终的批准……这就是在荷马歌谣对我们欧洲生活的最早描绘中，我们所看到的政府形式……它就是由传统为我们所设定的政府形式，作为古代拉丁宪制的最早形式，从中首先成长出罗马共和国（Commonwealth），然后是罗马帝国。在塔西佗描绘的我们种族的第一幅图景中，我们看到的正是这种政府形式；一瞥之下，当这个种族的我们自己的分支在进入我们现在所居住的这个岛屿时，同这个最早时期有关的我们本国的历史记载提供给我们的，正是这种政府形式。"①

我认为，这种观点包含着稍许夸大的一种重要的真理成分；因此，在当前的讲座中，我建议依次考察弗里曼的概括所立足的三种主要案例，既研究相似之处也研究不同之处。

但是，我们按照什么顺序考察它们？这个问题让我必须对弗里曼的观点给予第一个限定：当我们考虑每一个案例中可以通过历史查明的最早条件时，不能假定我们要对其政治条件加以比较的不同的早期国家处在相应的发展阶段。我看到，在蒙森（Mommsen）的第五章对最早的罗马宪制的概述结束之时，这位历史学家明确地说，这种可被认识到的罗马共同体的最早的政治秩序——他认为这种宪制在塞尔维乌斯·图利乌斯（Servius Tullius）*改革之前就已存在——由于其不确定的长期政治发展

---

① *Comparative Politic*, Lect. II., pp. 65, 66.
* 罗马王政时代第 6 位国王（约公元前 578—前 534 年在位），在位期间推行的一系列军事和政治改革完成了古罗马由氏族制向国家的过渡。

过程，晚于在荷马史诗中为我们所展示的阶段，或者晚于塔西佗对于日耳曼人所描述的阶段。如果接受这种观点，对于某种分歧我们就有了显著的例证。我以前提到过，这种分歧出现在普通历史所接受的政治事实的时间顺序和政治科学努力追踪的发展顺序之间。根据政治科学的观点，塔西佗所记录的（即公元1世纪的）日耳曼人要比6个世纪前的罗马人更早，更接近我们试图追踪的发展过程的出发点。

在剩余的两个案例之间，我们能够做出相似的判断吗？我们能够说，哪一个发展得最早，是荷马向我们展示的希腊人的政治制度，还是塔西佗向我们展示的日耳曼人的政治制度？在这里，首要的反对观点是，整个比较立足于太不稳定的基础之上。可以说，像荷马史诗这样的诗意描述不能够为一种政治社会形式或一种文明状态的历史存在提供证据，因为，（1）诗歌是对过去的英雄时代的描绘，所以这样的描述不能用来证明诗歌写作时期的时代特色；并且，（2）我们不能认为诗歌具有文物研究的价值，所以这种描述对于那个过去时代的特色不能提供令人信服的证据。这种困境具有某种力量，尤其涉及英雄人物的权力、荣誉和回报时。即使这样，我认为，如果不相信，被附带给予政治制度、社会习俗和工业艺术的提示（当它们并没有被明显地用来强化故事的鲜明印象时）总体而言①向我们展示了诗人或者诗人们通过经历所了解到的希腊文明，那么，这种怀疑

---

① 在一到两个案例中，诗人的语言表明了，他在有意识地描绘一种过时的做法。而且他冒犯了他自己时代的情感，比如，当他描述十二个特洛伊青年在普特洛克勒斯（Patroclus，希腊战士，在特洛伊战争中被杀——译者）的火葬上被献祭的时候，就是这种情况。

态度也太过头了。如果没有这种过分怀疑的态度，我们就可以推断，荷马诗歌所描绘的希腊人在一般文明水平上要比塔西佗所描绘的日耳曼人明显更高①：比如拥有有围墙的城池、葡萄园和精耕细作的橄榄树林地，以及为他们首领建造的奢侈的宫殿；进口（如果不是制造）了在技术上和阿喀琉斯*的盾牌相似的工艺品；最后，并非不重要的是，产生了诗歌本身。因此，我们毫不惊讶地发现，他们处在政治发展的更高级阶段。

§2 那么，让我们开始于时间顺序上最近的事实部分——原始的日耳曼人宪制；关于它，塔西佗是我们的主要权威。在日耳曼部落的政治制度中，如塔西佗所述，我们明确地发现弗里曼所谓的印度-日耳曼语系政体的三种成分。有一个定期集会的武装自由民大会。有构成部落领土的更小地区的王（principes）或首领们，他们在这些地区执行司法活动，通常在战争中领导他们的战士，并且作为一个议事会采取行动，为国民大会做好准备事务。在某些部落，还有地位较高的首领或国王。他们并非严格世袭，但总是从一个贵族家族中挑选。我们可以从其他证据中推断出，常常只有一个家族的成员拥有当选资格。

但是，当我们把塔西佗的叙述同凯撒在他的有关高卢的书中对于日耳曼人的描述加以比较时，我们会为一个奇怪事实所惊诧，而一般人把这种原始政体作为"父权制王政"（patriarchal

---

① 根据塔西佗的《编年史》（Annals, i. 61）记载，日耳曼人拿战俘献祭。
* 阿喀琉斯，希腊神话中的人物，被誉为战神，在特洛伊战争中杀死特洛伊第一勇士赫克托耳。——译者

kingship)①加以描述时会把它忽视掉。如果简要地一瞥凯撒所展示的日耳曼制度，我们在部落或国家(civitas)中根本看不到王权。他告诉我们，在和平时期，不存在共同的行政管理，把部落加以分割的地区的首领们在他们的人民中执行司法活动；仅仅当部落处在战争状态时，才能形成一种共同的行政管理。甚至在一个半世纪后的塔西佗时代，王权——对整个部落的持续领导——似乎才在某几个案例中出现。如同斯塔布斯先生所言："大部分的部落完全没有王室；国家是一个足够的中心，民族性联系是一种充足的凝聚纽带。"②

这样，在日耳曼人政体发展中可以追踪的最早的变革运动似乎是通往王政(kingship)的运动；"王政"的含义是，通常由一个家族所世袭的对一个部落的持续领导。随后的历史证实了这一点：王政扩散得越来越广。我们看到，在它以前不存在的地方，它被有意地引入；在发动了对罗马帝国的征服的更大群体中，我们看到它成为一种常态。最终，留在日耳曼本土的萨克逊人和弗里斯兰人(Frisians)似乎是仅有的没有采纳它的日耳曼民族；入侵英格兰的萨克逊人尽管在刚出现在英格兰时似乎没有王政，但很快就采纳了它。③

如果情况如此，假如追随弗里曼，把一种明确的三重权力划分看作原始印度-日耳曼语系的制度，看作一种"来自希腊人、罗马人和日耳曼人共同生活时期的遗产"，似乎是鲁莽的；因

---

① 比如，参见布伦奇利(Bluntschli)的《国家理论》(*Theory of the State*, Book VI., chaps. vii. viii.)。
② Stubbs, *Constitutional History*, chap. ii. §15.
③ Cf. Otto Gierke, *Das Deutsche Genossenschaftsrecht*, pt. i. §6.

为，关于部落，最早的证据向我们表明，在德意志的日耳曼人中不存在王权。似乎没有明确的根据可以认为，在分割没有国王的部落的每个更小的群体中，存在着由政府机关构成的一种明确的三位一体。在有国王的部落中，无疑存在着可以明确区分的三种成分。但是，在任何一种情况中，根据塔西佗的叙述，日耳曼部落中的最高权威似乎存在于自由武士的大会中。我可以通过引用斯塔布斯对这种描述的概括①来便利地证明这一点，而在对我们祖先的制度采取一种有利于民主的解释上，斯塔布斯先生肯定没有不适当的偏见："在两种体系中，核心权力被国民大会行使。它们在固定时间举行，一般在新月或满月时候。没有地域的差别，所有人都是自由的，所有人都携带武器出现。祭司要求保持安静，他们始终有权力实施这项要求。然后，辩论被某个人开启，他有一项要求倾听的个人主张，或者是国王，或者是一个王（princeps，地方首领），或者是某位就年龄、出身、军事荣誉或辩才而言有资格站起来的人。他使用说服的而不是命令的语气。反对意见通过大声喊叫得到表达；同意通过手摇长矛得到表达；通过矛和盾的撞击表示热情的喝彩。"

"在待审议的事务中，更重要的在全体自由民有资格出席的全体会议中得以处理。但是，事务在提交国民决定之前，由王们审查和安排；不太重要的和常规的事务交给由行政事务官所组成的人数有限的集会。"大会也"作为一个高级法庭而行动，倾听控诉和发布死刑判决"。并且在塔西佗时代，在各个地区和村庄"管理司法的事务官"看起来是在大会中选举产生的。

---

① *Constitutional History*, chap. ii. §16.

§3 当我们转向荷马的希腊时,我们发现,这种政体明显更具有君主政体的面貌:每个部落似乎只有单一头领,尽管至少在《奥德赛》中,被用于奥德修斯的同样的头衔("巴赛勒斯",Basileus)也被用来表示次级的首领,塔西佗把这些次级首领称作"王"(principes),将他们同"君"(rex)区别开来。[1]虽然如此,在荷马式的部落(《奥德赛》)里的各种首领中,通常有一个最高的首领或国王,他的职位通常(尽管不是必然)可以传给他的一个儿子。一个求婚者对忒勒马科斯(Telemachus)[*]说,作为父亲的继承人,伊萨卡(Ithaca)国王的职位属于他。忒勒马科斯谦逊地回答道,在伊萨卡,有"许多其他亚该亚(Achaea)首领",如果奥德修斯死了,其中一个就可以掌权。这种谈话的语气似乎很清楚地表明,忒勒马科斯被认为拥有某种权利,但是,这种权利可以被否决。[2]与此相似,在原始的日耳曼人宪制中,人民选举他们的国王的权利通常同一种根据世袭身份被选举的权利结合起来,这种世袭权利属于同一个家族的成员。

这样,在荷马史诗的部落中,有一个核心的国王,他通常是世袭的。在和平时代,像日耳曼国王一样,他有在部落民中间解决权利争端的职能,并且保护他们免于暴力犯罪的伤害;在对外关系中,他代表共同体,接受使节和款待外来者;在战

---

[1] Tac. *Germ.* 11. 在《伊利亚特》中,我认为,头衔巴赛勒斯(βασιλεύς)从来没有被明确地用于一个不是δῆμος[共同体]的首领的人,或者不是这样一个首领的儿子。就这样一个要点而言,《伊利亚特》中的政治观念,或者它的更早时代的政治观念,似乎与《奥德赛》中的不同。

[*] 忒勒马科斯,荷马史诗中希腊西部伊萨卡国王奥德修斯之子。特洛伊战争结束10年后,他同侥幸返回故土的奥德修斯一起,杀死纠缠其母亲、挥霍其家财的求婚者,合家团圆。——译者

[2] *Od.* i. 394.

时,他是部队的常规领袖。还有次级首领或长老,像日耳曼的诸王一样,和他一起组成一个议事会;并且我们可以看到,像日耳曼的首领一样,他们习惯在宴会上安排他们的事务。①

进一步而言,毫无疑问,由人民组成的公民大会通常被召集讨论具有公共意义的事务。但是,在有名望的学术权威中,关于这种大会的政治职能,存在严重的意见分歧。

据格罗托所言②,荷马诗中的自由人大会和首领议事会是"作为向国王提供建议的机会,并且作为他向人民宣扬自己的意图的媒介,而不是作为对他的权威的限制举行的。……国王宣扬他的意图。……但是,在荷马笔下的集会中,从来没有在肯定性意见或否定性意见上出现分歧,也从来没有批准任何正式决议。……一定程度上,它是一个首领们谈话、沟通和讨论的大会……但是,在这里,它的表面目的消失了。……构成它的大众倾听和默许,很少犹豫,从不对抗"。

作为对格罗托的回答,弗里曼和格莱斯顿(Gladstone)以无可质疑的说服力主张,正式的决议和分歧,作为改进之物,出现在政治文明的较晚阶段;我们甚至在日耳曼人的武装自由民大会上找不到它们,有关和平与战争的真正决定和其他重要事务明显有赖于这种大会。"如果他们不赞成一项建议,"塔西佗说,"他们会通过嘀咕和叹息(音颤[fremitus])表明他们的反对;

---

① 政治宴会是非常原始的制度。"战争与和平常常是在晚宴中议定的。"塔西佗说。"为首领们举行一场宴会"——在由阿喀琉斯之怒所引起的危机中,埃斯托对阿伽门农建议道。

② Grote, *History of Greece*, Part I. chap. xx. (vol. ii. pp. 90, 92, 97 1st ed.).

如果赞成，他们就撞击长矛。"①而荷马时代的希腊人显然避免做出喧闹的异议表达。但是，在《伊利亚特》中②，对阿伽门农建议的责难，在沉默之中找到了有效的表达，然后是对相反方一位发言者的大声喝彩。显然，荷马时代的公民大会中的演说者要做说服人的工作，说服人的口才对他们非常重要。公民大会不亚于战场，也是英雄赢得荣誉的一个地方；③即使一个外表寒酸的人，如果他拥有演说才能，"也会在他的人民的集会中闪光，当他经过城镇时，被当作一位神得到人们的瞩目"④。因此，公民大会远远不止是一种通告手段；在那里，公共演说成为推行公共政策的一种工具，如格莱斯顿和弗里曼所言，拥有自由的真正本质。

而且，显然，特洛伊的公民大会⑤被诗人认为要为支持赫克托耳的糟糕建议而不是波吕达玛斯的良好劝告而承担严重责任；伊萨卡的公民大会⑥被认为有权力将珀涅罗珀的追求者从伊萨卡驱逐出去，作为对他们密谋杀害忒勒马科斯的一种惩罚。多大程度上国王可以在没有甚至违背议事会和公民大会的建议的情况下做出决定，而不违背惯例？尽管这一点很难说（由于三个机关之间的职能分配毫无疑问是不确定和波动的），显然，某些公共行为不在他的权威之内。因此，我们几次听到⑦，一块土地

---

① Tac. *Germ.* 11.
② *Il*, ix. 29, 50
③ Compare (e.g.) *Il.* i. 490, and iv. 225.
④ *Od.* viii. 172.
⑤ *Il.* xviii. 311
⑥ *Od.* xvi. 375
⑦ See *Il.* vi. 194, ix. 578, xx. 184.

(τέμενος)被人们从公共土地上切割下来,作为对显著的公共服务的奖励,而被某一英雄单独拥有;但是,从来没有听说过它是由国王的权威分配的。例如,在柏勒洛丰为利西亚做出贡献后,国王把所有王室荣耀的一半给予他,但正是利西亚人"给予他一块带有葡萄园和耕地的不错的土地"①。

因此,我认为,我们单是从荷马这里就可以推断出,在最早发现的希腊政治社会形式中,自由人大会拥有的地位和日耳曼人大会拥有的地位有些相似,尽管与塔西佗描绘的日耳曼社会相比,在荷马所描绘的社会中,首领无疑在政治上看起来更为重要,而普通人民不太重要。

这种一般推断得到了来自于后荷马史诗时代希腊的证据的进一步支持;这种证据又一次说明了,在使用归纳与比较方法追踪政治发展的一般过程时,我们必须如何忽略编年顺序。我的意思是,一方面,我们必须把被长久的时间间隔所分离的不同地区的政治状态,视为相似物而放在一起;另一方面,我们也必须把不同地区同时存在的状态看作被长久的发展间隔所分开。的确,我们不能过分地忽视这种年代顺序,因为,一个位于低级发展阶段的民族,在生存中和一个更高级的文明民族发生了联系,有可能通过接触获得某些文明成分。因此,整个社会在某些方面有可能比某个具有普遍相似条件且历史更悠久的

---

① *Il.* vi. 195. 在梅利埃格(Meleager)的故事中(*Il.* ix. 578),是由"长老"而不是国王授予土地的;这一授予很可能得到了公民大会的批准。

或许可以看到,荷马史诗中国王的收入看起来被视为公共收入,他通常有义务主要为了公共目的而使用它。因此,受到阿伽门农款待的首领据说"用公共支出喝酒"(*Il.* xvii. 249)。同时,对于任何例外的支出,他有权要求部落成员的捐助,比如,款待陌生人所必需的支出。

民族更为高级。然而，就此而言，由于这种对于同时代文明的影响改变了我们正在考察的这样一种原始社会的政治势力的平衡，那么，它不可能有利于自由人公民大会的权力，因为首领们基于其财富和地位，在文明发展中有可能先于大众而行动，借此提高自己的支配地位。当马其顿在希腊历史中脱颖而出的时候，它的国王们似乎就是这种情况。的确，在这里，王室家族声称在种族上属于更文明的邻国。因此，尽管声称拥有这种优等来源，我们从亚历山大的历史学家们那里得知，马其顿国王的权力在宪制上受到了限制，尤其是，除非在战时得到了军队、和平时得到了公民大会的同意，否则就不能实施死刑惩罚。我们发现，即使在像亚历山大这样一位杰出的和成功的君主的统治下，亚洲的马其顿军队也保留着这种权利，并且实际上宣告了亚历山大本人在它面前所指控的马其顿人的无罪。当我们了解到这些情况时，对于弗里曼在日耳曼人和希腊人的两种武装自由人大会的原始政治状态之间所做的类比，我们肯定会获得某种验证。

但是，马其顿的宪制仅仅是通过模糊的一般论述和对孤立事件的推断才为我们所知。更重要的证据是由希腊历史上最有意义的宪制之一所提供的，即所谓的斯巴达来库古*宪制（Lycurgean constitution）。我认为，我们可以假定，（1）征服伯罗奔尼撒半岛的多里安诸部落在社会和政治上同他们所征服的人民相比，处在一种更为原始的条件中；（2）在所谓的来库古宪制

---

* 来库古（Lycurgus），传说中的斯巴达立法者，他在斯巴达社会中实行了共产主义与军国主义为导向的改革，促进了斯巴达人的三项美德——平等、军事能力与简朴。——译者

中，我们很大程度上拥有了这种人为保存并且获得了独一无二稳定性的最初条件。经过一种现在无法探明的变化过程（传说把这种变化集中和依附于来库古的名下），一个入侵群体的原始自然生活和尚武习惯以某种方式被固化，变成了一个精心训练的战士等级所拥有的人为的简朴与坚韧的习惯和传统的技击艺术。现在，如果我们考察古老的斯巴达宪制（把五"监察官"或监察员委员会放在一边，最优秀的学术权威认为它是后来补充的），我们发现，它的主要面貌就是弗里曼的原始印度-日耳曼语系政体的主要面貌。尤其是，在公民大会的权力方面，它同塔西佗所描绘的日耳曼人政体之间的相似性，比它同我们在荷马史诗中所发现的任何政体之间的相似性更为惊人。国王们（我回避斯巴达特殊的双王制度，它现在不需要耽搁我们）的责任是，至少每月一次，在满月的日子，在欧罗塔斯河谷地的一个固定地方，把公民们召集起来。这个公民大会，像日耳曼人的公民大会一样，是武装自由民的一种军事集会；有关战争与和平的决议、条约和国家的其他重要事务，向它提出，要求它做出决定，正像在塔西佗的日耳曼人大会中一样。在任何一种情况中，普通的自由民不参与辩论；但是，公民大会必须接受或者反对提交给它的提案；即使到了修昔底德的时代，这位历史学家告诉我们，一个斯巴达人公民大会的决定，就像一个日耳曼人公民大会的决定一样，是通过叫喊而不是正式投票表达出来的。

把所有这些证据放在一起，我认为，我们可以合理地假定，首领们和普通自由民之间的习惯性权力分配，在希腊的不同地区具有相当的差别；在更原始的社会条件幸存的地方，就像在征服者多里安人所来自的多山地区，普通自由民的独立性、自由民大会的集体权力，同更文明的地区相比要更大。联系到这一点，关注首领们的军事装备和战斗模式是重要的。因为，在构成古代历史的几乎整个发展阶段，军事装备与组织差别和政治差别具有一种重要的相关性。这样，我们可以假定，在那些希腊首领和贵族们像在战车上的荷马英雄一样作战的地方，他们相对于组织松散的普通民众的政治优越性，同日耳曼人首领们相比，无疑更大，这些首领和他们的部落战友步行奔向战斗。然而，我并不认为，战车作战方式肯定曾经广泛盛行于欧洲的希腊人中间；①因为战车完全不适应多山地区，而这样的地区的确占据了希腊本土如此大的地方。无论如何，我们可以假定，多里安人在伯罗奔尼撒半岛赢得他们的胜利主要是依靠步兵，这在有史时期构成了他们主要的战争手段；普通多里安自由民具有的这种军事重要性也往往维持了他的政治地位。同时，我们完全可以将迈锡尼和梯林斯的由庞大石块构成的巨墙、装满金银财宝的宏伟陵墓和宫殿遗迹作为证据，表明在多里安人入侵之前，在尊贵和权力方面，伯罗奔尼撒半岛上的希腊首领们已经超越他们在塔西佗时代的德意志的同类人，或希腊更粗野地区的同类人。

尤其关于司法职能，在原始日耳曼政体和已知最早的希腊政体之间，似乎存在一种明显差别。在日耳曼宪制中，宣告正义（即权利争端不是通过私人冲突和妥协或仲裁所解决）的职能，似乎基本上属于在民族范围内或本地集会的自由民们；国王或

---

① 在皮奥夏和埃维厄岛有其古代使用的踪迹。

地方首领的职能是主持审判和执行判决。但是，尽管在荷马笔下的希腊，司法判决是在全体公民的集会上宣告的，却没有证据表明，在普通案件中，公民普遍参与了判决。然而，我们可以从上文中有关马其顿的描述中推断，在死刑案件中，集合起来的公民拥有终审判决权，就像在罗马当被判刑的人上诉时一样。或许，根据一般的理由，在希腊和在其他地方一样，构成政治大会的武装男人的原始集会，最初在重要的刑事司法事务上，也是司法团体。

41　　转而简要地考察由蒙森所描述的原始罗马宪制，我们再次发现弗里曼的原始政体的三种成分，明确而富有活力。首先，有国王；①其次，有"元老"组成的议事会，它拥有向国王提供建议的习惯性权利，并且当国王去世时是王权的最终托管者；最后，有公民大会，和原始日耳曼人和斯巴达人大会至少共同拥有三种基本相似性：（1）它（至少）在固定日子集会；（2）对于具有重要的国家意义的措施，比如，对外战争、"习惯法"（common law）的改变或市民关系的惯例的改变，必须获得它的同意；（3）大会只能说"是"或"不"，对于提交给它的提案，不允许个体公民发言。还可以进一步注意到，在执行死刑判决的案件中，上诉案件通常被提交给罗马的公民大会。

　　我已经观察到，具有这种宽泛特征的政体不能被视为是印

---

① 在罗马国王和希腊国王之间存在某些显著的差别。罗马国王没有要求有神圣的世系；他或者是被他的前任提名，或者被元老院任命的临时执政者（interrex）提名。但是，他的管理权力看起来超过了希腊英雄时代的国王，这同罗马更严峻与更有条理的民族特性相符合；在带有父系权威的私法中，我们也发现这种民族特性得到了强烈的展示。

第二讲　历史上的政体的开端

度-日耳曼语系民族所特有的。的确,据斯宾塞(Spencer)先生所言,①我们在"各种马来-波利尼西亚人中间,在北美红种人、印度群山的德拉威人、澳大利亚的土著人中间",发现了一种相似"形式的统治机构"。然而,在这里,我们不关注这种更宽泛的比较。斯宾塞先生以他有点独特的方式补充道,"政府组织不可能以任何其他方式启动",因为"在开端,除了通过集中起来的群体所表现出的集合体,没有其他控制性力量可以存在"。但是,在我们开始验证这种必要性之前,似乎可取的做法是,考察有关政治社会起源的一种普遍认可的理论,它似乎提供给我们所必需的控制性力量。我指的是父权制理论(patriarchal theory),它作为原始政治社会中最初的整合性力量,给予了儿童对父亲的服从习惯,继而作为一种对首领的服从习惯,首领被视为是氏族的父亲。我建议,在下一讲中考察这种理论。

---

① *Political Institution*, ch. v. § 464.

第三讲
父权制理论

§1 让我简要概括一下前一讲的结果。在希腊和罗马通过其最早记录向我们展示的这种原始民族中，和在拥有一个共同的常设头领的日耳曼部落中，我们发现，政治职能在三个不同建构的机关中得到分配：国王或最高首领，由次级首领或长老组成的一个议事会，和由完全合格的公民组成的大会（如我所言，它是一个武装自由民的军事集会）。在我们比较过的三个案例中，这三个机关被大致相似地建立起来。在任何一个案例中，三个机关间的职能分配都和其他任何一个案例具有广泛的相似性，虽然我们注意到了细节上的重要差别；当然，由于精确与明确的职能划分属于更文明化的民族的宪制，所以我们不能把这种特征给予这种早期阶段的社会。

本次讲座课程的主要任务是，追踪这种政体随后所经历的发展过程。随着文明的进步，而且随着我们有关过去社会与政治状态的记录变得更为精确和可信，这个过程也变得更为清晰起来。但是，在本讲中，我想往后看而不是往前看，深入一个模糊的地带，看看在推测的帮助下，我们多大程度上可以对原始政体所经历的过程进行一番大概的描述。

社会起源问题在现代政治思想的早期阶段饱受争议，被认

第三讲 父权制理论

为具有一种实践重要性,现在没有人认为它具有这种重要性。人们发现自己处在一个组织化社会中,给予某个政府习惯性服从,问为什么这种服从是应有的,并且期望在某种理论中找到它是如何起源的。人们会坚持认为,统治者要求特定人群服从的当代权利要有正当性,而有关政府权威起源的认识将决定这种正当性。但是,这种假定——政府的最初起源和服从它的当代义务之间存在关联性——现在已经被普遍抛弃了。在考虑为什么要服从建制政府时,我们通常会考察服从与反抗的可能后果,将压迫的罪恶同打破既定秩序的罪恶加以比较。以前,洛克坚称,政府权威最初来自本来独立的个人的自由同意;菲尔默(Filmer)坚称,它来自一个父亲针对他的儿子和儿子的儿子的权威。既然二人之间的争议对于我们而言仅仅具有历史兴趣,那么,我们就可以容易地以科学的公正性考察各种可能的替代性猜测。

§2 但是,在让我们自己闯入这个晦暗的猜测地带之前,最好在心中要清楚,和这个起源问题有关的认识可以通过对不太模糊的历史内容的研究获得。我们想要猜测在史前时代政治社会是如何起源的;为了最大程度正确地猜测,手头有实际已知的有史时期新政治社会的形成模式会更好。

现在,我们发现,有史时期新国家的形成有时是通过结合(aggregation),有时是通过分裂(division);在任何一种情况中,有时是通过自由的同意,有时是通过强制。在有史时期,分裂不是一种罕见的原因,特别是在早期的发展阶段,在这个阶段,后来成为殖民化的过程是以派出流浪人群寻求新定居点的粗陋

44

形式进行的。但是，当一个新的政治社会通过分裂形成时，它显然来自一个业已存在的同样类型的社会；因此，如果政治社会最初是由非政治社会形成的话，分裂显然不是这种模式。

关于结合，则是另外一种情况，因此需要得到更密切的关注。征服的或者被征服的共同体达到一定的文明阶段后，依靠强制的结合或者征服，是新的政治共同体的一个非常重要的起因。但是，处在最低发展阶段的野蛮部落，尽管不断地置身战争中，不会通过纯粹的和简单的征服合并起来。被征服者或者被灭绝，或者被驱逐，而不会被同化；至少，男性俘虏被消灭，女性因被纳为妾或因家务劳动而得以活口。这样，我们就没有根据把征服看作最早形成政治社会时的一种因素。的确，认为政治社会的形成出于这样发生的非政治因素是很难的。

同时，我们在有史时期发现了几个案例，在这种案例中，一种大体自愿的结合使一个新的政治整体从几个部分中形成；它们已经拥有了某种政治组织，尽管常常是不太发达的政治组织。我们发现，这种过程既发生在历史的最早阶段，也发生在最晚阶段。最常见的情况是，在发展的早期阶段，这样的联合出于战争的考虑而发生；起初，只有当战争持续下去，它才会持续下去。于是，(我已经提到过)凯撒告诉我们，在他的时代，日耳曼诸部落(诸国家[civitates])只有在战时才有共同的首领；在和平时期，更小的部分(他称作 regiones 或 pagi)有各自的首领，他们主持正义和调解分歧。就这种情况而言，可以很容易在世界各地找到类比。①

---

① Cf. Spencer, *Political Institutions*, §451, p.298.

但是，这个阶段的战争常常如此频繁和严酷，所以，联盟的好处导致了联盟的永久性。塔西佗谈到的日耳曼部落似乎已经全部拥有了这种更彻底的内部整合度；并且，如我们所知，已经存在国民大会，更小地区的首领由此选举产生。这样，当我们从凯撒和塔西佗所了解的日耳曼人转向四个世纪后蔓延于衰朽帝国的日耳曼人时，我们发现了朝向同一变革方向的更大进步。

然而，并不是仅仅着眼于战争和防御外来势力，斯宾塞所谓的这种"整合"（integration）才会发生。如果共同体在语言和习俗上是相似的，那么，由于文明会增加在本性和情感上属于一个共同体的意识，单单在结合起来的共同体内部关系中建立一种更完善秩序的愿望就足以产生这种联合。当我们考虑某些例外案例时，这种现象似乎就出现了；在这些案例中，形势使得对外战争成为一种相对罕见的事件。于是，我们发现，在冰岛，出现了从地域接近具有各自首领的一群"庭"（Thing）发展为共同体的变迁，这种变迁来自于临近首领和服务对象之间的争端，以及在法律上的不确定性。于是，这种情况在930年产生了"立法者宪制"（Constitution of Ulfliot），为整个岛屿建立了一个中央"庭"或称"阿尔庭"（Althing）*，和一位代表单一法律的法律发言人。

---

* 为了既维持社会稳定同时又保证每个家庭的利益，冰岛的定居者发明了一种"庭"的议事制度。每当有大事需要决定时，例如，不同的家庭之间发生矛盾，或发生财产纠纷，或某个成员犯有罪过需要惩罚时，就要举行每个家庭都要参加的会议。这样，全体成员聚在一起议事的地方叫作"庭"。930年，这些小群体在雷克亚未克以西四十公里处一个峭壁前一片草木旺盛的地方聚会，决定全民每年举行一次大会，讨论有关民众的大事。这就是冰岛"阿尔庭"（"阿尔"是全体的意思，这个词后来转化为"国民大会"）的由来。——译者

§3　那么，在新国家形成的所有史载模式中，自愿的联合似乎只能适用于这样一种情况，即从一个先前还不是政治社会的某种社会中形成最初的一种政治社会。因此，在洛克学派及其反对者之间造成争议的最重要的历史问题可以这样表述：政治社会是否最初是由自然家庭的首领们的自愿结合所形成的，而不承认在结合之前任一家庭首领较其他首领有统治的权利？或者，政治社会是否是由单一家庭扩张成为更大的亲属团体而形成的，伴随着对个体或家庭——尤其是代表着生身父母家庭——的优越地位的认可？

通过考察历史向我们展示的希腊、罗马和日耳曼的最早政治社会的内部结构，我们或许可以获得对这个问题的某些理解。因此，我们转向梅因对于这种结构的描述。他描述的基础是从比较法学尤其是从罗马法的研究中所获得的证据。据梅因所言，原始时代的社会"实际上，而且在构成它的人看来……是一种家庭的结合"，而不是"个人的一种集合"，因此，古代法的"设计目的是要适应一种团体体系"。它"认为它要处理的实体，即父权制团体或家庭团体，是永久的和不能消除的"。[①]要注意到，只要这些实体的父权特性在我们已知的历史上最早的罗马法中得到了认可，它们就是最严格意义上的家庭：户主的"父权"（patria potestas）只能延伸到他的妻子、孩子和他们的后代。的确，对于他们，他似乎可以行使如此绝对的专制，以至于可以认为他身边的家庭成员根本不能作为一种单独的法律存在。他不仅是家产（甚至包括他的孩子的获得物）的绝对所有者，而且

---

① *Ancient Law*, chap. v. p. 126.

他可以随意地严惩甚至杀死他的任何孩子,卖掉和通过收养转让他们,接纳和抛弃他们。和家庭内部的这种彻底控制相伴的是一种相应的广泛责任;家长要为儿子造成的任何损害承担责任;但是,他可以通过交出肇事者作为对损害的赔偿而使自己免于承担责任。因此,非常明显,罗马人的父亲在有生之年中的权力更类似一位独立的统治者的权力,而不是一位现代父母的权力。虽然如此,我们在他死后对家产权力的非常明显的限度上,发现了一种相似的类比。起初他不能通过遗嘱剥夺他的孩子们的任何财产;同可以安排自己统治的国家的一个现代国家君主相比,他更不能决定在他死后如何处置自己的财产。

然而,当我们问在父亲死后会什么发生时,我们发现,对于这个问题,证据提供了两个不同的答案。当我们通过我们已知的最早的罗马法进行思考,考虑父亲之死的后果时,我们肯定想到,父亲死后家庭会分裂,孩子或没有父亲的孙子(他们是在生理上能够建立家庭的人,即他们是性成熟的男性)的家庭变成独立的单元;而如果不是在丈夫的控制下,妇女由于缺乏这种建立家庭的能力,依然受到最近的男性亲属的支配。①

但是,对于最早的罗马继承法进行的考察导致我们推断出一个更早的发展阶段,在这个阶段,家庭在父亲死后维系在一起而不是分裂。据梅因所言,②原始的罗马继承概念是"对于死者的全部法律地位的继承"。和继承有关的罗马法中的所有古老措辞都"表明,从立遗嘱人传递给继承人的是家庭,也就是说,结

48

---

① 后来,当遗嘱可以推翻男性亲属的这种原初权利时,没有结婚的妇女在她们的父亲死后被置于遗嘱所任命的监护人的保护中。
② *Ancient Law*, chap. vi. pp. 181, 190, 191.

合在父权中的和从其中产生的权利与义务的集合体"。因此，梅因认为，最初的遗愿或遗嘱是"一种宣布谁将通过继承拥有立遗嘱人的首领地位的方式"。而且，在原始的无遗嘱继承（缺少直接继承人）的法律中，得到认可的唯一的血亲权利是"父系亲属"（agnates）——可以独一无二地通过男性追踪其亲属关系的男性亲属——的权利。这种现象把我们带回到一个时代，在这个时代中，一个男人在他的父亲死后，在某种重要意义上，和他的兄弟甚至更远的男性亲属一样，依然属于同一个家庭群体。除非我们假设女子——即便她们在父亲死后才出嫁——通过结婚在某种意义上（在这个意义上男人不离开家庭）离开家庭，否则无法解释将所有仅通过女性可追溯到亲属联结的成员排除于继承之外之事。

进一步而言，我们必须看到，在罗马的《十二表法》中，继承权超出了可追踪的亲属关系范围，延伸到了死者所属"氏族"（gens, clan）的成员。这种情况导致我们要对梅因关于作为家庭集合体的原始社会概念做出一种非常重大的修正。我们在罗马、雅典、斯巴达——简而言之，在我们对一个古代共同体有准确认识的地方——同样发现，最初的公民的家庭在更大的团体中聚集起来；那时，这种团体像那种通过一种至少想象的共同亲属关系而被集中起来的家庭。我们可以便利地通过罗马人的称呼"氏族"把这些家庭识别出来。

这样一种氏族被梅因称作家庭的一种想象式延伸。[①]这样的

[①] 同样，格罗托（Part Ⅱ. chap. x）也把它称作一种"扩大了的和部分想象出来的兄弟关系"。

第三讲 父权制理论

氏族的成员不能明确地追踪到血缘关系；但是，他们有一个共同的姓氏，并且把彼此视作一个共同祖先的后代或准后代。他们通过宗教纽带联系起来，这种宗教纽带就是对一种准家庭的献祭仪式的履行，而且在早期，通过一种复杂的相互的权利义务纽带联系起来，就像那些起源于遥远家属关系的人。这样，我们发现，一个雅典氏族的成员们通过相互继承财产的权利整合在一起，通过帮助、保护和伤害救济的相互义务整合在一起，通过在某些明确情况中（特别是在有孤女或女继承人时）内部通婚的相互权利和义务整合在一起，并且通过在某些情况中对共同财产的拥有而整合在一起。①

这些联盟纽带是如此强大，所以，在考虑它们充分发挥作用的原始社会的结构时，我们往往更明确地把它视作一种氏族的集合体，而非自然家庭的集合体。下述推测并非不可能：这种氏族的划分在罗马最初的政治体制中得到了代表，构成元老院的"长老们"（patres）最初是古老的父权制氏族的首领。

在罗马和雅典，氏族再次集合成为更大的联盟——"胞族"（curiæ）*，φράτριαι[兄弟关系]，被相似的却不太密切的纽带联系在一起；这些更大的群体再次集合成为部落。

那么，我们认为原始民族是按照上述方式即递增的群体序列组成，群体中的联盟纽带是对共同祖先的信仰或拟制，通过履行对一个共同祖先的神圣崇拜仪式得以表现出来，并得以确认。如果我们这样认为，父权制理论就形成了（如果我们可以

---

① See Grote, *l. c.*
* 在中文中也被译作库利亚。——译者

自然而然地这样说的话)。如同梅因所言,[1]"我们几乎禁不住把"这些群体"作为一个同心圆体系,它从同一点逐渐扩张"。也就是说,繁荣和团结的父权制家庭会变成氏族;同样,繁荣的氏族会发展成为更大的联盟——部落。尽管只是一种猜想,但梅因认为,"这并非自以为是的猜想",由父系家庭发展形成的独立群体被"最古老血统的最长男性"所统治,他代表"所有自由的男性亲属的共同祖先",这不是"任性的猜想"。[2]

§4 在考察这种观点时,最好是区分出三个问题:(1)把一个原始共同体最初整合在一起的纽带最早是家庭纽带(对亲属关系和共同血统的意识)的延伸吗?(2)由推定的男性亲属所组成的群体构成了我们已知的最初级的政治社会,这种群体是源于由单一男性祖先的孩子所构成的一个家庭吗?(3)这样一个群体的首领通常是作为这种原初家庭中的父亲的代表而行使权威吗?

第一个问题,我认为,可以给出充满信心的肯定回答。毫无疑问,在最早阶段,我们可以通过历史对这个阶段的人形成某种认识,他生存于其中的群体的理想纽带至少是亲属关系。的确,我们已经看到,在希腊和罗马的情况中,在看起来构成共同体的群体内部,或看起来至少构成古老的公民家系的群体内部,对于任何群体的所有成员而言,即使是通过传说所保留的家谱,一般也不能够溯源出亲属关系。甚至我们知道,或者需要或者不需要一种收养仪式,外来成分就被接纳进亲属联盟

---

[1] *Ancient Law*, ch. v. p. 128, and ch. vii. p. 234.
[2] *Early History of Institutions*, Lect. III. p. 94.

中。虽然如此,这并不能够阻挡作为一个整体的群体被视为来自一个共同祖先。即使我们知道,当共同体成员并不都是亲属时,他们仅仅把自己虚构为亲属,就可以把整合为政治联盟视为是自然和理性的;无疑,通过把虚构的亲属纳入群体的内部崇拜活动中,虚构的效果得到了有力的强化。在原始日耳曼人中,我们没有任何相似的对亲属关系进行虚拟扩张的证据。但是,当我们第一次在凯撒的讲述中瞥见他们时,我们发现,他们为了战争,为了土地的使用和耕作,在血亲群体中联合起来。尽管在所有这些情况中,当历史之光投向它们时,这些划分准血亲的制度的重要性看起来在下降,却有充分的证据清楚地表明,一个原始政治社会的内部联盟是根据一个家庭联盟的模式而设想出来的;它最早的成分是按照同样方式组成的群体;在每一个这样的共同体中,当我们第一次知道它们时,它们似乎意识到了,是一种更宽泛的传说中的亲属关系把它和邻近共同体联系在了一起。虽然我们不能说,在血统上来自一个共同祖先的信仰对于原始部落的联合,是一个必需的"先决条件"(condition precedent);但在这里,亲属关系作为联合基础的观念似乎就下述观点而言具有主导性,即对于同一个共同祖先的信仰往往在联合后发展起来。

§5 那么,我们可以假定,最早的政治社会形式是相对较小的群体,组成群体的人们将自己视为亲属;有可能,在某些情况中,这样一种社会是通过对单一家庭的扩张而产生的。但是,麦伦南(M'Lennan)和其他人提出,在非文明人中间,广泛存在着只能通过女性追踪的亲属关系和非常不同于父权制的婚姻习俗。在他们提出这些证据之后，我不能明确认为下面这样的事情是非常有可能的：我们所了解的历史上的任何政治社会实际上是以上述方式形成的。至少不是不可能的是，群居团体或它得以产生的团体，不管中间经历了什么样的结合与分裂过程，皆经历了一个只认可女性亲属关系的过程；如果情况如此，至少不是不可能的是，当它演进到父方亲属关系作为家庭联盟纽带占据优势地位的时候，它是由几个这样的家庭构成的：它们不能明确地追踪到自己的一个共同男性祖先，尽管在新近主导的男性亲属关系观念的影响下，它们开始相信，它们有这样一个祖先。在阿拉伯氏族中，这种变化过程的证据是由罗伯森·史密斯(Robertson Smith)在他的著作《早期阿拉伯的亲属关系与婚姻》(*Kinship and Marriage in Early Arabia*)中给出的。

在这里，我应该看到，梅因在最近的论著中[①]承认了麦伦南许多证据的重要性，并且鉴于这种证据重述了他的理论。他承认："非常有可能的是，自从人类在地球上出现后，这个种群的一个不确定部分曾经在不同时代遭遇了女人在数量上严重地低于男人的现象。"他同意，这种现象导致男人"建立起同性别比例相适应的制度"；并且，"这种制度的倾向是，把男人和女人安排在某些群体中，根据……父权制理论，这些群体非常不像他们最初结合的群体"。他承认："不可能说出人类的哪个部分曾经遭遇了这种性别不平衡。"然而，他依然坚持："父权制理论表明了人类的原始集群的特征。"他认为，麦伦南关注的现象是一

---

① *Early Law and Custom*, ch. viii. pp. 214, 215. 这一章(斯宾塞在批评梅因时似乎不熟悉它)应该被所有关注现在这种研究的人所阅读。

种暂时的偏离,插在最初的集群和古代法展示给我们的那种后来的父权制家庭之间。并且他通过援引达尔文的权威熟练地推翻了麦伦南的理论(如果我可以这样说的话),达尔文是从动物学的角度接近这个问题的。① 达尔文认为,根据我们了解的猴子的习惯,必须假定原始人(在最接近猴子的时候)的婚姻关系肯定更像父权制家庭而不是麦伦南所关注的婚姻关系,"每个人都有一个妻子,或者,如果强大就拥有多个妻子,他怀着猜忌心理保护她(或她们)免遭所有其他男人的觊觎",并且,"受到所有本能中最强烈的本能之一——所有低等动物共有的对于它们年幼子女的爱——的影响"。甚至有某一理由让他认为,他发现在一些情况下,在这种最早的后类人猿(post-simian)条件中存在着固定的一夫一妻制联姻。虽然我并不否认达尔文论证的力量,但我认为,我们可以看到,梅因在麦伦南和达尔文带给他的野蛮生活研究的影响下,他的父权制理论在其最终形式上,遭遇到了一种实质的变化。你们会记得,《古代法》中父权制家庭的一个基本特征是,家长——最年长的活着的男性祖先——被认为对于他的户内的成年儿子、妇女和年幼的孩子拥有专断性的支配权;而且,这个概念所涉及的"未开化之人对他们的父亲的盲目服从"被说成是一个"首要的事实"②。但是,对于梅因在《早期的法律与习俗》(*Early Law and Custom*)中向我们展示的父权制家庭,很难认为这是一个首要的事实。对于这种家庭,他说道(p.198),它是"非常野蛮的,它是极其残暴的"(p.209),

---

① See *Descent of Man*, Part III. ch. xx.
② *Ancient Law*, ch. v. p. 136.

所以,"沉迷权力所带来的性嫉妒或许可以作为对它的一种界定","强大男人的权力"是它的"主要建构原因"(p.215)。但是,在这样一个建立在性嫉妒和身体强制之上的群体中,又是什么动机让拥有充分青春活力的成年儿子服从父亲的专制权威?梅因提出,它是对父亲智慧(p.198)、"最强大的和最智慧的男性统治"的尊敬。但是,尽管同更高级文明阶段中的人们相比,野蛮人对通常和年龄相伴的智慧常常表现出一种更为明显的尊敬,但如果我们假定它能够让人们抛弃强烈的动物激情而屈从专制控制,那么,同其他可以提供支持的证据相比,它更应该是来自这种情感。我所了解的有关猴子或其他动物的事情根本不支持这一点。我了解到的是,(比如)在大猩猩中间,"只能有一只成年猩猩在群体中出现;当年幼雄性长大后,一场为了支配权的竞争就会发生,最强大者通过杀死和驱逐其他猩猩,树立起自己作为共同体首领的地位"①。所有这些看起来具有高度的非父权制特征。简而言之,"独眼巨人式"(Cyclopean)*的家庭意味着只有一位男性首领专断地统治着妻子们和年幼的孩子们。如果认为它意味着我们通过推测可以回溯的人类社会的原始状况,那么,我就找不到根据认为,《古代法》中的父权制家庭同样原始,或者认为它刚刚从独眼巨人式家庭中发展出来。正是在某个特征(即一些成年人对于某个人的服从)上,这两种家庭是不同的,这个特征对于我们现在研究国家的发展而言是非常重要的。

---

① Dr. Savage, as quoted by Darwin, *Descent of Man*, Part III. ch. xx.

* 在荷马史诗中,独眼巨人是海神波塞冬的儿子,居住在遥远国度里的一个种族,粗野,喜食人类。——译者

§6 这样,争议似乎集中在上文区分出的第三个问题——政治权力和父亲权力的关系。据梅因所言,对于原始社会的结构而言,父亲或他的代表的权力是一项如此基本的事实,以至于"作为把共同体结合在一起的纽带,亲属关系往往被视为是和对共同权威的服从一样的事情。权力的概念和血亲的概念混合起来"①,尽管"它们绝不能彼此取代"。因此,在最小的群体——家庭的情况中,"难以说明,组成它的人们非常明确地被视为亲属,还是被视为作为他们的亲属关系源头的某个人的驯服的或半驯服的依附者";"亲属关系和对父权制权力的服从,这两者的混淆也可以在家庭扩张后的更大的群体中看得到。在一些情况中,部落除了被当作人们服从于某一个首领的群体外,我们几乎不能以其他方式进行描述"。这样,或许只要在原始首领制强大的地方,这种观念的融合就会发生。但是,我们没有理由把主要权力的这种面貌视为是最早的政治社会的一种正常状态。即使我们假定一个氏族是从一个真正的父权制(而非独眼巨人式)家庭中发展出来的,也不能认为,它的首领之所以拥有权力只是因为他被认为是最年长的祖先,"代表着"扩张为氏族的这个家庭的父亲。"代表"这个观念在我看来太人为和太精致,不能作为在如此早的一个发展阶段的一种决定性力量。在梅因提到的历史上所知的后来时代的情况中,亲属群体或多或少是从父权制家庭中发展出来的,共同拥有财产,尽管不是作为独立的群体,而是作为一个更大的国家的组成部分;无疑,在这些情况下,我们找不到父亲权力的这种传递。的确,在大部分

---

① *Early History of Institutions*, pp. 68, 69.

这样的情况中，例如，在印度的未分裂的联合家庭中，最古老世系的最年长男性如果拥有完全的心理能力，通常被置于管理事务的首要地位。但是，如同梅因①所承认的，此人仅仅是管理者，而不是家长："如果他被认为不适合他的职责，一个'更配得上'亲属就会通过选举而取代他。"当(至少在王室家庭内的)选举原则在日耳曼人的国王或最高首领(在那里存在过这样一个最高首领)的任命中得到普遍接受的时候，情况就是如此。

因此，如果我们所想象出的家庭处在父亲的统治下，它的制度在社会内部已经牢固确立起来。即使在这里，我们依然发现，基于个人能力的选举原则同根据男性世系决定首领地位的遗传原则结合在一起。同样，有很多证据表明，在这样的社会中，个人的优势，身体上的或心理上的，或者两者兼有的，在决定首领职位的拥有上，是一项强大的因素。这样，在荷马时代的希腊，拉厄耳忒斯(Laertes)和珀琉斯(Peleus)在老年到来时，必须放弃自己的首领职位。我们可以合理地假设，在一些数目不确定的情况中，这样的个人优势，尤其是军事能力，是新的首领职位的源头。塔西佗告诉我们，在日耳曼人中，战时领袖因为其英勇而被选中。我们不会怀疑，在原始共同体中，这是经常发生的情况；或者，一位成功的军事首领在战争结束后常常可以保留自己的首领职位。除了战斗勇气或技能，其他优势也必须纳入考虑，例如，对于所谓的特定神恩或影响神的手段的拥有。一个部落的"巫医"(medicine-man)，据斯宾塞说，

---

① *Early History of Institutions*, p.117.

拥有上升为首领的有利地位。在早期罗马史中，努马(Numa)*的故事表明了这样的一种地位上升。

总体而言，我认为，我们必须假定，固定的世袭王政得以确立的发展过程曾经有过这样一个阶段，在其中，(在活跃的或熟练的领导能力被认为迫切必需的地方)选择最强者和最智慧者的这种原则在许多方面，同认可儿子作为父亲的自然继任者的趋势相结合、相冲突；而在男性血统可以明确地决定私有财产继承的地方，这种趋势可能是强大的。没有理由把父权制家庭中父亲的权力视为政治权力的原初类型；但是，无疑，父权制家庭类型的牢固确立非常有助于部落领导制度的稳定和强化。

---

* 努马，全名努马·庞皮留斯(Numa Pompilius，公元前753年—前673年)，罗马王政时期第二任国王。——译者

第四讲
对起源理论的概述——从原始王政开始的转变

§1 在上一讲中，我探讨了政治社会起源的父权制理论，在对赞成和反对它的证据进行研究之后，为你们提供了我已经获得的结论。简要概括如下：

1. 一项不可否认和重要的真理是，我们特别关注的这些印度-日耳曼语系民族的政治共同体，在我们对它们的历史有所了解的第一个阶段中，被发现是组织在以真实的或想象的亲属关系为基础的群体中；至少，共同体的核心或内核是如此组织的，尽管在这个内核周围，附加大量其他因素。①

2. 然而，我认为，这样的一个共同体应该被视为一个由家户或"氏族"组成的集合体，每个共同体都包括几个家庭，而不是像梅因所提出的，一个在最年长的男性祖先的专断控制下的由家庭组成的集合体。就是说，在古代法为我们带来的对最早

---

① 必须始终要承认，尽管亲属关系是理想的纽带，联合的需要和便利（尤其是为了战争）在我们现在难以追踪的范围内，是现实的纽带。无疑，尽管在早期时代，这样融合为一体的群体在合并之前也大多属于同宗，例如罗马和拉丁诸部落。即使这样，我们也必须承认，在一些数目难以确定的情况中，外来群体受到了同化。梅因注意到了这一点，但或许没有足够强调。

事态的认识中，在氏族之间的划分比氏族内部家庭间的划分更为明显。我们必须假定，在德意志，或许也在意大利和希腊，原始部落主要分布在很大程度上共同拥有和耕耘土地的亲属团体内；不管是在罗马还是在雅典，我们看到了这样的群体——氏族(gentes，γένη)，至少以亲属观念为基础，并且通过共同的崇拜，对于一个共同首领的一定程度的服从，相互继承财产的权利和在不幸、防御、补偿争议中相互帮助的义务，得到内部的整合。无疑，在同一个家庭的成员中，或者在更大群体的近亲属中，后面的这些纽带更强大；但是，虽然如此，它们有效地把整个氏族整合在了一起，并且构成了区隔诸氏族非常明显的界线。

3. 然而，我并不认为，我们可以将氏族的首领位置看作通常来自父系制家庭中家长的家内控制，当家庭扩张为氏族时，它被交给了最古老世系的长子。我之所以并不认为，这种父权制家庭形式在整个原始时代曾连续存在，是因为麦伦南和其他人证明了，在不排除印度-日耳曼人的非常不同的种族和地区——不是不包括印度-日耳曼人——在仅仅通过女性追踪亲属关系的习俗中表现出，曾经广泛存在一妻多夫制的或不确定和暂时的婚姻关系。动物学类比所揭示的原始家庭以性嫉妒和身体强制为基础。在其中，最强大的男性统治和守护他的女性和他们的孩子们；这并不能帮助我们解释，用什么特定的理由来解释氏族的组成，即许多成年男人所服从的那个男人并不比他们身体强壮。甚至，在父权制家庭已经建立然后扩张为氏族的情况中，相当人为的和精致的"儿子代表父亲"的观念似乎也不足以解释,世袭首领制在由这个家庭所扩张成的一个群体中是如何确立起来的。这种群体被我们认为是文明中更高级的国家的组成部分;尤其在这种群体中,类父亲的权威肯定不会被传递给被作为事务管理首领的人;他是管理者,而不是家长。

我承认,(我所理解的)氏族内的父权制家庭的确立,无疑在使首领职位成为世袭制时是一种重要因素。首领会像对待他的财产一样,致力于传递他的职位。而且,他这样做在其他人看来似乎是自然的;如果他有一个像样的儿子,他们就会默许(职位的世袭);而且,有点像我们在爱尔兰氏族中发现的那样,首领职位会在家庭内部选举。但是,绝不能得出这样的结论:首领的权力是"父权"的完整延续。尽管我们可以合理地把氏族首领视为所有共同拥有的财产的管理者,我们却没有理由认为他对这些财产或对氏族的其他成员拥有绝对的控制权。

我认为,如果我们更密切地考察,在我们所考察的人民的社会发展的最早阶段中,首领或国王必须行使什么职能,上述观点就会得到确证。排除对共同财产的管理,并且不考虑任何同神的假定联系,这些职能肯定主要具有战略性质和司法性质。首领不必立法,因为在这个发展阶段,法律仅仅以习俗的状态存在,个人或个人的联合没有任何明确的权威可以改变它;在政治发展的开端,后世被明确地当作国内行政职能的东西肯定可以认为只具有初步性。部落或氏族要求一位战争中的领袖和一位和平时的法官。但是,正如梅因所主张的,①最早的法律和法律仪式的遗迹表明,法官的日常工作属于仲裁类型:他必须

---

① *Ancient Law*, ch. x.

裁决自愿提交给他的家庭间的争端，尤其要让家族仇杀得到和平的终止。那么，显而易见，对于战略性职能和司法性职能，分别需要非常不同的品质。最好的法官通常是一位老人，他深谙部落习俗，但可能非常不适合作为战争中的领袖。因此，由于到目前为止，首领职位是由功效决定的，我们应当想到，这两种职能常常是分开的。实际上，如同泰勒所言，①"在野蛮人国度中，部落首领和战争首领常常被发现是肩并肩的"，尽管，无疑，"当弓和矛的权力一旦要求自己的权利的时候，它往往会进一步增长"。

§2 留下这些推断，让我们回到原始政体；我认为，这种政体具有我所给予的这些限定，我们可以认为它提供了一种普遍的政府类型，在不同的时代和地区，具有大量的变种。它属于通过历史所认识到的最早阶段的希腊、罗马和德意志的"部落状态"。因此，如我所言，在我们对政治发展的每一条溪流追溯到的这一点上，它们是相当接近的。我们现在必须追随它们分叉的路线。

但是，在开始考察希腊政体（我们将在本讲和随后的五讲中主要关注它）的发展时，我应该指出，同研究现代国家历史中的政治发展现象相比，研究希腊的这些现象，存在着一种假定的优势和一种实际的劣势。优势是，仅仅就我们所了解，就有如此多的例子可以概括。在这里，我提醒你们，我们不能仅仅考虑希腊本土；因为，在希腊文明的早期阶段，希腊移民以小而独立的共同体的形式遍布爱琴海的岛屿，包括较大的克里特岛，

---

① See Tylor, *Anthropology*, ch. xvi. p. 431.

和小亚细亚的西海岸,当文明进步时,这些共同体发展成城邦。从那以后,希腊的殖民化进程依然继续向远方扩张这种政体类型:把它带到亚得里亚海沿岸,并且使南部意大利成为"大希腊"(Magna Graecia),遍布于西西里的更大地方,向北扩张到克里米亚,向东沿着黑海沿岸前进,向南到达利比亚,向西甚至远至马赛。很容易发现,这样产生的独立城邦有几百个,对它们的政体进行比较,可以提供进行归纳的肥沃土地。但不幸的是,我们对大部分城邦的了解是极端贫乏和零碎的。我们了解稍微充分的宪制仅有斯巴达的和雅典的。对于其他城邦,我认为,我们最好说,我们或许知道最重要的宪制变革的一般特点;但是,在许多城邦中,我们甚至无法这样说。

鉴于这种情况,我认为,对于普遍的希腊城邦的政府形式变化,只能够做出几种让人信服的宽泛概括。那么,一个重要问题出现了:多大程度上,我们可以把斯巴达和雅典当作类型进行概括。我认为,关于早期历史,我们可以在一定程度上这样做,把斯巴达当作这样形成的一种共同体类型:把一个征服者部落放在一个被征服者共同体之上,征服者变成一个垄断政治权利的统治阶级。把雅典则当作一种共同体"融合"的类型:当它从部落状态进入城邦状态时,没有任何有迹可循的征服的效果。

此外,我认为,我们可以在重要程度上将雅典视为公元前5世纪和公元前4世纪希腊民主的代表类型。部分是因为,在公元前6世纪末(公元前510年)僭主们(tyrants)被驱逐后,尤其在雅典于公元前5世纪的前四分之一时间中成功地抵抗了波斯的入侵后，它迅速地获得了领导地位。其后果就是，自然产生了受模仿的影响力。同时，我们必须记住，雅典的类大都市(quasi-metropolitan)地位，来自它的海上帝国，就此而言，这让它不同于其他城市。雅典的辉煌很大程度上源于它的帝国地位；它充实的政治生活既被统治它的帝国的任务所激发，还被附属城邦的财政捐助所维持。但是，如果考虑到这些，那么，就像我前面所注意到的，非常有可能，公元前5世纪和公元前4世纪走向民主的希腊城邦受到了雅典范例的强烈影响，具有一种复制其制度的倾向。然而，以相似方式假定斯巴达是一种希腊寡头政体的典型，就是一种基本错误。斯巴达宪制必须被视为非常具有独特性(sui generis)；并且，尽管斯巴达人支持其他地方的寡头政体，反对通向民主的趋势，他们却不支持他们自己的政体作为其中一种类型的宪制。

§3 现在，让我们观察一下，在我们正在考察的这些种族的早期阶段中，部落首要首领制或王政是如何变动的。

由于"原始政体"在国王或首要首领、次级首领和自由民大会之间有一种职能的三重划分，人们自然会认为，三种政府，在公元前5世纪和公元前4世纪的希腊大众观念中一般被区分为君主政体、寡头政体或贵族政体、民主政体，它们来自不同时代中这些因素的这种或那种的主导地位。并且人们自然会假设，它们相继占主导地位——一人、少数人和多数人；王政变得难以忍受，引起了反对它的运动，把权力交到了次级首领或贵族的手中；这种少数人政府依次也变得难以忍受，这样引起了朝向更民主的状态的变化。

实际上，这就是波利比乌斯（Polybius）的宪制的自然秩序观。他是公元前2世纪的历史学家，看到了罗马针对希腊支配权的确立。因此，在对自由希腊具有个人兴趣的希腊作家中，他是将自己的关注特别转向罗马的人。他看到了罗马对希腊的第一次征服（公元前146年）；在这之前，他已经在意大利以流亡身份居住了17年。因此，不同于亚里士多德（我将在后文中谈到他的观点），他对政体发展的概括自然建立在希腊和当时居主导地位的罗马的经验的基础之上。根据波利比乌斯的概括，政体要被认为自然经历了下述阶段。君主政体，由于它所带来的罪恶，退化为僭主政体。然后，僭主的奢侈行为和无耻背德行为导致了公愤和仇恨，产生了贵族政体。当统治阶级部分沉溺于金钱攫取，部分沉溺于无耻的堕落行为，并且在这两方面变得令人难以忍受时，这种政体逐渐退化为寡头政体。然后，大众因为这种压迫而开始反抗和报复，民主政体就到来了。当民众（Demos）逐渐变得腐败堕落和无法无天时，这种政体变为暴民政体（ochlocracy）。直到人民又从一个君主这里找到他们的主人，循环又重新开始了。

现在，考虑到早期阶段，尤其考虑到正当的（legitimate）国王和贵族政体之间的僭主的位置，这个方案确实看起来（如同波利比乌斯明确所言）符合罗马的历史。透过全部充满不确定性的传说，我们清楚地看到，罗马后来的国王比前面的国王更专横和更具有压迫性；在国王被摆脱掉之后，他们就没有再回来。君主政体的暴力终结给大众留下了仇恨与厌恶的记忆，被继而统治的贵族政要成功而鲜活地保留下来。词语"国王"，蒙森说，对罗马人民的影响就像词语"罗马教会"对英国人民的影响。只要罗马国家事实上保持为一个城邦,就不再会有君主政体;直到罗马扩张成为一个地理国家,拥有一个从属于它的帝国,君主政体才又回来了,以作为维持这样一种庞大结构的凝聚性的一个明显不可或缺的机关。

我们听到过希腊类似的一两个暴力转型的例子,无疑,其中一个对波利比乌斯特别有影响。它和罗马被放在一起,导致他得出了上述概括。这个传说发生在亚该亚(Achaea),伯罗奔尼撒半岛北部地带;这个地方在希腊城邦的辉煌时代是如此默默无闻,后来在公元前3世纪作为亚该亚同盟的核心,又变得如此重要。在希腊历史的开端和结尾,我们都能看到亚该亚人(Achaean,在《新约》中写作 Achaia),在荷马史诗中,他们是希腊人的共同名称,但是在中间,我们几乎没有听说他们!而波利比乌斯①告诉我们,王政结束于亚该亚,因为人民不满最后一个国王的儿子"不根据法律而是专断地进行统治",因此,人民把政府变为一种民主政体。希腊政体发展的普遍规则是,当君主政体被取缔后,寡头政体随之而来。这种陈述作为这种普通规则的一种明显例外,具有什么样的重要性,我不久后会加以考虑。我现在仅仅把它当作由于国王残暴统治的恶化所带来的暴力转型的例子。

我们听到过其他一两个相似的暴力转型的例子。②但是,总体而言,尽管由于在知识上的不完善使我们难以充满信心地发

---

① Polyb. *Hist.* ii. 41.
② Samos, Plut. *Qu. Gr.* ch. 57; perhaps Megara, Paus. I. ch. xliii. 3; and Arcadia, Paus. VIII. ch. v. 13. 然而,这些"阿卡狄亚国王"的权力的范围与性质非常令人怀疑。

言,但我认为,我们必须把它们视为例外。的确,在雅典、底比斯①和阿尔戈斯(Argos)②,王室权力的削减可以被视作和平转型的代表。我认为,我们可以从中推断出发生了正常的和平转型,或者,绝不能将其作为针对专制的暴力反应。在它们那里,在向寡头政体转型后,统治权保留在王室家庭内部。有几个我们所知的这样的例子。比较一下柯林斯的巴克基阿家族(Bacchiads)、位于小亚细亚的以弗所和厄里特赖的巴吉里家族(Basilids)、位于莱斯博斯岛的米提利尼的本提尼家族(Penthilids)、位于塞萨利的拉里萨的阿留阿家族(Aleuads)的著名寡头政体;在所有这些例子中,当终身君主政体走向终结时,政府首领的职位看起来仍然局限在王室家庭内部。③把这种情况同罗马的塔克文(Tarquins)*被逐比较一下。这种差别显然意味着一种相对和平的向寡头政体的转型。

那么,我认为,我们可以从我们的证据推断出,在希腊,向寡头政体的转型更多时候是渐进的,没有革命暴力带来的任何重大震荡。老式的君主政体——属于原始政体的君主政体的职能受到法律或习俗的限制,并且它通常和议事会与公民大会共享职能;实际上,从我们第一次听说的希腊政体所处的时代开始,这种君主政体的声望似乎在逐渐衰退。在荷马史诗中,当我们从《伊利亚特》转向《奥德赛》时,我们看到了这种衰败。在这里,我已经说过,由于头衔"巴赛勒斯"的使用,这种现象

---

① Paus. IX. ch. v. 16.
② Paus. II. ch. xix. 2.
③ 在扩大的含义上使用术语王室家庭。巴克基阿是一个超过200年的大氏族。
* 罗马共和政体之前最后一个国王。——译者

非常明显。在《伊利亚特》中，我认为，它总是被用于一群民众或儿子们的首领；①但是，当我们进入《奥德赛》中时，"巴赛勒斯"是"首领"而非国王。这一点在史诗中，在已经提到的文段中很早就被展示出来。在这段话里，忒勒马科斯说，在伊萨卡岛的亚该亚，有许多首领（chief, βασιλῆες）。然而在后文中看起来，这个岛仅仅有一个城市，它的居民由一个公民大会构成了一群"民众"。另一个例子是，奥德修斯在旅途中被抛上舒适的斯刻里亚岛的海岸，在这里，高贵的费阿刻斯人所居住的地方明显地被当作理想与快乐生活的代表。这时候，从第一首领阿尔喀诺俄斯（Alcinous）的话语中我们发现，"有十二个优秀的首领在人民中间实施统治，而他是第十三个"②。显然，君主政体正在走向寡头政体。③

但是，尽管希腊各地有相对少的证据表明，向寡头政体的转型来自对抗君主权力暴虐扩张的运动，君主专制在希腊政体发展中却具有一种重要的位置。但是，君主专制政体在寡头政体之后来到，而不是在它前头，而且，在我们实际所知的所有情况中，它是不正常的、反宪制的专制。可以通过希腊名称"僭主政体"便利地回忆起这种政体。其性质、起因和发展，我将在后面的一次讲座中更充分地考察。现在，我提到它，仅仅是为

---

① 第二讲，第34页。
② Od. viii. 391. 在费阿刻斯，"王"显然是统治不同地区的"次王"（under-king），某种程度的整合已经发生了：κατα δῆμον[在人民中间]就意味着这种情况。
③ 这种转型看起来是（1）有时是一个王被选举出来，任期一年，拥有减少了的（主要是祭祀）职能（cf. Ar. Pol. iii. 9, 8）和（2）有时是王者委员会。Compare Kyme（Plut. Qu. Gr. 2, p. 360），Elis（Cauer² 253），Mitylene（Cauer² 428）。我并不认为在埃利斯（Elis）的著作中，王被限于祭祀职能，就像基尔伯特（Gilbert）所说的（Griech. Staatsalt. §19, p. 100）。

了搞清楚在希腊政体和罗马政体各自的演化之间非常重要的差别；仅仅是为了搞清楚，一般而言，在希腊发展顺序中，专制君主政体的位置不是在受到习俗限制的旧的君主政体和寡头政体之间，而是在寡头政体和民主政体之间。僭主不是罗马的一位原始君主，压迫性地使用自己的权力，超越了古老的法律和习俗的限制，而是一位雄心勃勃的领袖，借助人民的支持，从压迫性的寡头们手中夺得了君主式的权力。

§4 我们要通过关注希腊和日耳曼之间的明显差别，完成对三条发展线索——希腊人、罗马人和日耳曼人——如何发生分歧的概述。

在早期的日耳曼历史中，我们已经看到，政体运动是朝向王政的。在凯撒著作中出现的日耳曼部落很大程度上没有这种制度，但是，在各地，它似乎被逐渐采纳；而且，一旦被采纳，它就获得了明显的稳定性，并贯穿整个中世纪和现代历史。同时，在希腊，几乎勉强可以追踪的运动朝向另一个方向：在荷马的时代和最早的真实历史时期之间，希腊本土的王政，在大部分国家演变成为一种寡头政体形式。少数例外之一是斯巴达。我已经说过，在这里，原始制度被人为保持下来；但是，甚至在这里，国王的权力也被削弱到比世袭军事总指挥的权力仅仅多一点。怎么解释这种现象？

无疑，就部分原因而言，日耳曼人处在更早的发展阶段。然而，同样就部分原因而言，我们必须把这种现象归于这样的事实：在希腊，持续发展的文明进程倾向于发展为小而紧凑的国家；最终，在非常文明的共同体中，它拥有了一种明确的城市特色，即融合在一个单一理念中的"城市"和"国家"的观念。然而，当日耳曼人通过与罗马帝国的接触逐渐变得更加文明起来时，他们因此而熟悉起来的文明化政体的观念是：一个在大面积领土上扩张的国家，自治城市作为一种附属因素被包括进一个整合起来的政治秩序中。在解体和重建的几个世纪中，帝国被征服的和半野蛮化的成分成长成为有秩序的和整合的国家；在这段时间，"地理国家"的观念支配了它们的发展。

作为现代国家的成分，城镇和农村两者之间差别的重要后果，我们所有人都熟悉；但是，我们并不常常思考这种差别的深刻历史意义。古代欧洲的文明史作为某种社会生活的历史，总是将其焦点集中于城镇。从这里，"文明"（civility）被隐隐地传播到农村。然而，经历了中世纪和文艺复兴的现代欧洲史向我们表明，这种文明会被征服民族的习惯修正，他们的特征是热爱乡村生活，并在他们文明化很久之后仍保留这一特征。

因此，希腊政治与现代欧洲政治之间最基本的差别之一（许多其他差别都从中产生）即是，在希腊历史最文明的阶段，至少到马其顿主导的时代，文明程度最高的希腊人的政治理想基本上是城邦。这个阶段的一个希腊人当然熟悉野蛮人的共同体，尤其庞大的波斯君主政体，在其中，一个政府统治着大片农村。但是，他几乎想不出，一种高度的政治组织化可以通过一个不以单一城镇为中心的共同体来获得。①的确，他拥有一种民族情感，延伸到他的城市范围之外：例如，他承认把他和其他多里

---

① 尽管斯巴达在某种意义上不是一个城市，而是"五个毗邻村庄的融合"，它却在非常高的程度上具有一个城镇的政治特点：有共同的公民大会和密切的交往。

安人联系在一起的作为一个多里安人的纽带,承认把他和其他希腊人联系在一起的作为一个希腊人的纽带。但是,同为了自己的城市而让一个好公民振奋的爱国主义相比,这些情感通常是微弱的。这些情感推动他在宗教仪式和庆典中和其他希腊人合作,推动他帮助他们在战争中对抗外来敌人,或许推动他为了军事防御而建立打算永久存在的联盟。但是,这些情感通常并不会让他建立一个牺牲他自己的城邦自治的政治联盟。对于这种一般观点的明显例外——尽管范围很广——或者非常有可能在落后于主导城邦政治与社会发展的那些希腊人中间找得到,或者在一些难以避免的事实中出现,这种事实和一种依旧珍视的理想相冲突。一方面,如同弗里曼所言,[1]"对于埃托利亚——亚该亚海岸可敬却无名的乡镇——的强盗和希腊共同体中其他一些欠发达和不太重要的成员"——阿卡纳尼亚人(Acarnanians)、佛吉亚人(Phokians)和其他人——"如果我们尽可能远地追溯他们的历史的话,他们拥有某种政体的一些萌芽,这完全让他们有资格跻身联邦制团体之列"。另一方面,希腊历史向我们展示,有许多城市共享希腊文明的全部潮流,服从于其他城市的统治;但是,这种服从很大程度上是不情愿的,带有一种自卑感。在希腊繁荣的日子里,在文明的希腊人中间,普遍真实的是,不管一个个体如何意识到了更广泛的民族圈子,他的城市是一个他持久和强烈地认为自己就是其中一部分的政治整体;尽管这个城市事实上依附于雅典或斯巴达,但它的独立是他渴望实现的理想状况。

---

[1] *History of Federal Government*, chap. ii. p. 16 (2nd edition).

对于希腊政治理想的这种认识在哲学家柏拉图和亚里士多德的著作中得到了强烈的表达。不管这两位伟大的思想家的观点是多么不一致，他们都同意将一个单一城市，连同必须为其居民提供物质需求的乡村，当作一种理想的共同体。他们无法构想，如果实际上得到良好治理的话，一个自由的文明共同体能够在更大规模的基础上组织起来。

我们可以找出共同产生这种后果的各种原因。

1.城镇明显不同于乡村，它获得发展的主要原因当然是经济原因；它存在于交换的扩张中，交换的扩张为忙于在毗邻建筑物中从事贸易或生产的更大人群提供了便利。

2.但是，城镇为更经常性的和更多样性的经验与思想的沟通提供了机会，并且通过艺术、社交的扩大和有组织的仪式为共同情感的满足提供了机会；这些往往让城市文明远远超越农村文明，尤其是在印刷术发明之前。这样，在希腊人看来，文明生活必然同城市联系在一起；在这里，有每天集中的市场、辉煌的神庙和廊柱、为音乐或朗诵而使用的剧院、体育锻炼的运动场等等。

但是，所有这些仅仅是需要解释的内容中的一部分。在全世界，文明都是在城镇发展的；希腊的特殊性在于，它们是具有热情洋溢的公民生活的独立的城镇。然而，我已经关注过一些物理上的条件，它们在造就这种独立性方面至少分担了一种重要的作用。那就是希腊的地形，既在陆地上分开，又因海洋具备方便的沟通手段；以至于更进步的希腊部落将针对外人的独立习惯、相互依赖的习惯和团体精神（esprit de corps）在共同体内部融合起来,并且我们可以在山地人中间发现一个航海民族所具有的清醒的理智和多样的经验。

3.在承认这种独立性时,我们可以注意到,把高级政治发展同城市生活联系在一起的希腊趋势还有第三个重要的原因,它就是,有围墙的城镇在对抗敌对攻击时所给予的大量保护。这不但使得城市生活比乡村生活更惬意和更有品位,而且更安全。如果村民不能抵御入侵之敌于田野之中,他们就必须逃往路途不通的山区藏身之处,或者可怜巴巴地挤进窄小的要塞之中,不能过正常的生活。但是,在伯罗奔尼撒战争期间的雅典,城市生活带着充沛有力的脉动继续进行——无论看到拉希第蒙人(Lacedaemonian)砍割自己的大麦和果树,并且必须在寒冷的夜晚出来履行守卫职责,是多么令人不舒服。①

这样,在希腊人头脑中,逐渐形成了作为一个整体的国家概念,所有个体公民都是国家的组成部分。对于它的利益,任何个人的利益都要为此做出正当的牺牲;对于它的意志,在宪法与法律中得以表达,所有(从最高层次到最低层次的)官员的意志都要服从。随着这种概念的逐渐形成,同时,城市也开始被作为这种内部政治秩序的必要外部框架。一个更大的国家看起来不能够为公民职能的有效履行提供手段,因为在这样一个国家中,公民们如何在一个大会上见面,并且接受来自一个"不是大嗓门"的传令官的通告?并且,他们如何了解彼此的性格?而这对于根据表现决定正义问题和国家官职的分配是必

---

① 然而,要看到,这种将整个庞大的城镇用围墙圈起来的做法只能逐渐变得普遍起来,比如,甚至在庇西特拉图(Peisistratids)统治之下雅典人也只能强化自己的卫城。

需的。①

这样，城镇的实际统一和它所导致的生活集中，有助于国家概念和依附于它的习惯与爱国情感的形成；那么，当这些现象发生时，政治生活的发展就如此不可分割地同城镇生活联系在一起，完成和固化了希腊人的城市共同体观念：一个共同体居住在一个以一个城市为中心的地区——这是人类联合最高的和最终的形式。

§5 我们可以注意到，从乡村到城镇和从小城镇到更大城镇的变迁过程常常是半强制的。比如，在雅典和罗马，就我们透过传奇的迷雾可能模糊看到的而言，似乎就是这样。而且，我们可以猜测到，这个过程得到了原始国王的野心的有力驱动，他的尊严和财富由于这种后果而得以增加。我认为，同时，希腊政治制度所经历的从王政开始的转变和后续发展系列，很大程度上有助于文明生活在小的分离的共同体中的发展，这种共同体往往成为城邦。在日耳曼部落为我们所了解的头几个世纪中，王政在它们中间扩张和发展；在这期间，根据它被认识到的价值，它在很大程度上似乎被当作民族团结的纽带和象征。与之相对，小型的和集中居住的希腊共同体似乎使得这种纽带成为多余，并使得这种象征毫不动人。

这大体上是格罗托②对希腊寡头政体起源的解释。他说，当世袭君主的个人缺陷被人们感受到的时候，"共同体的环境中就没有什么东西为了明显的和有效的团结之需，而让这种显位留

---

① Aristotle, *Pol.* IV. (VII.) iv.
② See *History of Greece*, Part II. chap. ix.

下来。在单——一个城市和一个小的邻接共同体中,共同审议和普遍规则,还有临时的和负责任的官员具有可行性且毫无困难"。这样一来,"原来作为议事会服务于国王的次级首领们发现有可能取代国王,并且在他们自己中间轮流行使行政职能;可能依然偶尔召集公民大会,像它以前存在时一样,并且依然有很少的实际效能。这实质上就是那场突变的特点,它普遍发生在整个希腊式国家中(斯巴达除外):王政被废除,一个寡头政体取而代之;它拥有一个集体审议的议事会,通过多数声音决定一般事务,选择他们自己团体中的某些个人作为临时的和负责的行政官员。这样一个寡头政体总是出现在史诗中的王国被废止之时;民主运动的时代还依然遥远,人民——全部自由民——的状况没有由于革命而马上变得更好或更坏"。

我在前面说过,①我认为格罗托有点低估了原始公民大会的重要性;他的陈述——取代原始王政的"总是寡头政体"——或许太泛化了。如我们刚刚看到的,波利比乌斯告诉我们,在亚该亚城镇中,对于君主政体的暴力颠覆马上导致了民主政体。而且,我们很容易想到,在一些未被征服打扰、位于工业和商业进步主流之外的小社会中,公民中财富和生活方式的相对平等会比其他地方维持得更长久,所以,当国王被废除时,相随的自然是一个温和的民主政体。我猜测,这也可能是阿卡狄亚某些地方的情况。但是,就宽泛和一般情况而言,无疑这样断言是可靠的:在希腊,当政治社会走出原始王政阶段时,它进入了原始寡头政体阶段。

---

① 第二讲,第35—36页。

可以注意到，这种转型发生在不同国家的非常不同的时代。在修昔底德的时代，在处在希腊文明的完全洪流中的任何城邦中，已没有国王留下来。但是，这位历史学家提到过①公元前5世纪中叶的一位"塞萨利人的国王"；我们还可以从希罗多德处②推断，在希波战争的时代，阿格斯有一位世袭国王；而在这很久之前，在雅典，所谓的"国王"已经降低为由主要官员组成的委员会中的一名仅仅通过选举产生的成员。我们了解到，在柯林斯和卡尔基斯，公元前8世纪后半叶派遣殖民者的商业中心，殖民活动是由一个贸易寡头政体所分派的。在雅典，根据传说，上述转变过程也正开始于这个世纪的中叶。

我们可以非常明确地在雅典追踪到这种变迁过程；在该案例中的这个过程似乎是非常渐进的。首先，由于一个远远不同于国王的"军事指挥官"（polemarch）或总指挥的任命，国王职位被剥夺了一部分权力；然后是三分之一官员（主官，ἄρχων）被任命（他们最终成为负责国内政府事务的主要行政官员），并且国王职位不再世袭；接着，所有这三种职位的任期被限制为10年；接着，主要官员的职位（当时还限于王室家庭）向所有贵族（εὐπατρίδαι）开放；最后（公元前683年），行政职能在9个任期为一年的官员中被分割。同时，作为这些变化的一个自然后果，在较早时代曾经和国王共享政府职能的长老议事会的权力看起来渐渐增加了。因为，当主要官职被选举的时候，选举自然属于这个团体；然后，当官职任期为一年的时候，由于议事会的

---

① I. ch. iii.
② vii. 149.

空缺自然会被这些作为官员而提供服务的人所填充，很容易就可以理解的是，这个常任团体往往会在声望和权力上变得比任期一年的官员更强。当这个变迁过程完成的时候，我们就拥有了明确取代君主制的寡头政府形式。

无疑，这种转型过程的性质和最终结果在不同的共同体中是多样的；但是，几乎在所有地方，王政消失了。或许，很大程度上通过有意的模仿，这种变迁在共同体间扩散。当一个城邦推翻它的国王时，它的邻居也被推动做同样的事情。或许，一些国王的怠政、暴虐、软弱，另一些国王的才能和良政，在这里促进了这种变迁，在那里妨碍了这种变迁。但是，结果是非常普遍和一致的，所以不得不主要归结于某种普遍原因。我认为，我们可以很大程度上将其归因于这种简单的信念：当越来越文明和集中的共同体的团结和秩序不需要他也能够维持的时候，这个单一的"贪念贿赂的国王"(gift-devouring king)已经成为一种多余的负担。

第五讲
希腊城邦中的早期寡头政体

§1 在上次讲座中,我们考察了在希腊通向寡头政体的运动,把关注集中在贵族和君主的关系上。我已经说过,接替(君主制)的寡头政体的性质在不同情况中是不同的。在一些情况中,政府的主要权力保留在王室家庭或氏族内部,直到僭主时代的到来。在柯林斯就是这种情况:我们被告知,在这里,巴克基阿家族统治了90年,即公元前8世纪的后半期和公元前7世纪的前半期;一个任期一年的官员从这个家族中挑选出来,填补世袭国王的位置。我也在前面说过,我们听到过类似的国王家族在几个其他城邦中行使寡头统治,直到僭主时代。在其他情况中,就我们的了解所限,当君主政体衰败时,权力在一群家族中共享,例如,在雅典是世袭贵族(Eupatridae),在卡尔基斯是希波波塔伊(Hippobotae),和在埃维厄是埃雷特里亚(Eretria)。

现在让我们转而考察,原始政体中的第三种政府成分——武装自由民大会发生了什么变化(假如有变化的话)。没有理由假设,这一方在权力上的任何变化必然伴随着君主政体的削弱。在大会中,无疑,如同荷马提示的,在许多案例中,在王政终结之前,富有的土地所有者的支配地位是彻底的;国王仅仅是寡头社会结构的压顶石。然而，很容易就可以理解，君主政体的废除如何使得统治家族在这个大会中的支配地位甚至更具有决定性。我们和格罗托都假定，这个大会被保留有某种原始职能。但是，除了国王和次级首领或长老之关系的任何变化，我们还可以区分出给予这种大会以寡头特色的不同原因，在不同种类国家中原因稍有不同。

在做这项工作之前，需要澄清一下依附于普通寡头政体概念的某些模糊和混乱。寡头政体被亚里士多德界定为富人少数的统治。无疑，在接近亚里士多德的时代，寡头政体和民主政体之间的争议可以被概括地表述为这个问题：应该由少数富人统治，还是应该由自由公民大众统治。但是，这并不是寡头政体，也即少数统治可能(或者实际)崛起的唯一方式，因为，公民整体同非公民(甚至包括奴隶)相比也可能是少数，甚至是一个很小的少数。

寡头政体的这种双重概念[①]从某个希腊城邦国家的情况中可以得到很好的说明，它的宪制明显具有已知最早阶段的特色。它就是斯巴达，希腊寡头政体的佼佼者。在斯巴达人中，我们看到一个职业武士团体。据希罗多德估计，在希波战争时代，他们有8000人，亚里士多德在一个传说中提到，他们曾经多至10,000人。他们是一个入侵部落，通过征服，作为拉科尼亚和美塞尼亚的某些地方的土地拥有者永久定居于斯巴达。他们保持了一种以严格教育、刻苦训练和半共产主义管制为特色的常

[①] 寡头政体的这种双重概念在弗里曼处理原始政体的三种要素时被他忽视：
国王君主政体成分 ⎫　　　　　　　⎧君主政体成分
首领议事会　　　 ⎬被简单地等同于⎨寡头政体成分
自由武士大会　　 ⎭　　　　　　　⎩民主政体成分

规体系，目的是为了保持简朴生活和战斗勇气与技能。他们依靠土地的出产而生活，而土地由数目更多的农奴，即所谓"希洛人"（Helots）耕种。在希波战争中的普拉提亚战斗里，我们发现，七个希洛人供养一个斯巴达人。这些农奴依附于土地，但被要求提供固定数量的农产品。斯巴达人还拥有其领土的其他部分上处于政治依附状态的具有人身自由的居民，我们估计这些人的数目超出他们三倍。

我在前面解释过，①他们最初的宪制是略有修正的"原始政体"。首先，有两个国王，而存在双王的原因难以考证，但可能是出于共同体早期的联合。我们认为他们最初具有荷马史诗中国王的职能：在我们最了解的历史阶段，他们的重要性主要是作为世袭的将军，尽管他们保有宗教特权和明显的特殊荣耀，也拥有某些司法职能。其次，有一个由长老组成的元老院，由超过六十岁的男性组成，任职终生。元老由具有完全资格的公民组成的大会选举产生，通过一种奇怪的古老方式——喝彩——产生。设有官员评估喝彩，他们所处位置无法看到谁受到了喝彩。再次，有一个由全部超过三十岁的公民组成的公民大会。它有权力选举元老和高级官员，在少有的新法律的批准上，在战争与和平的决议上，和在条约的批准上，它的同意是必需的。②一般而言，这个由具有完全资格的公民组成的大会被

---

① 第二讲，第38—39页。
② 当希罗多德（vi.56）告诉我们，国王有"权力对任何他选中的国家开战，而不会受到来自任何其他斯巴达人的阻碍"，我认为，他的意思必须被理解为不是宣战的权利，而是在宣战之后决定战役进程的权利。或者，希罗多德犯了一个简单的错误：cf. Thuc. I. xx. Cf. also Herodotus, iii. 46；v. 64；vi. 106.

认为最初是由整个征服者部落的后代组成的。但是，必须为公共食品提供捐助这个条件，是具有完全公民权利的每一个斯巴达人都必须满足的。这个条件把非常贫穷的人排除在大会之外。随着时间的流逝，这种排斥变得越发重要起来。

我应该提及对于公民大会权力的一种明显限制，据说是在来库古之后一个世纪做出的："万一人民走上了错误的道路，元老院应该和统治者在一起扭转他们的决议。"①可以从中推断出，②这种限制必然使公民大会的决议仅仅成为一纸空文；但是我认为，显然，它绝不会影响到他们对提案拒绝同意的权力——可以阻止任何所提议的变动；它仅仅把一种同样的拒绝权力给了了元老院。

这就是最初的宪制。但是，马上又增加了一个监督官（Ephors）或监察员委员会，以我们并不确切所知的某种方式每年选举产生。但是，柏拉图说，委员会是以接近选举的抽签方式产生。这些监察官最初似乎是为了治安目的而被任命的，还被作为对其他官员玩忽职守和滥用权力的一种制约，却逐渐增加了自己的权力，成为国内事务的最高行政官员，甚至在战争中拥有相当的控制权力。他们的权力，在其性质和范围上，在其行使时的秘密性和无情的严酷性上，和在其目标——既针对不满的斯巴达人，又针对不满的农奴与依附者以维持宪制——上，与威尼斯的十人理事会的权力具有某种惊人的相似性。他们可以逮捕和监禁任何斯巴达人，甚至可以中止官员履行职能——哪怕国王在被传唤三次后也有义务出现在他们面前。他们对于农奴

---

① Plut. *Lyc.* vi. 7.

② See Spencer, *Political Institutions*, § 488; derived from Grote, Part II. chap. vi. 然而，格罗托的观点是我所给出的观点。

耕耘者和拉科尼亚附属城镇的居民拥有生杀大权。

那么，在现代社会，似乎没有人对斯巴达政府是寡头的还是贵族的（两个术语几乎可以互换使用，不用像柏拉图和亚里士多德一样，把"能人政府"[man of merit]从"富人少数政府"中区分出来）有任何疑问。但是，对于它为什么是这样的政府，有着相当不同的争议。因为斯巴达人同他们的许多农奴和附属者相比是少数吗？还是因为斯巴达人自己是被一个少数所统治的一个多数？对于前一种回答，我认为，并不是希腊人通常给予的答案。希腊人把希洛人大概等同于其他城邦中的奴隶，而且，至少亚里士多德在考察斯巴达的政治体制时完全忽视了拉科尼亚的非斯巴达人居民。如果我们仅仅考虑斯巴达共同体的内部政治关系，那么，它们带有一种可疑的、变动的而不是一种明确的寡头政体特点。或许有一个时代，"真正的权力由元老掌握"①。但是在亚里士多德的时代，显然，实质权力已经落入监察官或监督官委员会的手中。的确，亚里士多德将元老资格作为一种具有极大尊严和荣耀的职位（对于能力的奖赏），但是，他并没有把它描述为具有司法之外职能的职位。他认为监察官委员会"在最重要的事务上具有决策权"，并且拥有"非常大的和专断的权力"。尽管柏罗托采纳了后一种观点，把斯巴达政府称作一种"封闭的、公然的和受到良好服从的寡头政体"，我们却从亚里士多德这里推断出，在希腊政治思想家们看来，将术语"寡头的"用于监察官们对于斯巴达人的权力，至少看起来是可疑的。监察官的职位对所有具有完全资格的公民开放；选举模式

---

① See Bluntschli, *Theory of the State*, Book VI. chap. xvii.

并不确切为人所知，但肯定是非常民主的。所以，它并不给予财富和社会地位以优先性(亚里士多德抱怨道，它接纳了"贫穷的和贪污的"候选人)。委员会仅仅有一年任期，并且像其他官员一样，卸任时要承担责任。因此，亚里士多德的观点是，当监察官们拥有支配地位时，"这种政体渐渐地从贵族政体变为民主政体"①，当然也是说，是针对完全资格的斯巴达公民的统治而言。

因此，如果斯巴达可以被正确地认为清楚地和不变地说明了寡头政体的原则，并且像亚里士多德所明确承认的，斯巴达的政策是坚定地支持希腊其他地方的寡头政体，那么，这肯定是因为作为统治者"少数"的斯巴达人整体和人数更多的依附人口之间的关系。根据这个观点，五人监察官制度(Ephorate)无疑可以被视作一项明显的寡头体制。我的意思是，它被明显地用于维护一个统治者少数，反对革命——不管它是由他们的臣民发动的，还是由他们自己团体中心怀不满的成员发动的。但是，理解这两种观点之间的差别，显然是重要的。如果我们把斯巴达视为在它的整个历史上都是一种寡头政体，那么，不是因为斯巴达的自由武士失去了他们对政治权力的分享，而是因为在同他们的农奴耕耘者和拉科尼亚依附城镇的自由居民之间的关系上，他们实际上成为了一个占统治地位的少数。仅仅根据这一点，斯巴达人的统治，在它的所有历史阶段，显然是寡头的；尽管在后来的时代，由于丧失了准备常规训练所必需的手段，具有完全资格的公民的数目减少了，②这使得具有完全资格的公

---

① See Aristotle, *Politics*, II. ch. ix. ; compare also VI. (IV.) ch. ix.
② 参见本讲末注释 A。

民甚至成为斯巴达人中的少数。

§2 在这种寡头政体中，由征服者部落的武装自由民组成的最初的公民大会在被征服的多数中间变成了一个"少数"；尽管斯巴达的来库古制度是独一无二的，这种寡头政体却绝不是独一无二的。举例来说，显然，阿尔格斯的多里安人和被征服的亚该亚人之间所形成的关系非常类似斯巴达的多里安人（与被征服民族之间）的那种关系。在征服者占有的土地上，有农奴耕耘者，只是被叫作吉姆尼特（Gymnetes），而不是希洛人；并且有同样的一群依附城镇或乡村，它们的居民有民事自由，却没有政治独立。在克里特的城镇中，我们再次发现了一种类似的三重社会结构：多里安征服者、农奴耕耘者、自由但依附的外地人。并且在克里特制度中，像在斯巴达制度中一样，自由武士大会的同意对于重大措施是必需的；尽管亚里士多德告诉我们，在他的时代，它没有实质权力。至少不是没有可能的是，在其他大部分地方，多里安人的征服最初导致了一种有点相似的结果。在有史可查的希腊其他地方，如果它们政治社会的起源可以追踪到征服，就我们所知，其结果（最终，如果不是最初的话）是一种完全由主导家族们或小的家族群体掌握的政府。塞萨利看起来就是这种情况。在这里，不同城市的权力似乎掌握在贵族家庭手中，可以将它们的祖先追踪到赫拉克勒斯那里。在底比斯，一般而言在皮奥夏，也是这样。在这里，我们的全部所知表明，寡头统治被严格限于世袭的一群土地拥有者家族中，随着时间的流逝，其范围看起来变窄了。在多里安人中间，我们听说，在埃皮达鲁斯（Epidaurus），政治特权限于180个人；

在伊利斯(Elis),我们看到了相似的限制。

但是,并不仅仅是通过征服,代表部落自由武士集合体的这个团体才获得了这种寡头地位。因为,在一般的希腊城邦中,公民资格通常依赖继承;出生在领土内的外邦人的孩子通常依然是外邦人,只有通过特殊的恩惠,他们才能被承认具有公民资格,除非是在发生变动的危险时期。①这样,任何希腊共同体,当它从小城市变成一个繁荣城市时,或许很容易变成这种意义上的寡头体制;被其繁荣所吸引的自由非公民的数目超过了这样被继承所限的公民的数目。

我认为,在一个殖民地历史的最早阶段,寡头政府或许常常以这种方式产生。最早的定居者会把他们占有的大部分土地分割为平等的份额——正是在这种协议之上,最初的殖民者才集中在一起;并且,随着殖民地的繁荣和扩大,这些"土地共同拥有者"②的后代,会将公民资格的特权保留给自己,把他们的农奴和因城市繁荣逐渐吸引的贸易人口排除在外;这样,政府会渐渐变成寡头政府。③

相对地,像雅典这样的城邦,就我们对其历史所知,是通过"整合"形成的,这是一些更小的城镇的政治联合,它们依然

---

① 在这个方面,它们当然不同于现代欧洲,在这里,外国人的孩子通常可以成为他们的出生国的公民。
② γαμόροι或γεώμοροι。在锡拉库扎和萨摩斯,而非在雅典,政府是寡头的。
③ 在我们自己的时代,德兰士瓦就是以这种方式发展成为寡头政体的一个例子。我认为,这种过程曾经发生在爱奥尼亚海岸的阿波罗尼亚和锡拉岛。关于它们,亚里士多德(*Pol.* VI. [IV.] iv. 9[1290 b])告诉我们,有"一个仅仅自由的"但并不必然富有的"公民少数统治着一个多数",公民的荣耀"被一些家庭所独占,它们声称,作为殖民地最初的建立者,因而拥有卓越的高贵身份,尽管在人数上它们是少数,它们的臣民是多数"。我会接着解释,在最初公民的许多后代中,随着土地的丧失,和作为其结果的完全公民权利的丧失,统治阶级的人数通常往往会减少。

继续作为一个分离的实体而存在。在这样的地方，最初由全体（en masse）公民共享的权力，联合本身必然会把它交到更大的（财产）所有者手中；他们是古老家族的人和富有的人，实际上在中心城镇拥有自己的住所。只有他们，在完全的政治意义上，才依然实际上是公民，因为，尽管更小的（财产）所有者没有被正式排除在公民大会之外，他们也极少能够参加大会。

这样，如我所想，在古老的自由民大会的政治地位没有发生任何变化的情况下，政治权力以不止一种方式向共同体自由成员中的相对少数的集中就渐渐发生了。

§3 然而，在某些情况中可以发现，还有一个更深层的重要原因。我们可以认为它得到了相当的扩张，往往产生出一种有利于寡头政体的经济条件，它就是渐增的财产不平等。我认为，有充足的间接证据表明这种情况是可能的：在原始时代的希腊，土地最初很大程度上是集体拥有的；共同的牧场和近似平等的土地份额，或许最初被暂时划拨给共同体的普通成员；更大的部分被特别划拨给首领，有时是给为共同体做出特别贡献的武士。

在早期时代，财产是根据牲畜来计算的。关于牧场，这个事实看起来是决定性的，因为除非牧场是公共的，否则难以明白牲畜如何是一种便利的交换手段。关于可耕地，一种变化似乎发生在荷马诗歌的创作期间。在《伊利亚特》中，当我们读到共有的可耕地时，值得注意的是，在用于富人的措辞中没有一个意味着土地所有权。富人或者被描绘为一个"拥有许多牲畜的人"，或者被描绘为一个"多金的人"和"铜板多的人"。即使在

《奥德赛》中，用于一个大的土地所有者的措辞——"有许多份土地（many lots）的人"把我们带回到这样一个时代：在那时，土地的划分无疑大致相同，都是通过抽签（by lot）在家庭首领中分配的。我们需要再一次提及，在斯巴达和其他地方，古老的集体会餐制度或许是被一群真实的或想象的亲属共同拥有土地的一种残存现象。

我们在亚里士多德那里发现，即使在完全的占有发生后，在几个国家中，比如斯巴达，在更长的一段时间内，土地份额的买卖或者被完全禁止，或者受到妨碍，在例外的形势中才被允许。然而，甚至遗产的划分在不同规模的家庭中也往往倾向于不平等；当买卖被允许时，这种趋势就运作得更快了。

现在，我们可以从梭伦宪制（可以认为它和罗马与日耳曼的宪制具有某种类似性）中完全推断出，在土地的私人所有制完全形成后的一段时间内，公民特权与负担同一定价值的土地所有保持着联系。无地的自由民必须作为雇佣劳动者而工作，并被免除了以自己的费用参加战斗的责任，因此或许会失去自己在自由民大会中的位置。无论如何，随着大的土地所有者的财产的增加，他们的政治权力必然会得到增长。只要重装兵（cavalry）在战争中具有支配性地位，权力的这种增长就会特别明显。在早期时代，这是实际情况，当然，虽然不是各地都一样，却依然普遍。①除了在斯巴达，步兵似乎在很长时间内依然是一帮无组织的乌合之众。显然，只有相对富裕的人才能为自己和他

---

① 我可以观察到，随着战争艺术的进步，支配地位从骑士转向重装步兵；在较晚的阶段，守旧的士兵们惊讶地发现自己会在战斗中失利，并且是被轻装军队所战胜。亚里士多德说道，这种战争形式的发展给在国内倾轧中更穷的公民一种重要的收获。

们的追随者提供重装备。这样，我们就理解了亚里士多德告诉我们的现象：在希腊国王时代后形成的第一个"政体"或立宪政府，是如何实质上处在"骑士"——以自己的费用组建重装兵部队的土地所有者——控制之下的。①然而，我认为，更小的土地所有者，他们以自己的费用作为步兵服役，在雅典被称作"土地共同拥有者"（γεωμόροι），和古老家族的贵族阶层（εὐπατρίδαι）形成区别，将在自由公民大会中保有一种位置，并且将保有参加选举的权利，尽管官职和实质权力集中于贵族阶层手中。

这种宪制，亚里士多德最初把它称作寡头政体时，并没有使用这个术语的贬义，即它不是一种压迫性的和自私的少数统治。尽管我并不把亚里士多德视为有关如此早的一个时期的重要权威，但我认为有可能的是，这种情况很大程度上是真实的：这些早期的少数人政府可以被公正地叫作"自然的寡头政体"；这意味着权力被少数掌握，因为多数不适合掌握权力，而且也似乎不认为自己可以掌握权力。

那么，我认为，寡头特性获得支配地位并不只是以一种简单方式，而是以多种方式。部分是通过把权力集中到古老的议事会手中，通过以一个任期一年的官员或官员委员会取代世袭国王，议事会在权力上得以崛起。部分是通过对具有完全资格的公民的数目的限制，依靠(1)建立在征服之上的国家中对被征服者以及殖民地后来移民的排斥，和(2)阿提卡诸国家中财富不平等与政治"整合"的共同效果。这样，早在公元前8世纪，在文明上处在领先地位的国家中，寡头政体被建立起来。我已经

---

① *Pol*. Ⅵ.（Ⅳ.）13. 参见本讲末注释 B。

说过，在公元前 8 世纪中叶之后不久开始的殖民化时期中，埃维厄岛上的柯林斯和卡尔基斯在此时居于领先地位。在这个时期，这些商业国家已经进入寡头政体阶段。但是，它在不同共同体中开始于不同时代，并且持续了不同的时期。这样，在公元前 7 世纪，反对寡头政体的运动开始了。但是，在希腊一些农业生产占主导地位和保守习惯起支配作用的地方，它持续更久，就我们所知，它未受干扰。

然而，在寡头和大众之间权力斗争的第一个阶段，寡头的失败并未导致民主制度的建立；在这个第一阶段中，民众尚不适宜统治。在联合起来共同掌握支配性权力方面，自由公民大众还未拥有充分普及的智慧和联合能力；这些人被一个野心勃勃的个人所利用，他居于运动之首，着眼于增加自己的权力。这样，我们就有了僭主政体，一种君主政体的回归，但是是向一种几乎在所有情况中都是非常规的、非宪制的君主政体的回归，它被普遍视为对权利和既定秩序的背离，即使当君主实施温和统治并且具有良好效果时也是如此。

注释 A

斯巴达人口数目上的减少：斯巴达人口数目的减少是异常的。希罗多德(vii. 234)估计，在塞莫皮莱(Thermopylae)发生战斗时(公元前 480 年)，斯巴达大约有 8000 人；吉尔伯特(Gilbert, *Griechischen Staatsalterthümer*, vol. i. p41, 2nd ed.)的计算是，在公元前 371 年，几乎不超出 1500 人；亚里士多德的计算是，在公元前 330—前 322 年，"甚至没有 1000 人"；普鲁塔克(*Ag.* 5)的计算是，公元前 243 年有仅仅 700 人，其中 100 人仅仅 γῆν κεκτημένοι καὶ κλῆρου[拥有土地和配给地]，剩下的则

是 ὁ δ'ἄλλος ὄχλος ἄπορος καὶ ἄτιμος ἐν τῃ πόλει παρεκάθητο [没有财产也没有公民权的人]。在这一点上，要注意到，(1)斯巴达人口的明显减少是在公元前480—前371年之间，(2)完全资格的公民数量的明显减少是在公元前330—前243年间，因为人们可以从亚里士多德的言语中推测出，以贫困为理由的公民资格排斥并不是很长久。如果是这样，爱庇太第斯(Epitadeus)的法律不能解释(1)，除非爱庇太第斯生活的时间比普鲁塔克认为的时间(*Ag.* 5)更早。我倾向于赞成库尔修斯的观点(Curtius, Bk. II. ch. i.)：公民资格被给予受过训练的非公民，他们有时是斯巴达人的非婚生子，有时是μόθακες[异母兄弟](cf. Phylarch, *ap.* Ath. vi. 271 E)，即和斯巴达人一起被养大和接受教育的希洛人或外邦人(ξένοι τῶν τροφίμων, Xen. *Hell.* v. iii. 9)。我认为，由于国王同意收养，人数就这样被保持下来。但是，如果人口仅仅因此而停止减少，这不能解释，同塞莫皮莱之战时相比，斯巴达人在伯罗奔尼撒战争时的人口短缺。可能后来被称作"新达摩斯"(νεοδαμώδεις)的阶级同斯巴达人一起服役，被希罗多德同斯巴达人混在了一起，而后来，他们之间的区分更为严格了？

布佐尔特(Busolt, *Griechischen Staatsalterthümer*, §101)把斯巴达的这种人口快速减少(1)部分归因于连续战争导致的丧失，(2)部分归因于"受到侵扰的家庭生活和奢靡之风"(das gestörte Familienleben und die Üppigkeit)。但是，(1)从来库古时代到希波战争时，斯巴达人也是这样战斗；(2)根据布佐尔特对这种原因与作用的讲述，这种原因在公元前4世纪几乎没有起到很大作用，大规模人口减少是从公元前480年到公元前371年。然而，布佐尔特坚称，在公元前418年的曼提尼亚(Mantinea)战役时有6000个斯巴达人，我认为这种说法是没有充分根据的(*op. cit.* §98)。这种说法肯定相当难以解释从公元前418年到公元前371年的人口减少。

注释 B

重装兵和寡头政体：我觉得，我们必须认为，亚里士多德的概括"国王之后的第一个政体是骑士(ἐκ τῶν ἱππέων)"(Pol. vi.[iv.]13)作为一种历史概括，具有实际和普遍的价值，但不具有正式的和普遍的真实性。的确，在许多城邦，重装兵(ἱππεῖς)和公民大会人数的范围是一致的，拥有某些政治职能。但是，在我们明确听说有这样一种宪制的唯一案例——伊奥利亚的库米(Kyme)中，它的宪制并不是最初的宪制，而是对最初宪制的一种扩展。塞萨利的寡头政体或寡头群体看起来在共同的国王的某种微弱控制下持续了一段不明确的时间；没有理由认为，它是这种寡头政体，或者，塞萨利的重装兵完全是由拥有这样的政治权利的人们构成。公元前4世纪，德摩斯梯尼(κατ᾽Αριστ. 687 and περὶΣυνταξ. 173)谈到，法萨卢斯(Pharsalus)的梅农(Menon)加入一支拥有200个或300个"ἱππεῦσι πενέσταις ἰδίοις"[由私人奴隶构成的骑兵]的军队中；我不明白公元前5世纪或更早的重装兵为什么很大程度上不能这样构成。

第六讲
僭主政体

§1 我在前面谈到过"僭主政体"现象。它是在希腊政体的某一或某些发展阶段，一种政府落入单一个人之手的趋势。在历史上为我们所知的终身专制政体的所有特定案例中，僭主以一种暴力的和非常规的方式获得权力；并且，有时他不仅能够成功地终身拥有权力，而且在他死后能够将其成功地传递给他的家庭中的某一成员。我说过，这种特色把希腊政体的发展同罗马政体的发展区别开来。它也让研究政治科学的学者感兴趣，因为我们发现，它和中世纪意大利的城市共同体的政治发展具有明显的相似性，我在后面将对这种城市共同体加以关注。

我使用希腊名称"Tyrannis"，因为，一方面，英语单词"Tyranny"太明显地表明，僭主（Tyrannus）以一种实际上压迫、专断和残酷的方式使用自己的权力。情况常常但并不总是这样；而且，这个希腊单词被公元前5世纪和公元前4世纪的作者们使用时并没有这种意思。因此，亚里士多德在公元前4世纪的最后四分之一时间内写作时告诉我们，一个"僭主"可以通过两种方法保有自己的权力：镇压（被多数僭主采纳的方法）和安抚。但他又暗示，一个以温和与中庸之道进行统治的僭主，依然是一个僭主。另一方面，词语"despot"［专制者］一词并不能充分地表明这种权力非法的和非常规的特性。这是一种根本重要的特点，至少一直到马其顿确立支配地位时都是这样。希腊的僭主政体，在我们所知的自由希腊的几乎所有案例中，开始于政变（coup d'état），并且保持了非常规和非法的特性。我们找不到独立的希腊国家曾经"敬献王冠"的任何案例，除非提到革隆（Gelo）在针对迦太基人的胜利后被接受为锡拉库扎的国王——这是一个例外，甚至有关这个案例的情况也不是非常明朗。

在考虑僭主政体的范围和条件时，我们往往要在一种早期的僭主政体和一种晚期的僭主政体之间进行区分。就我们所知，在希腊本土，有利于僭主政体的早期阶段开始于公元前 7 世纪的上半叶，在这个地区和在岛屿与亚洲城市（不考虑已经落入波斯统治的东方城市），泛泛而言，终结于公元前 6 世纪末之前。必须要知道，在不同城市，它开始与结束于不同时间；即使这种非常规的专制政治在变成世袭制的时候，也没有长命百岁的特定案例。据亚里士多德所言，西库翁（Sicyon）的僭主政体维持了一百年，是最长久的。但是，这些地区的"僭主时代"可以被认为是从大约公元前 650 年到公元前 500 年。然后，生机勃勃和光辉灿烂的共和生活随之而来，它开始于希波战争，持续到马其顿支配权的建立。当我们阅读希腊历史时，这是我们要重点关注的时期。在这样一个时代中，希腊城邦的政治意识处在顶峰。不管是寡头的还是民主的共和情感，总体上非常强大，不会不慎落入专制政体。

在西西里和南意大利更年轻的殖民地，早期僭主政体开始和结束得较晚。它直到公元前 7 世纪末才开始，它在西西里最辉煌的时代是公元前5世纪的头四分之一时期,在公元前467年僭主政体被普遍推翻前不久。

我们称作晚期的僭主政体开始于公元前400年后不久;但是,至少到了马其顿霸权建立的时代,它扩张的范围才可以同早期僭主政体相比。不能认为两者之间的差别太远,仿佛在分别属于不同时代的类型之间存在尖锐的分离;但是,宽泛而言,两者的起因是不同的。早期僭主政体的起因更多地属于希腊城邦的内部政治发展;通常,通往大众政府的第一次运动的缺陷使它成为可能(机会是被给予的)。晚期僭主政体的起因看起来更多地外在于政体一般发展。政治骚乱总是一种有利条件,但是,一种重要的起因是不断增长的使用雇佣兵的趋势。

在某些地区,还有一种原因既在第一阶段的末期也在第二阶段发挥作用,它就是软弱的国家和强大邻国之间的关系。一个个体统治者被强大的邻国认为是统治一个实际依附的国家最便利的方式。例如,由于这个原因,在公元前6世纪末小亚细亚海岸的爱奥尼亚,僭主政体盛行起来;在希腊,僭主政体是在波斯被亚历山大征服之后,联邦制度(Federalism)发展之前普遍盛行起来的。这种联邦制度在亚该亚同盟的发展中得以表现出来,很大程度上使僭主政体走向终结。

那么,一般而言,我们可以这样说,早期的僭主政体出现在希腊城邦的公民获得充分的政治意识之前。在和平生产的习惯削弱了公民自卫的力量与习惯后,晚期的僭主政体复苏了。因此,如同亚里士多德的解释,成为僭主的人在不同情况中属于不同的类型。在早期时代,在修辞术没有发展之前,获得人民运动领袖地位的人通常是一个拥有军事才能的人。所以，从民众领袖(demagogue)到僭主的转换是容易的，而且第一个阶段的僭主大部分是从民众领袖中产生的。而后来的民众领袖一般不是军人，因此也不适合发动一场成功的政变；后来的民众，已经获得了政治成熟，普遍不容易被欺骗。但是，尽管民众更难以被哄骗，但可以强迫他们；并且，雇佣兵战斗体系的发展为拥有军事才能的胆大妄为的冒险家提供了实施强制的危险机会，特别是当宗派和坏政府削弱了对立宪政府的认同和对共同体的有效整合的时候，更是如此。

§2 反对早期寡头政体运动的原因看起来是：

1. 富人们对更小的耕种者的压迫，部分是通过对共同权利的蚕食，比如在迈加拉，僭主塞阿戈奈斯(Theagenes)杀死侵犯公共土地的富人的牲畜；①部分是因为随着文明的发展，更小的耕种者日益求助于富人，冒险借得财源，以至于富人在古老严酷的针对债务的法律之下作为债权人压迫穷人，像是在后来的罗马。

2. 在商业城镇，在封闭的古老家族群体之外，新财富的增长增加了要求完全公民资格的新的声索者不断增长的力量。②

3. 由贸易和沟通所带来的精神的觉醒，和相伴而来的旧的简朴生活方式与古老的道德约束的衰败，导致了更难以忍受的富人的奢侈和傲慢。③

---

① Aristol. *Pol.* VII. (V.) ch. v. 9(1309a).
② 关于早期寡头政体与贸易参见本讲末注释 C。
③ 亚里士多德(*Pol.* VII. [V.] ch. x. 19[1311b.])告诉我们，彭萨里德家族(Penthalidae)在莱斯博斯岛的米提利尼被夺去权力，因为他们在大街上走动，用棍棒殴打诚实的公民。

除这些原因，我们还可以加上：4. 不成文法受到怀疑，它渐渐地被实施它的富人越来越多地作为一种压迫手段来使用。

最后一个原因和第一个原因的一部分，有时可以通过成文法典的引入得以应对。在公元前 7 世纪这个阶段，在历史上第一次出现了不同于传奇人物和僭主的法典编纂者（codifier）和立法者。他首先出现在殖民地；洛克里（Locri）的扎拉卡斯（Zaleucus，约公元前 662 年）作为第一位成文立法的作者而被人们提及，[①]卡塔那（Catana）的嘉隆达斯（Charondas）也不会更晚。在这两个案例中，可能的推测是，法典编纂者把国家从僭主政体中拯救出来。在和嘉隆达斯大概相同或更早一些的时代，或者更早点，在雅典，我们有了德拉古（Dracon）*的立法，稍晚一点，是梭伦（Solon）的立法。然而，后者并没有阻止僭主政体。[②]我们并不知道扎拉卡斯或嘉隆达斯或德拉古拥有多少托付给他们的政治权力。我们知道，梭伦拥有政治权力，因此可以被归类为"正义分配者"（the Aesymnete）的一种典型。如亚里士多德所言，[③]正义分配者是一个专制者或独裁者。就是说，他拥有无限的权力，却是根据法律选举出来的。他或者被选出终身任职，或者被选出任职几年（梭伦仅仅有一年任期），或者被选出做一项特定的工作。亚里士多德给出的例子是米提利尼（Mitylene）的皮塔库斯（Pittacus），他的任期为 10 年（公元前 590—前 580 年）。亚里

---

① Strabo，vi. 259.

* 德拉古，古希腊政治家，立法者，于公元前 621 年整理雅典法律，并编出一部完整的法典。该法典限制了贵族的违法乱纪，但极其残酷。——译者

② 梭伦并没有将"雅典从僭政中拯救出来"，但是，为民主政体的运作做出了更好的准备；梭伦宪制的形式似乎从僭主政体时代延续了下来。

③ Arist. *Pol*. III. ch. xiv. 9（1285a）；VI.（IV.）ch. x. 2（1295a）.

士多德说，他是一部法典的塑造者，但不是一种政体的塑造者（ἐγένετο νόμων δημιοῦργος ἀλλ' οὐ πολιτείας, *Pol.* II. xii. 13）。或许，他使得寡头政体稳定起来和可以容忍。不管怎样，我们在后来没有听到僭主政体。[1]但是，这种根据常规任命的独裁者属于例外，更为常见的现象是僭主政体。

§3 在考察早期僭主政体的条件时，我们必须牢记，发展上巨大的不平等存在于希腊的不同地区。由于这种发展上的巨大不平等，甚至在希腊的小片地区及其殖民地地区，不同的独立共同体在同一时间处在不同的发展阶段。

文明自身带着政治变革的趋势，从大海来到了希腊；所以，在政治发展上，内陆人口往往落后于沿海人口。它来自南方和东方。埃及和腓尼基，尤其是腓尼基，把文明的火炬传递给了希腊。所以，西北部的居民落在了东部和南部居民后面，甚至是沿海地区居民后面，除非他们接受了来自于柯林斯的侨民，柯林斯的特殊位置使它能够同样同东部和西部开展贸易。这种发展的不平等明显地表现在希腊不同地区采纳城市生活的不同时间上。这一点非常重要。政治与社会生活集中于一个中心城市，我们已经看到，随着希腊文明的发展，这样一种政治社会类型成为广为认可的一种文明化政体的普遍类型。但是，我们

---

[1] 但是，皮塔库斯在一个僭主政体之后出现；的确，他镇压了一个僭主美拉尼西亚（Melanchrus，约公元前612—前609年在位）。Nic. Damasc. fr. 54（Ap. Müller, vol. iii. pp. 388, 389）提到了正义分配者米利都的埃庇米尼得斯（Epimenides）；一个涅莱乌斯家族（Neleid）的人被另一个让自己成为僭主的涅莱乌斯家族的人谋杀，结果，埃庇米尼得斯得到了任命。这样，涅莱乌斯家族的统治就被推翻了。显然，这并不是由于反对寡头政体的运动。基尔伯特（Gilbert. *Grieck. Staatsalt*. vol. ii. p. 141）也评论道，在波斯人反对米堤亚人期间，以弗所的阿利斯塔克（Aristarchus）是一个正义分配者而不是一个僭主。总体而言，正义分配者是否产生于民众针对寡头政体的斗争，没有充足的证据。

不能认为，希腊各地小的独立共同体大约在同一时间都接受了这种形式。的确，一方面，它在荷马史诗中正在出现。在《奥德赛》中，伊萨卡岛的首领和贵族，珀涅罗珀的求婚者就来自这个阶层。他们被这位公元前9或公元前8世纪的诗人认为都生活在这个海岛的一个城市中，而外国的求婚者被认为是"来自其他城市的那些人"①。另一方面，修昔底德②告诉我们，在他的时代，公元前5世纪的后半叶，西部的洛克利亚人、埃托利亚人、阿卡尔那尼亚人和希腊西北大陆的其他居民依然以陈旧的方式生活在不设防的小村庄中，因此保留着武装起来的古老习惯；而在希腊更文明化的地区，由于安全程度得到提高，这种习惯长久以来就被放弃了。而且，在阿卡狄亚的主要地区，直到相对晚的时期，"行政区"（canton）或村落（group of villages）依然是常规的政治单元。阿卡狄亚的情况比修昔底德谈到的西部地区更为人知；在它的情况中，追踪城市政体类型侵入多山地区的渐进过程，是一件有趣的事情。在这个过程中，最著名的事件是被希腊历史称作村镇联合（synoikism）的现象，这是希腊历史所特有的一个概念和事实，指一些村庄有意地和人为地转变为一个城镇。在其中，一个明显的和为人熟知的事件是公元前4世纪一个"大城市"的建立，那就是阿卡狄亚南部的迈加洛波利斯（Megalopolis）。它被当作针对斯巴达的竞争对手和防御堡垒，留克特拉之战（the battle of Leuctra）之后它在底比斯人的鼓动下被建立。

---

① *Od.* xxiv. 418.
② Thuc. i. 5.

必须观察到，这种村镇联合具有双重面相，即政治的和实利的。它基本和主要是一种政治变迁，但是，它也带有不同程度的物质变迁。人们决定并实施的事情是，当时在很大程度上独立的一组村庄的政治生活被带入一个新城市或一个扩大的旧城市中；进行统治的公民大会和议事会应当在这个城市中开会，实施统治的个人永久地住在这里。至于剩下的乡村居民，如果他们愿意，他们通常可以自由地留在旧的住宅中；但是，如果他们这样做，他们必须接受来自中心城镇的统治。

这种行政区（canton）是分散在村庄和小城镇中的政治共同体，具有相当的地方独立性。在早期，它们"整合"进一个城邦的过程，无疑不太人为和更为渐进。但是，这个过程以这种或那种形式，持续于整个希腊历史中。

在上一讲中，我注意到，就公民大会的体制而言，这种变迁在早期如何首先往往走向寡头政体的方向。富人集中到新的或扩大的城市中，穷人没有能力离开他们的农田。所以，即使不对后者古老的宪制权力加以任何正式的剥夺，他们实际上也不能够参与自由民的公民大会。不过，随着城市的工业和商业成分的增长，同一个集中过程自然有利于通向民主的运动，这项运动的早期阶段给予了僭主政体机会。

但是，这种工业成分的增长在不同国家的发生也非常不同，即使在政府权力被集中的地方也是如此。在农业占主导地位的地区，并没有发现同外国人的便利交往带来的思想流动、贸易带来的多样性工业，以及与此相伴的欲望的扩大。在这些地方，富有土地所有者的古老的"自然寡头政体"自然会保持得更长久一些。在这样的地区，当民主运动的时代到来时，由于僭主政体的观念在希腊人的政治意识中已经普遍变得令人厌恶，所以，这个阶段就离开了它们的发展进程。

§4 因此，即使在作为僭主时代而被人所知的时期，我们也不能把僭主政体视为希腊政体普遍甚至通常要经历的一个阶段，尽管它是处在某些条件下发展的国家非常普遍地要经历的一个阶段。的确，有许多僭主政体的案例；无疑，如果我们的信息更完整，更多的案例会为我们所知。但是，如果进行更为细致的考察的话，我们就能够区分出两种地区，而且这种区分在我看来也是重要的。这两种地区是希腊及其殖民地（大希腊）的在某一时期内条件有利于僭主政体的某些地区和那些不利于僭主政体的地区。

在小亚细亚沿岸的城市和西西里与意大利的殖民地，僭主政体看起来非常普遍；在那些接受商业（既文明又不安的）影响的老希腊地区也是这样。但是，我们不能说老希腊的更大地区也是这种情况。

让我们草草考察一下这类地区。在西北部不太文明和进步的人民中，原始生活条件和乡村共同体在持续。在塞萨利，我们发现寡头政体状态持续下去，远远超越了早期僭主政体的时期，并且当僭主最终到来时，他也不是民众领袖型僭主。然后，在皮奥夏，我们没有听到过僭主政体。在希波战争时代的底比斯，有一个封闭的寡头政体，它似乎是一种古老状态的残存。而且在公元前4世纪强大的民主运动时代到来时，对于僭主政体而言，已经太晚了。在皮奥夏的其他城市，或许也是这种情况。至于伯罗奔尼撒半岛，在斯巴达和拉科尼亚，当然没有僭主政体；在阿格斯，也没有僭主政体，它或许是被王政的残存物所拯救，这种王政的权力遭到了削减。在伊利斯和更小的、更民主的亚该亚共同体中，我们没有僭主政体存在的证据，在多山的阿卡狄亚行政区中也是同样。

同时，从公元前7世纪中叶以来，阿提卡，还有柯林斯地峡和埃维厄岛沿海的非常商业化的国家——西库翁、迈加拉、柯林斯、卡尔基斯，提供了著名的早期僭主政体的案例。而且我说过，在稍晚的一个时期，我们发现它在殖民地盛行起来。这些殖民地包括殖民化完全开始之前由希腊移民建立的亚洲海岸城邦。它在西西里殖民地特别流行，在那里，它拥有辉煌的事业。无疑，殖民地政体自然更为不稳定，① 而且，或许种族的混杂也有利于僭主政体。

这种现象再次让我注意到，在一些案例中，甚至在僭主政体大量存在的地区，由于寡头政体基础的拓展，僭主政体似乎受到排挤。这并不是一种绝对可靠的疗方，但它总体而言似乎是有效的。例如，有五个案例，② 一个在小亚细亚，三个在意大利，一个在北部希腊；在其中，尽管政府依然被视为一种寡头政体，但最高审议团体在人数上是"千人"。考虑到希腊城邦的相对规模，并且同（比如）单一家族或小家族群体的寡头统治相比，这种现象或许被认为是一种底部扩大的（broad-bottomed）寡

---

① 参见本讲末注释 D，关于殖民地在文明中的先进性。
② 伊奥利亚的库迈，欧普斯及其意大利殖民地的洛克里、雷基乌姆、克罗顿，还有克罗丰。但是，我认为，这种受到正式限制的政治团体在克罗丰的存在证据是不充分的。

头政体；至少在一个案例中，它的体制可以被描绘为公民资格的一种扩大。那么，值得注意的是，在这五个案例的三个中，我们没有听到过僭主政体（尽管它们中的四个处在僭主政体的势力范围内）。而且，在剩下的两个案例的一个中，僭主显然是被外部势力强加的，被作为外国统治的一种工具。因此，尽管我们的信息非常不完善，这样假设似乎是正确的：这种底部扩大的寡头政体更不容易遭遇混乱，而正是混乱给予了想要成为僭主的人以机会。

同样，在一个或两个案例中，我们听到过政治特权的扩大，这导致了600人的统治团体；在其中，我们没有听到过僭主政体。①

§5 在结束对僭主政体的讨论之前，可以简要说一下其后果。对于我们而言，判断这些后果是困难的，尤其其早期形式。因为，我们觉得，必须从古代作者带有晦暗色彩的描述中得出某些推论。正如"被人描画过的狮子"（lion painted by the man）这句格言：我们不知道另一面的实情。

不过，值得注意的是，在希腊，尽管僭主实际上盛行，我们却没有听到过任何为他进行的理论辩护。比如，我们没有听到过，他被当作秩序或宗教的捍卫者，或人民意志的体现，或反对寡头压迫时人民权利的辩护者。这是现代作家给予他的一种辩护。但是，我知道，没有希腊作家给出这种辩护。并且，我们已经看到，尽管许多僭主通过煽动群众开辟了通往僭主政

---

① 赫拉克勒亚、马萨利亚，Arist. Pol. VII. (V.) vi. 3. 但是，可以同公元前4世纪的锡拉库扎加以比较。

体的道路,但是,当他们建立其统治时,他们甚至在理论上也没有被描绘为保持了一个人民领袖的特色。无疑,他们实际在一定程度上是这样做的,尤其最初的僭主。他继续其煽动家的行为,但其继任者通常采取君主的行径。因此,在著名的西库翁百年僭主政体的案例中,据说,克里斯提尼(Cleisthenes)＊曾为在一场体育比赛中坚定反对他作为裁判的人戴上桂冠。①在雅典,据说庇西特拉图(Pisistratus)在最高法院(Areopagus)中接受了对自己的审判。在柯林斯,库普塞鲁斯(Cypselos)在其统治期间,以从来不带持枪的保镖而著称。但是,这种"大众性",如果不是在第一位僭主在世时,(假如他成功地实现了权力的世袭)起码也会在其继任者在世时逐渐褪去。所以,民众常常热情地——有时是带着强烈的怨恨——参与针对专制者的驱逐活动。②

但是,无疑主要是富人和出身好的人有理由痛恨僭主。显然,亚里士多德为我们描述的专制统治的"压迫方法"主要指向富有之人。对宴会和集会进行限制,对教育进行控制,对被统治者中高级精神和相互信任的所有源头进行压制。有句格言是:要把僭主的臣民保持在"贫穷"和"忙碌"之中。所有这些做法实际上只影响到了富人;穷人无疑以前就"忙碌"。这种压迫方法在传说中被认为出自柯林斯的佩里安德(Periander),早期类型

＊ 克里斯提尼,西库翁僭主,为古希腊雅典城邦著名政治改革家执政官克里斯提尼的外祖父。——译者

① Arist. *Pol.* VIII. (V.) xii. 2.

② 参看柯林斯(Nic. Damasc. fr. 60. [Ap. Müller, vol. iii. p. 394])和卡尔基斯(Arist. *Pol.* VIII. [VI.] iv)的情况。

的僭主中最著名和最强大者之一。希罗多德讲了一个故事：①柯林斯的佩里安德派人到米利都的色拉西布洛斯（Thrasybulus）那里，在统治技艺上寻求建议；色拉西布洛斯把信使带到麦田中，和他谈论他的旅程；他在谈话时，把最高的麦穗削掉，却没有给出其他答案；佩里安德便理解了这种象征性行为。这个故事也表明，（僭主的统治）主要是要让"著名人士与领导人士"感到害怕。的确，不止一个僭主靠公共工程赢得名声，例如，庇西特拉图在雅典建造了奥林匹亚宙斯神庙。公共工程给予了穷人工作机会，而所需的税收主要由富人承担。战争也可以说是这种情况，对萨摩斯岛上的波利克拉特斯（Polycrates）的抢劫行为，至少就是如此。但是，或许战争胜利的战利品普遍使得它们受人欢迎。

我们也应该注意到僭主们在提升国家权力与声望上所取得的成功。西库翁的僭主政体看起来是西库翁唯一伟大的时期。抛去党派情感，柯林斯人肯定对佩里安德感到某种骄傲；波利克拉特斯的萨摩斯居民也是如此。锡拉库扎的革隆，与波斯入侵希腊同时代，在西西里抵抗迦太基人并捍卫了希腊文化事业，就是这种突出案例。在他取得伟大胜利之后，他很难被看作一个僭主了，而被接受为一个君主。我们也必须注意到，僭主常常美化他的城市，并且赞助文学与艺术。

但是，这种可能的非宪制统治受到了这个民族中更有文化的人的共同道德感的谴责，至少在马其顿主导时期之前，几乎

---

① *Pol.* V. 92.

总是被认为就长远来看具有腐化道德的作用。僭主政体在统治方式上并不总是具有压迫性，它有时看起来温和而公正，因为它提升了共同体的权力和名誉，通过战争获得繁荣，并且鼓励国内的艺术和学术。虽然如此，显而易见，由于僭主政体总是非常规的和非法的，而且是通过暴力建立的，所以无论如何，它无疑受到了希腊道德感的谴责和批判。

一方面是君主政体，另一方面是寡头政体和民主政体，如果我们以现代观念之光研究希腊政治斗争史的话，是难以理解这两者之间的深刻差别的。我们发现，无疑，君主政体是通过政变建立起来的。但是，民主政体和寡头政体也是如此，是不断通过同样暴力和非法的革命所建立起来的。尤其是，在雅典和斯巴达争取霸权的斗争中，每一个主导国家都只认同这种或那种竞争性的政治原则。从此以后，情况更是如此。为了解释对于僭主政体的特殊憎恶，我们必须记住，（1）即使民主政体或寡头政体是通过暴力发起的或者得到了暴力的帮助，实际固定的宪制通常是一致达成的某一妥协的结果，并且因此符合正式的法律；并且，（2）至少在当代历史学家让我们得以了解的亚里士多德之前的时期中，君主政体从来就不是以任何其他方式产生的。进一步而言，我们必须注意到，在寡头政体与民主政体之间所发生的争论中，对于任何一方，都存在某些理论上的理由，具有不可否认的说服力。在其他条件都一样的情况下，显然合理的做法是，多数的判断应该优于少数的判断；再一次，在其他条件都一样的情况下，显然合理的做法是，聪明的和优秀的人的判断应该优先，不管他们是少数还是多数。富人少数由于悠闲,肯定有特别的机会获得政治智慧,并且,对于导致普通犯罪之主因的诱惑具有特殊的免疫力。但是,对于受到政治理论塑造的这个时代的人类而言,找不到上述相似的理论上的理由,让一个人的判断主导他的所有同胞的判断。

这里有个问题要问:如果僭主的权力这样遭到了普遍的反对,那么,它依赖什么作为它的基础?政府通常是依赖积极的同情和支持,还是依赖服从的习惯(这种服从如果不是整个共同体的服从,起码也是和不服从者相比相当多的人的服从)?那么,僭主的权力依赖什么?这个答案,我认为是这样:僭主政体一般开始于对公民中一个强大的不满现政府的部分(通常是更贫穷的阶级)或多或少公开的支持。但是,一旦它得以建立,除了人数有限的雇佣兵团体,它不需要任何支持。只要僭主向他们付钱,他们是不会在意他的所作所为的。而公民由于习惯、恐惧和缺乏联合,普遍保持服从。

当早期僭主政体的阶段过去后,我们进入把某种共和政体当作正常政府的阶段,在某一时期内几乎作为通用政府的阶段。这时,我已经说过,在大约一个世纪内,几乎在所有地方,城邦中流行的政治情感都非常强烈地排斥僭主政体。因此,问题就在于寡头政体与民主政体之间的这个阶段。在少数案例中,寡头政体得以维持。在更大数量的案例中,在少数与多数之间存在着一种漫长的斗争,它似乎从来也没有得到明确的平息,直到公元前4世纪的后半叶,马其顿的支配地位引入了新的条件。虽然如此,这个发展阶段的普遍特点是,存在一种通往民主的明确潮流。我愿意推测,如果这些城邦的内部发展没有被它们的外部关系所干扰，通往民主政体的运动总体而言就会更加无可置疑。尽管确定无疑的是，这种运动在有些案例中比在其他案例中更不彻底。但是，斯巴达的霸权无论怎样被雅典的霸权所平衡，都给予了其他地方的寡头政体以重要的支持，尤其是在公元前370年的留克特拉会战之前。

注释 C

早期寡头政体与贸易：把反对商人的情感在历史上提前会产生有一种危险。我看不到充分的证据表明在早期贵族政体或寡头政体时期有这种情感。

在《奥德赛》(i.180)中，雅典娜所具有的形象是一位"爱好划桨的塔非人(Taphians)的统治者"；他们在商业远航中航行"到泰米斯(Temese)购买黄铜，把闪亮的铁作为货物"。在我看来，这一段话比在《奥德赛》(viii.156)中对商人不从事体育的轻蔑表达更为重要。看似有一个好家庭的莎孚(Sappho)的兄弟把葡萄酒作为商品从莱斯博斯岛(Lesbos)带到瑙克拉提斯(Naucratis, Strabo xvii.808)。而且，梭伦并没有被描述为因为喜欢商业而丧失了社会等级(Plut. Sol. ii)

的确，在公元前8世纪和公元前7世纪我们听说过的埃维厄岛的大城邦中，在商业财富和农业财富之间没有任何这种嫉妒迹象。在将近一个世纪的殖民化和商业化之后，在希波波塔伊的领导之下，卡尔基斯和埃雷特里亚在一块肥沃的平原附近以一种古老的骑士方式作战。在一个多世纪的商业活动中，迈加拉同西西里的柯林斯构成了某种竞争，同米利都在黑海贸易中形成了更为有效的竞争，在这两个地方尤其在普罗庞提斯(Propontis)建立了成功的殖民地。那么，在迈加拉这一个多世纪的商业活动后，我们发现，大约在公元前630年，出现了一次有利于僭主政体的骚动，它就是有关富人侵占公共牧场的争吵(Ar. Pol. VIII. [V.] ch. v.)。一个世纪后，对于"新财富"的嫉妒在忒奥格尼斯(Theognis)那里得到了尖刻的表达，但是，这是在僭主政体之后。这种尖刻指责被指向出身低微的人们，而不是被指向这样的商人。

债务人和债权人之间的争端，我们一睹于雅典，曾导致了梭伦立法，随后不久也再睹于迈加拉（Plut. *Quaest. Graec.* 18）。值得注意的是，在这种争端中，没有迹象表明，债权人是一个不同于富有的古老家族土地拥有者的阶级。整个描述（Plut. *Sol.* cf. also 'Aθ. πολ）表明，正是这些旧富们（ἀρχαιόπλουτοι）——无论如何不是已经获得土地的新贵——压迫贫穷的农民。我赞成布佐尔特的观点（Staatsalterthümer，§34），全部这种冲突或许（至少部分）来自从自然经济（Naturalwirthschaft）到货币经济（Geldwirthschaft）的变迁，这大约在公元前7世纪开端，金银币铸造出现的时候。无疑，这种现象的一个后果是新富闯入古老家族的圈子——财富通过婚姻与出身进行交换。这种做法引起了忒奥格尼斯尖酸的抱怨："人们在意他们的马匹的种类，却不在意他们的妻子的种类，而且妇女是一样的坏。"（Theog. *Eleg.* 34. 顺便说一下，这表明了迈加拉妇女拥有了某种意想不到的婚姻选择自由）。由于梭伦宪制，财富而非古老家族被作为最完全的政治特权的基础；梭伦宪制中的这些变革也是一种后果。

我们可以注意到，对于手工业者和零售商的排斥并不意味着对于商人的排斥。例如，我认为，在底比斯（Ar. *Pol.* VII[VI.] ch. vii），政治特权仅仅被给予那些不从事手工业多年的人（ἀποσχομένοις χρόνον τινὰ τῶν βαναύσων ἔργων），这种做法并不适用于大商业。

注释 D

希腊殖民地在文明上的先进性：在文明的先进性上，没有什么比希腊殖民地更为突出。比如，哲学在两个世纪中一直保留在殖民地；它开始于而且在一段时期内集中在小亚细亚；然后，总体而言，对它的历史的兴趣转移到了意大利和西西里。直到接近公元前5世纪中叶，希波战争后雅典居于支配地位时，它才在这里找到了自己本来的家园。

这种文明的先进性无疑部分来自于更大的自然优势：（1）土地的肥沃，尤其在意大利（大希腊），因此在这里，锡巴里斯（Sybaris）在公元前6世纪的财富与奢华变得众所周知而且保持下来；（2）扩张者的更大能力，从公元前735年基本开始殖民活动，直到公元前6世纪末，至少在这最初的两个世纪里，当地人所处的如此低的文明状态令人惊叹。（后来，萨莫奈人、卢卡尼亚人、布鲁提亚人在战争中变得更加令人生畏，把意大利希腊人限制在海岸线上。）此外，那时的殖民地或许像现在一样，往往含有比母国更大比例的活力与进取心。其开端的政治制度往往能够摆脱妨碍进步的某些古老成分。它们所面临的危险是，由于同古老的政治习惯的切割，它们的进步是迅速的，但却导致不太稳定和不太令人满意的结果。将雅典（例如）同锡拉库扎相比，可以发现这似乎是实情。

第七讲
希腊民主政体

§1 在上一讲中,在讲完我必须要说的早期僭主政体的条件后,我继续简要地描绘了寡头政体与民主政体之间的斗争,这种斗争贯穿了自由希腊的大部分光辉时期,从希波战争到马其顿主导地位的建立,从公元前480年到公元前336年的大约一个半世纪。这场政治运动的一般特征是一种通往充分发展的民主政体的潮流,也就是说,从较寡头的状态到温和的民主政体,从温和的民主政体到极端的民主政体。

然而,这种通往民主政体的潮流只能被大致地进行追踪,它绝不是一致的和连续的。在几个案例中,寡头政体,或许还带有某些民主形式(具有某些目的的公民大会),看起来得以维持;在更多案例中,我们听到了革命和暂时不慎落入寡头政治。民主趋势部分受到了国家外部关系的干涉;例如,在早期僭主政体之后一直到马其顿时期的几乎整个这个阶段,重要的商业中心柯林斯在斯巴达的影响下似乎保持着寡头政体。也必须要记住,我们的信息是非常零碎的。然而,总体而言,这种潮流是无可置疑的。虽然我们不能说"从不后退",但是,在我们听到过的许多变化中更多的是通往民主政体,而不是退出民主政体。

民主政体的"自然性"(naturalness,如果我可以这样说的话),

由于伴随着它的热情，而且由于一场民族运动也常常是一场民主运动这样的事实，被显现出来了。我们可以对此进行举例说明，它就是公元前4世纪第一个时期底比斯短暂而光辉的民主时期。这既是一场民主运动，也是一场民族运动，使底比斯拥有了主导的地位。这种地位是被公元前370年的留克特拉会战带来的，这场决定性战斗终结了斯巴达的支配地位和独一无二的军事声望。另一个案例可以在紧跟其后的阿卡狄亚的发展中找到。在底比斯支配期间，受底比斯领导人的影响，阿卡狄亚为自己建立了一种新的联邦式体制；同时，（我曾注意到①）为了有效地抵抗斯巴达，从几个村庄中形成了一种新的"大城市"。这时候，新的泛阿卡狄亚联盟政府理所当然在形式上是民主的，统治团体包括所有成年战士。故而，当公元前334年后亚历山大从波斯统治下解放了爱奥尼亚城市时，他被认为理所当然地把民主政体归还了它们。

在亚里士多德看来，这种潮流是明确的，并且他给予它的理由值得注意："既然城邦已经成长得如此之大，再建立任何其他政府形式就不容易了。"②进一步而言，这种潮流可以通过另一种方式——通过这样的事实看出来：直到亚里士多德的时代，民主政体往往会变得更加民主。他描绘了（非常不讨人喜欢的）极端形式的民主，在其中，公民大会的政令高于法律。他告诉我们，在时间上，它是在最近形成的。我们也注意到，亚里士多德说，民主政体同寡头政体相比更"稳定和持久"，③而且，寡

---

① 见第五讲，第92页。
② *Pol*. III. xv.
③ *Pol*. VI. (IV.) xi.

头政体和僭主政体在政府形式中最为短命。①我认为,这种情况指的是这种晚期阶段的寡头政体,而且这种情况也表明,在通往民主潮流的这个时期,寡头政体的反动是非常短暂的。

§2 现在,我应该为这个阶段的寡头政体与民主政体的类型给予一种一般化描述。但是,关于寡头政体,我们缺乏证据。我们知道斯巴达宪制的某些情况。但是,我再次提醒你们,斯巴达政体是独特的(sui generis),是一种相当怪异的残存物。在希腊人看来,它显然不是一种寡头政体,无论如何不是一种代议制寡头政体。因此,我要做的是简要地关注,在《政治学》中,亚里士多德把寡头政体以强度为顺序排列起来,给出了一种什么样的概括性分类。②

最温和的寡头政体类型,有时被称作财阀政体(timocracy);在其中,像在一个民主政体中一样,有公共大会和众多的陪审团或法庭,但成员仅仅限于拥有某种财产资格的人。这种资格足够高,使得这些职能保持在公民中的少数手中,但又不是过分高,以至于使少数成为人数很少的少数。当然,财产资格越高,政府形式就会变得愈加具有寡头性。但这并不是强化寡头政体的唯一方式。有时,审议和决定重大国家事务的职能——战争、和平与条约,立法,对行政官员的选举与监督(在民主政体中是由全体公民大会行使的)——被全部或部分限于一个小的选举出来的团体。有时,对这样一个审议团体中的职位空缺用

---

① *Pol.* VIII.(V.) xii.
② *Pol.* VI.(IV.) vi. See also *Pol.* VII.(V.) vii. 如果亚里士多德稍微认识到(他似乎没有认识到),历史发展使得在一个阶段盛行的寡头政体种类不同于在另一个阶段盛行的那些寡头政体种类,那么,他对不同的寡头政体的分类会更加有用。

推选(cooptation)来填充,宪制的寡头特性得以强化;最后,有时这样一个团体中的成员资格被世袭,这样就获得了极端形式的寡头政体。

对寡头政体中的官员的选举,同样也受到了财产资格的限制。通常官员完全或大部分都是通过选举而不是抽签任命的。只有在最强化的寡头政体形式中,官员在某些家族中被世袭。

我们推测,有时公民大会的投票权形式上要比实际上广泛;保证富有者实际支配地位的一种寡头诡计是非常严厉地对他们的缺席处以罚款。审议团体通过的措施由一个小的议事会创议,这也是寡头政体的特色。比如,这同雅典庞大的500人"议事会"(Boule)形成对比。

§3 让我们转而考察民主政体。由于围绕着雅典的辉煌文字,我们对它知道得更多。在民主政体的情况中,也被亚里士多德的明确论述所简化的问题是,通往民主政体的潮流是一种通往充分发展的或极端的民主政体的潮流。①我们可以将公元前

---

① 亚里士多德区分了4种民主政体,而且,他为它们安排的价值顺序很大程度上是对年代顺序的颠倒:最好的无疑是最老的(cf. Pol. VII. [VI.] iv.),而最坏的无疑是最近的(cf. Pol. VI. [IV.] vi.)。在缺陷上位于中间位置的很可能被他视为在时间上位于中间位置,但是,他对于它们的认识相当模糊。他对于最好的民主政体更历史的认识显然接近梭伦宪制:在其中,所有自由公民有权利选举官员,并且对他们进行问责和评议(αἱρεῖσθαι τὰς ἀρχὰς καὶ εὐθύνειν καὶ δικάζειν),但官职被财产资格所限;在那里,人民主要从事农业生产,太忙而不能参加很多集会,而且实际上因为太忙而不能在陪审团中服务——他们不会因为其中任何一种活动而获得薪酬。
亚里士多德提出作为最好民主政体类型的一个例子是曼提尼亚人(Mantinea)的民主政体。这个国家长期以来保持着纯粹的农业性质,而且希罗多德和波利比乌斯都证实了它拥有高度的声望。在这里,亚里士多德坚称,大会并不选举官员,这种事情是由全体公民选举出来的一个团体(τινὲς αἱρετοὶ ἐκ πάντων)完成的。这种古老类型的民主政体是否还有其他案例,我们不得而知。波里比乌斯的措辞表明,亚该亚可能存在过这种政体的案例。

4世纪的雅典宪制当作这样一种类型。

在公元前5世纪,这种发展过程在雅典持续进行。公元前4世纪,我们得到了最终的结果。根据最近发现的据称是亚里士多德、显然属于他的时代的有关雅典政制的专著,这种情况看来很清楚。作者认为这种宪制建立于公元前403年,和他生活在公元前4世纪第四分之三时段末期的时间是一致的。他认为它有11个阶段。前面的10个阶段中,不超过6个属于公元前5世纪。这个世纪开始于克里斯提尼的温和民主政体;但是,通过克里斯提尼的改革,雅典民主政体并没有最终从"寡头监护"(oligarchical tutelage)①中摆脱出来。的确,我认为,一个相当有价值的历史归纳是:"寡头监护"——少数在任何社会中的影响——很难消逝,因为少数拥有财富、继承了有关政治经验和实践的文化与传统。的确,在雅典就是这种情况。据《雅典政制》(Athenian Constitution)的作者所言,阿勒奥珀格斯山的议事会没有任何投票权。它通过在希波战争危机中的贡献,恢复了权力,并且在17年里拥有这种权力(直到公元前462年)。根据厄菲阿尔特(Ephialtes)和伯里克利对它的批判,它的寡头主导性是显而易见的。②从那时起直到那个世纪末,通往完全民主政体

---

① 这个词组是由沃德·富勒(Warde Fowler)先生使用的,但他的观点不同于上文。参见他的《希腊与罗马的城邦》(*City State of Greece and Rome*, p. 161)。
② 这个议事会由9个任职一年的主要官员充任。

关于这些情况,也有一个渐进的过程。在僭主于公元前512年被驱逐后的24年里,他们是通过选举,而不是通过抽签被任命的。然后,在一个未知的时期里,由克里斯提尼所划分的10个部落中的每个部落提前选择一些人,从中抽签任命。最后,这种提前的选择由抽签进行。我们并不知道发生这种变化的时间,但我们的确知道,只是在公元前475年后,执政官职位才向五百斗者(Pentakosiomedimnoi)和骑士——两个最高的财产等级——之外的人开放。在公元前457年,它向第三等级开放。但是,无疑在后来的一段时间中,由于这些职位是不付薪酬的,竞争受到限制。

的潮流是迅速的。但是，直到几乎所有的民事官员实际上向所有公民开放，而且出席议事会和大会还有法庭是付薪的时候，它才算完成了。最终的结果开始于辉煌的伯里克利时代。在他看来，陪审员的薪酬是应得的。但是，出席大会付薪开始于他的时代之后。简而言之，我重复一遍，公元前5世纪是一个不断变革的时期。直到伯罗奔尼撒战争的结束，短暂的和声名狼藉的寡头政体插曲之后，在公元前4世纪的开端，民主政体才变得稳定起来。

105　　我们并不确切知道雅典的体制多大程度上是代议制，但是，我们可以从亚里士多德这里推断出，下述特点在公元前4世纪希腊民主政体中被广泛发现。首先有一个对所有达到一定年龄的完全资格的公民开放的大会。它实际实施统治，不仅仅选举和监督管理者。在雅典，这个最高统治大会除了就紧急事态召集的特殊集会外，一年定期集会40次。大会可以做出所有最重要的政府决策，包括全部国家外交政策的管理和立法的创议。任何没有做出会被褫夺公民权利之事的人都可以发言。我们从亚里士多德这里了解到，希腊的小型国家中的民主政体的普遍特色是，拥有作为一个审议团体的最高政府机关，接纳所有的公民。然而，在这个团体的实际统治范围上有相当大的差别。在最温和的民主政体形式中，它的职能是选举官员，审查账目和决定战争、和平与结盟问题，并把其他管理事务留给民选的官员和议事会。然而，我已经说过，显而易见，到了亚里士多德的时代，这种发展趋势在走向更极端的民主政体形式。在这种民主政体中，习惯上所有重要公共事务的最终决策权由这个最高大会拥有。

在民主政体的雅典形式中,官员的权力和为大会做准备工作的执政的议事会的权力处在相当低的从属地位。因此,"人人都一样好"的原则被用于这些官职。采取的形式是,从所有身家清白而称职的公民中通过抽签把他们选举出来。除非一些官职明显要求特殊资格,比如军事官员和最重要的财政官员。对于这些官职,采用抽签原则太危险了。

出席雅典议事会是有薪的。最终,出席大会也有薪。这样,穷人或许真正能够参与政府事务。为了保证民主政体的真实有效性,这种做法似乎被认为是必需的。尽管要必须牢记这一点,即雅典和其他地方的民众以其脚下的奴隶制为基础,并不包括体力劳动者阶级中的更大部分,而这部分人在实施民主统治的现代国家中往往处在支配地位。然而,根据亚里士多德的抱怨(更别提阿里斯托芬了),显而易见的情况是,大批的人,比如小商人、手工业者等,由于贫穷不能拥有充分的悠闲以有效地履行公共职能。出席会议不付薪酬易于导致出席人数不足,大会或许会落入富人及其依附者的控制中。

司法也具有大众性,并基于同样的理由也属于付薪活动。在雅典,诉讼由规模不同的大量人民陪审团做出判决,正常人数(至少就重要案件)是501人。

当雅典民主政体得到充分发展时,还有另一个重要特点。人民大会本身并不立法,或者公然和经常通过命令推翻法律;尽管这实际上无疑常常在大众激情的影响下发生。立法的实际事务被给予人数众多的立法者委员会(我们听说有1000人和500

人),每年从陪审员中选择。当然,这并不是一种专家委员会。即使如此,这样一个由宣誓的陪审员组成的团体同普通的大会相比,将会在一种更加强烈的责任感之下开展工作。[①]拥有最高统治权的大会努力保护自己不会出台非法的命令,手段是让这种命令的建议者承担刑事程序的风险。[②]这种保护事实上曾非常不完善;拥有主权的民众并不总是能够遵守自我施加的约束。亚里士多德谈到,极端的民主政体根本不是一种宪制,而是一种暴民专制(mob-tyranny)。显然,当他这样说时,他部分看到的是他自己时代的雅典人。但是,这种限制具有精心设计的特性。它至少表明,在雅典人的政治意识中,充分意识到了排除完全的暴民专制的必要性。

§4 现在,我跟随发展顺序,已经对希腊城邦直到马其顿主导时代的主要政府形式完整地进行了一次简要的概述,并且对在不同发展阶段导致它们存在的原因和有利于它们存在的条件简要地进行了探讨。然而,还有一个非常重要的问题,我迄今仅仅在一处地方(僭主政体的情况)处理过,它就是,这些不同类型是如何实际运作的?多大程度上它们能够维护被统治者

[①] 请注意,在公元前4世纪,立法工作被仔细地在立法会议(ἐκκλησία)与修法会议(νομοθέται)之间区分开。(1)在第一个大会中,在每个新的一年里,对于已确立的法律,在经过每个公民都可以提出的变更法律的辩论后,再逐章节地进行投票表决(ἐπιχειροτονία νόμων)。(2)如果对于任一章节的投票结果是否决的,来自陪审员(heliasts)的修法会议在第四次普通的立法会议中被任命。同时,变革的建议者要在埃博尼米(Eponymi)雕像旁,公开地并排展示旧法律和被建议的新法律,还要把它们的抄本给秘书(γραμματεύς),秘书在会议期间公开朗读这些抄本。在第四次大会中,当然,人们带着一项"法律草案"(probouleuma),决定修法会议的人数、允许他们活动的时间和薪酬,并提名五个辩护人(συνήγοροι)捍卫现存的法律。(3)然后,修法会议带着议事会关于每一项建议变革的法律草案,最终决定这项法律是否应该被修改。

[②] 比较第十二讲,第175—176页。

共同体的福利？尤其是对于民主政体，我们往往会问到这个问题。我已经说过，在公元前4世纪存在一种通往它的自然趋势，正像目前的西欧国家也有一种类似趋势。但是，对于这个问题，由于我们信息匮乏，同我们已经在探讨的问题相比，更难以得出满意的答案。

然而，公元前4世纪著名思想家的著作已经传给了我们。通过主要考察这些思想家的政治观点和理论，我们可以对上面的问题有所理解。最重要的是柏拉图和亚里士多德的观点。[①]但是，我也要提及柏拉图的老师苏格拉底，他的生命正好结束于公元前4世纪的开端。也要提及色诺芬，柏拉图的同门。还要提及修辞学家伊索克拉底，他的作品同亚里士多德所继之的柏拉图的作品相比，展现出了某种竞争性和对立性。由于他有资格声称自己既是修辞学家也是政治思想家，他的政治观点同上述作者们的政治观点相比，更加有意思。

柏拉图和亚里士多德都对政府形式的定义与分类给予了大量思考。柏拉图的对话录为我们提供了两种不同的分类方案：一种在《理想国》中，另一种在晚期的对话录《政治家篇》中。亚

---

① 一般而言，我们可以说，在追踪现代国家的发展过程时，我们发现，希腊政治对于现代的影响主要在思想或观念领域，而罗马是现代政治事实的主要古代源头。在思想领域，亚里士多德的《政治学》具有特别的重要性。从这本手册中，处于第一个阶段的现代思想在对政治现象的科学分析和分类方面学得了第一课。如果我们在研究它时，没有牢记，它是根据希腊城邦中实际形成的多样性的宪制而创作的，并且主要适用于这些宪制，那么，这第一课就有可能学错。但是，如果我们也记得，它是在希腊城邦的真正独立时期结束之后，在喀罗尼亚战役（the battle of Ohaeronea）和柯林斯大会（Congress of Corinth）之后，并且在亚历山大征服亚洲时才写出来的；如果我们不仅考虑到这种政体分类的一般方案，而且考虑到亚里士多德填充这种分类的特殊事实和评价，那么，对于城邦的进化，尤其对于这种进化的晚期阶段，它显然就会产生非常重要的洞察力，就像使用一种非常具有穿透力和独立性的理智进行判断一样。

里士多德的分类主要源自后一篇作品。我将从亚里士多德的分类开始，因为，虽然要承认他从柏拉图处受惠良多，但人们不用怀疑，在对政治事实的了解范围上，他远远地超越了柏拉图。

亚里士多德采用的分类是一种六重分类。它基于一种双重划分原则之上，因此，它可以被看作一对经过相似划分的三件套。他采纳了明显的和已经通行的三重划分，用这样的术语表示出来：君主政体、贵族政体或寡头政治、民主政体。但是，他将一个来源于苏格拉底的原则同这种划分结合起来。这个原则像这位哲人的其他特色信条一样，在理论上是一种老生常谈，而在实践中，很遗憾，是一种有点似是而非的观点。这个原则是：真正的统治者是一个不努力寻求自己的利益，而努力寻求被统治者利益的人。将这样引入的分类同更古老的三重分类结合起来，我们得到了三种"正确的"宪制。其中，实施统治的个人或团体在苏格拉底的意义上实施真正的统治：(1) 王政*，即具有特别卓越价值的一个个人的统治；(2) 贵族政体，即具有最好统治资格的人们的统治；(3) 一种具有特殊的含义被称作 Polity [政体] 或 Constitutional Government [立宪政府] 的政体，在其中，最高权力掌握在公民多数的手中，但拥有一种经过设计以避免暴民统治缺陷的宪法。同这些政体相对应，我们有三种扭曲的形式：(1) 僭主政体，即个人自私的统治；(2) 寡头政体，即富有少数的自私统治；(3) 民主政体，即相对无产的多数的自私统治。

这种方案的对称性显然要求，像贵族政体的变体寡头政体

---

* 原文为 kingdom，应为 kingship。——译者

一样，贵族政体应该是少数统治多数的政府。柏拉图明确认为，由拥有合适的统治资格的人们所组成的政府（对于他和亚里士多德而言就是贵族政体的基本含义）必须是少数人的政府。他说："一个国家中的多数不可能获得政治艺术。在一个1000人的城市中，你几乎找不到50个优秀的棋手（draughts-player），更别说50个治理国家的专家了。"① 亚里士多德在介绍他的方案的段落中，把这种说法作为公认的有关贵族政体的看法，也就是说，在人数方面，它像寡头政体，但也仅仅在人数上相像。②

然而要看到，在经过认真的探讨后，亚里士多德断定，③普通公民的多数，如果经过正确的训练，作为一个集体比少数更聪明。因此，他们作为集体更适合最高审议或司法工作，尽管作为个体不适合行政官职。因此，在构建他的理想国家时，④他决定，所有的公民在到了相当大的年纪后都要分担政府工作。但是，亚里士多德的理想政体中的公民不包括手工业者、生意人，甚至农夫。因为，手工业或商业生活是粗鄙的，且和美德对立。尽管农业生活就其本性而言，不像手工业或商业生活一样腐化道德，但它缺乏亚里士多德的理想公民所必需的悠闲。因此，他的公民是一种土地所有者团体，依靠他们的土地份额的出产而生活在闲暇之中，而这些土地被认为是由奴隶或农奴耕耘的。因此，与共同体的物质需要所必需的所有人类数量相

---

① Plato, *Pol*, 292E.
② See *Nicom. Ethics*, VIII. ch. x., and *Politics*, III, ch. xiv.
③ *Pol.* III. ch. xi.
④ *Pol.* IV. (VII.) ch. xiv.

比，他们依然是挑选出来的少数。

让我们回到六重分类法。我说过，它构成了一对经过相似划分的三件套。亚里士多德如何根据价值顺序安排这六种政府形式呢？他在《伦理学》中对他的观点进行第一次简要概述时，这个方案是简单的和对称的。我们必须根据算术序列排列前三种政体，并且在第二个三件套中颠倒这个顺序。那么，这些政体的价值等级是：

王政，

贵族政体，

立宪政府或立宪民主政体，

简单的或失衡的民主政体，

寡头政体，

僭主政体或不正当的专制政体。

如果一个人被发现具有突出的卓越品质因而配得上单独统治，这就是最简单的和最好的问题解决办法。如果不存在这样独一无二的个人，政府职能应该被托付给那些最有资格履行这些职能的人。但是，亚里士多德后来的观点修正了这种顺序。在论著《政治学》中，在他看来，王政不再比贵族政体更好，而且他对贵族政体的看法在我看来偏离了柏拉图的观点。即使这样，在所有政府中，自私的专制政体是最坏的，自私的寡头政体比自私的民主政体更加讨厌。

仅仅这种分类的外表也会暗示一种令人不快的怀疑：它的作者打算表达对于希腊诸城邦中现实政府的一种普遍谴责。因为他选择的用来表示变态形式的术语，通常被历史学家用来对现实政府进行分类。①他的进一步阐述使得这种怀疑变成确定。他对寡头政体和民主政体进行定义时，使用了这些术语的贬义。这些定义并不仅仅是抽象的和形式的，它们还被用来定义流行的政治事实。从他的细心解释中可以清楚地看出这一点。他解释道，在这两者之间的基本差别不仅仅是人数上的，就像寡头政体的词源所展示的那样，而是富人和穷人之间的差别。他描述了每种政体的各种类型，有些更坏，有些更好。他也注意到，一个政府，可能在形式上是民主的，而在实质上是寡头的。但是，他清楚地认为，对于最近时期希腊政治史的实际事实的研究，可以在最大程度上向我们展示富有的少数派系和贫穷的多数派系之间分裂的社会，他们带着自私的目的为了统治权而斗争。不管谁赢，结果一般都涉及对另一派的压迫。

§5 这种对充分发展的民主政体的谴责并不仅仅是亚里士多德的观点，而是流行观点。我们几乎可以说，如果我们不考虑演说家的发言，它是流传给我们的唯一观点。由于演说家的事务是说服民众，他们就不能直白地告诉民众，他们没有能力并且具有压迫性。柏拉图对于民主政体的反对比亚里士多德更强烈。色诺芬对斯巴达毫不遮掩的偏袒为他招来了格罗托的严厉批判。然而，要强调的是，这些人都属于一个思想学派，他

---

① 大体上，亚里士多德的分类仅仅将普通希腊思想中认可的区分加以系统化。希罗多德(Bk.111.80—82)记载了一场奇怪的讨论。他坚称它发生在实施密谋的波斯的7个阴谋家中间。这场密谋最终将大流士·希斯塔斯普(Darius Hystaspes)扶上王位。在这场讨论中，一人政府、少数人政府和多数人政府的特色得到了比较，在真正的国王与僭主之间的深刻差别，以及在智者统治(真正最好的统治)与富有少数的统治之间的深刻差别，在普通谈话中或多或少得到了认可。这种系统六分法有待完成的是，强调一种相对应的差别，即保持在中庸和正义范围内的多数人守法的宪制统治和更极端的民主政体类型之间的差别，在这种极端类型中，多数人系统地压迫富人，他

们共享了苏格拉底的影响。但是，不能这样说伊索克拉底。他在大约那个世纪中叶发行了一本政治小册子，采用了商讨式演说的形式。然而，他也令人信服地谈到，在无原则的民众领袖的引导下，毫无约束的民主政体带来了压迫与无能。他说道，这些人"不仅仅危害我们的民族名誉，他们还通过控告、检举和所有诽谤手段，以我们为代价而自肥，而且通过压迫性税收碾压我们。他们的无能和他们的贪婪是对应的。在他们的影响下，我们没有一天知道自己的想法。当对私人贿赂的刑罚消失后，通过对人民大会进行大规模的行贿，最无能的人成为我们的将军"①。

无疑，所有这些谴责主要和雅典有关。但是，雅典民主政体被普遍认为是希腊民主政体中最辉煌的范例。而且我也说过，在通往民主政体的普遍潮流中，雅典民主无疑是一种广受追随的模式。伊索克拉底明确地告诉我们，他的谴责并不限于雅典。"我们受到了保护，"他说道，"是由于这样的事实：我们的竞争者不是没有受到差劲的统治……我们拯救了底比斯人，而他们也拯救了我们……对于任何一方来说，为另一方的人民大会的成员支付薪酬是值得的。"②另一个具有古老声望的国家阿格斯，长久以来就是民主政体。伊索克拉底在其他地方说到它："一旦阿格斯人走出战争获得喘气时间，他们就开始屠杀自己最优秀的公民。"③

---

① Isocr. (Or. viii.) De Pace. [不是逐字的翻译，而是对这篇演说的几个不同部分的提炼。]
② Isocr. (Or. viii.) De Pace, 171 a, b.
③ Isocr. (Or. v.) Ad Philipp, 92 d.

我想，我们认为不可否认的是，希腊公元前4世纪成熟的民主政体不管有什么价值，它普遍受到了思想者阶层的厌恶和谴责，而他们的说法流传给了后代。

但是，虽然我们的作家们都同意，毫无约束的民主政体是坏的，他们似乎也都同意，一般的自私的寡头政体（少数富人为了自己利益的政府）更坏。"一个坏的民主政体，"伊索克拉底和亚里士多德一样说道，"同一个寡头政体相比，是一种不太坏的恶。""甚至我们腐败的民主政体同三十僭主（Thirty Tyrants）的政府相比，看起来都体现了神意。"而且"如果我们看遍希腊的主要城市，我们会发现，它们在寡头政体之下比在民主政体之下更不繁荣"①。的确，在《理想国》中，柏拉图把民主政体视为比寡头政体更坏。他提出了一种自然退化倾向理论。根据这种理论，像斯巴达的宪制（他将其置于临近自己的理想国家的位置），由于获取金钱所导致的腐败效应，往往退化为寡头政体。然后，寡头政体退化为民主政体，而民主政体退化为僭主政体。一个有趣的事实是，欧洲思想史提供给我们的第一个政治演化理论是一种退化理论。无疑，可以从希腊历史中引用一些例子来说明每一种这样的退化进程。但是，政府形式的这种一般相继顺序并不对应于希腊历史的一般事实。在它的历史中，我们已经看到，特别被称作"僭主时代"的阶段出现在充分发展的民主政体的阶段之前。不管怎样，在写作《政治家篇》的时候，柏拉图看起来已经放弃了这种政体缺陷的顺序。在这里，我已经说过，他给出了被亚里士多德所采纳的缺陷顺序，"民主政体、寡头政

---

① Isocr. (Or. v.) *Areopag*, 154b, 152c.

体、僭主政体"。

§6 柏拉图在其后期方案中为安排民主政体和寡头政体的相对位置而提出的理由值得注意。他认为，多数人政府基本上是一种软弱的政府。在这种政府形式下，人们受到的统治相对较少。与一种智慧的和强大的政府相比，在柏拉图看来，民主政体的这种无所事事的特点是一种缺陷；但同寡头自私的强制相比，它是一种相对的优点。

的确，在一般的民主政体中，我们必须注意到，根据我们的所有目击者的证言，严格的个人自由意义上的自由得到了明显的维持。这种个人自由就是，做一个人所喜欢的事情的权力，而不会带来危险的失序。在托克维尔和密尔看来，"多数暴政"是欧洲即将到来的民主政体的一项如此重大的危险，它的确看起来不是雅典民众的明显特色。相反，德摩斯梯尼（Demosthenes）告诉我们，民主导致严苛性的普遍缺乏（"πάντα πραότερα"）。① 民主导致一种"普遍的言论自由"（παρρησία），欧里庇得斯（Euripides）说道。② 民主导致"我们每个人都走自己的路，不会怒视其他人也走自己的路"，修昔底德笔下的的伯里克利说道。③ "就是狗也比其他地方更鲁莽，"柏拉图说，"驴子向前行走，带着具有完全资格的公民的神态。"④ "你甚至不被允许，"伪色诺芬（一篇反对雅典宪制的苛评的作者）说，"殴打在大街上挡着你的路的一个

---

① Demosth. *Androt.* 608.
② Eurip. *Hipp.* 422; *Ion*, 672.
③ Thuc. II. ch. xxxvii.
④ Plat. *Rep.* 563D.

奴隶。"①不管我们的政治信仰是什么，至少我们现代人不会把这些记下来作为反对民众的要点。当我们试图评价希腊-意大利文明化世界的政治与社会组织的普遍幸福状态时，正是奴隶制这个重大事实加重了悲观主义的程度。想到这个沉重因素或多或少被民主政体减轻了，就会有某种惬意。

但要问的是，针对这种让所有事情都顺畅的普遍倾向而言，富人的待遇不是一种例外吗？他们不是因为民众的政治品性而被民众的不平等税收压迫，不是因为同样的那群民众的司法品性而被不公正起诉掠夺吗？好吧，由于我们的权威都同意，我们不能否认，这两种压迫一定程度上是发生了。但只能说，没有迹象表明，这种压迫到了要把富人从雅典吓跑的程度，也没到影响雅典商业和工业繁荣的程度。

至于说大规模的人民法庭，的确，流传给我们的来自公元前4世纪的法院演说的面貌，往往让我们对作为执法工具的法庭的效率产生较低的评价。这表现在控告者展现出对抗辩者大量的曲解和无关辱骂；这还表现在他们不受约束地被允许使用各种话题，以影响法官，有利自己。虽然如此，就通过这些法庭所实施的系统性的不公正的征用的范围而言，非常难以形成一种明确的看法。当阿里斯托芬描绘道，告密者四处行走，找出"肥胖的违法者和缺席者，这些人多汁、甘美、丰满和浓郁"，他的意思是，他们就是违法者和缺席者。②我们从利西阿斯这里了解到，一些控告者在起诉时常常告诉陪审员，如果他们放过

---

① *On the Government of Athens*, ch. i. §10.
② Ar. *Knights*, 259.

被指控者，国库中就不会有资金为他们支付一天三个银币的薪酬。甚至当我们了解到这种情况时，我们必须明确地认为，这是一种抗辩，反对给予有罪的人以怜悯，而不是一种对无辜的人进行剥夺的公开辩护。虽然如此，应该说，这种情况是足够坏的。尽管在民众控制之下官职持有者偶尔的腐败行为和专横的不端行为无可怀疑，但可以合理怀疑的是，它是否在任何程度上都是民主政体的一种特有面貌。

关于在税收方式上的过重负担，应该记在心中的是，把额外的负担抛给富人是一种古老的做法，没有迹象表明，由于极端民主，这种做法变得更坏了。如果我们听到，人们为了资助合唱团和火炬接力赛跑而导致自己破产，那么有充分的理由认为，花销超过他们在法律上应该承担的，一般是出于对炫耀的喜爱。我们听说，一个人"用金带装饰自己的合唱团，然后自己衣衫褴褛地到处走动"；① 然而，金带是自愿的奢侈行为，不是被民众从他身上榨取出来的。

战争负担更加沉重和让人感到更痛苦。但是，没有批评表明，起码在公元前4世纪民主趋势得到最充分发展的时候，民众因为不必为此付钱而喜欢挑起战争。不如说，代价是，为了有效地抵抗马其顿的腓力而产生的负担，民众长期不能充分振作起来。

然而，虽然我为雅典民主政体提供了合格的辩护，我在犹豫，是否要将这一辩护扩大到一般的希腊民主政体。怀疑亚里士多德下述言论的真实性是冒昧的：民主政体中的革命常常发

---

① Antiph. ap. Athen. p. 103E.

端于"民众领袖的放肆行为,他发起针对个人的恶意起诉,煽动大众反对作为一个整体的有产阶级,从而迫使有产阶级联合起来"①。他提到了发生在罗兹岛的一个奇怪例子:在那里,三层桨战舰舰长(trierarchs)*——富人们为战舰设备承担金钱上的责任——被民众领袖阻止获得他们应得的来自其他公民的捐助;于是,他们"由于害怕债主威胁他们会提出的诉讼,被迫策划了一起阴谋,废除了民主政体"。②同样,他告诉我们,在迈加拉,"民众领袖为了有机会实施财产充公,把大批的贵族逐出国家,直到他们把流亡者行列扩大到这样一种程度:流亡者回到了国内,在一场掷矛战斗中战胜了民主分子,建立了寡头政体"。③如果这种描述是准确的,那么,肯定可以看出来,富人在迈加拉受到的压迫是一种非常暴力和全面的压迫。可以说,亚里士多德是一个怀有敌意的证人,但他作为一位才智之士,真正的科学好奇心在他身上看起来总是占据优势地位。而且,关于迈加拉的民主派的暴力性,我们在普鲁塔克这里得到了一种确认。④从他这里,我们了解到,在迈加拉,在经过王政、寡头政体和僭主政体这种一般阶段后,一个放肆的民主政体时期出现在公元前6世纪的前半叶。据说,穷人强行闯入富人家中,要求不计花费地得到午餐和晚餐,并且还通过了一项正式的法令,拿回根据欠债已经支付的利息。或许,像格罗托提出的,幸免于多

---

① *Pol.* VIII. (V.) v.
* 指在古希腊(尤其在雅典)有维修三层桨座战船义务的公民们。——译者
② *Pol.* VIII. (V.) v.
③ *Pol.* VIII. (V.) v.
④ *Qu. Gr.* xviii.

里安人的征服的种族差别，使得暴民的压迫更为狂暴。自然结果就是它两次相继跌入寡头政体，然而，每一次似乎都持续得非常久。

关于阿格斯的民主政体的暴力面貌可以给出一种相似的解释。它为我们所知，主要是来自臭名昭著的σκνταλισμός[用棍棒执行私刑]。由于这一措施，公元前 370 年，上层阶级的 1200 人因为被怀疑策动一场寡头革命而失去了他们的生命。但是，在我们已经引用的段落中，伊索克拉底谈到（公元前 346 年）阿格斯的党派倾轧方式。或许，可以从中推断出这种事情并非孤例。①然而，从公元前 5 世纪中叶之前到后来，在阿格斯，民主政体看起来几乎是连续的，或许部分是因为同斯巴达的竞争。由于寡头们同斯巴达结盟，招致了反对他们的爱国主义情感。一般而言，狂暴的民主政体往往会招致一种突然跌入短命的寡头政体或僭主政体的骚动状态。这样的寡头政体，如果我们根据雅典三十僭主的短命历史来概括的话，或许可以"媲美"最坏的民主政体的最坏举止。

有一种对富人进行剥夺的形式，由于和我们自己时代的某些革命目标具有类比性，所以具有某种重要性。它就是γῆς ἀναδασμός[土地再分配]。演说家伊索克拉底谈到"城市的常见不幸"，一位斯巴达的辩护者声称只有斯巴达免除了这些不幸。当他谈到这种情况的时候，他提到，在这些常见灾难中，有"债务的取消"（就像梭伦在雅典的重大措施）和"土地的再分

---

① P.112.

配"。①亚里士多德也谈到过这种情况，将其作为一种公认的民众领袖的压迫方法。②然而，他没有给出任何例子。狄翁·赫里索斯托姆(Dion Chrysostom，罗马帝国的一位希腊修辞学家)说："我们绝对不知道这样一种事情曾经发生过。"③我曾经寻找以一种和平的和准合法的方式执行的土地再分配的历史案例。它被作为一种民主措施，就像梭伦对债务的取消一样。但我的努力白费了，尽管在内战中当一个党派被暴力驱逐时，这样的事情当然会发生。然而，人们很难不怀疑，肯定存在其他关于这种专横的民主压迫现象的案例，尽管它或许更常常被谈起而不是已经实现。

我曾经留下针对希腊民主的最后一个重要指控，它以雅典历史为基础。有人强烈主张，经过长期斗争后，最终整个希腊接受了马其顿的霸权，这表明了民主政体在外交事务上致命的短见和不稳定性。如果雅典人拥有某一其他政府形式，或许就已经成功地抵抗了腓力。我认为，很难否定这种指控有相当的基础。但是，如果我们在将雅典民主政体同其他一些政府形式加以比较时，实际上发现它们是在和雅典民主政体一样的一般条件下(在希腊小的城镇共同体中)产生的，那么民主的倡导者会通过问这样一个问题而做出公正的回答——其他哪些希腊城镇会表现出自己更能够应对这种形势？寡头政体最热心的赞赏者也很难声称，斯巴达可以这样。

---

① Isocr. (*Or.* xii.) *Panath.* § 259.
② *Pol.* VIII. (V.) v.
③ *Or.* xxxi. 332.

总体而言，我倾向这样的观点：并不主要是民主政体受到了考验，并且在同腓力的竞争中被发现不合格，而是太排外的精神、希腊城邦中太有限的爱国主义不能够升华为一种真正有效的泛希腊主义、一种平等的和稳定的联邦。后来，当联邦制原则最终从当时简单质朴的亚该亚同盟的卑微开端获得发展时，当我们看到联邦制在雅典置身事外和斯巴达从头等地位跌落时能够发挥多大影响时，我们几乎乐于和亚里士多德一起同意，希腊种族由于具有巧妙地实现融合与平衡的品性，它只要让自己生活在一个政府之下，就能够征服世界。

第八讲
亚里士多德和柏拉图的理想国家

§1 在上一讲中，我对公元前4世纪的雅典宪制进行了一番简要的描述，然后，关注了由柏拉图、亚里士多德、伊索克拉底和色诺芬所表达的对希腊民主政体运作的一致不利的立场。就我所知，在对立一方不存在任何重要的公正言论，因为，我已经说过，就演说家而言，由于他们的事务就是说服民众，所以他们任何奉承民众的措辞都不能作为证明。

但是，有人极力主张，"柏拉图、伊索克拉底和亚里士多德所了解的雅典，仅仅是在她的最好时光已经过去的时候，而且是在黄金时代充满才智的和生机勃勃的人口由于可悲的战争和瘟疫已经缩减的时候"①；而且因为人数减少并为这种减少而沮丧的雅典人自然会让自己的政府变质。我认为这种解释很难行得通。无疑，阿提卡的人口已经减少了。我们听说，成年男性公民在公元前5世纪后期超过30,000人，相比而言，公元前4世纪末有21,000人。虽然人数变得更少，但它肯定在规模上足以运作直接民主制度。②雅典人远远没有因为伯罗奔尼撒战争

---

① Warde Fowler, *The City State of the Greeks and Romans*, p.153.
② Cf. Arist. *Pol.* IV. (VII.) iv. 4; II. vi. 6.

可怜的胜利和随后他们的海上帝国的丧失而永远灰心丧气；相反，令公元前4世纪希腊史的读者震惊的是，他们灵活地从这种打击中恢复过来，并且组建了第二帝国，尽管无疑它远远不像第一帝国。

我已经说过，公元前4世纪是建制的和充分发展的民主政体阶段；公元前5世纪则是这种发展的过程。无疑，伯里克利的伟大时代是一个辉煌繁荣的时代。但是，根据古代权威，这时尽管已经有了针对最终民主政体的批判行动，但还没有到看到民主制度全部效果的时候。这就是为什么这个时期的繁荣不能被看作充分发展的民主政体类型的原因之一。而公元前5世纪辉煌阶段的雅典宪制不能被看作典型的民主政体的另一个原因正是基于以下事实：那时，雅典是一个非常卓越的帝国主义城市；它的国家收入很大程度上来自其他城市的进贡；雅典人享有的政府职能的范围和收入很大程度上是由于他们的帝国地位。

回到公元前4世纪。应该注意到，内乱(stasis)，即派系和国内斗争，是希腊城邦的整个历史中普遍存在的有害特点。如我们看到的，正是内乱为公元前7世纪和公元前6世纪的僭主提供了机会。在充分发展的民主政体之下的雅典，没有发现这些现象。在雅典，国内冲突在公元前5世纪末结束了。在公元前4世纪期间，雅典的内讧，不管多么激烈，却没有导致混乱和暴力。我们发现，富人及其党羽和民众之间的斗争在其他地方是如此常见。如同柏拉图所言，把一个城市分成两个城市，每一方都在不停地驱逐另一方的领导人。雅典则免于这种现象。

虽然如此，我们已经看到，它的民主政体受到了论述政治的主要思想家和作家深刻而坚定的谴责。

§2 但是，如果思想家们同意不在寡头政体更坏的恶中为民主政体的恶寻找疗方，那么，他们开出的疗方准确地说是什么呢？对于这个问题，柏拉图和亚里士多德都给出了有点复杂的回答。

他们都构思了一个理想国家，都承认它不可能得到普遍的实现。每个人都提出了一种权宜之计，一种次优的行动方案，因为它更有可能在实践中被采纳。当我们比较这两种疗方时，我们发现，尽管亚里士多德的理想国家非常不同于柏拉图的理想国家，但它和柏拉图的次优政体模型具有明显的一般相似性。所以，我们可以把这两个思想家的教导放在一起，在他们身上追踪一种连续的思想运动——从非常明显的、非常远离实际政治的政治理想主义到一种更实际和更实证的观念。

柏拉图和亚里士多德共有的政治理想的萌芽，在柏拉图的老师苏格拉底作为其辩证法教导基础的基本信条中可以找到。它就是：政府工作像私人生活一样，重要的必需之物是知识——关于人类真正的善（good）的知识，和关于获得善的手段的知识。一个拥有这种知识的人，如果被召唤履行统治职能，会知道如何增进被统治者的福利，并且也知道他自己的福利将会在这种职能的正确履行中得以实现。这样的一个人是一个潜在的政治家，不管他有没有被任命。如果我们发现了这样一个人，不让他成为统治者，而是把统治者的选择留给随意的抽签，这就是一种愚蠢行为。同时，如果没有这种基本知识，所有人的投票也不能造就一个政治家。在苏格拉底这些简单的政治信条里，我们找到了柏拉图的理想贵族政体得以形成的萌芽。因为，在柏拉图看来，这种必不可少的知识只能够被哲学家拥有。一个人希望在人类生活中实现抽象的善之前，他必须接受对思考这种善的训练。然而，受到自然馈赠能够胜任哲学所必需的长期和艰苦训练的人，在一个管理得最好的共同体中也总是少数，而且这些少数，只有哲学家才有资格挑选。这样，柏拉图最理想的国家必然是一种以推选为基础的贵族政体。它必须是这样一个国家：在其中，绝对的服从被给予一小撮受到过严格训练的哲学家阶层，他们通过选择，从他们认为适合接受训练的年轻人中录用成员。

至于一个自给自足的人类共同体的生存所必需的其他阶层，柏拉图在构建自己的理想国家时，只对其中的战斗阶层给予了严肃关注。这个国家当然也包含农夫和工匠，在他看来，他们应该不同于武士阶层。但是，仅仅针对武士，柏拉图详细设计出了一套管理体系。他们和哲学家一起构成整个共同体的护卫者或保护者。

他并不把战争视作人类社会理想状态中的一种正常事件，而是相反。但是，柏拉图的国家尽管是理想的，却并没有被设计为一个乌托邦，它不是一个想象国家，而是一个模范国家。它是根据希腊城邦的实际生活条件设计出来的，在这样的国家中，繁荣的必要条件是国家应该在战争中立威。然而，让现代头脑惊讶的是，他认为，同为共同体提供物质需求而忙碌的阶层相比，武士阶层具有道德优越性。这种看法和希腊的美德

(virtue)概念是一致的，在这种概念中，勇气比它在现代美德概念中更为突出。无疑，这是政治条件的一种间接后果。因此，哲学家和武士在柏拉图的理想观中，共同构成一个护卫者阶层，一种包括教育、训练和生活管理的完善体系就是为他们设计的。这样一个体系以斯巴达为模型——在希腊的实际政府形式中，柏拉图把斯巴达的政体列为第一。但是，这样一个体系的目的是要更为彻底地排除忙于自私的赚钱琐事所造成的弊端。柏拉图看到在斯巴达并没有排除这些弊端。因为来库古体系虽然把男人们训练成一支顽强的和质朴的劲旅，却没有让妇女接受训练。虽然斯巴达的兵营生活和集体会餐严格地限制了男人对财富的享受，为妻子和家庭积累财富的欲望只会让斯巴达人更容易受到贪财的腐败性诱惑。那么，着眼于比斯巴达更绝对地支配公民情感，同时着眼于公民养育的完善和根据资格进行职能分配，柏拉图建议完全取消他的护卫者阶层的私有财产和私人家庭。

这种共产主义受到亚里士多德的猛烈抨击。在他的专著《政治学》中，对这一争论的强调，倒是模糊了在亚里士多德的政治理想和柏拉图的次优国家(second-best state)之间密切的和基本的相似性。因为柏拉图本人开始意识到，他的共产主义不在现实政治力所能及的范围内。因此，在他的"次优国家"(描绘于晚于《理想国》很多的一篇对话《法律篇》)中，他放弃了在婚姻和私有财产上的共产主义。然而，他并没有放弃通过立法干预阻止贫富之间致命社会分裂的所有希望。在《理想国》中他特意告诉我们，这种分裂"使得同一个城市中的两个国家陷于战争"。①现在，他希望阻止这种分裂的手段是，把他的公民组建成为一个土地所有者的团体，拥有平等的不可转让的土地份额，并且严格禁止获得超出土地份额价值四倍的动产。这种份额不能买卖，每个人要把他的份额留给他的最心爱的儿子。至于他的其他儿子，"他可以把他们送给无子的和愿意收养他们的公民"②。还要制定其他各种规则保持份额的平等。如果人们不愿意，只要有可能，官员就要压制他们。或者，如果这种做法被发现行不通，作为最后一招，可以派遣他们到殖民地。

亚里士多德批评这种阻止财产不平等的方案。但是，他不是像一个现代人那样，批评它对经济分配的自然法则干涉太多，而是批评它的干涉还做得不够多。他认为这种方案将会失败，因为不能让一个家庭中的孩子的数目有一个固定的限度；因此，他建议在自己的理想国家中引入这种限度。

他还批评了柏拉图次优国家中的其他要点。但是，总体而言，我们比他看得更清楚，他自己的政治理想在其大致特征上和柏拉图的是多么相似。柏拉图和亚里士多德都同意，要把城邦视为一个高度组织化的政治社会的最终形式。在两人看来，国家不能比一个城市更大，拥有供养它所必需的土地，以便公民们能够在一个大会中集会（为了有效的审议，集会不能够太大），并且能够彼此熟知。这种熟知是正确选择官员所必需的，也是（就希腊思想家的认识而言）良好司法所必需的。的确，在

---

① *The Republic*, iv. 422.
② *The Laws*, v. 740.

这一点上，亚里士多德的概念比柏拉图的更严格：他批评柏拉图后来设计的国家，因为它太大了，它被设计为拥有一个5000名战士的团体。两个人都认为，要把政治家的目的看作在公民中实现可获得的最高程度的人类美德和福利。在这样做时，最高级的手段是哲学，即在获得知识中的理智活动。而且两个人都坚称，美德的高度实现只能寄希望于一个优选的公民阶层，他们摆脱了亲自提供生存手段的必要性，并且接受了一种精心设计的教育体系。因此，在两人看来，公民们要被看作一个土地所有者团体，靠他们的土地份额的出产而生活在闲暇中，而这些土地是由奴隶耕耘的。因此，两个人都把农夫、工匠和小商人排除在公民资格之外。在两人看来，男性公民必须在年轻时接受彻底的军事训练。两个人都承认（柏拉图在他的次优国家中不比亚里士多德承认得更少），就这个武装公民团体而言，简单地服从哲学统治者的支配不符合人的本性。因此，两个人都同意，要给予军事土地所有者阶层一种重要的政治权力份额，但是两个人在方式和程度上认识不同。在柏拉图的方案中，他们拥有选举行政官员的权利，也拥有选举审议性议事会的权利，官员要向这个议事会提交重要事务。为了改良如此选举的议事会的品质，他建议，把公民分为四个财产等级，并且制定一部实际上能够增加高等级选举权力的宪法。与之相对，亚里士多德建议，要把最高的审议职能给予由已经过了服役年龄后的所有公民（即所有的土地所有者阶层）组成的一个大会。他也建议把司法职能给予这些公民。我猜想，这些公民会像在雅典那样的大规模的人民陪审团中集合起来。

因此，如果我们只考虑公民间权力的分配，那么，亚里士多德的理想国家中的政府形式同柏拉图的次优国家中的政府形式相比，实质上更接近民主政体。但是，如果对比这个事实——两个人都同意要把公民资格限制在土地所有者阶层，且这个阶层靠奴隶劳动的产品而生活在悠闲中，那么这个差别在我们看来就是不重要的。这把我引向两个人在原则上都接受的一个最终要点——奴隶制。两个人都坚称，奴隶必须存在；但也都认为，奴隶应该是天然适合奴隶制的人类，而且希腊人不应该作为奴隶为他人所有。①

§3 简而言之，这就是伟大的苏格拉底式思想家的贵族制理想。这种理想不考虑理想的君主政体——由在智慧和美德上卓越的人实施的统治，它显然和亚里士多德时代的实际政治没有关系。如果从历史角度考虑亚里士多德的贵族政体，我们可以清楚地看到，斯巴达制度可以作为一种原型。因此，柏拉图和亚里士多德都同意，在现实的希腊城邦中给予斯巴达政体一种高度地位。不同于"寡头制"类型，它属于亚里士多德所谓的宽泛意义上的"贵族制"国家类型，其制度的目标是在公民中发展优点并在政治上奖励优点。

虽然如此，亚里士多德并不认为，他的理想政体，或者类似斯巴达政体的可以被称作贵族政体的任何政体，能够被普遍地推荐给他所知道的现实城邦。这些城邦中的民主趋势被他认为是如此强烈，以至于不能接受和采纳他所推荐的任何可以被

---

① 在考虑柏拉图和亚里士多德与希腊现实的奴隶制的关系时，我们往往排他性地使用现代立场来判断它，并且概括地说，他们接受和捍卫奴隶制。我们也应该承认，在反对希腊人的奴隶身份方面，他们是多么超前于时代。

称作真正贵族制的政体。他所推荐的东西是他以一种特殊含义称作"立宪政府"的东西。或许，立宪民主（Constitutional Democracy）一词可以更好地向现代读者传递他的观念。①在其中，拥有中等财富的人在极富和极贫之间保持平衡，而且某种融合在寡头政体和民主政体的对立原则之间得以实现。

这种融合或平衡可以用不同方式来实现。在某些要点上，或许权宜之计是，在平衡国家（balanced state）的宪法中同时采纳寡头制的和民主制的安排。比如，既对富人不服务于陪审团进行罚款，就像在寡头政体中的习惯做法，又对穷人服务于陪审团支付薪金，就像在民主政体中的惯常做法，以保证双方出席陪审团。在其他情况中，通过在两种体系之间采取一种平均值，必要的平衡就可以得到最好的实现。比如，制定一种适中的财产资格，作为最高审议大会成员资格的条件，以便接纳自由公民的多数，而不是像在寡头政体中一样，制定一种高度的财产资格。或者，或许可以采纳一种复杂的任命方法——部分寡头制的和部分民主制的。比如，行政官员的任命可以部分地通过选举，希腊人认为这基本上是一种寡头制的或贵族制的任命模式；也可以部分地通过抽签，他们基本上将其视为是民主制的方法。当然，不要期望平衡的调整可以达到确切的相等，或者在所有情况中都是一样的。一些立宪政府更倾向于寡头政体，而另一些更倾向于民主政体。但是，在某种这样的混合政体中，

---

① 就像一般术语"立宪政府"或"宪制"，如果被用于19世纪上半叶的欧洲国家，将会自然被理解为其含义是"君主立宪制"。在现代情况中，带给宪法建构者的问题是，假如有一个国王，他的权力如何得到限制和平衡；在古代思想家看来，民众的权力自然也有同样的问题。

无论是富人或是穷人,都不能让其行为不受约束。这种混合政体被亚里士多德推荐为他的时代的城邦可行的理想。但是,他遗憾地承认,它的实际实现是稀少的。关于其原因,我给出他自己的话:

"为什么大部分政府或者是民主制的或者是寡头制的,原因首先是,在这些政府中,由中等财产的人们组成的阶层的人数一般很少。其次,平民和有产者之间骚动和争端的结果是,任何一方都想得到更好的东西,而不是建立一种开放的和平等的政府类型。他们都把政治支配权当作对胜利的一种奖赏,建立民主政体或寡头政体。"进而言之,"两种人民在希腊获得了帝国地位后,会在他们统治下的城邦中建立某种民主政体,或者另外建立某种寡头政体。他们仅仅关注自己的政治目标,让这些城市的利益服从于他们自己的利益。因为这些原因,中庸形式的政府根本难以实现,或者只在少数城邦中极少地实现"。①

自塔西佗②以来,各种作家提出了反对混合政府形式(a mixed form of government)可能性的观点;上述说法表明了我在这些观点中所发现的一些真理。希腊历史的经验表明,可欲的平衡无论如何是难以维持的。在融合中,一种或另一种成分往往会占优势,最终摧毁平衡。认为这样一种混合形式是不可能的,在我看来当然是一种鲁莽的概括;但是如同亚里士多德的概括,希腊的经历往往表明,它有可能是稀少的。

而且显而易见,他认为的这种具有最广泛适用性的融合,

---

① *Politics*, Ⅵ.(Ⅳ.) xi. 16, 18. "两种人民"当然是雅典人和斯巴达人。
② *Annls*, iv. 33.

倒是往往倒向民主政体。这就是为什么我把他的术语πολιτεία翻译为"立宪民主"。在这样一种体系中,最终的控制权被托付给公民的多数。显然,他认为,在他的时代普遍的希腊城邦中,说服民众放弃他们的最终控制权是毫无希望的。但是,或许有可能说服他们接受一些制约和平衡,这些制约和平衡可以阻止贫穷的多数对富有的少数的压迫。但是,即使是这种情况,他也仅仅希望在某种社会中以一种稳定的方式实现。在这种社会中,拥有中等财富的人组成的阶层在人数上是强大的,可以维持支配地位。①

§4 从现代的视角看起来奇怪的是,在亚里士多德推荐一种混合或平衡宪政时,似乎从来没有想到将君主政体作为一种成分引入这种融合中。我感觉到,这部分是因为,在他认识的政治家中,找不到任何具有这种独一无二优点的人,可以明显合理地把如此大的一份永久性权力分配给他;部分是因为,一种真正正当的君主政体起码不在当时希腊的经验的范围之内。

我们发现,在不正当的、篡位的、"非自然的"僭主政体之外,亚里士多德认出了五种类型的君主政体。但是第一,其中之一的斯巴达政体只能被礼貌性地称作王政;国王比一个永久性司令官的影响稍微多一点;他在国内事务中的权力微不足道。第二,另一种类型是世袭的专制政体,它对于野蛮人是自然的,亚里士多德认为它在对希腊进行探讨的范围之外。第三,"根据英雄时代的法律"建立起来的古老的王政已经不可避免地逝去

---

① 某种和亚里士多德的理想相似的情况似乎在公元前3世纪被实现过。

了。①第四,选举的长期独裁制,②在贵族与大众斗争的第一个阶段在某些国家被建立,也是一种过去的事物。第五,拥有独特优点的个人统治,首先出现在亚里士多德政府分类的价值等级中——至少在亚里士多德时代,这是一种纯粹的理想概念。因此,在亚里士多德时代的希腊,"在现实政治的范围内",没有正当的王政真的配得上这个名称。正是因为这个原因,我觉得,他甚至不会考虑一种君主政体与寡头政体或民主政体的融合,或者同时与两者的融合。因为,建议同非法的僭主政体达成任何平衡或妥协,会是一种非常冒险的理论困境。③

---

① 值得注意的是,亚里士多德没有把英雄时代的政体作为一种平衡的或混合的政府形式。他认为,国王的权力受到法律和习俗的限制,但没有认为它可以和议事会或大会一起被分享。无疑,由于他对这种政体的观点来自于荷马,他的权威可以在第二讲(第二讲,第35—37页)所探讨的争论中支持格罗托的观点。尽管如此,我采纳另一方的观点。

② 参见第六讲,第90页。我不知道这样一种被选举出来的终身的独裁者(αἰσυμνήτης)的任何历史案例;但显然,这样的案例为亚里士多德所知(参见 Politics III. xiv.)。

③ 有理由怀疑,亚里士多德多大程度上真正分享了针对僭主政体的传统情感。但是,无论如何他没有明显地让自己和它拉开距离。

第九讲
希腊联邦制度

§1 现在，我们已经根据演化顺序简要考察了到公元前4世纪末希腊的不同政府类型及其转型。政治科学的目标是，通过案例比较，尽可能明确地找到某些类型，找到一种类型向另一种类型转型的一般原因。首先，我们考察了"原始政体"，它或许可以被称作君主政体。但是，在这里，值得注意的有趣现象是，在次级首领或长老议事会中和在武装自由民大会中没有得到发展的机关，分别在寡头政体和民主政体阶段变得突出起来。其次，我们探讨了向原始寡头政体的转型。在这种转型中，最突出的面相是国王权力的削减，以及最终任期一年的官职对他的取代。然后，议事会变成了统治机关。公民大会或许得到保留，但来自古老家族的土地所有者支配了它。我们观察到往往有不同原因给予大会一种寡头特征：征服；人口的增加，尤其在殖民地中没有政治权利的新人口的增加；整合，在它的影响下，小的土地所有者和居住遥远者往往退出大会；财富不平等的增长以及对更贫困的自由民的经济奴役。下一个考虑的现象是僭主政体，"向君主政体不正常的、非宪制的回归"，或许，像在雅典一样，宪政形式被保留下来。我们区别了早期类型和晚期类型。早期类型源于民众领袖，对早期寡头政体的反对为

132 它提供了机会。对于晚期类型而言，雇佣兵的使用是一种有利条件。我们注意到，僭主政体是某些时期的一种流行类型，但不是希腊国家要经历的一种必要阶段。

然后，一般而言，当早期僭主政体消失的时候，希腊历史的辉煌时期开始了，它的总体特色是一种通向民主政体的潮流。我们可以在雅典逐阶段地追踪民主的发展进程。在这里，一种稳定的立宪民主政体在公元前5世纪末最终建立起来，直到马其顿征服时代，它在实质上一直未变。在希腊的其他地方，可以发现同样的民主潮流，尽管它绝不是普遍盛行。就我们所知，在一到两个案例中，寡头政体形式保留下来。经过这个阶段，我们更常常听到的是在寡头政体和民主政体之间的摇摆。在这个时代的较晚时候，使用雇佣兵的做法也给了僭主政体一种新的机会。接着，马其顿的霸权和帝国结束了城邦的有效独立阶段，而且我们遇到了富于创新的希腊头脑在政治建构领域中最后一个著名的产物：联邦体系。它在公元前3世纪的显著发展，不仅为政治科学的研究者，而且为普通读者，提供了对自由希腊史的最后时期的一丝兴趣；这个阶段介于马其顿支配地位的确立和在罗马统治下希腊最终被同化之间。

在考虑从一种政府形式向另一种政府形式转型的原因时，（不考虑征服的话）我们一直将注意力主要指向内部原因。在这些原因中，经济原因是非常重要的。比如，我们已经看到，财富的不平等增长往往改变原始政体，将其导向寡头方向，使得

133 贫穷的自由民更加依附于富者。而货币的更广泛使用，导致了更小的土地耕种者的借贷行为，把不平等恶化为一种感同身受

的压迫,在希腊和罗马导致了反对原始寡头政体的运动。而且,尤其在殖民地和商业城市中,外在于特权阶级的新兴财富的增长成为一种造就变革的原因。

但是,除了经济原因,变革的一个主要冲动无疑来自这样一种简单信仰的扩张:"一个人和另一个人一样优秀",政治特权团体外部的那些人和内部的这些人一样优秀。这样一种信仰的实际效应由于在新观念上的开放性、习俗和习惯影响力的弱化,会不断地得到强化。渐进的文明和如此多的独立共同体的相互沟通会造就这种开放和弱化。这种信仰在民主潮流中的效果非常明显。但是,我们可以假定,在更早阶段它以一种更有限的方式发挥作用。例如,在柯林斯,一个或更多的任职一年的官员从王室家庭中被选择出来,取代了国王。在这里,我们可以认为,由于世袭国王偶尔的无能,必然会经常导致要求变革的主张。这样一种观念开始流行起来:一个具有王室血统的人和另一个这样的人一样优秀,而且或许(如同爱尔兰人在故事中所说的)"还有许多比他更优秀的"。那么,当主要的官职向贵族全面开放时,我们可以认为,这样一种信念会流行:一个来自古老家族的土地所有者和另一个这样的人一样优秀。

但是,当我们谈到国王或政府的能力时,我们已经越过了将共同体内部关系和外部关系分开的界线,因为原始国王的能力很大程度上是根据战争来评价的。实际上,我们看到了不同于世袭国王的军事首领的设立,这在雅典据说是向寡头政体变革过程中的第一步。无疑,更一般而言,战争在造就政府形式变革上,有时是一种重要因素。相对地,当建制政府能够证明自己有这种能力的时候，有时它也是稳定性的一种源头。

我们也已经注意到，由于在战争中筑墙的城镇具有保护作用，这非常有利于城邦从更原始的乡村共同体群体中发展出来。

最后，在希腊历史的最后阶段，联邦制度的主导性主要是由这样的必要性引起的：在马其顿征服波斯帝国后，要求有比古老的城邦更大的国家，以对抗马其顿和在亚历山大帝国的碎片中形成的大国。我可以补充一点，像在古代希腊一样，在战争中获得更大防务力量的必要性也是中世纪和现代欧洲联邦制度的成因。

§2 简而言之，从城邦到更大的政治组织转型的时代已经到来。这种政治组织在现代欧洲历史中扮演了主要角色，我们可以把它们称作"地理国家"（Country-States）。或许通过两种转型模式，城市国家变成地理国家。地理国家实际上是由爱国主义情感整合起来的，不同于帝国。这两种转型模式是：基于平等条件的联邦方式，与扩张（expansion）和同化（absorption）方式。前者在希腊历史的这个最后阶段盛行，在这个时候，亚该亚和埃托利亚同盟或联邦引起了历史学家的主要关注。后者使得罗马成为文明世界的主人，我们将在随后两讲中追踪她的发展。对历史转型的科学兴趣主要在于对两者进行比较。

但是，我已经说过，两种过程作为转型形式，都是从具有明显特色的古代概念转向现代头脑非常熟悉的概念。这种古代概念被术语"polis"所表达。我们自然会把一个"country"而不是"city"作为一个国家的存在的空间。的确，我们往往不知不觉地在双重和混合意义上使用"country"一词，有时意指地球表面的一部分，有时意指居住在其上的一个政治共同体，有时是两者的一种融合。这样，在对爱国主义情感的任何诉求中，在爱国主义情感的任何流露中，共同体所居住的地球表面的特定地区的特色占有了一种突出的地位。为了构建爱国主义忠诚的目标，想象力似乎需要这种具象化。当我们想到英格兰"四面环海的岛"、"美丽的法兰西"或德意志"祖国"（fatherland），我们常常不把共同体和土地分开，而是把两者融合在一个观念中。在不止一种情况中，这种融合具有的政治上的重要后果是：看起来自然和正确的是，地球表面的一个部分被明显的自然边界与其他部分分开，应该成为单一一个国家的领土。需要注意的一种奇怪现象是，在"country"概念中的这种不同成分的融合，对于我们现代人来说是如此自然，所以，我们很少需要努力分开这些成分。但是，我们发现，在希腊概念"polis"中，这种对应的融合是困难和困惑的。我相信，大部分现代人开始学习希腊语时，会感到有些奇怪的是，一种具有如此丰富的微妙差别的语言，在"city"和"state"上使用同一个词。

公元前 3 世纪发生的这种转型既是政治事实也是政治思想的转型。对于这种转型，有一个有趣的证据，即在波利比乌斯的亚该亚同盟史中，单词"ethnos"［民族］很大程度上取代了单词"polis"的位置。"ethnos"这时已经成为爱国主义情感的主要目标。一个希腊"ethnos"的正常宪制是一种联邦宪制。

§3 一种粗糙的联邦制是早期历史所特有的。实际上，我们可以说，无论是在日耳曼还是在希腊，部落状态下最大的政治社会通常是一种非常松散的次部落（sub-tribes）或行政区（cantons）的联盟（federation），随着文明的进展，它们的政治联合变得更加紧密起来。次部落或行政区也可以被称作一种村庄的联盟。这样，就出现了早期的"整合"（integration）——συνοικισμός［共同生活］，它从行政区中形成了城邦。那么，城邦在希腊的发展似乎制约了进一步的整合。甚至在某些情况中，例如在阿卡狄亚，城邦的发展似乎破坏了更广泛的民族层面的联合。因此，在希腊历史的辉煌时期，正是在希腊的落后地区，联邦制看起来成功了。

我们从历史学家这里得知，除了亚该亚同盟和埃托利亚同盟，在希腊的繁荣时期，这种类型的联合也存在于佛西斯人、阿卡纳尼亚人、伊庇鲁斯人和更具有历史重要性的皮奥夏人中间。但是，这最后一个例子也说明了针对真正有效的联邦制度发展的某种深刻对立。在这个阶段，政治文明的发展将爱国主义情感集中在单一城市中，引起了这种对立。这种现象并不会导致和某种类型的联合相对立，因为城邦拥有自己的政治意识和爱国主义情感，这种意识和情感会通过让其他人保持服从而得以拔高，城邦乐意采取这样做的任何机会。但是，它往往强烈地反对在平等基础上合作的联合，而这是联邦制度的实质。因此，在皮奥夏同盟中，就我们所知，小城镇的地位往往不断地从真正的联邦成员的地位滑落到底比斯附属国的地位。在波斯战争后由雅典所建立的同盟的发展中，我们可以看到同样现象。因此，在马其顿支配时代之前，我已经说过，只有在希腊共同体更落后的地区，真正的联邦制往往才得以有效维持，特别是在从农村行政区到城市的发展还没有完全完成的地方。如同弗里曼所言，埃托利亚同盟甚至处在更晚的联邦制阶段，是一种行政区的联盟而非城市的联盟。

难以理解，希腊种族中落后的和原始的分支如何在这种发展中开始领先于他们更成功的和更杰出的同胞。处在埃托利亚人和阿卡纳尼亚人条件中的部落，分散在一块人口稀少的领土上的村庄中，政治意识发展不完善。因此，由于它们容易分裂，它们也容易联合。但是，随着构成其实质象征的城市的发展，国家观念的重要性也增长了。和这种增加相对应，联合也变得更困难了。

§4 古老的亚该亚同盟是相对不重要的城邦所结成的这些联邦联合之一。因此，后期亚该亚同盟的特殊意义是：在这样一种城市联盟中，古老城邦的孤立性被克服了，虽然还依然保持着其主要特色。的确，斯巴达和雅典置身事外，并不接受联邦，除非是在非常暂时和不情愿的情况下。但是，具有古老声望的其他国家，柯林斯、迈加拉、阿格斯和阿卡狄亚更新的"大城市"看起来真诚地接受了它。它无疑被当作反对后期马其顿霸权斗争的唯一有效手段，这种斗争有一个时期获得过部分的成功。

弗里曼所谓的"希腊自由的重生"①开始于公元前281年，即拉米亚战争（公元前322年）后的四十年。在亚历山大死后，这场战争在摆脱马其顿霸权的徒劳斗争中终结了古老的希腊自由阶段。"在继业者战争（the wars of the Successors）期间，"弗里曼

---

① *Federal Government*, p.177（2nd ed.）.

先生说,①"希腊变成相互争斗的君主们的主要战场之一。的确,各个城市被讨好和哄骗。首先是波利斯帕孔(Polysperchon),然后是德米特里厄斯(Demetrius)……自命为希腊的解放者。"但是,他们两人"解放了城市,仅仅是亲自成为它们的主人。一般而言,每个希腊城镇都变成了一个或另一个自私的暴发户进行斗争的堡垒,被争来夺去;这些人躺在欧洲和亚洲的废墟上,进行着纯粹个人的争斗"。

　　古老的亚该亚同盟的复兴,如我所言,发生在公元前281年。但是,直到三十年后的公元前251年,克服城邦孤立性中的关键步骤才被一个具有政治天才的人——阿拉托斯(Aratos)所采取。他说服古老的城邦西库翁申请了入盟许可。之后,联盟中的城镇作为个体变得不太重要了。但西库翁具有历史声望。从这个时间起,联盟开始扩大。柯林斯在公元前243年加入,然后是迈加拉和伯罗奔尼撒半岛东北部的其他国家。接着,阿卡狄亚的"大城市"(它的僭主自愿退位)和其他阿卡狄亚城镇加入。然后,在公元前229年,又出现了僭主们的退位,具有古老声誉的阿格斯加入联盟中。②

　　在经过一场同斯巴达的不幸冲突(公元前221年)后,亚该亚同盟经历了一段软弱的依附马其顿的时期。但是,在世纪末之前,它再次崛起。而且,当罗马无可抵抗的权力开始主导希腊时,亚该亚同盟是南部希腊的主要政治共同体,就像埃托利

---

①　*Op. cit.* p.180.
②　比较一下瑞士;在1315—1353年间,在莫加顿战役(battle of Morgarten, 1315年)后,琉森、苏黎世、伯尔尼是如何加入森林州联盟(the league of Forest Cantons)的。

亚同盟在北部一样。这个时期的雅典在政治上是空白的，而斯巴达残留的活力不足以同联盟竞争。

一般而言，联邦制的基本原则是，构成联盟的各个国家——就它们同联盟之外的共同体的关系而言——成为一个国家，而同时在所有内部事务上保留它们最初的独立性和多元性。"存在一个有一个国民大会(national assembly)的亚该亚国家(nation)"①，其中，联邦中的每个国家都有一份投票权。存在一个国家行政机关，也存在一个国家法院，对于它们，就像对于大会一样，"每个亚该亚公民对他们直接效忠"。"单个国家没有独立的权威同外部国家宣战或媾和"，或者缔结条约。由于联盟共同法律的存在，单一国家没有中央政府的批准，似乎不能接受或者派遣大使；尽管在联盟的后期，出现了违背这项规定的几个例子；这时候，一些城市是不情愿地被强迫合并的。与之相对，每个城市以完全的独立性决定它自己的政治结构和法律，不会受到来自中央政府的任何干预。然而，看起来作为联邦制的一项既定原则是，任何一个城市中的公民在联盟的其他城市中，允许享有"公民资格中的私人权利，即这些相互通婚和拥有地产的权利"②。

国家(nation)在政府形式上是民主的，并且是非代议制的。所有城市中年过30岁的全部公民都有权利出席国民大会并发言。而且，我们或许认为，每个城市的一份投票权是由在任何时候出席大会的它的公民的多数所决定的。但是，值得注意

---

① Cf. Freeman, *Federal Government*, p. 202 (2nd ed.).
② Freeman, *op. cit.* p. 201

是，大会是如何仅仅基于环境的影响实际上获得了一种以代议制和贵族制为主导的特征，这种特征不包括从举办大会会议的单个城市中产生的代议与贵族成分；由于出席大会是不付薪的，其他城市中更贫穷的自由民通常不愿意牺牲出席会议所花费的时间与金钱。①

尽管大会在宪制上是最高的，但是，像雅典和其他城邦的人民大会一样，举行经常性会议的实际困难阻止了它致力于管理当前事务。实际上，它的常规会议或许一年仅仅两次，每次仅仅三天。尽管特别会议可以在紧急事态出现时召开，召集它们的权力似乎被赋予行政机关。由此，自然得出这样的结论：十位通过选举产生的任职一年的官员，在（也是通过选举产生的任职一年的）将军的领导下，组成行政机关。他们行使的权力要比雅典任何行政官员行使的权力要大得多。或许，我们可以认为，他们比一般的民主城邦中的行政官员的权力也要大得多。

---

① ［也有一个"boule"（议事会或元老院），但是，就我们的学术权威而言，似乎常常］把议事会和大会实际等同起来。［在波利比乌斯著作的某些段落中］看起来这两个词语实际是同义的。不管怎样，我认为，我们可以推断出，大会通常仅仅由"boule"构成，［其他成员或许不参加］。

从我们所了解到的罗德岛等地的情况来看，在其他民主政体的案例中，某些希腊城市，处在和罗马同盟一样的半独立状态的晚期阶段，在这个阶段的民主政体中，由公民大会组成的正式政府仅仅成为一种形式。——Cf. Cicero *Rep*. III. xxxv。把波利比乌斯（Polybius xxix. v.）和西塞罗的描述放在一起的话，我们禁不住得出这样的结论："Boule"和大会的人事构成实际上是相同的。

第十讲
罗　马

§1　从政治科学的角度来说,我现在要研究的内容,同以前已经发生过的相比,或者同随后将要发生的相比,是我的主题中具有特殊困难的部分。一般而言,对历史展现给我们的政府形式与政治社会形式的科学研究,与对它们单纯的历史研究存在差别。两者的差别在于,在严格的历史研究中,我们主要关注的是特殊事实,仅仅在次要意义上关注一般法则与类型、原因与趋势;而在政治科学中,我们主要关注的是一般法则与类型,即使关注特殊事实,也只是因为它可以作为我们提取普遍结论的一部分证据。在处理希腊历史时,这种区别容易维持:尽管对于众多的希腊城邦的宪制,我们的知识存在巨大的缺陷,但是关于在城邦发展的不同阶段所流行的不同的一般政府类型,这些城邦可以让我们不太费力地得出一般结论,而且这些城邦也可以让我们得出使政体从一种政府形式转向另一种政府形式的一般原因。但是,当我们转向罗马,试图追踪从城邦到帝国的扩张时,这些概括资源让我们无能为力。罗马的扩张、同化、征服和帝国主义,某种程度上在历史中是独一无二的,正如罗马诗人所言——"卓尔不群"(nihil simile aut secundum)。曾经有许多在纯粹君主政体统治下的大帝国,但是从来没有由共和政体统治下的一个城邦所建立和拥有的大帝国,它在此期间扩张成为一个地理国家。因此,在处理如此独特的一种事实时,严格的政治科学研究很难同普通的历史研究区别开来。

由于这种困难,我认为,我们应该把由亚里士多德对希腊政治生活的各种事实进行分析与分类所提供的观念用于共和时期的罗马政体,考察两者的相似之处与差别,以便尽可能地通过"比较政治学"得到更多的帮助。

普遍认为,亚里士多德已经把罗马纳入他的政体研究中,然而,他的有关言论已经完全遗失了。我们没有理由相信他给予了它任何特别关注。他的确没有预见到,大约在他死后半个世纪,塔伦特姆(Tarentum)的屈服(公元前272年)最终使得已经将东北部意大利希腊化的希腊殖民地("大希腊")处在罗马的统治下。在不到半个世纪里(公元前229年),强大的意大利共和国——现在是意大利无可争议的统治者——为了保护希腊人而反对伊利里亚海盗,因此被科林斯地峡运动会(Isthmian Games)和埃莱夫西斯秘仪(Eleusinian Mysteries)正式接纳为希腊人社会联盟的成员。在比一代人更久的时间之后(公元前200—前197年),作为一个整体的希腊发现,最聪明的做法是支持罗马军队反对马其顿人,并且从一位罗马将军——希腊文化的公开仰慕者——那里获得一种授权的自由(a decreed freedom,如果这个术语不矛盾的话)。然后,在五十多年后(公元前146年),罗马对柯林斯的洗劫实际上消灭了希腊的独立性。

但是,这些事件仅仅在次要和附属意义上和我们相关。我们的做法更应该是问一下亚里士多德:如果他对罗马宪制了解得和我们一样多,他是如何看待它的——我指的是在他的时代(公元前4世纪最后四分之一时间的开端)存在的宪制,这已经是《李锡尼-绥克斯图法》(Licinio-Sextian laws)实际解决贵族与平民间的漫长斗争一代多人之后了。而且,罗马已经降服和部分同化了她的紧邻,正在为了半岛霸权准备和萨莫奈人(Samnites)进行最后的决战。

首先,在他看来应该清楚的是,根据他所使用的"立宪政府"这个特定术语最宽泛的意义而言,罗马是一种"立宪政府"。也就是说,在这种宪制中,在寡头政体原则和民主政体原则之间实现了一种融合或平衡。但是这种平衡倾向于寡头政体,而且就通常所使用的贵族政体的宽泛涵义而言,或许可以被称作一种贵族政体。因为,对于事务的一般管理主要掌握在一个元老院手中,其空缺首先由曾经拥有最高官职的人填充,他们是被人民大会选到这些职位上的。我觉得,亚里士多德肯定会主张,他所认可的少数和多数之间某种近似的平衡,已经在罗马宪制中得到了实现:多数并不管理公共事务,但是拥有选择他们的官员的权力,并且有权在官员任期结束后因其明显的滥用职权而要求其承担责任。亚里士多德认为,如果他们要成为自由和安心的公民,他们必须拥有这种选择权力。但是,在一些重要方面,(罗马)实现这种平衡的方法特别不同于亚里士多德所能观察到的任何事物。

可能会让亚里士多德首先感到非常惊讶的是,不只有一个公民大会,而是有两个以不同方式构成的大会:全体人民按照百人团构成的大会和平民按照部落构成的会议。①同后者相比，前者的组成不太民主：它的组织——归功于塞尔维乌斯·图利乌斯（Servius Tullius）——最初的（也许当时的）目的是，把更重的税收与军事装备负担和更大的政治权力交给有产者们，他们被安排在根据财产资格而递增的等级层次中，以便让富有阶级占优势地位，他们也在其他人之前投票。而在平民会议中，来自古老家族的贵族被排除在外。在他看来不同寻常的是，虽然前一个大会有权选举高级行政官员，包括执政官（consul）、裁判官（praetor）和监察官（censor）；而平民大会（plebeian assembly/concilium plebis）和指导它的特定官员相配合，在宪法上有权利在官员任期结束后要求其解释自己的行为并且对其罚款，尽管最终判处死刑的权力被留给百人团大会（the assembly in centuries）。据我所知，在希腊不存在任何和这种双重统治大会相似的一丁点现象。在亚里士多德看来似乎不可谓不特殊的还有某种广受欢迎的官职——保民官（tribune），平民会议受到他的指导，而他由平民选举出来。保民官的权力尽管在行政管理上纯粹是消极的，却不同寻常地不受限制。保民官只能够作为平民大会的领袖采取积极行动。在大会之外，他只能够发布禁令，而不是命令。但是，行政行为无不在他的干预下受到约束。为了让通过这些平民官员获得的保护更为彻底有效，保民官的人身受到保护，其神圣不可侵犯性超越任何其他官员。甚至在保民官发言时打断他都是一桩严重的罪行。

---

① "部落"最初是地方性的和行政管理上的划分，随着平民大会权力的发展，变得具有政治重要性。

但是，甚至更加不寻常的发现是，共同体主要的立法权最终落入这个更具有大众性的大会之手。我已经说过，贵族们（即古老家族的贵族）被排除在它之外。我们被告知，在距此时很久之前，一项法律被通过，该法律使得这个平民大会的决定对所有公民（包括不是它的成员的贵族）都具有约束力。尽管在亚里士多德的时代，平民大会的这种立法权力在宪法上依旧以某种方式受到元老院或贵族的控制（至于是何种方式，历史学家没有达成一致）。但是，这些限制随后就被废除了（公元前287年），而且在罗马成为意大利无可争议的主人之前，平民大会就已经获得了完全的立法权限。

如果亚里士多德回溯过去，为这种独一无二的宪制结果寻求一种历史解释的话，他就会发现，在共和国历史的第一个阶段，在罗马古老家族和新公民或"平民"之间存在着激烈和顽强的斗争，解释就在这种斗争中。双方的斗争是如此的艰苦，以至于平民们似乎将自己组织成了一种国中国，拥有他们自己的大会，由他们自己选出的官员领导；这种斗争迫使贵族们承认，这些官员可以在任何时候对他们所认为的元老院或普通官员的任何压迫性行为加以约束；最终，这种斗争让这些人承认平民大会的决议具有法律效力。

§2 公元前5世纪和公元前4世纪的这些激烈的和漫长的斗争更值得关注，因为这种打破贵族阶级排他性特权的过程的第一个阶段已经过去了，没有留下任何冲突记录，而罗马依然处在国王统治之下。

罗马人民最初的大会（库里亚会议[comitia curiata]）根据我

所谓的"氏族原则"组织起来。尽管在其后来的形式中，它包括了平民。然而其中古老家族的权力无疑是无可争议的，就像原始寡头政体时期的一般希腊国家一样。但是，这个大会尽管继续存在下去，在共和国历史中的任何时候看起来再也不具有政治重要性了。选举官员、判处死刑和（首先是①）立法的职能已经传递给我刚刚提到的百人团大会。它不是由家族或氏族构成的大会，而是由有义务服兵役的不动产所有者组成的大会。在其中，根据有点类似在雅典的梭伦宪制中所采纳的方案，贵族和平民全部被安排在由财产评估所决定的等级中。然而，尽管在大会中，贵族和平民的差别已经被清除了，贵族被选为主要官员的排他性权利却被保留下来，而且几乎花了6个世纪的时间，这种权利才被取消。最关键的步骤被采纳于公元前367年，直到此时，这个问题最终被《李锡尼-绥克斯图法》解决。该法律规定，两执政官之一只能是一位平民。正是在这种斗争的早期阶段，平民们自愿地将自己组织成为一个他们自己的大会，处在他们自己的平民官员——保民官的管辖之下，并且为这些保民官获得了否决日常政府行为的权力。

在这种体系之下，政府机器为何没有走向理必所致的死结？我认为，这个问题困惑了许多罗马史的读者，让他们陷入猜测之中。它明确地表明，罗马人是一个具有卓越的实际政治才能的民族，能够在实践中达成一种妥协，虽然这种妥协在理论上看起来是如此不切实际。

但是，当平民们在宪制斗争中获得了胜利，并且使他们的

---

① 在纯粹的平民大会同时获得立法权力之前。

平民大会的决议获得了法律效力时，另一个问题出现了：为什么这种胜利没有进一步导向彻底的民主？在斗争结束后的一个半世纪里，当罗马在征服环地中海世界的时候，为什么国家事务管理还保持着实质的贵族制性质？而平民大会成为一个立法机关，在运作中通常和元老院相互合作，并且受到它的影响。而且，保民官从人民反对派的领袖变为正式官员之一，拥有财富和世袭荣誉的崛起的平民利用这一职位开辟了走向执政官和元老院职位的道路。简而言之，国民的大会与官员和平民的大会与官员这两种关系之间的区别，在很长一段时间内，在一个实际上由贵族阶层所统治的国家中，仅仅是业已消失的一种冲突的残留物。

我把这种现象很大程度上归因于外部斗争的压力。罗马在这种斗争中总是获得最后的胜利，但总是需要极大的努力与牺牲。这样的斗争往往会强化它们所要求的爱国主义和尚武精神。而且，在一个爱国的和尚武的民族中，如果他们觉得得到了良好的和成功的领导，服从现存政府的习惯往往会变得稳固起来。

但是，我认为，对他们这种默许的一个重要解释可以在这个阶段的罗马平民的另一种特性中发现。这种特性使得他们非常明显地区别于雅典民众。这种特性是，他们在平民大会中的投票不是由个人构成的多数来决定的，而是由被称作部落的最初是地方性的与管理性的单位所构成的多数来决定的。这些单位的安排，使得农村成分非常明显地压倒了纯粹的城市成分。罗马国家构成中城市成分与农村成分达成了一种非同寻常的良好平衡，毫不夸张地说，罗马成功的原因正在于此。一方面，罗马在拉丁姆地区的重要地位，首先给予了它拉丁同盟的领导地位，然后使它能够同化其他拉丁共同体，而这种地位似乎归功于它处在有利于贸易的台伯河上的位置。这种位置使在罗马所形成的城市生活达到了其他拉丁城镇所不能匹敌的程度。①另一方面，在罗马的政治体系中，纯粹的城市成分（至少在共和开始衰败之前）明显具有从属性。最初，部落大会中的公民权以土地所有权为前提条件。最初的城市人口限于大批部落中的4个部落，在共和时期渐渐增加到35个部落，罗马公民被分配进这些部落中。这样，随着城市的扩张，当无地的共同体成员必须被接纳时，一段时期内，他们被限于4个城市部落中。因此，这些部落比其他部落的声望更低，由于它们构成了一种"储水池"，自由人口中最受人鄙视的成分，即拥有不到一定数量土地的自由民，被汇集其中。因此，在共和国的辉煌时代，罗马的平民主要属于亚里士多德所设想的特别适合温和民主或宪制民主的人口类型：作为乡村耕耘者，他们不想进行统治，只想保证不受恶政。而且，我们还可以补充（这超出亚里士多德的想象范围），罗马人用剑进行征服，却用犁保持自己的征服。只有对于像他们这样的民众，城邦才有可能扩张成为一个强大的、帝国主义的地理国家。

因此，可以设想，同希腊人相比，经过长期斗争，罗马人民建立起了对他们的统治阶级进行如此有效的制约与控制的一种体系，当这似乎有可能导致完全民主时，在决定西方文明命

---

① 蒙森令人印象深刻地评说道，同萨莫奈人相比，罗马的城市集中给予了拉丁人更大政治力量和冲动。

运的两个世纪中,他们却止步于这一点。他们把行政事务交到了亚里士多德和我们意义上的所谓的"贵族"团体手中。①

§3 关于统治阶级的体制及其与被统治者之间的关系,在罗马历史的不同时期必须做出仔细的区别。

君主政体垮台的日期难以确定,就像难以确定从君主政体向共和政体转型的确切性质一样。在君主政体垮台后的150多年间,罗马历史中的著名斗争发生在贵族和平民之间。但是,这场斗争并不是一种简单的富人少数与穷人多数之间的竞争。它在部分情况下是富有的平民争取得到公职与荣誉份额的斗争,但这种斗争又被古老家族与新兴家族之间的相当不同的斗争复杂化。

这种情况由(已经提到过的)《李锡尼-绥克斯图法》得到了明显的证明。在长达十年的激烈冲突后,该法律于公元前367年被通过,这在贵族与平民之间的斗争中构成了一个最重要的转折点。一方面,这些法律的目标是保证最高级的两个官职(执政官)之一可以由封闭的古老家族团体之外的公民担任。另一方面,它们的目标是限制任何公民在公共领地上放牧的牲畜的数量,和限制任何个人可能占有的公共土地的数量——富有的公民虽然在理论上是暂时地但实际上是永久地使用公共土地;它们也迫使土地所有者根据某种和奴隶一致的比例雇佣自由劳动

---

① 我注意到一种特有的表现,根据这种表现,罗马政府(直到被征服腐化之前)符合同寡头政体相比而言的亚里士多德的贵族政体概念。这种表现就是他们对纯洁与简朴行为的关注,以及通过法律和监察官所做出的约束奢侈行为的努力。我们被告知,在公元前275年,一个两次成为执政官的人竟因为拥有太多的银质盘子而被排斥在元老院之外!

者；并且通过降低由本金所支付的利息，以减轻债务人的沉重债务负担。所有这些法规明显包含着两种异质的成分：一种成分表明了新贵同古老家族之间的斗争，另一种成分表明了穷人同富人之间的斗争。小的乡村耕耘者（大众）想得到的是减轻大资产者压迫性的工业竞争与蚕食。而李锡尼和重要的平民介意的是获得官职。异质成分的这种结合由于下述惊人事实而给我们留下了深刻印象：我们被告知，由于李锡尼超出了他自己的法律所规定的允许农业用地的限度，成为最初为此受到谴责的人之一。

因此，我们并不惊讶地得知，在取得胜利后，重要的平民和古老的贵族阶级联合起来，以至于一个新的贵族阶层形成了。在这个阶层中，地位不是由贵族出身所给予的，而是根据是否具有曾经拥有最高官职的祖先而给予的。的确，它从来没有变得像古老的贵族一样具有相当的封闭性：出身低微的人有了功绩就有了机会，而且能够靠功绩闯出一条通往执政官的道路，尤其是在平民被接纳为执政官后的第一个世纪，当时罗马正在征服意大利（公元前 367 年—前 272 年）。虽然如此，统治者少数基本上具有明显的世袭趋势。渐渐地，一种事态产生了："执政官"或"元老"家庭的子孙虽然不能大体上垄断元老院的职位与空缺，但他们却能保证获得最大的份额。①

当罗马在扩张它的帝国版图的时候，正是有着如此构成的新贵族，如元老院里所表现出的一样，实际上在罗马行政事务

---

① 蒙森说，保卢斯（Paullus）——马其顿的征服者，因为其功绩而被选中，"在公元前 168 年是罕见之事"。

中占据了最高的地位。但是，尽管这个政府具有突出的寡头制性质，它却不像亚里士多德谈到的那些"少数人政府"。

因为，在罗马宪制理论中，自由公民的大会以其独特的双重形式，在共同体中保持着最高的权威，并且充分意识到了自己的主权。百人团大会选举执政官、裁判官、监察官，并且不时地用一位人民的候选人来反对贵族阶层的意愿。在实际进行统治的权威中间发生严重冲突的时候，它是最终的上诉法庭。只有它一直保留有在进攻性战争上宣战的古老权利，元老院习惯于把有关和平与结盟的困难的或易招致反感的问题交给它。所有新的法律或是由这个大会或是由部落平民大会通过。但是，我已经说过，立法主要是由平民大会完成的。正是这个事实显著表明了，元老院是如何通过对平民阶层的说服与操纵，而不是通过对他们的强制和对他们政治权利的排斥，才得以使自己的权力保持下来。几乎在两个多事的世纪里（位于贵族与平民之间古老斗争的结束和提比略·格拉古[Tiberius Gracchus]与盖尤斯·格拉古[Gaius Gracchus]所发动的革命时期之间），在大部分情况中，元老院实际上决定着什么法律应该被通过。尽管如此，它发现，大体上要通过平民大会和平民官（很可能是为了阻止民众反对元老院的措施），才能把这件事做得更便利，虽然保民官的权利（可以制约另一位保民官的其他官员）成为阻止（元老院立法垄断）的可贵的宪政武器——无疑，元老院会不时地做出让步，允许并不符合贵族阶层品味的措施被通过。

§4 我们已经看到，穷人与富人之间的古老冲突，曾经是公元前5世纪与公元前4世纪古老贵族与平民之间斗争的一种构成要素。应该问一下，在公元前 3 世纪和公元前 2 世纪由执政官与元老家庭所组成的新贵体制下，这一冲突为何没有持续下去呢？为什么在公元前 2 世纪后半叶格拉古兄弟唤醒革命精神之前它平息了？

答案可以在一系列战争胜利的后果中找到。我已经说过，罗马在这个时期正在发动这些战争。因为，在这段征服时期，罗马政府避免农民不满的方法也是它解决下述困难问题的方法：一个城邦怎样牢牢控制一个庞大的帝国。我们知道，意大利是被逐步征服的。而且在这一过程中，罗马的做法是，从被征服者这里索求一部分土地。①这种土地首先属于共同体，其中很多土地允许富人以名义上的低租金占有。然而，大批新征服的土地时常在罗马公民中分配，以完全所有制的形式被持有。这种做法相当程度上而不是完全程度上是通过建立殖民地（coloniae）而实现的，由于殖民者们没有成为一个新的独立国家的萌芽，它们必须区别于通常的希腊殖民地（ἀποικίαι）。② 这些殖民地有时属于拥有完全公民资格的罗马人；早期，它们有时也可以被拉丁姆地区的居民占有——他们不是罗马的公民。也就是说，他们由于拥有某些特权而不同于其他独立的罗马盟友。其中最重要的一项特权是，可以通过在拉丁殖民地拥有官职而获得罗马公民资格。所以，这些城镇中最有才能和抱负的分子被不断地同化进入拥有支配地位的城邦中。部分通过这种方式，部分通过语言和种族所产生的共同体情感，形成了这些拉丁殖

---

① 通常是三分之一的土地，但数量似乎是变化的，有时甚至剥夺全部土地。
② 他们像雅典的κληρουχίαι[殖民地]（区别于ἀποικίαι，其居民仍保留母国公民权，而不形成独立国家——译者）。

民地和罗马之间的强大纽带。这种纽带被证明(大体上)可以抵挡它所遭受的最严峻的压力(例如汉尼拔入侵的最黑暗日子)。因此,这样维持下来的这些罗马公民的殖民地,还有拉丁殖民地,构成了一种有效的防卫网络,和众所周知的罗马军事大道联系在一起,维持了罗马对于意大利其他地方的控制。它们同时也构成了一群中心,从这里,罗马语言与文明逐渐扩张到这个半岛。因此,台伯河上的这个城邦被改变为一个扩张到整个意大利的地理国家。这是一种令人瞩目的和独一无二的转型过程。在这个过程中,这些殖民地扮演了重要的角色。然而同时,它们依然保留着一个适合城邦的政体形式。在罗马市场上集会的罗马公民的大会,依然被它们承认为宪制上的最高政府机关。

就像我开始所说的,这些殖民地也是出口,它们缓解了农民的要求。这种要求时常出现在更小的土地耕种者中间,他们构成了罗马大会和军队的主要部分。同时,一部分这种要求时常通过对没有卫戍任务的公共土地的分配而得到满足。

罗马殖民者的身份不是没有不利条件。首先,我们可以想象到,他们同自己被派往的城镇的旧居民的关系绝不是友好的。这些旧居民在大部分情况中被迫成为罗马国家的成员,但没有政治特权(cives sine suffragio)。并不奇怪,我们不时听到一个殖民地反抗和杀死或者驱逐罗马入侵者。然而,最终,旧居民同新的公民联合起来,并常常获得投票权(suffragium)。这样,罗马国家开始由两种公民构成,这是一个连续的群体,居住在罗马城周边的土地上,通过新的同化而得到不断的扩张,直到最大限度。这似乎是一个城邦的周边国土所可能达到的最大限度。此外，它还由一个殖民地网络构成，其成员在某些情况中而不是在所有情况中，保有属于罗马公民的完全的民事与政治资格，还可以将其传递给自己的后代。只要他们还是殖民者，政治公民身份实际上就只具有潜在性，但如果他们迁居到罗马，（其权利）就能够得到行使。

以这种方式，通过同化被征服的敌人和为她自己的群体提供空间这样的双重过程，台伯河上的定居点在公元前2世纪中叶扩张成为一个国家，包含有能够武装起来的328,000名公民。它在亚里士多德看来，是一个怪物般的polis。

这时，它的增长在一段时期内停下来了，甚至暂时退却了。在公元前177年之后，除了公元前157年皮切诺的一块殖民地，我们不再听到新的土地分配。看起来，在意大利没有更多的公共土地可以分配了——除了由富人占有的公共土地。不经过严酷的斗争，他们不会放弃它。然而，更贫困的公民对于土地的要求，作为扩张的一个重要的社会原因，却依然持续存在。革命的世纪从提比略·格拉古成为保民官持续到亚克兴角战役。这是个冲突的世纪、毁灭与痛苦的世纪，充满困惑、暴力和血腥。历经这一切后，共和政体变为新的帝国主义君主政体。这种政体将注定在东方徘徊，直到现代世界的边缘。在这个世纪伊始，问题还是那个在贵族和平民之间摆动的旧的土地问题。格拉古的《塞姆普罗尼亚土地法》（Sempronian Agrarian law）是对几乎两个半世纪前通过的李锡尼土地法的一种复活。

在对塞姆普罗尼亚法律的执行中，看起来实施了广泛的土地分配。几年之后,能够武装起来的公民的数量被认为接近400,000人。根据传统的扩张政策方向所进行的进一步开拓几乎不可能了。要采取的下一个步骤只能是接纳其他意大利人。到此时,作为罗马的殖民地,他们在语言和文化上几乎完全变成了拉丁人。所以,对于这些被排斥者,后者的的特权已经看起来不合理和不平等了。这个步骤在公元前2世纪结束不久就被采取了。但是,它是作为内战的一种结果被强加给罗马的,而且在其原因和后果上属于一种长期的革命过程。

§5 叙述这场革命的步骤并不在我的计划范围内。但是,我将要简要记录一些主要特征与原因。首先,在这出冗长戏剧的每一幕中,专注的观察者非常清楚,崩溃的不是一个纯粹的寡头政体或贵族政体的政府,而是这样一个贵族政体的政府:其最高常规机关元老院在它的所有统治中,都必须承认一个人民大会的最终主权,和由人民大会选举的官员的行政权威,而它事实上将这个大会作为实际的主要立法机关。所有有秩序的和稳定的政府都依赖"服从的习惯"。在罗马国家中,它是一种服从部落平民大会根据其保民官的建议所通过的法律的习惯,这种习惯和服从元老院命令的习惯是一样的。当元老院必须反对革命、捍卫传统政治秩序的时候,(尤其在像罗马人这样一种精神结构的民族中)上述事实具有基本的重要性。它解释了在革命时期的开端,这个骄傲的贵族阶层为什么表现出惊人之少的直接对抗。在既定权力和传统声望上它似乎是如此强大。这时,一个鲁莽的保民官(提比略·格拉古)向他们发起了挑衅,而且,在他的领导下，大会摆脱了他们的管理，通过了全面反对他们的利益的措施。直接对抗就是，攻击一个保民官、顽固地反对一个大会的意志。大会的立法权威就像他们自己的行政权威一样，具有既定性和传统性。所以，直接对抗本身就是革命，将会摧毁他们作为秩序捍卫者的有利地位。他们让民主立法的潮流肆意横流，按兵不动。而当格拉古兄弟不再是保民官时，他们才进行了致命的报复；但即使那时，他们也不敢推翻格拉古兄弟立法中最重要的部分。

在判断从共和政体到君主政体的长期变革过程所采取的形式时，这种政治条件是一种重要的因素。但是，使得这场变革难以避免的原因更深植于统治阶级的道德状况。贵族阶层拥有征服环地中海文明世界的任务所必需的勇气与智慧，却不拥有当它被征服时对它进行公正统治所必需的自我克制。"国王们的大会"——皮洛士的使节如此称呼他们——很大程度上变成了一帮贪婪与腐败的暴君。但是，在这里也要注意到，他们的政府状况也使得他们的腐败给人民大会带来了腐败。在我们阅读历史的这一黑暗章节时，不仅看到了一个寡头政体的堕落，也看到了一个不发达的民主政体的腐化。为了保持自己的权力，在盛宴和日益壮观的演出中、在谷物的分配（最初是低价，然后仅仅具有名义上价格）中、在选举时批量的行贿中，各行省的强盗们把大批的赃物抛给国内的人民。本来，古老的大会由踏实、诚实和尚武的农民-公民组成，他们带着地道的公民义务感成群地来到他们的大集镇中投票。但是，特别是当谷物分配常规化并且实际上无偿的时候，由于加入了广泛分布的罗马公民大众中的最无价值的成分，大会膨胀了起来——一帮都市暴民，带着吃懒饭的希望，被吸引到了罗马。①

在罗马国家和它的联合起来的意大利同盟之间的战争（公元前90—前89年）之后，公民资格扩大到一般的意大利人。由于这种扩大措施，上述变化当然被强化，正如这种措施一样不可避免。这样，在向实际上的君主政体的转型到来之前，罗马的人民大会立法和选举统治者的资格，同元老院管理帝国的资格相比，消失得更加明显和毫无希望。

---

① 必须记住，罗马人被分为35个部落，任何部落的成员资格尽管起初依赖于在某一地区的居住，但很久以来就作为一种世袭人身权利而在公民家庭中传递，这些公民最初是通过居住而获得成员身份。它在共和国历史的最后时期，不受任何拥有地产的条件的限制。

第十一讲
罗马（续）

§1 在最近一讲中，我致力于简要追踪寡头政体与民主政体之间特有平衡的发展过程，这种平衡是罗马宪制带给我们的。这个过程开始于欣欣向荣的公民团体的扩大和帝国统治的扩张这个辉煌时期，它带来了早期的痛苦冲突和逐渐巩固的妥协，然后是最后的衰朽和向君主政体的转型。

从旧的共和宪制的废墟中形成了某种政府。在转而考察这种政府的特点之前，我应该注意到，在波利比乌斯对他的时代（公元前2世纪前半叶）的罗马宪制的叙述中，他发现了一种"君主政体"成分，到目前为止我将它放在不显眼的地方。他把罗马宪制看作流行分类所认可的三种形式——君主政体、贵族政体、民主政体——的某种结合。也就是说，他把执政官看作代表国王的因素并且认为，在实践中这三种成分得到了如此合适的分配与平衡，以至于一个当地人也说不清哪一种具有主导性。这是一个善于观察和深思熟虑的时人的一种重要判断。无疑，我们可以从中推断出，在罗马，同波利比乌斯所知的任何希腊城邦中对应官员相比，最高官员的权力与尊严显然更大，因此更为接近君主的权力与尊严。的确，我们不能推断出，希腊古老的寡头政体类型没有为在这个方面类似的罗马的政体提供案例，但是，我们尚不能明确地发现任何这样的案例。而且我认为，我们可以推断，波利比乌斯也不知道（这样的案例）。两者之间的差别和我们已经注意到的这个事实联系在一起：罗马的国民大会并不试图进行统治，而是满足于选举其官员的权力，和在极端情况中向他们问责的权力；尽管元老院实际上成为最高行政机关，但在理论上，它却一直是最高行政官员在所有重大事务上有责任听取其意见的议事会，而不是他在宪制上有责任服从的统治团体。

在考察格拉古开启的革命时期之前的罗马政府时，记住这一点是重要的：元老院的实际控制力远远大于它的正式权力。一方面，在大会正式决定的事务上，它通常接受元老院向它建议的决策；另一方面，在官员能够正式独立行动的事务上，尊重元老院的习惯被牢固确立起来。虽然如此，官员和大会联合起来，甚至平民官员和平民大会联合起来，仍能够做出拂逆元老院意志的最重要的变革，而不违背既定的宪制；除非我们记住这一点，否则如我所言，我们就不能正确地解释革命时代的现象。

虽然如此，起码就执政官同公民的关系而言，我不认为亚里士多德会承认，他的时代或波利比乌斯时代的执政官职位有君主政体特点。我说的是公民，因为执政官或者总督（proconsul，propraetor）在一场战役中对士兵的权力和对罗马国家的臣民的权力更为广泛。可以公正地说，在各行省，总督在任期内像君主一样进行统治。因此，我们将看到，正是这种被永久置于一个人之手的总督指挥权力（proconsulare imperium），构成了早期皇帝权力中的一种主要成分。

159　　但是，在同公民的关系上，在亚里士多德和随后的时代，执政官的权力非常不像亚里士多德所谓的任何国王的权力。不仅双重大会是一个极大的限制，而且宪政上给予了保民官制衡权；此外，在公元前4世纪后半叶，执政官失去了司法职能（它被分离出来并分配给裁判官），并且失去了修正元老名单的权力（这种权力现在属于监察官）。进一步而言，我已经说过，在他们所有更重要的职能中，他们一般仅仅作为元老院的执行机关而采取行动，他们实质上从属于元老院。无疑，最初，执政官的权力和国王的权力更为相似。而且，注意到两个转变过程是有趣的：首先，个体官员拥有的广泛权力从最初作为一个整体的王室权力中渐渐分化出来；然后，当共和政体变回到君主政体时，新的皇帝权力从重新结合在一起的某些分离成分中成长出来。因为，尽管在血腥而长期的无法无天的状态结束时皇帝统治被引入罗马，然而，我们不能在本性上将其视为像希腊的僭主政体一样，认为它基本上不合规范和违背宪制。相反，没有什么事情比奥古斯都的努力更为显著，他为新的绝对主义披上宪制权威的外衣，让它适应在它之前存在的历史上的复杂的权力体系。

　　§2　这两次转型是，从君主政体转向共和政体，和几乎500年后又从共和政体回到君主政体。在这两次转型中，仔细审视前者的话，它被蒙上了传说的迷雾。如同我们在前面的讲座[①]中所见，我们可以确信，出于王政所留下的传统上对王政观念

[①] 第四讲，第63页。

的强烈和持久的反感，这种转型在方式上特别暴烈。在共和政体的早期阶段，当任何人民领袖变得强大起来并必须被镇压时，这种反感给予贵族阶层有力的帮助。甚至在共和政体结束之时，在普鲁塔克这里也看得清楚：反对凯撒的阴谋家依赖人民这种传统上的反感。我们也可以肯定，在权力范围上，最初的执政官同有史时期的执政官相比更像国王，就像最初那些在雅典拥有有限任期的官员一样。我已经说过，早期的执政官们拥有司法职能（后来被分离出来给了裁判官）。大会在司法上的唯一干预行为是在死刑案件中的上诉权利。执政官们可以修改元老院名单，而且在填补元老院空额上，同后来时代的监察官通常被允许的自由相比，他们所拥有的自由无疑是相当大，而且没有保民官可以制衡他们。事实上，他们的权力和国王的权力之间唯一的差别来自不可避免的短暂官职任期，这使得他们在卸任之后要为任职期间犯下的非法行为承担实际责任。还有日耳曼人所说的执政官职位的"共治"（collegiality）所带来的制衡，我把这种共治称作执政官职位的二元制（duality）。无疑，这种二元制就是根据这种制衡目标所采纳的。最初，罗马人并不认为，可以对最高级官员在任职期间进行外部控制，而不会干扰政府效率。在他卸任后，他要对自己的行为负责并接受严厉惩罚。但是，为了保持秩序，当执政官在任时，他的命令不管合乎宪制还是违背宪制，都必须被服从。因此，唯一阻止暴政的方式是设立两个执政官，每一个都有权力干预和取消另一个的命令。政府被分割的危险（尤其在危机期间）没有被忽视，但人们认为，通过每个执政官所保有的任命一位任期为 6 个月的独裁者的权力，可以有效避免这种危险。然而，在共和国的前一个半世纪期间，由于两位执政官都属于封闭的古老家族团体，平民认为由二元制提供的制衡自然是不够的。因此，保民官被设立，拥有从积极发布命令的权利中分离出来的无限度的制衡权利，以保护平民对抗执政官。

这样，像我已经说过的，国王权力中的其他重要成分逐渐被带走，被置于同样是二元的或多元的不同管理机构之下。首先，监察官职位被设立以管理财政，对公民清单进行定期修正，出于军事与民事目的，根据公民的财力把他们分为不同等级。我已经说过，监察官也有填补元老名单上的空缺的职能；还有一项重要权力是，根据伤风败俗的不道德行为甚至极端的奢侈行为，将涉事的元老和骑士从这两个高级等级中驱逐出去。在行使这项复杂职能时，监察官职位的二元性无疑是重要的，由于两个监察官必须就不名誉的认定达成一致，这使得私人敌意的影响受到制约。

然后，更进一步，在关键的公元前367年，当一个执政官职位保留给平民时，司法职能（就民事裁决而言）从这个突然开放的官职中分离出来，被给予执政官们的一个同僚——最初仅仅是一个，根据古老的名称被称作裁判官。大约一个半世纪后，又增加了一个"外邦人的裁判官"（praetor peregrinus），以处理外国人之间或公民与外国人之间的诉讼。这样，当罗马的统治在意大利之外扩张时，又逐渐增加了4位裁判官，最初是为了管理罗马的前4个海外行省。这样裁判官的总数就增加到6个。但是最终，进行刑事裁决的常设特别法庭的建立使得全部的6

名(苏拉之后为 8 名)裁判官行使司法职能。这样，行省被明确地交给 proconsuls 和 propraetors[总督]，即字面上的 vice-magistrates[代理官员]；他们是拥有"统治权"(imperium，针对非公民和现役士兵的权力)的形式上的执政官和裁判官，在一年任职结束后又得以延长一年。随着行省数目的增加，使用这些代理官员的做法渐渐变成常规，并且范围得到扩大；但裁判官仅仅为最初的 4 个行省而设立。

同时，如上所述，保民官被设立。这样，随着共和国的繁荣，古老的国王权力由于帝国和文明的进步得到了发展与扩大，由不同的官员分散行使。就他们针对公民的国内权力而言，根据"共治"的方案而行使权力，尽管"统治权"单独由代理执政官和代理裁判官针对非公民和现役士兵而使用。

我们顺带注意到，这种执行权威的分裂自然导致了元老院实际权力的增加，它提供了每一个有效政府在行政管理中所需要的整合性。在英格兰，这种整合性是由内阁提供的，它对于执行部门首脑的控制也发展起来，就像元老院的控制一样，以迎合实际需要，而在正式宪制上没有做出任何权力安排。如果时间允许，详述元老院的逐渐发展是有意义的。元老院本来是一个议事会，拥有单纯的咨询职能，通常为原始时代的国王和后来的早期执政官提供建议，随后变成了一个实际上最高的日常行政机关，对于立法具有压倒性的影响。如我们所见，这是它从公元前 3 世纪和公元前 2 世纪一直到革命时代的发端所发生的事情。这里，我仅仅要说的是，由于要做的工作在数量和种类上的增加，必需一种比早期更系统的部门划分与分工，随着帝国的扩大与文明的发达，它的权力往往自然地增加。这样，正是元老院把官员和代理官员分配到不同的行省，把军事装备、金钱和物资分发给他们每个人。因此，对于全部公共财政的最高管理、对不断扩张的帝国的管辖、对于外交事务的管制，最终实际落入到元老院的手中。事实上，它主要由前任官员根据终身任职资格的原则组成，在保持政策的连续性、保存和传递政治经验的成果上，是一个构造优良的团体，而一年任期的官员体系却难以做到这些。

§3　现在，让我们转向从一个帝国主义的共和国向一个君主统治的帝国的转型。我已经指出，这种转型的一个重要原因是，适应一个城邦的政府形式不适应帝国统治的任务。这种不适应性体现在两个方面：其一是罗马国家的公民，其二是关于联盟或附属者。

就罗马公民而言，它具有不适应性。因为在上一讲中描述过，部分通过扩张过程，部分通过对邻人的半强制性同化，古老城邦的规模膨胀起来。但是，从另一个角度而言，罗马要在征服与帝国活动上拥有充足的物质力量，规模的扩大是必要的。一个城邦将最高权力正式赋予在广场上集会的公民大会，希腊思想家似乎认为，这种政治制度的满意运作有可取的限度。如果罗马国家把自身保持在希腊思想家似乎所希望的限度内，那么，无论罗马人个个是多么地勇敢，仅仅人口的稀少就让他们不可能拥有和保持一个帝国。然而，尽管对于罗马被召唤要完成的工作而言，这种人口的增加绝不是太多，它却不可避免地使政府形式不再适应一个如此扩张的共同体。我们已经看到，同时，当革命转型的世纪被提比略·格拉古开创时（公元前133年），从另一个角度来说，由于意大利联盟依然属于外人，国家受到了太大的限制。因为，当拉丁文明在整个半岛扩张时，罗马公民和其他人之间在意大利的政治差别被认为是一种无法合理化的残存物。就意大利之外罗马的行省臣民而言，政府也是不适应的。这种不适应性是由中央政府对于"代理官员"所维持的不完善控制所产生的：他们在各自的行省行使着几乎如同君主般的权力，常常肆无忌惮地使用他们的权力作为私人获利的手段。

这样，如同我在上一讲中所解释的，在帝国的影响下，中央政府的效率在它的两个成分（贵族成分与民主成分）中都在不断地下降。进行统治的贵族阶层对各行省进行掠夺，并且和人民大会共享掠夺品。这使得它和人民大会同时堕落。后一种堕落后果因公民资格超出一定限度的扩大而恶化——只有在这种限度内，一个拥有公民情感的充满活力的共同体，和通过罗马的大会对公民的一种说得过去的代表，才得以维持。于是，一种缺陷的消除必然导致另一种缺陷的恶化。

简而言之，当罗马加上其周边的领土和领土之外的殖民网络，公民-战士总共接近400,000人时，城邦已经被拉伸到了极限程度（尽管殖民地的公民资格仅仅被认为具有潜在性）。但是，当罗马人和其意大利同盟之间的政治不平等最终被大体消除时，当后者强行获得公民资格时，并且当罗马国家不停地在整个半岛扩张（直抵波河流域，上达阿尔卑斯山脉）时，由这两种都市乌合之众来代表一个当时已实际形成的地理国家的主张似乎日益变得更加荒唐起来，而乌合之众自身也更加恶化起来。

165　　接着，一种相应的致命的变化也发生在军队中。直到公元前2世纪末，由拥有一定财产资格的公民接受军事义务的旧观念还保持着影响力：公民-军队认为自己是武装起来的罗马人民，让成员彼此团结起来的公民情感上的纽带是真实和强大的，而且在他们的共同情感中，属于宪制罗马国家的感觉压倒了属于一个特定将军的军队的感觉。但是，在公元前1世纪马略（Marius）执政之后，所有这些都改变了：公民资格的扩大削弱了公民情感；军队中不断扩大的部分——重装兵、轻装兵、投石——开始由非公民构成；甚至对于军团步兵而言，旧的财产要求也被放弃，军队通过自愿征募而组成，毫无区别地来自所有公民；公民开始越来越多地由人口中更不稳定的成分构成，这些人被掠夺和最终分配土地的希望所吸引，为此寄希望于自己的将军。这样，把军队束缚于将军的纽带开始变得比公民责任感更强大，军队已经成为军事专制的合适机构。

　　这或许是转型原因中最具决定性的因素。苏拉（Sulla）可以恢复旧的贵族政体体系，给予元老院比以前更大的正式权力；但是，他不能恢复城市政府针对军团主人的支配地位。

　　由于马略和苏拉的作为，也由于庞培和凯撒的作为，当军事命令的这种不可避免的支配地位和国内权威在对抗它时的无能为力非常明显的时候，维持秩序和整合帝国唯一可行的模式似乎是，把军团指挥权永久地集中于一人之手。但是，在帝国的第一个阶段，这种做法不是通过公开设立一个君主而实现的，而是仅仅把共和国的代理执政官一直在行省行使的权力集中于一人之手，并且使它永久化。也不是通过设立彼此相继的许多代理执政官和代理裁判官实现——这些人在各自的行省范围内实际上享有几乎独立的权力（受到的控制明显失当，仅仅来自因归国后被指控的风险），伴随着不断更新的、获得短暂的抢劫机会的贪婪，而是设立一个可以扩展到所有行省和所有军团的最高代理执政官。毫无疑问，尽管由于可疑的帝国选举带来了各种麻烦，各行省还是因帝国早期的这种变化而收获良多。对于叙利亚、埃及、西班牙、高卢、阿非利加而言，早期帝国是一个明显的物质福利时代。

于是，最初的帝国权威的初级要素是由集权的和常任的代理执政官权力构成的。皇帝并不是罗马公民的国王，但他是"由罗马士兵构成的30个军团的主人"。要注意到，这样一种变化同奥古斯都让自己成为终身执政官或独裁官的想法（他似乎最初打算这样做）相比，不太冒犯罗马的传统宪制情感。因为，代理执政官的权力仅仅对行省和现役士兵行使，它在范围和任期上总是被认为比任何城市官员的权力更不明确。为了缓和更进一步的转型，奥古斯都小心地留下一些不需要很多数量的士兵就可以管理的行省作为"元老院行省"，就像共和时代一样，由代理执政官和代理裁判官实施统治。的确，他对于"统治权"的扩张带来了在外交事务、和平、战争、条约上的一种无限控制权，这些事务以前在宪制上属于公民大会。虽然如此，有关内部事务，在帝国的第一个世纪中，意大利和一般[1]行省之间的差别被

---

[1] 我指的是意大利和一般行省之间的差别。因为，正如我们从《使徒行传》中所知，某些受到优待的行省城市拥有属于罗马公民资格的专门特权。

保持下来。罗马依然是由元老院、执政官和裁判官正式实施统治，而且在奥古斯都统治之下，这些官员的选举看起来在某种程度上实际是独立的。和罗马公民有关的由皇帝正式行使的主要权力成分是保民官权力。奥古斯都还有其他资格：必要时他可以行使监察官权力；是终身的大祭司；偶尔是执政官，以便为职务增加荣耀；但是，在罗马人民面前，他主要年复一年地拥有保民官权力。保民官的名称可以唤起人民的想象，它带有特殊的神圣性和不可侵犯性，至少在行使制约职能时传统上它不受限制。无疑，这些考虑决定了奥古斯都选择将这种职位当作转型手段。

但是，除了所有这些之外，皇帝明显拥有一种特别的权力，即可以做国家荣誉与福利所必需的任何事情。无疑，从开始他就被认为在事实上是不可抗拒的。渐渐地，没过多长时间，类共和制度的框架就被敲掉了。不受限制的君主，作为在所有最高立法、行政和司法权威中罗马人民的正当继承者，粉墨登场。而后，在3世纪伊始的卡拉卡拉(Caracalla)治下，罗马公民资格被授予所有罗马臣民，意大利和各行省之间差别的最后遗迹消失了，古老的城邦最后消失在帝国之中。

第十二讲
希腊与罗马的政府职能以及
法律与政府的关系

§1 我转而从另一个不同的角度考察希腊-罗马政体。我不考虑政府形式,尤其共同体最高权力所在的部分,这是普通分类——寡头政体、民主政体等——所考虑的东西,而是考虑政府所做的工作,尤其政府与法律的关系。

对于希腊-罗马政体中政府职能的一般认识,有一个广泛流行的观点,它包含一种重要的真理成分,但如我们常说的,它是片面的和易误导的。据说,"古代的全能政府"不像"现代的立宪政府","完全不知道同国家权利相对而言的个人权利","在个人绝对从属国家方面,希腊不是落在罗马后面一点点"。[1]在这样的一种比较中,要看到,对于"现代立宪国家",我们不仅指的是在这样一个国家中,政府结构被一部宪法固定下来,这部宪法是为人民直接或通过代表干涉政府而提供;而且指的是在这样一个国家中,政府权力受到个体公民某些基本权利(比如新闻自由、结社自由、宗教信仰自由等权利)的限制。这些权利

---

[1] Cf. Mr. Woodrow Wilson's book on *The State*, p. 641. Cf. also Bluntschli, *Theory of the State*, Book I. Chap. vi.

169 在美利坚合众国和大部分欧洲国家的宪法中得到明确的认可,尽管在英国宪法中不是这样。在英国宪法中,国王、贵族和平民的权力没有明确认可的限度。

那么,相当真实的是,对共同体调整个人生活的权力做出任何这样的限制,对于希腊和罗马国家观念而言是陌生的。①实际情况是,柏拉图或亚里士多德没有承认国家的任何目的高于个人福利;但是,他们也没有看到,政府在推动被统治者福利的努力中,要受到个人基本权利的适当限制,它有义务不去侵犯这些基本权利。在哲学家(尤其柏拉图)的理想中,对个人私生活的一种非常广泛而细微的干涉是可取的。

但是,当我们从理论回到事实,并且问一下希腊和罗马的政府实际做了些什么的时候,我们发现,除了斯巴达,古代与现代在政府职能认识上的差别是非常小的。的确,斯巴达对于公民生活的调整非常明显地不同于任何现代的做法。而且,我们已经看到,实际上,斯巴达是现实世界为哲学家的建设性想象提供的出发点。(例如)在斯巴达,我们了解到,一个人会因为结婚晚、没有好好结婚和独身而被起诉。柏拉图(《法律篇》)建议,对三十五岁后依然未婚的人实施罚款和剥夺资格。但是,在希腊历史中的斯巴达处于一种几乎孤立的地位。如果我们以雅典为例,印象就会非常不同。我们已经关注了柏拉图将民主政体作为好政府中的最坏政府和坏政府中的最好政府的理由,即它很少进行统治。②这尤其和斯巴达形成对比。

---

① 我们马上会看到,尽管人作为人的自然权利的概念(这些限度据此得以合理化)可以部分追踪到希腊哲学对于罗马法律的影响。

② 第七讲,第113—114页。

如果更仔细地审视，我们会观察到，古代国家与现代国家之间确实存在两种一般差别，它们可以在两个方面解释古代国家（对个人）更大的干涉。（1）教会与国家之间的分离闻所未闻，因此，对于宗教仪式的管理自然被视为属于普通政府。故而亚里士多德理所当然地把教士和其他宗教职位包括在国家官员中。从中自然可以得出结论："不虔诚行为"就像一种公共罪行一样，属于一种被起诉的罪名。①（2）战争压倒一切，尤其同工业活动相比，公民的军事义务压倒一切。这种现象很大程度上是由于文明处在一种低级阶段。在这个阶段中，很可能因为战败而遭受更大的灾难。当我们将希腊国家同英格兰和美利坚合众国相比的时候，这种差别非常明显。尽管如此，如果我们将它们同西部欧洲的大陆国家相比，尤其在4世纪，当对于普通公民参加战斗的强制因使用雇佣兵而被解除，这种差别不是很具有实质性。

如果我们把宗教与战争放在一边，在人身与名誉的保障方面，在财产、契约和继承事务上，考察政府对公民和平的世俗生活的干涉，那么，就不存在基本的差别；不存在某种对于人身自由、财产或契约的社会主义干涉。当我们通览雅典的公共或私人行为的清单或官员的清单，或者通览被亚里士多德视为正常的官员的清单，我们找不到任何过分管制（réglementation）的迹象。我们听说过市场的控制者（controllers of markets, ἀγορανόμοι），他的事务是防止欺诈和混乱；听说过城市专员

---

① 参见对苏格拉底的起诉，尽管阿里斯托芬证明，敬神的义务并没有被看得非常严格。

(commissioners of the city，ἀστυνόμοι)，他必须防止私人房屋侵占公共街道。但是，对于欺诈、混乱和侵占公共街道的阻止，也出现在最严格的个人主义体系中。我们在雅典发现的明显和现代个人主义观念相对立的唯一重要的干涉是，为了人为地保证生活物资的充足而做出的详尽与强烈的管制。谷物出口被禁止；运送谷物到雅典之外的任何港口都被判处死刑；外国船只带至比雷埃夫斯（雅典港口）的谷物的三分之二必须在雅典卖掉。在市场上买光谷物或哄抬价格的阴谋可以被判处死刑。10 或 20 个"守藏吏"（corn-warder，σιτοφύλακες）保持对进口谷物的统计；他们要确保，粮食以合理价格被卖出，磨坊主为大麦食品索要的价格要对应于大麦的价格，面包师为面包索要的价格要对应于小麦的价格。无疑，这种管制比现代欧洲的任何管制都要严格与强烈；虽然如此，直到亚当·斯密的影响占据主导地位之时，甚至现代欧洲的经济观也完全支持这种一般政策纲要。

那么，总体而言，在古代世界的所谓"全能"政府的实践和现代政府的实践之间的差别，就对普通市民的生活与交易的干涉而言，并不是很大。

§2 然而，当我们转而考虑古代和现代对于法律与政府一般关系的认识时，比较结果却相当不同。在现代的政府职能观里，法律的制定比在古代的政府职能观里更为重要。随着文明进程的持续，对这种关系的一般认识经历了各种阶段。同早期发展阶段相比，在晚期发展阶段，这种关系是不同的，而且更为密切。在我们当前的政府职能观中，我们通常区分出（1）立法的，(2) 执行的，①(3) 和司法的三种职能，并且认为，对应于(1) 的机关由于要决定被司法机关所适用的和被执行机关所实施的规则，自然是最高机关，在连续活动中自然也是最高机关。当然，我们并不认为，任何既定的立法机关所引入的法律变革数量要占它所传递的法律总体的很大比例。但是，我们认为，改变法律总体的任何部分都是合乎宪法的（例如，普通立法机关和选民团体②可以这样做）。应社会进步的要求（或作为外部环境变化的结果，或作为观念和情感变化的结果），普通立法机关的正常职能，加上选民团体的偶尔行动，要不断地引入这样的变革。我们认为，保持不变的法律之所以被正当地认为应该保持不变，是因为它得到了立法机关或选民团体的同意，它们有权力改变它，却没有这样做。这样，我们就获得了奥斯丁的实在法（Positive Law）概念，它对等于任何最终拥有最高权力的个人、团体或团体的联合所制定的命令或规则。这样，法律基本理念和政府基本理念就密切地和不可分割地联系在一起。

但是，认为法律与主权或最高政府具有密切联系，这种观点并不适用于早期发展阶段。对于这一点，梅因的读者深有所知。在《古代法》第 1 章和第 2 章对法律发展的描述中，这种相反现象被透露出来。在《早期制度史讲义》的第 12 章、第 13 章对奥斯丁的批评中，它得到了更明确的确认。梅因指出，在雅

---

① 在这里，我是从政府的国内职能方面考虑它们。就对外交事务的管理而言，"执行的"（executive）不是一个好的单词。在外交事务中，很少事情可以通过一般规则来调整。

② 在一般的现代国家，要看到某些基本规则或原则（它们构成政治宪法）和普通法律之间的区别。对英国人而言，这种区别更需要关注，因为他们的政体是一个例外的政体，在其中，这种区别没有被正式采纳。

利安种族的原始状态中,"在初级团体中,和我们所谓的立法机关相对应的机关……是村庄议事会,有时对全体村民承担一种责任,有时拒绝这种责任,有时被一个世袭首领的权威所荫蔽,但是从不完全默默无闻"①。但是,如他所释,当我们仔细查看,我们会发现,这些村庄议事会不是真正的立法机关。"各种权力的阴影寄宿于村庄议事会……彼此不加区分,人们的头脑也看不清在制定法律、宣布法律和惩罚违法者之间的差别。如果这个团体的各种权力必须用现代名称来描述的话,位于背景最深处的是立法权力,感受最明显的是司法权力。受到服从的法律被认为一直都存在,真正新的做法和真正旧的做法混在一起。因此,村庄-共同体……只要保持在原始的影响力之下,就不会行使真正的立法权力。"②最后这个说法对于某种更大的群体而言是真实的。这种群体是由一些实际的或假设的男性亲属的分散定居点更密切地整合而形成的。我们在希腊城邦历史的发端见过它们。支配部落成员民事行为的一般规则不是任何统治者个人或公民大会的一般命令。的确,在荷马史诗中,在我们可以瞥见的最早阶段里,这些命令依然没有被明确当作普遍规则。如同梅因所言,"唯一有关正确与错误的权威性论断是根据事实而得到的一种司法判决",③由作为法官而不是作为立法者采取行动的原始国王宣布。

这种事态在历史阶段的开端已经过去了。如同我在第四讲所述,当在希腊的早期寡头政体取代原始王政的时候,我们明

---

① *Early History of Institutions*, p. 388.
② *Early History of Institutions*, pp. 388-389.
③ Maine, *Ancient Law*, p. 8.

确地到达了梅因所谓的"习惯法(Customary Law)时代";这是不成文法,但是被认为是统治阶级明确所知的。①在统治者少数的司法判决中,这种习惯法得以宣布与适用。不管在司法判决中这种习惯法为了他们阶级的利益被如何歪曲,显然,无论是他们还是受到他们统治的臣民,都不认为他们有规定这种习惯法的职能。

我在前文注意到,而且梅因也补充道,由于不满寡头的不成文法管理,书写技艺的普及导致了成文法典在这些共同体中得到普遍采纳。②但是,不能由此得出结论:法律被认为是普通政府在宪制上有资格加以明确修改的东西。看起来希腊人的头脑完全没有获得这种观点。甚至就亚里士多德的观点而言,立法也没有获得类似它在现代政府职能方案中的地位。亚里士多德没有把政府职能区分为立法的、执行的、司法的,而是区分为审议的、执行的或行政的、司法的。而且,在他对审议团体(不管是民主政体中公民的全民大会,还是寡头政体中人数受限的公民大会)的职能的描述中,立法尽管被提及,却没有一个显著位置。"审议部分,"他说道,"在战争与和平事务上,在缔结与解散联盟上,拥有权威;它通过法律,实施死刑、流放、财产充公,审查官员的账目。"③在这里,法律制定显然位于相当的从属位置。在其他地方,亚里士多德也解释了,为什么修改法

---

① *Ancient Law*, p. 12.
② 参见第六讲。Cf. Main, *Ancient Law*, chap. i. 我不赞成梅因的观点:法典一般不包括新的法律。我们现在说不出梭伦有多少创制。无疑,他的创制被夸大了,但没有理由认为他根本没有创制。
③ *Pol.* VI. (IV.) ch. xiv.

律的权力必须属于主权,并且不应该被频繁运用。"有时,而且在某些情况中,"他说道,"法律应该被修改;但是……似乎需要非常谨慎。因为,轻易改变法律的习惯是一种恶习,如果改变法律的收获甚小,立法者的某些失误……最好保留下来;公民不会由于这种改变而收获甚大,因为他会因不服从权威的习惯而失去甚多。和艺术进行的类比具有误导性:一个国家的法律中的变化非常不同于一种艺术中规则的变化。因为,法律的力量依赖服从的习惯,这只能够通过时间来获得;这样,从旧法律向新法律的随意改变会削弱法律的力量。"①

要看到,改变法律被亚里士多德说成是一种类似于"对权威的不服从"。我认为,这种说法深刻地表明了我们的立法观和亚里士多德的读者自然采取的立法观之间的不同。我们把立法视为我们的社会中政治生活的一项常规成分。尽管在雅典和其他希腊城邦中法律在不停地变化,但是,把法律仅仅视为人民意志的产物的法律观对希腊人而言依然是陌生的。实际上,他的观点很有意思地处在两种观点的中间状态。一种观点属于某个阶段,在这个阶段中,法律或者是古代的不成文习惯,或者是只能通过诠释的拟制来得到修改的成文规则;另一种观点则是我们现代人的,认为法律可以被最高政府正常地修改。一方面,我们已经看到,他承认,审议团体(在民主政体中是一个拥有主权的人民大会)在立法事务上拥有最高权力(κύριον περὶ νόμων)。另一方面,他特别谴责了以人民大会的法令践踏既定法律的民主政体,认为它是一种最坏的民主政体。

---

① *Politics*, II. ch. viii.

实际上，公元前4世纪（充分发展的民主阶段）雅典的制度回应了这种法律观，即法律必须要改变，但随意改变是危险的。首先，我们看到，①尽管只有雅典的大会才能够发起对法律的变革，它最终却不能够决定这些变革。最终的决定权被给予一个精选的立法者团体，他们是从经过宣誓的任期一年的陪审员中临时任命的。其次，更令人吃惊的是，提出一项不妥的法律是一种可以被公诉的罪行，一年后往往会有人为此被起诉。这种做法在现代头脑看来如此奇怪，所以一位著名的学者马兹维（Madvig）认为这是不可能的。他觉得，法律的不妥肯定是一个无关的议题，以不严谨的希腊风格作为一种修辞方式被采纳，是为了影响做出判决的众多人民陪审员；严格而言，起诉的唯一根据是不符合法律所规定的立法方式。但是，最近发现的对雅典宪制的描述毫无疑问地表明，法律的不妥是一项被正式认定的起诉根据。②

§3 现在转向罗马，我们可以更充分地追踪某种政府观念与事实的发展步骤，这种观念与事实涉及常规的与持续的立法。的确，我们是在假定而非通过历史追踪法律的第一个阶段，在这个阶段，法律被当作一种习惯而非一种习俗。③家庭、财产、契约制度实际上以一种粗糙的方式存在；部落成员通常履行这些制度所涉及的相互义务，但他们并没有意识到在这样做时，自己受到了一般规则的制约；只有当一些潜在规则被明显违背时，他们才会在决定求助哪一种公认习俗上产生争议；当对于

---

① 第七讲，第106页。
② Ἀθ.πολ. 59.
③ Cf. *Ancient Law*, p. 8.

规则的违背被认为非常严重时，他们才会将违背者作为共同体的冒犯者而加以谴责。这种法律谴责无疑是由国王宣布的，他的内部职能在这里或许像在其他地方一样，首先主要是司法职能。我们可以假定，渐渐地从这种习惯中，形成了明确的但不成文的习俗或法律意识。罗马公民既带着敬意又带着骄傲，将其视为自己的特殊所有物，视为对自己的特殊保护，以阻止他的同胞的暴力的、专横的和压迫的行为。但是，只要法律依然是不成文的，如果官员受到诱惑，为了他所属阶级的利益歪曲习惯法，或者表现出了有利于这个阶级个别暴虐成员的偏见，那么，人们就会发现这种保护是不够的。因此，产生了对一部法典的要求，它导致了由著名的十人执政官委员会（commision of ten decemvirs）起草的《十二表法》（Twelve Tables，大约公元前450年）。

要看到，这部著名的法典并不像梅因所提示的[1]，是对不成文法的书面表述。在这个方面，它有时是不足的，有时是过分的。它有时是不足的，因为我们认为，就许多法律部门而言，显然不存在严重的争端，它们仅仅被偶尔和部分地涉及。例如，家庭制度、基本继承规则、最重要和熟悉的法律行为（比如财产的法律转移[mancipatio]，贷款契约的法律形式[nexum]），在这些方面，人们认为存在普遍的认识。简而言之，《十二表法》有一个现实的目标，即使公民对那些受到抱怨被认为对平民不公平、有缺陷和有压迫的法律内容恢复信任。制定法律规则的主题选择是由这个实际目的所决定的。虽然毫无疑问，罗马人有接受从国外引入的任何重大变革的习俗与传统，他们的权利意

---

[1] *Ancient Law*, pp.14, 15.

识受到这种习俗与传统非常紧密的约束,但是,当我们了解到,这部法典的结构是由到希腊和南部意大利希腊城镇学习法律的一个委员会提出来的,而且当我们发现,《十二表法》几乎包含梭伦立法的本来的文本,我认为,难以假定委员会的目标仅仅是,学会如何表达与安排被认为难以改变的一种习惯法。显然,在以前确立的法律中,某种变革已经被接受。罗马人已经准备好了让自己利用希腊人的智慧,无论其形式还是其实质。拥有编纂法律职能的十人委员会必须被认为是在一定程度上立法,尽管毫无疑问,被引进的变革同整体相比,比例不是很大。的确,几乎不能相信,一个(比如说)公元前509年的共同体,在他们的习俗性公共法律中会做出如此大的变革,把"君主政体变成委员会制"(如梅因所言①),并由此开展一场在编纂法典时已经持续了50多年的宪制变革事业。难以想象,这样一个共同体依然把它的私法(调整公民相互关系的法律)看作完全不能改变的东西,就像米堤亚人和波斯人的法律一样。而且,事实上,尽管私法中的立法在法典公布后的200多年间非常稀少,它并非不存在。我们读到了(例如)和婚姻、高利贷有关的法律,还读到了借贷契约(nexal contract)、债务诉讼以及财产损坏赔偿诉讼中的变革,等等。

§4 然而,尽管存在一些立法,在这个阶段(的确,以及在后来的几个世纪期间),立法却不是法律发展的主要手段,这种发展是迎合社会需要与社会情感所必需的。在两个多世纪期间,修订法律的主要手段隐藏在由"学识渊博的人的回答"(answers of the learned)做出的诠释的伪装之下。他们最初是祭司,

---

① *Ancient Law*, p. 62.

后来是职业法学家。梅因把这种发展过程同英格兰的发展过程做了比较,英格兰普通法是通过司法判决修订形成的。差别是,在英格兰,法官在假装解释法律的时候,实际上改变了法律,他们本身就是一流的法律专家;而在罗马,控制法律程序的官员(直到公元前367年是执政官,后来是裁判官)是政治家而非法学家。因此,在罗马,在这个第一阶段,修订法律的实际影响力来自(如梅因所言)"法学家而非法官",即受过训练的法律顾问。随着文明与社会分化的持续,他们越来越成为一个职业的法学家阶层。

那么,显而易见,随着这种以诠释为伪装改变法律的手段的成功,它被不断地限制在一个更窄的范围内。因为,通过点滴积累,最初模糊的法律由于诠释而明确起来。那么,就越来越不可能以同样的方式引入大量的进一步变革了。这样,尽管法学顾问的活动在持续地增加,而且的确越来越成为专家的工作,它却越来越成为一项真正的诠释工作,而不再能够修正重要的法律要点。

当这个时刻到来时,修订法律的明显源头看来是立法了。在共和时期结束之时,人民大会的立法成为新法律的一个活跃的源头。但在这之前,(在罗马法律中也在英格兰法律中)另一种法律变革方法得到了积极的运用,它就是通过官员运用的衡平法(equity)推翻法律。在罗马共和国历史的后期,这样做的主要手段是裁判官的法令(praetorian edict)。这种法令每年公式裁判官在其任期内所允许的对(旧法的)不当的修正。尽管严格而言,这种法令的有效期仅仅为一年,实际上却从一个官员传递给另一个官员,成为修订法律的持续手段,而这种对法律的修订以人们关于正当与正义的常识的要求为导向。

这种发展无疑被掌握在"外邦人裁判官"手中的万民法(ius gentium)的发展促进。我们已经看到,这一官职在公元前3世纪中叶后很快被设立,其特殊职能是解决外邦人之间或罗马人与外邦人之间的法律争议。既适用于外邦人也适用于罗马人的这种常规私法体系,在这些古代城邦的历史中是一种新的事物,它的运作似乎明显影响了由"城市裁判官"(praetor urbanus)的法令所修订的罗马国内法(municipal law)。

§5 显然,后来被称作万民法的这种法律的发展,完全是由于实际需要;我们可以把它同罗马贸易的发展联系起来。随着征服所带来的罗马权力的扩张,罗马贸易开始发展起来,在范围和数量上都有所增长。外国商人——提尔人、迦太基人、希腊人、西西里人、马萨里奥人——来到罗马寻找市场。陌生人的到来不断带来越来越多的外来成分。这样,在公元前3世纪末和公元前2世纪,在希腊的影响下,对待陌生人的一种更自由的精神似乎以不断增加的影响力进入罗马。因此,这个阶段对于万民法的发展是一种自然时机。实际情况是,这种法律所立足的原则可以被制定这种法律的不同国家的成员普遍接受。①最初,它根本不被视

---

① 关于万民法的发展,梅因在《古代法》(*Ancient Law*, chap. iii.)中,通过对不同意大利共同体的观察,提出了过于有意的调查与归纳。因此,我不会考虑这个发展过程。因为我们既要把意大利人考虑在内,也要把希腊人和迦太基人考虑在内。在设立外邦人裁判官很久之前,罗马与迦太基就签有条约。而且这个发展过程并不是一个系统调查与归纳的过程。彼此公平对待的努力导致了法律中的共同因素。万民法的发展不能仅仅完全归功于外邦人裁判官的工作:"实施万民法的行动大部分是民事的,而非荣誉的。"从中可以推测出,当时,它是通过对市民法的逐渐适应而得到发展的。不过,外邦人裁判官的影响无疑仍是重要的。

为高于罗马的市民法(ius civile)。相反,后者是罗马公民的一项特权,根据传统观点,只能通过条约和其他国家的公民部分地分享。

但是,正是因为这种被用于不同共同体人民之间交易的法律必然缺乏不同国家法律中的历史特殊性,所以它不再受到残存的古老形式与古老限制的束缚。因此,它更简单和更彻底地代表着自然权利与正义概念的发展阶段,这是罗马人的头脑(和当时各民族的头脑)已经达到的这种概念的发展阶段。这样同市民法相比,万民法渐渐地从一种低级的地位上升到一种高级的地位。首先,罗马人不用对原则进行反思,也不用放弃 ius[法]与 respublica[共和,公共事务]之根本联系的更古老观念,而是将他们的实践天才用于法律缔造,以迎合他们同外邦人交往中所实际感受到的需要,而且创造出一种私法上的万民法(privatrechtliches ius gentium)——对所有国家通用的私法。这样,在希腊人的影响下,尤其在斯多葛哲学的影响下,一种适用于本来意义上的人并高于特定国家的法的自然法的观念,获得了支配地位。于是,最终,随着希腊思想对更具有实践性的罗马人头脑的影响,在这种头脑向世界主义发展的压力下,自然法(ius naturale)的概念和万民法的概念结合在一起,产生了后来替代罗马法的重要源泉。①这种融合似乎没有开始于西塞罗时代之前(以某种方式开始于公元前1世纪)。自然法和万民法的联系仅

---

① 我质疑梅因的观点(Ancient Law, chap. iii):由自然法的观念,罗马人免遭希腊法律的缺陷。我认为原因更应该是不存在大规模的人民法庭。我也看不到任何明显的证据表明,自然法理论在避免僵硬不变的法律上具有重要性。罗马的宪制历史表明,似乎城邦的政治不稳定足以产生这种效果。

仅以一种初步形式出现在西塞罗的论著中。实际上，西塞罗似乎是将希腊哲学在罗马大众化的第一人。但是，从他的时代开始，这种联系继续不断地发展，在早期帝国的法学家的作品中，似乎已经获得了主导性影响。

当然，仅仅概括性地完整讲述万民法在裁判官法令的作用下不断变化的影响力，也不在我的讲座范围内。但是，在其运作中的两个要点（梅因在后面的章节中做了说明）需要注意一下：(1)遗产分配中的"对于血缘关系的关注"，后来导致了裁判官（或许在帝国的早期）将被解放的家子置于同未被解放的家子的相同地位，并且和古老的父系继承原则相对立，承认母系旁系亲属的权利要求；(2)对于一项契约或其他法律活动的实质的关注，即关注签约当事人的真实意图，而不是他们所使用的形式——这些梅因在关于遗嘱与契约的案例中有所说明。可以很容易地看到，每一个这样的原则（尤其契约）如何会首先在有关外邦人法律管理中盛行；他们并不知道或不会使用罗马形式的契约与遗嘱，而且从来没有摆脱或者早已摆脱了父系亲属的古老规则。

或许有人认为，我详细讲解这么久的事情对法律史的学生比对于政体发展史的学生更为重要。但实际上，最终支配罗马衡平法的这个概念，即自然法和自然权利观念，[①]属于本来意义上的人，具有比任何特定国家为自己制定的法律更高的有效性。尽管它对于罗马人而言仅仅具有司法重要性，在现代历史中却

---

① 在英语中，我们没有确切对应于"ius""droit""recht"的词语。我们常常使用"law"，但是这些术语意味着由法律所确立的权利与义务的复杂性。

获得了远为广泛的政治重要性。①实际上，在最终导致了法国大革命的思想运动中，它成为一项重要的因素；因为"人生而自由"和"人生而平等"这样的原则正是属于自然法的原则。

在这里，我必须注意到需要梅因加以界定的一个要点。他在《古代法》(Ancient Law, ch. iii)中说道，万民法和自然法实际上可以互换。无疑，在几乎所有情况中，这样说是对的。但是，正是在我们政治科学的学生特别关注的一种情况中，在自然法和国家实际认可的法律之间的分歧与冲突，得到了罗马法学家非常明确和深刻的承认。这种情况体现为这样一个原则：所有人都生而自由。他们都同意，奴隶制根据万民法是正当的；我认为，他们也都同样一致地确认（没有任何掩饰矛盾的企图），它和自然法相对立。②的确，在罗马法学家的实际权利概念中，这种"自然自由"(natural freedom)依然没有明显的影响力。他们没有从中推导出，奴隶制应该马上或尽快被废除。但是，自然自由对于他们中世纪的"学生们"的影响非常不同；在同基督教情感的强大合作下，在它的影响还远远没有从市民法转向宪法之前，在废除奴隶制的道路上，它成为一项重要的影响力，它也成为1789年的原则之一。

---

① 概括而言，我们可以说，虽然在罗马的发展中，它的影响在市民法领域是重要的，但在现代历史中，它在国际法和宪法领域是重要的（参见下文第24讲到26讲）。然而，即使在古代思想中，具有最高效力的自然法概念也针对国家在制定自己的法律时的全能性提供了一种理论制衡手段。这种情况适用于早期帝国；君士坦丁之后，是教会起到了这种作用。

② 参见本讲末注释E。

注释 E

在万民法同自然法之间关于奴隶制的对立：弗洛伦丁（Florentinus）说，奴隶制"是一项万民法制度（constitutio），由于这项制度，一个人违背自然地（contra naturam）服从另一个人的支配"（*Dig.* i. 5，4），"和自然法（ius naturae）相对立"。在查士丁尼的《法学阶梯》（*Institutes*，I. iii. 2）中，这一点表达得更为明显。

法学家平静地接受了自然法同他们已知的现实共同体中的普遍制度之间的对立。如果考虑到斯多葛学派和西塞罗甚至后来的法学家将自然法作为永恒理性的法则，在证实它的不可改变的有效性时使用的强烈措辞，那么，这种接受是相当引人注目的。实际上，普鲁塔克针对斯多葛学派的一项指控正是：他们不接受任何国家的任何实在法的有效性，除非它们和自然与理性的真实法则相一致。的确，西塞罗关于自然法的措辞证实了这一点。但是，更惊人的是看到，盖尤斯（Gaius，*Dig.* vii. 5）说，一项自然权利（naturalis ratio）主张不能受到元老院权威（auctoritas senatus）的影响，而且，"对于市民权利的考虑不能影响到自然权利的效力"（*Dig.* iv. 5，8）；杰尔苏（Celsus）证实，"法律不能让自然禁止的东西具有正当性"（*Dig.* 1. 17）。

第十三讲
向中世纪历史的转型

§1 在上一讲中,我简要追踪了罗马的法律发展。特殊目标是要表明,在政府干预之外,它大体上经历了一个多长的发展时期。从梅因所谓的习惯而非习俗阶段开始,我们把它追踪到不成文的习俗阶段。然后,当人们感受到它造成了太多的压迫可能时,大约在公元前在450年,出现了著名的对其重要部分的法典化。接着,在后来,我们看到了,在漫长的时期内,很大程度上以"专业的法律顾问"的诠释为伪装,法律中的这种变化如何被引入;梅因所谓的"罗马衡平法"如何发展起来;罗马的商业发展如何导致了一种法律体系——万民法(即依赖不同国家通用的简单原则裁决外邦人之间或外邦人与罗马人之间的诉讼)的形成;后来,在希腊思想的影响下,适用于本来的人的一种自然法的概念如何获得了立足点;而且,在这两种概念(实用的和理论的最终混合在一起)的影响下,罗马法律中的古老成分如何在很大程度上通过裁判官的年度法令或"法律裁判程序"(jurisdictorial programme)被取代——裁判官宣布什么诉讼和辩护应该被接受,以及什么样的补救应被用于(旧法的)不当。

在帝国的第一个阶段,从奥古斯都到戴克里先,立法作为一种法律变革源泉,越来越具有支配性;而立法越来越明显地具有帝国性质,尽管在一段时期内,皇帝的权威依然披着残存的共和形式的面纱。这层面纱是被逐渐丢掉的。人民大会的立法在共和国最后一个世纪中曾经活跃过,它已经收缩和消失。实际上,它已经不再能很好地适应罗马法律现在已经获得的精度。奥古斯都依然把他的立法建议提交给它,但是到了提比略执政时,这种做法停止了,而且元老院变成了表面上的立法机关。然而,(我们所谓的)"法案"(bills)是在帝国议事会起草的,到了2世纪末,这些法案已经被接受为理所当然,以至于人们开始引用谕令(oratio)。在谕令而非元老院的决议中,皇帝宣布法律方案。同时,编纂法律的权力开始集中到皇帝手中:他的批复(rescript)被要求在疑难案件上提供指导,他的敕令(decrees)被用于提交给他裁决的案件。当然,这些工作会由法学家完成,而这些"皇帝裁定"会成为对法官具有约束力的判例。而且,作为最高官员,尽管一开始他的法令(edict)在他死后只有在被更新后才具有约束力,却渐渐变得和法律没有分别。直到在戴克里先(305年)之后,所有的立法权威,还有最高行政和司法权威,都被认为集中在他的手中。

和这种现象相伴随的是,法学家解答(responsa prudentium),即专业之人的回答,继续存在,某些法学顾问被奥古斯都赋予权威。后来,他们的观点具有了法律的力量。然而,我已经说过,在这个阶段,他们的行为更多的是纯粹诠释性的和使法律体系化的,明显的变革是由元老院和皇帝的命令做出的。裁判官的法令早已成为一团某种程度上难以处理的和混乱的法律集合,也不再发展了。在哈德良时代,它被塞尔维乌斯·尤里安

(Salvius Julianus)加以修订与整理,之后就很少变化了。

同时,对于这样构成的复杂法律体系的研究,得到了孜孜不倦的追求。在哈德良(Hadrian)治下和安敦尼王朝(the Antonines),是罗马法学的黄金时代。这个时期结束于亚历山大·塞维鲁(Alexander Severus)在235年的死亡。在这之后,麻烦到来了,帝国的西部再也不能从这种麻烦中完全走出来。在这场麻烦中,所有的研究,包括法学研究,走向了衰败。在东部帝国,它再次复苏,但是却在处理大量实务的困难中挣扎。为了解决这种困难,查士丁尼的伟大工作被得以计划与执行,这象征着根据皇帝的法律理论,立法权力永远地被全部和彻底集中地在皇帝手中。

但是,当我们来到查士丁尼这里时(527—565年),我们已经经历了5世纪发生在西部欧洲的重大变革——帝国被通常所谓的野蛮人所征服。在西部欧洲的所有地方,新的进程开始了,一千年后,人们认为它导致了欧洲各国家的塑造。

§2 罗马帝国通常被认为是从古代历史到中世纪与现代历史的过渡,我认为这样说是正确的。但是,根据我们的课程讲座所采纳的观点,它仅仅是这场过渡的一部分。

在研究欧洲政治社会形式的发展时,首次重要的过渡来自于这样一个时期,在其中,文明化政体的统治概念是通过在希腊单词"polis"中城市与国家概念的融合而得以表达的,在"polis"这样一个社会中,它的社会成员拥有充分的公民权利,可以在他们的中心城镇的空地之一有效地集会,决定他们最重要的共同事务。尽管罗马人没有同样融合城市与国家观念,但罗马政体把政治权力给予了全体公民，这种政治权力只能在一种类似条件下分享。如亚里士多德所指出的，这样一种宪制的正常运作，要求公民集合体不能超出一定的限度；当罗马国家膨胀到400,000个公民时，尤其当它吸纳了意大利联盟时，向现代"地理国家"的转型实际上已经发生了。我们已经看到，在从共和国到帝国的变迁中，这种转型是一种决定性的根本重要的因素。这样形成的帝国国家，超出了古老的城邦政治形式，不能发展出一种适应其变化条件的新的共和形式。保护其帝国反对内部与外部无序力量是一项困难任务，由于这项困难任务，退回到权力集中到单一一个人之手的简单的古老方式是必然的。

在戴克里先和君士坦丁的强力控制下，帝国如何保持一种明显的和无限度的专制统治？部分由于共和传统的影响，帝国如何从来没有相当成功地获得一种有序的和稳定的统治源头（军团任命一位大将军［imperator］的要求成为一种篡位的长期有利条件和一种内部动乱的源头）？对帝国而言，保卫环地中海文明世界反对北方的野蛮人和东方复苏的波斯帝国的任务是如何繁重？一种行政分工如何被采纳，渐渐地确定了把希腊文明同拉丁文明相分离的界线？最终在5世纪，野蛮人的入侵如何使帝国的西半部成为无序的碎片？对于所有这些历史，由于为自己设定的范围，我几乎不能简要考察它们。由于我们的兴趣集中在更为复杂的政体——我们称作宪制政体——的形式上，我略过了这个阶段的欧洲历史。我们的关注毋宁是要表明，残留的罗马帝国观念与制度，如何在西部欧洲的地理国家的塑造中成为一项因素。经过（我们称作中世纪的）漫长的解体与重构阶段，这些国家渐渐成长为民族单元。

那么，在我们课程的这个节点上，我们离开发展更快的古老城邦，转而考察发展更慢的现代地理国家。我们现在仅仅看到了它的一部分，因为它实际上还在发展过程中。我们将会找到两种政治发展系列中并非不重要的相似点。但是，为了便利，我们先指出一项既明显又基本的差别，即在后一种情况中，合法的君主政体所占有的地域比前一种情况更大。我在前面指出过，在希腊城邦中，亚里士多德所知道的在当时和不久的过去唯一实际存在的君主政体，就是不正常的、非法的、残暴的僭主政体。在斯巴达，所谓的国王只是过去的残留。如果我们不考虑斯巴达政体，我们就可以说，亚里士多德所知道的合法的君主政体仅仅在遥远的过去或在野蛮人中；或者仅仅作为一种难以实现的理想——拥有独一无二能力的人的统治。在他遇到的人们中间，他实际上找不到这种人。但是，当我们审视欧洲地理国家的历史时，情况就非常不同了。合法的君主政体的统治到处都是，纯粹的共和制度成为稀有的例外。对于合法的君主政体，我的意思当然不是指无限制的君主政体。但是，在这种政府形式中，最高权力中并非不重要的一部分肯定是由单独一个人掌握，统治与服从不会发生更迭，而这种更迭是共和国官员的基本特色。的确，在更多的欧洲文明国家中，在它们更长的历史中，君主的权力或多或少在理论和实践中受到限制。他的权力依赖他的同胞的服从习惯；在他们中间，服从的习惯并不是无条件的。君主必须遵循他不能改变的法律，必须和由人们组成的其他实体或团体斗争与妥协，这些人在宪制上享有一定的政府权力。但是，他不像共和国官员一样，要从自己的官职上退位，还要和其他公民处在同一个等级，接受传唤，对他的权力行使做出解释。

我认为，我们依然可以在城邦的发展与地理国家的发展之间进行类比。正是在这种类比中，两者之间的差别才变得清晰和富有教益。在希腊城邦的历史中，我们发现了一个被称作"僭主时代"的时期。它位于两个阶段之间：第一个阶段是在原始王政之后，在其中，寡头政体是常态政体；在第二个阶段中，许多城邦引入了民主政体，通往大众政府的普遍趋势清晰可见。在这两个阶段之间的一个时期中，向非常规的君主政体的回归是一种趋势。我们不能说，这种趋势差不多是普遍的，但它的影响非常广泛，以至于在某些条件下不得不把它视为一种正常的结果。我们已经看到，根据亚里士多德和一般历史学家的观点，僭主政体的这次出现被视为反对贵族统治者的民主运动的最初形式。这种早期僭主由民众领袖发展而来，他的权力建立在人民所感受到的需求之上，作为一位领袖或保护者反对他们的传统压迫者。这时，对于真正的民主政体而言，人民还远未成熟。那么，在地理国家的演化中，我们并没有发现一个希腊意义上的僭主时代。但是，我们发现了这样一个时期——在不同国家其开始时间与持续时间有所不同——在其中，存在一种通往绝对的君主政体的趋势，或者至少存在一种君主权力极大扩张的趋势。在这里，像在对应的希腊一样，我们在一定程度上发现，王室权力的发展依赖人民的支持，而且由于人民的支持而成为可能。无论是在向绝对主义（absolutism）的转型非常缓慢的地方，还是在这种转型迅速和突然的地方，这种现象都是可见的。在主要的法兰西案例中，这种过程可以通过各种中断与摇摆得以逐步地追踪，从卡佩王朝登上几乎名义上的王位，一直到路易十四说出代表性的"朕即国家"（L'État, c'est moi）的著名时刻。历史学家们都承认第三等级（tiers état）的支持对于君主政体反对贵族的价值，尽管君主和资产阶级之间的联盟采取了各种形式，而且并非不能破裂。而在1660年，通过政变，丹麦突然从一种非常接近寡头政体的政府形式转向绝对君主政体（absolute monarchy）。当我们考察这场政变时，国王与平民反对贵族统治阶级的联盟，正像希腊任何僭主政体的开端一样昭然若揭。

总体而言，在绝对君主政体阶段，我们找到了僭主时代的某种模糊的类比。我们在17和18世纪的大部分欧洲国家都可以发现，它出现在两个阶段之间。在前一个阶段中，贵族权力是王权最可怕的竞争者。我们正处在后一个阶段中，在其中，除了俄国，代议制民主到处都在实现，至少在政府中占很大比例。因为，在两种发展过程之间，还有这样一种相似性，即在每一种发展过程中，当特别有利于绝对君主政体的时期结束，而且通往立宪政府的趋势回归时，新的宪制往往比僭主政体或绝对君主政体之前的那些宪制更具有民主的特色。根据我们已知的事实可以推断出，哪怕在曾经尝试过贵族制的地方，完全地恢复或至少长期地恢复古老的贵族主导地位的尝试通常是不可能的。那么，进一步而言，无论是在现代进程中，还是在更古老的进程中，当民主政体充满暴力和不稳定的时候，就会出现民主政体之后的晚期类型的僭主。当现代和古代的这种君主通常以非法和暴力方式获得权力时，这种相似性更为密切，就像在法国和南部美洲诸共和国中发生的那样。

§3 但是，如果这种类比在某种程度上是正当和富有教益的，它同时也向我们表明，在地理国家中比在城市国家中有更强烈的通往君主政体的趋势。因为在前者中，在寡头政体期间，甚至在近乎建立起寡头政体的地方，统治者少数也没有摆脱掉他们的国王；他们至少让他拥有权力的一些碎片或外表，一般拥有一部分实质性权力。简而言之，当我们谈到实际存在的有史阶段中的希腊城邦生活时，我们几乎可以说，合法的君主政体在任何时候和任何地方都不存在。那么，当我们谈到地理国家（自从罗马帝国以来，它们已经在欧洲形成，而且已经拥有一种民族生活）时，我们几乎可以说，合法的君主政体在任何时候和所有地方都可以发现。有钱人与古老家族的少数统治和大众统治往往在特定阶段各自占据优势，但仅仅在局部占据优势；它们来来往往，但是君主政体持续存在。

那么，导致这种现象的原因是什么？我认为，主要原因我在谈到希腊城邦中从原始王政开始的转型时没有明确给出，①即在地理国家中，同城邦相比，在更长时期内，君主的个人存在是一种必要的纽带与国家统一的象征。而在城邦中，公民的相互沟通与联系更为容易，而且我们还可以补充道，在有围墙的带有市场与寺庙的城镇中，城邦还拥有一种明显的和可见的共同生活的迹象与纽带。我们已经注意到，如同我们在主要的西

---

① 第四讲，第71页。

欧国家中所看到的，塑造一个地理国家的过程（我指的是让它成为实际存在的有机民族统一体的过程）是一种非常缓慢的过程；在数世纪期间，倾向整合的力量同倾向解体的力量进行搏斗，不时获得成功。因此，随着民族意识的发展，随着统一与秩序的要求被人们强烈地感受到，通过王政实现这种要求的必要性也同样被人们感受到；不然通常发生的不是共和秩序的建立，而是在权威冲突中国家的解体。对此，举一例而言，在法兰西的早期历史中，当国王的权力在从加洛林王朝向卡佩王朝的转型中实际上处在最低谷的时候，结果不是大贵族们试图建立一种寡头政体和作为一个团体统治法兰西；反倒是他们威胁要成为由渺小的统治者所组成的一种有点散乱的群体，在各自的地域内"实施君主政体"。

尽管在我看来这是王政获得声望的主要原因，依然还有其他原因共同发挥作用，在这些原因中，首要的原因是先前存在的罗马帝国本身。西罗马帝国在5世纪消逝了，但帝国的观念有着更长的寿命，以各种形式与方式影响欧洲随后的发展，直到绝对君主政体时期。首先，当野蛮人在5世纪开始横行于文明世界时，这个文明世界已经在过去的4个世纪期间处在君主政体之下；在这期间，他们已经熟悉了它。因此，当新的野蛮人王国在原罗马行省形成时，构成它们的更为文明的人口传递了属于绝对君主政体的观念与习惯。只要野蛮人服膺一种优越文明的理智影响（他们在一定程度上必须这样做），这种影响就是一种君主政体的影响。我们在法兰克君主政体中明显看到了这种影响。在现代欧洲政治制度的形成中，它拥有一种领先的地位。我们甚至在法兰西最早的梅罗文加君主政体的早期看到了这种影响。尽管在这里，征服带来了扩张国王权力的冲动，这种冲动很快由于世袭国王不能统治政府而被大幅抵消，这种无能由于征服所带来的困难而大幅增加。在查理曼的君主政体中，这种影响依然更为显著地再次出现；他实际上篡夺了帝国皇冠。而且，要看到，如此复苏的罗马帝国的影响，并不限于戴着帝国皇冠的一系列统治者所拥有的权力。如果这是全部情况，我们必须承认，帝国拥有的地位削弱了而不是强化了它所依附的德意志君主政体的有效权力。但是，我们必须考虑到，在另一个方向上，它对于观念的影响是强大的，在人们的头脑中，它让一种具有古老声望的君主政体保持成为普遍接受的最高政府形式。这样，在12世纪罗马法研究复兴后，通过法律职业的渠道，帝国的观念以一种崭新的和重要的方式发挥了作用。在罗马法学家的教诲下，现代法学家表现出的一种稳定倾向是，采纳了他们关于法律与政府关系的观念，因此也表现出一种持续的偏爱，即尽可能把现代君主的地位同古代皇帝的地位同化起来。

　　对于同罗马帝国联系起来的这些有利于君主政体的影响，我认为，我们必须加上基督教会的一部分重要影响。然而，在这里必须小心地坚持这样的观点，因为这种影响是复杂和多样的，在不同时期非常不同。我们必须区分出，一方面是教会作为一种有组织团体在捍卫团体利益时所发挥的影响；另一方面是那些政治观念与情感，它们往往同历史上的基督教联系在一起，而且被作为这些政治观念与情感的鼓吹者的教士阶层大力宣扬。因为，这两种力量在方向上常常是对立的。在宗教组织方面，在整个欧洲历史上，天主教会常常同不同欧洲国家的君主政体政府发生激烈的冲突。当这种情况发生时，教会自然会倾向于同世俗社会组织中反君主政体的或至少反绝对主义的成分与趋势结成联盟，以便更好地从事这种斗争。但是，除了它的共同组织以及同这种组织相联系的情感，天主教通常也发挥了一种有利于秩序因而也有利于君主政体的影响。它要求对"当权者"一般意义上的服从。但是，它关于这种权力的传统概念属于君主政体。它在一种绝对君主政体之下成长起来，携带着这样产生的思维习惯进入野蛮人入侵后的政治秩序的解体与重构时期，因此也往往把反君主政体的力量看作一种无政府的和反叛的力量。

在普遍的西欧国家中，所有这些原因结合起来，最终结果是，严格意义的现代历史（西欧国家被完全带入文明秩序的历史）的第一个阶段就是所谓的绝对君主政体阶段。世袭君主的意志在任何他愿意使用它的时候都是无可争议的。在他的控制之下的所有政府机关组织不仅开始在实践中成为一种支配性组织，而且被广泛接受为适合维持文明秩序的政治组织形式。正是在17世纪，在普遍的西欧国家的发展中，这个阶段被达成。它发生在宗教战争结束之后；宗教战争构成了从中世纪政治到现代政治的一种强烈的转型。法兰西担任了先锋，给出了模式，散布了这种现代君主政体观念。但是，其他国家的状况也具有充分的相似性，给予了君主政体针对文明欧洲的一种自然支配地位。

§4 在随后的讲座中，我建议简要追踪一下达成这种一般结果的过程。我将首先标明其主要阶段，并试图区分与描绘这些成长中的社会的主要成分，这些成分在不同阶段是强大和重要的。

在处理这些成分时，重要的是，我们要一直记住，欧洲地理国家同希腊城市国家相比，是一种更为复杂的政治现象。在希腊国家中，我们所拥有的共同体首先在其条件上具有决定性的农村特色。它是一个农业共同体，在其中，在耕种土地上的私人所有权确立之后，拥有完全特权的公民是一个土地拥有者，不管是由自己还是由别人耕作，他依赖他自己土地的出产而生存，自己出钱参加战争。因此，在其中，随着财产不平等的到来，更大的土地所有者往往会吸纳政治权力，并且在经济上压迫土地更少的农民。但是，对于处在商业与文明的完全潮流中的共同体而言，渐渐地，城市条件压倒了农村条件。这些富有的土地所有者变成有围墙的城镇里的主导性公民，然后，土地财产不再成为公民的必需资格。共同体的生活，不管是世俗的还是宗教的，被它在城市中的物质象征整合起来。

在追踪现代国家的历史时，像在古老城邦的早期阶段一样，我们必须注意到，在政治权力与土地所有权之间如此长久地维持下来的联系是一条主要的发展线索（如果我可以这样说）。还必须注意到，随着国家进入所谓的封建阶段然后从中走出来，这种联系所经历的变化。但同时，我们也必须注意到另一条发展线索，它在这条主线索旁边，并且以各种方式和这条线索交织在一起，即在地理国家内部具有很大自治程度的城镇的发展。同样，我们必须注意到作为中世纪欧洲历史显著特色的单独的神职人员组织。作为一个团体，它所拥有的结构与共同生活不同于世俗政府的结构和作为一种政治组织的国家的生活，尽管它和它们交织在一起。在每一种这些情况中，要对历史进行科学研究，必须分别追踪这些成分的政治发展，也必须追踪它们和作为一个整体的国家的发展之间的不同关系。教会与城市都以一种根本重要的方式，有助于现代欧洲国家的塑造。但是，在不同情况下和不同阶段中，每一种成分都成为国家整合发展中的一种对抗力量。因为，就教会而言，它倾向建立一种神权政体；而就城市而言，它单独行动或者和其他城市结成联盟，致力于一种和国家统一与整合不相容的独立性。

我刚刚把欧洲君主政体描述为代表着国家统一与秩序，同寡头政体的分裂与无序倾向相对立。但是，我这样做是对它的地位的一种不完整的认识。在某些阶段，当教会在一个外国君主的控制下，其神权统治主张变得膨胀起来，同样需要对抗教会；当城市或公社提出过分的独立要求时，也同样需要对抗城市或公社。君主地位的力量在于，他代表着国家统一与秩序，这些不同的和冲突的成分往往会干涉国家的独立与整合，当每一种成分这样做的时候，他依次反对它们。

§5 中世纪历史中城镇的发展将是后面讲座的主题。在这里，我仅仅关注，在这种发展最为充分与明显的地方，它的空间是被另一种复杂成分所给予的。在现代欧洲国家的发展中，必须注意这种成分，它就是神圣罗马帝国。我谈到过，古老的罗马帝国留下来的观念作为一种理智力量，其运作有利于君主政体；我认为，帝国称号的恢复无疑有助于维持这样一种普遍观念：拥有一个最高意志的政府是自然的和正常的。但是，我说过，事实是，在两个世纪中的每个世纪里，神圣罗马帝国本

第十三讲 向中世纪历史的转型

身对于君主政体而言,是力量被削弱的源头,而不是力量得到增强的源头。在这期间,从奥托大帝(Otto the Great)时代开始,民族王位被覆盖上了依附于帝国头衔的崇高却有点空虚的主张。如果不曾有神圣罗马帝国——如果德意志国王除了成为德意志的国王之外没有进一步的野心,如果不是因为在意大利的冒险使得他的注意力被持续地分散、他的资源被不断地耗尽,我看不到明显的理由可以解释,在中世纪的终点,德意志为什么不会像法兰西和西班牙一样在一个国王统治之下获得民族统一。无论如何,它不会像在现代历史的开端我们所发现的那样被分裂成为大大小小的混乱的公国,被不完善的所谓帝国的纽带联系在一起。日耳曼人肯定同样也会被集中在像在他们的北方亲属斯堪的纳维亚人的那样大的国家中。同样(尽管这一点更不确定),或许也会出现一个统一起来的意大利,至少会出现可能被教皇领地分开的北部意大利和南部意大利。我认为,我们可以说,实际发生的事情反而大部分属于我们被迫要视为偶然效应的历史现象,也就是说,我们不能追踪到与某种不可抗力一道明确地趋向于产生这一历史现象的一般原因。如果那时不曾出现一位如此天赋异禀的和威风凛凛的天才,以至于我们必须要将他视作一种偶然事件,那么,在 800 年的西方,就没有明显的理由期望罗马帝国的复苏。如果神圣罗马帝国没有被查理曼本人建立起来,那么,我就根本找不到理由假定它可以被建立起来。的确,在 5 和 6 世纪,当西罗马帝国刚刚解体时,教会做出反复的努力以复苏帝国。它恳请野蛮人国王,让他们自己成为罗马皇帝,接受罗马皇帝的权利,分享教会曾经同罗马皇帝拥有的同样关系。①但是，由于在野蛮人的入侵浪潮中旧文明的不断湮没与分解，这些努力渐渐停息了。教会自身也部分地陷入野蛮状态中。10世纪末，当社会和教会一起从这种状况中走出来时，西罗马帝国已经属于一个如此遥远的过去。如果不是在查理曼的强大统治下，法兰克王国得到了令人瞩目的扩张，如果不是他作为罗马正统天主教的拥护者，那么，它的复苏看起来几乎不切实际。于是，我的结论是，如果没有查理曼、奥托及其继任者，就只会存在德意志的国王们。

要看到，对于17世纪末所获得的绝对主义君主政体这种广泛的普遍结果，这种（如我所称的）偶然事件并没有做出任何改变。仅仅在德意志和北部意大利，君主权力就被一些更小的君王使用，在德意志实现了实际的独立，和在意大利实现了形式上的独立。的确，有一些自由的城市国家在它们中间幸免于难，这是城市共同体在中世纪的重大发展结果；在随后的讲座中我将请求你们予以关注。但是，最终，谈到主导的政府类型，这种结果在德意志与意大利就像在其他地方一样，基本都是相同的，仅仅是导致这种结果的过程基本不同而已。在帝国之外，是中央权力赢得了胜利；大贵族们不得不屈服，仅仅成为王冠的装饰品。而在德意志，他们给自己加上了亲王的或者大公的冠冕。②

§6 那么，在记住上文所描述的一般西欧国家的复杂成分

---

① See Guizot, *Histoire de la Civilisation en Europe*, chap. vi.
② 在北部意大利的一些国家中，这种结果是经过另外的城市共和制度的过程而达成的。这种共和政体最初相对于封建制度占据优势，然后跌入到僭主政体之中。这种僭主政体发展成为世袭君主政体，而没有失去其专制性质。

第十三讲　向中世纪历史的转型

后，让我们简要地考察一下在政治制度中发生的变化过程的各个阶段，这些政治制度存在于被野蛮人的入侵所分裂的罗马帝国的碎片中。再考察一下一些新的国家，通过基督教的扩张，这些国家很大程度上共享了新旧成分混合起来的成长中的文明。在追踪不同发展进程中的这种过程时，尤其是同法兰西与西班牙相比意大利和德意志的这种过程，这样做是有益的：要始终记得，不同的发展线索不仅在17和18世纪获得了（泛泛而言）同样结果——绝对君主政体，而且就每个国家中世俗权力的主要储藏场所而言，它们有着同样的开端，即开始于我在第二讲中所描述的古老的日耳曼共同体。

我以前提醒过你们，在这种共同体中，当我们最先得知它时，最高权力属于武装起来的自由民部落大会。在这里，和平与战争得以决定，可恶的罪行受到惩处，负责地方分支的首领们得以选择，战争指挥官从首领中选出。在一些情况中（在塔西佗时代显然是少数情况），战争的指挥权属于一个国王。他也是被选举出来的，但一般来自一个特定家族的成员，无论在战争中还是在和平时期都是一个常任的首领。在邻近的罗马文明的影响下，日耳曼部落（自愿地或在或多或少的强制下）形成更大的集合体，王权作为把这些集合体整合在一起的必要纽带得以扩张。然后，由于罗马军队越来越多地由野蛮人构成，日耳曼人在罗马军队内部或在同罗马军队的冲突中受到了文明化战争的训练，罗马帝国边境背后的文明世界越来越适应了他们的洗劫。终于，堡垒太薄弱而不能把他们挡在外面。他们散布于各行省，最初不是作为征服者，对帝国也没有任何持续的敌意，而是相当愿意承认它的霸权,而且如果它愿意接受,他们准备作为它的辅助军而行动。同时,早在5世纪,显而易见的是,在帝国的西部行省,他们中的大量人口(如我们所知)已经开始停留下来,部分通过暴力,部分通过安置与妥协。新来者由舒适地驻扎在当地的辅助军(有时相当缓慢地)转变为征服者,他们同意当地人或多或少合理地分享自己的财产。在西部欧洲的罗马政府中持续发生的篡位、反叛和内乱促进了这个过程。明显可以看到,这些地区的军事主导权逐渐压倒性地属于野蛮人一方。帝国的声望慢慢地被消磨,至少在阿尔卑斯山以北已经完全崩溃。在5世纪末之前,从莱茵河到大西洋,从日耳曼海洋到非洲沙漠,野蛮人国王已经承担起统治日耳曼人和罗马人的任务。

让我们把关注集中于法兰克王国,由于它随后扩张成为查理曼的帝国,它率先决定了中世纪欧洲的政治制度。我可以看到,当法兰克人在克洛维的领导下获得支配权时,他们和其他野蛮人(例如哥特人和勃艮第人)相比不太罗马化,而且他们的宪制表现出明显的原始政体特色。新王国形成的首要后果是增加了国王的权力与尊严。他是不同民族联盟的纽带。对以前的罗马臣民而言,他取代了崩溃的帝国。对许多臣民甚至对于日耳曼人而言,他站在征服者的位置上。作为征服者的法兰克人由于分散开来,在政治上变得更软弱了。尽管军队依然意识到,它是一个武装起来的自由民大会,偶尔会有效地干预一下政治危机,然而,普通自由民在国家事务管理上的全部实际参与已经停止了。很少举行的武士大会实际上仅仅成为阅兵仪式。地方部门开始被王室官员而非选举官员所控制。普通自由民团体由此失去的权力似乎大体上也并没有被古老的贵族阶层所攫取。在梅洛文加诸国王的统治下，当这些国王表现出不能胜任维持秩序与整合的任务时，权力往往落入侯爵与公爵之手，他们管理着法兰克王国的各个行省。但是，这些公侯们似乎来自国王的扈从，最初仅仅作为他的代表才拥有头衔。王国的管理掌握在国王的家族手中。当世袭君主太软弱而不能统治时，宫相（major domus）——他的家族的监管者——自然就取代了他。

我说的是"取代了他"；因为，统治由征服所形成的大规模的混杂集合体作为一项任务，被向古老的日耳曼王权提出来。它的权力为了满足这项任务的要求而增长，但它并没有强大得足以完成这项任务。王朝的改换也并不足以弥补这项缺陷。在几个世纪期间（只是被强大的加洛林王朝的统治短暂打破），西部欧洲的文明似乎在不断发生的混乱中痛苦地挣扎，没有找到任何真正的出路。如果我们可以把这称作一个发展阶段的话，它是第二个阶段。在这个危及社会秩序的时期，无论是对国王或官员的服从习惯，对宗教训诫的尊重，还是共同的公民责任感和为了共同利益而合作的冲动，都不能成为挽救文明社会陷于混乱的足够强大的力量。将社会自身结合在一起的纽带是公共权利和义务与私人权利和义务这两者的特殊融合，人身联系与土地共同所有制所形成的联系是这两者的特殊联合，我们将其称作封建体系。

第十四讲
封建与半封建政体

§1 在前面一讲中,我试图简要地描述了西部欧洲这个地方的政治变革进程(对于西欧政体的学习者尤其重要)。它在查理曼的帝国统治下统一起来,直到进入被称作封建制的这种状态中。对于后面的这种转型及其后果,我们现在必须继续进行更为仔细的分析。

我认为,封建体系可以被称作下述趋势的一种联合,每一种趋势在它之前和在它之外都可以加以追踪。(1)一种趋势是,当自由公民针对他的同胞和共同体的关系作为一种纽带被证明太过于软弱而不能对抗分裂性的混乱力量时,更强烈的和更密切的身份(lordship)与服务(service)关系胜过了前一种关系。两种不同的关系,领主与依附者的关系、自由人与自由人的关系,在古老的日耳曼共同体中一直存在。我们或许可以说,自从它们在罗马清晰可见以来,在欧洲共同体中一直存在。①然而,我们在罗马并没有发现日耳曼人的这项习俗:在部落状态中,首领至少拥有自由依附者和仅仅是半自由的依附者为自己提供服务,也就是说,这些人的服务是自由的和军事性的,并不必然

---

① 公民对公民(civis-civis),委托人对保护人(cliens-patronus)。

存在将提供服务的追随者贬低为低等阶级的倾向。这种关系是封建制度的萌芽之一。自然而然，在动荡不安的时代，由于弱者寻求强者保护的愿望和强者通过新的依附者增加自己力量的愿望，这种下级自由民与上级自由民之间的关系会得到大幅的扩张。

（2）封建制度中的第二个特殊成分是个人与土地之关系决定其政治地位这种不断增长的趋势。在古老的日耳曼共同体中，自由民有资格获得分配的土地，不是作为财产，而是作为完全公民资格所拥有的一项权利。最初，这样的分配是暂时的，土地份额被阶段性地重新分配。即使当这种做法停止了，在一段时期内，它们也是不可分割的，或严格而言是不可转让和继承的，尽管儿子自然会接续其父亲。慢慢地，随着可获得的土地被完全占有，可继承性、可分割性和随之而来的不平等出现了。当公民资格和土地占有之间的联系得以保留时，原因与结果是可以逆转的。无地的人失去了他作为一个公民的特权，如果他想在社会体系中获得一个位置，他就必须找到一个主人。因此，他以这种或那种形式为某一大土地所有者提供服务。作为对金钱或服务的回报，他得到其保护，常常变成其出租的一部分土地的耕耘者。我们在封建制度之前的英格兰明确地看到这种趋势，严格而言，它是由诺曼征服引入的。

我们看到这两种作为不同因素的趋势，而且认为它们是结合起来的。由于它们的联合，我们得到了人身服务与土地保有权（land-tenure）之间的融合，这对于封建制度而言是基本的。在这里，我必须区分两种关系：一种是封建领主与下级之间的关系，下级首要和主要(尽管不是唯一)为他提供军事服务；另一种是他和他的土地最初的自由耕耘者之间的关系，他们的服务是非军事的。后一种关系尽管是封建制度的伴生物，却不是严格的封建关系。严格的封建关系是封臣和领主(vassal to lord)的关系。这种关系(以法律术语来讲)既是对人的(personal)也是对物的(real)；封臣应该给予他的领主作为一个依附的自由民的忠诚服务，尤其是军事服务，但是，他应该提供这种服务是因为对于最终被称为采邑(fief)的一部分土地的某种共同权利。

但是，封建制度的突出政治特色来自各种原因的第三种结合。通过对居住在土地上的一般的自由民行使重要的政府职能，一种进一步的融合如果得以推广的话，就取代了土地拥有者制度。后面这种融合归因于两种运动的联合效果。(1)大土地拥有者所从事的大部分成功的努力。其目的是为了获得针对生活在他们领地上的自由与不自由的个人的独立司法权；在这场运动中，在本来意义上的封建制度获得其首要载体的法兰克帝国的碎片中，教会领先在前，平信徒紧随其后。(2)公侯们的成功努力。他们最初是拥有可随意撤销的职能和拥有公共收入资源的公共官员，但是，他们成功地让其职能获得了世袭性，并且消除了公共收入与私人收入之间的差别。这样，由于私人土地拥有者如此承担了政府职能，公共官员将其权力与特权视为一种可继承的财产，① 建立于土地

---

① 政府权力和私人所有制之间的混乱似乎来自日耳曼政治理念。在法兰克人的梅洛文加王朝的国王们的表现中，我们发现了这些非常简单和明显的理念。因此，通过克洛维的征服所形成的王国在他的四个儿子之间被分割，之后，四子之一希尔佩里克(Chilperic)将五个城镇(波尔多是其中一个)作为"亡夫遗产"(Morgengabe)赠送给他的妻子加尔斯温特(Galswintha)。

占有基础之上的私人与公共权利义务的融合被施加给了双方(私人土地拥有者和公共官员)。同时,我们可以假定,一种明显的社会分层已经在两种人之间确立:一种人是领主的依附者,应为他提供军事服务,其中一些人崛起于半奴役状态;另一种人耕种领主的土地,支付给他租金,或许提供非军事服务,其中一些人最初是自由的。在政治关系方面的一般封建概念至此就完整了。

§2 现在,让我们从对过程的思考转而考察已经形成的后果的主要特色——某种社会的社会政治结构。在这种社会中,封建制度已经被确立。我们暂时漏掉教士阶层,而且忽视城镇的独立结构与自我治理。在封建制度的早期阶段,在大部分地区,它非常不发达。

我们看到这样一个社会,其成员被全部束缚在不同的地位等级中,由于和土地的等级关系而固化和保持稳定。最明显的等级划分是上层的、军事的部分,同下层的、主要从事农业的部分之间的划分,即战士或武士(miles,不管来自何种等级)和农民(不管是自由的还是奴役的)这两者之间的划分。这种等级关系的上层部分(军事阶级)靠他们部分拥有的但并不实际耕耘的土地的出产生活,对他们的直接上级应付出由习俗所确定的固定数量的军事服务,通过由效忠誓言所确立的个人忠诚纽带和上级联系在一起。除了不能以任何方式伤害领主的人身、家庭或损坏其财产这些一般义务之外,封臣拥有的特别义务是,在战争中依附于领主的阵营,出席领主的法庭,应召参与司法活动并服从领主判决。他在某些场合中也有付款的义务,主要是在采邑通过继承而被移转时所支付的"领地继承金"(reliefs),转让采邑时的"转化费"(fines),和在某些场合领主有特别需要时所支付的"贡金"(aids)。①

这些封臣中的最低等级的直接领主或许是一个国王或一个公爵,他们除了皇帝没有别的上级。但是,在大部分情况下,封建效忠的链条有几个环节。这样,法兰西国王长期以来对大的封臣只有名义上的主权;那些大的封臣大量拥有某些封臣,这些封臣反过来又是其他封臣的领主。在封建制度充分发展时,这种现象的两种后果由于对政治秩序具有毁灭性,特别值得注意。(1)封臣的忠诚被认为属于他的直接上级,因此,一般只能通过他的直接上级(或许通过不止一处环节)才属于国王;国王除了针对他自己的直接封臣之外,没有权利要求其他人效忠宣誓。因此,如果国王和一个大封臣发生嫌隙,后者通常会依靠追随他的军事依附者发起叛乱。(2)最初,这种体系的意图是,一个封臣应该只能有一份封地。但是,这项规则由于野心与贪婪而变得无效,以至于一个贵族可能同时是两个相互冲突的君主的封臣,或者一个独立的君主可能同时是另一个君主的封臣。这种复杂性明显容易使得忠诚纽带化为泡影。

前一种后果具有非常一般化的重要意义。它尤其是我们的诺曼的威廉的强大政府的特色;当封建制度被引入英格兰时,他拒绝接受这种后果。据斯塔布斯所言,"在1086年著名的索尔兹伯里地方议会上,我们从编年史中得知,'要向着国王……

---

① 被认可的场合在不同时期和地方都有所不同。在英格兰的《大宪章》中,它们被限于三种场合:当领主的长子受封为骑士时;当他的长女婚嫁时;和当他本人作为战俘被赎回时。

英格兰所有土地的实质拥有者,不管他们是谁的封臣,他们都要服从他,成为他的人,并且立下效忠誓言:他们只对他而不是对其他人忠心耿耿'"。①根据(哪怕是欧洲大陆的)古老法律,在向一个低级领主宣誓效忠时,对国王的义务被理解为要得到保留;但是,这种保留并不明确,在法兰西和德意志封建制度的主导时期,它在封建道德中逐渐消失了。与此相伴的是,皇帝针对自己的大封臣的主权,以及在一段时期内法兰西国王针对自己的大封臣的主权,都同样消失了;战争与和平、铸币权、各个层次的司法,没有一种主权权利是大封臣没有声称要随自己意志而行使的。

现在,让我们考虑这种等级关系的低层部分,农民(peasant cultivator)。关于这些人的权利与地位,难以做出任何概括,因为它们是多样的,而且波动极大,在许多时代和地方都模糊不清。但是,一般的事实大概如下。首先是奴隶。主要是在教会的影响下,他们渐渐被提升到农奴状态。他们尽管在法律理论中要接受不受限制的税负和强迫劳动,却渐渐地开始获得习俗所保证的权利和受到习俗限制的义务。其次是降生于这个社会等级中的自由民。他们(尤其在动荡不安的9世纪和10世纪)有时将自己置身于世俗领主的保护之下,但通常置身于某一主教或修道院院长的保护之下(有时把土地带给他们),而且已经根据以报酬换取保护的某些固定条件,接受了纳贡的附属地位。有时,他们被迫进入这种状态;但通常,他们似乎是自愿进入这种状态,尽管后来,他们常常要被迫接受更为压迫性的条件。

---

① *Constitutional History*, vol. chap. ix. p. 266

因为，似乎存在一种普遍趋势（尽管在不同时代与地方有很大的不同），要将这两种属于农民阶层的成分同化起来；所以，当一种成分从奴隶制中走进农奴制时，另一种成分也往往要被迫进入农奴制。这样，不管是在何地何时，甚至自由的农民似乎也被认为要和奴隶一样，依附于土地；对于领主管理的司法，他们通常没有法律上诉权。①

如果将我已经简要勾画过的这个体系作为一个整体来看待，我可以观察到，从比较政治学的视角来看，在这个体系中，在某些论述中非常突出的特色——军事占有制——其实是最没有特色的，因为军事服务和土地占有之间的联系可以在离封建状态非常遥远的社会状态（例如斯巴达）中发现。根据我们当前的视角，我们更想把重点放在：（1）对一个上级的个人忠诚取代了共同的公民身份纽带；（2）政府权利和大规模的土地占有之间的融合，这是大封建领主拥有的私人权利，包括私人铸币和私人战争、独立的常规税收、对初审管辖权的排他性行使。在这样一个共同体中，这些政府权力与特权由某些大土地拥有者依其身份而占有。显然，这种现象就理论而言，明显不具有完善的

---

① 拥有土地的军事阶层与农民之间的关系或许可以同希腊的斯巴达人与希洛人之间的关系相比较。的确，在作为主要案例的法兰西中，封建制度有时仅仅被作为一个野蛮人部落或人群针对一个文明化的和平民族的优越地位的结果。实施征服的野蛮人占有了被征服者的土地，生活优裕，而被征服者则耕作土地。这样，"贵族"阶层和战斗阶层合二为一。这样说很大程度上是正确的，但它是过分的简单化。因为，单单征服，连带征服者对于土地的占有，并不必然产生封建制度的政治后果。例如，在斯巴达的情况中，虽然一个不太文明的征服者部落将自己强加给处在更高文明状态中的一部分希腊地区，而且成为悠闲的土地拥有者和战士，然而，部落的内部政治关系却没有因征服而得到实质性改变。我已经指出，在斯巴达宪制中，明显概保留了政体的原始特色。但是，在封建制度中远非如此。封建制度并不是被强加给罗马文明的原始日耳曼政体；古老政体的基本特色已经被实质改变。两种情况的差别来自于古老政体形式对于新形势的不适应和罗马帝国制度的巨大影响。

政治整合性，因此，根据这样的事实，就实践而言，它在政治秩序上也往往是非常不完善的。

就这个体系而言，它最大的优点是，虽然它在理论上具有缺陷和在实践中具有不完善性，但是，通过把强大的个人忠诚感和稳定的依附感融为一体，这种依附感同土地占有相联系，的确提供了一种临时的秩序框架或平台，一种更真实的民族生活可以在其基础上发展起来。它的根本缺陷是作为其本质的公共权利与私人权利之间的混乱。的确，如果我们想象到这些混杂权利的拥有者，在他们的不同等级中受到严格的基督教道德观的激励，那么这种融合就失去了其大部分危险。对真诚的基督徒而言，私人财产的拥有，和政府权力的占有一样，是一种实践共同善的社会功能。对于这种共同善，他必须承担严格的责任。正是封建形式彰显出的这种高级理想的感人方式，对于浪漫的欣赏者而言，构成了封建体系的迷人之处。但是，这种理想至少在其发展的这个阶段，被一个来自普通人性可能性的巨大缺口分离。实际结果太像下述这句德国格言所传达出的含义："让山羊成为园丁。"当我们谈到（我们可以正当地这样说）一种封建君主政体时，我们必须记住，王权的力量的最终支配权的秘密在于这样的事实：在整个这样的阶段，无论是在内部还是在外部，它都被当作封建世袭制；它代表着国家不可分割的权力，无论多么晦暗和无效，代表着更高的和更平等的正义的源头，社会体系底层的阶级或许可以向它求助；它还代表着一种权威源头，这种权威有正当的权利制止纷争的世袭阶层的无序冲突。

§3 曾经团结在查理曼之下的一些国家属于我正在描述的

封建制度的主要范围。到了10世纪，封建制度似乎在法国得以稳定和巩固起来。在德意志，由于莱茵河另一边更为原始的制度与习俗的更大力量，它发展得有点晚。在帝国的影响下，它扩张到了丹麦。诺曼征服把它的一种重要成分——军事占有制——以非常彻底的形式引入英格兰，同时排除掉了在欧洲大陆看起来具有灾难性特色的政治分离性。

这种现象导致我注意到一种反对意见，它涉及我已经在详述的主题的一般概念。或许可以说，从政治科学的角度而言，"封建制度"或"封建君主政体"，还有位于前封建时期的"法兰克君主政体"，是没有得以充分概括的观念。我在前文中解释过，政治科学的目标是，通过对特殊事例的比较与归纳，得到可以由普遍类型与趋势所构成的尽可能精确的观念。那么，可以公正地主张，作为位于封建制度之前的政府类型，法兰克君主政体仅仅是某个伟大王国的特殊事例。这个伟大王国是在5世纪结尾时通过克洛维的征服建立的，并且在接近8世纪末被查理曼扩张成为一个帝国。但是，在英格兰、西班牙和斯堪的纳维亚，不存在法兰克君主政体，尤其不存在加洛林君主政体。在追踪这种一般发展过程时，我们要求的是可以或多或少（即使不是同样程度地）适用于一些事例的一般概念。

在回应这种反对意见时，当然必须承认，法兰克君主政体是历史上一个特殊的政府形式的名称，而不是从一些事例中抽象出来的一种普遍类型的名称。但是，（或许可以这样回应，）罗马帝国本身也是这种情况。然而，在欧洲政治制度的发展中，罗马帝国必须要被看作一个根本重要的阶段。尽管在现代欧洲国家中，只有一些国家形成于古代罗马帝国的碎片中，但是，在使得其他因素发挥作用的原因中，罗马帝国依然是一个重要因素，尽管更为间接。我们仅以一种影响为例。一个事实是，在所有西欧国家的整个中世纪历史中，教士阶层接受了一种分裂的忠诚：一部分是仅仅对于任何特定国家的政府的忠诚；另一部分是对于一个在罗马拥有法庭的独立主权者的政府的忠诚，他声称要在整个基督教世界对教士阶层加以评判和课税。如果不涉及以前存在过的世俗的罗马帝国，就无法解释这个事实。如同霍布斯鲜明地指出，教皇职位是坐在罗马帝国坟墓上被加冕的罗马帝国的幽灵。那么，我们也可以根据同样的方式，尽管不是以完全同样的程度主张：在西欧一般国家的历史中，法兰克帝国的存在是一种主导的和中心的事实；所以，不仅在它所分裂成的国家——法兰西、德意志和北部意大利——的随后的发展中它的影响是重要的，而且在其他国家随后的发展中也是重要的。如果不是因为罗马因素与日耳曼因素被一起带入法兰克帝国的方式，我们应该就不会拥有这样的封建制度：它没有被限制于法兰西和帝国，而是开辟了自己的道路，通过帝国的影响进入丹麦，通过诺曼征服进入英格兰甚至苏格兰，并且进入南部意大利。因此，在克洛维及其继任者之下（更是在查理曼之下）的法兰克人的政治制度在欧洲具有一种根本重要性，这种重要性（例如）并不属于我们可以了解到的几乎处在同一阶段的英格兰政治制度，比如在埃格伯特与阿尔弗烈德之下的和埃德加与卡纽特之下的政治制度；因为，散布于西部欧洲大部分和主要地区的封建制度的一些显著特色以一种特定方式同法兰克帝国的特殊状况联系在一起。

然而，在一定程度上，我承认上述反对意见的分量。尽管从10世纪到13世纪，封建制度在西欧具有支配地位，然而，严格意义上的封建制度只是作为一种局部现象。我认为，我们应该仔细地考察严格意义上的封建制度范围之外的国家的发展，以便通过对严格的封建条件与非封建条件的对比，对在法兰西与德意志的以"法兰克的"和"封建的"君主政体为代表的发展阶段，达成一种相当广泛的描述。为了这个目的，对英国历史的研究在某些方面特别适合；因为在英格兰，我们可以深思在诺曼征服之前的某种发展进程，它大致和在法兰西与德意志终结于封建制度的发展进程同一方向，然而，其结果却不是确切意义上的封建制度。的确，在11世纪这一时刻上所达成的古老的英格兰制度和由诺曼人引入的封建制度之间的差别，在斯塔布斯看来是根本重要的，尽管把两者分开的缺口不是非常深非常宽。这种现象来自这样的事实：本来意义上的封建制度以一种外国装束的方式来到我们这里，引起了英国人对它的反对，最终，无论在强度还是在持续时间上，这一反对削弱了它们的影响力并导致了某种非常不同于大陆封建制度的东西。

§4 那么，我们如何试图以更大的一般性来描述以"法兰克的"与"封建的"君主政体作为特殊案例的政治发展阶段呢？我认为，如果我们试图在严格意义上的封建制度的范围之外进行考察，把这个范围之内的制度包括进一种更加广泛的概括之中，那么，我们就只能把它们看作是被下述倾向所表明的一个漫长过程的一些阶段。原始政体中的大众因素——武装起来的自由民大会所实施的最高控制——由于一些联合起来的原因而衰落了：部分是由于更大的集合体给予国王的更大的权力与荣誉；部分是由于当国家扩张到如此大的一个地域时，同胞-公民身份联系被削弱；部分是由于一个非代议制的大会不适应如此大的一个群体的政府。最初看起来，人民以此种方式失去的权力似乎积累到了君主这里。他成为一个具有更大尊严的要人。国家的和平成为国王的和平，国家的土地成为国王的土地。即使这样，我们也不能说，这种运动明确地走向君主政体的强化。如同斯塔布斯对盎格鲁-萨克逊体系所言："王室权力的增长是在理论上而非实践中。当它在一个方面有所得时，在另一个方面就会有所失。国王成为正义的源头，他的人民的主人与保护人，公共土地的所有者；但是，他几乎立即就同这样分配的权力的实际行使相分离。"①为了执行政府任务，次级首领必须被允许拥有一定的权力，这使得他们成为国王强大的竞争者。总体而言，结果不是一种对君主政体的强化，而是在君主政体和寡头政体之间的一种波动的平衡；这种具有分裂性的寡头政体，我已经说过，往往给予强大的领主过大的个人独立性。在谈到法兰克人时我已经说过，君主政体发展起来是为了完成更大规模的国家给予它的更大的任务。但是，它并没有发展得足够强大以完全履行这项任务；它必须同下属政府开始拥有的世袭性和半独立性的倾向进行斗争，而每个下属政府在其领地内都是一个小君主。②

因此，如果要对（我们可以说大概延伸到 12 或 13 世纪）这

---

① *Constitutional History*, vol. i. p. 207.
② 斯堪的纳维亚的历史中也可以发现同样的斗争。

个时期的政治组织类型进行最为一般化的论述，那么，它并没有趋向君主政体或寡头政体，而是趋向在两者之间的一种不断变动的平衡。看起来普遍真实的情况是，领主和他的仆从或家臣之间的关系往往胜过了普通公民（或部落与国家的自由成员）和他的同胞的关系，或者普通公民（或部落与国家的自由成员）和国家的关系；而在同时，如同斯塔布斯就英格兰的情况所言，领土关系被人身关系所取代。虽然原始政体的基本格言是，"每一个自由的和拥有完全特权的国家成员有权利分享国家土地，所以个人的政治地位决定着他和土地的关系"，但是，在我们正在探讨的后来的阶段中，这一格言被翻转过来：个人的政治身份依赖于他和土地的关系。一方面，无地的人必须找到一个领主；另一方面，统治权利的一个重要部分——不同层次的司法权，开始不可分割地同土地所有联系在一起；国家法庭往往越来越成为大土地所有者的法庭。

那么，这些趋势清楚地在严格意义上的封建制度之外展现出来，尽管我们在前面看到过，它们在这种体系中得到了最为显著的表现。

在英格兰的特殊情况中，通过更为密切地考察征服之前的半封建状态与诺曼人部分引入的封建制度之间的差别，我就可以进一步说明上述情况。首先，在军事占有制方面，我们看到在诺曼人之前的一种持续通往封建制度的过程，但是，并没达成明确的法律后果。土地不是明确地根据军事服务的条件而被占有，不像征服后国土被分为"骑士领"（knights' fees），每一个骑士拥有其中一份，当受到封建领主召唤时，他应该出现。但是，很多土地实际上是这样拥有的：领主的依附者获得了土地，他们保持为依附者，而小的土地拥有者也成为依附者，以获得首领的保护。他们所有人都应该为自己的大领主提供服务，当受到召唤时作为他的追随者出现，尽管这样一种服务还不是一种严格界定的占有土地的条件。自由民本来的为了保卫自己的国家而战斗的古老公民义务依然保留着；军队接受动员抵抗入侵是以他们的公民义务为基础；但是，它已经很大程度上是由追随其领主的依附者所构成。

我们要看到，在国家军队中服役的这种公民义务被诺曼人国王保留并发展，而且国王们依靠这种重要手段，很大程度上阻止了封建制度在削弱王室权力和国家整合中的政治效果。这样，封臣有义务追随直接领主参加战斗（即便是反对国王的战斗）的原则在英格兰从来没有获得承认。私人战争和贵族城堡的罪恶在法兰西长期存在，在英国历史中仅仅造成了暂时的混乱。同样，私人铸币在斯蒂芬统治下出现，最后被亨利二世所压制。关于司法制度，在诺曼征服很久之前，大乡绅和教会的土地许可权通常伴以司法许可权——"sac and soc"*，它表明了不受普通的百户区法庭的管辖，有时甚至不受郡法院的管辖；所以，在征服之前，"司法权利"是土地占有权不可分离的附属物。但是，古老的国家法庭依然保留着；司法管理并没有完全封建化。这种做法又把一件武器交给诺曼国王们，他们可以用很好的理由求助它，同贵族们进行斗争。

---

* 中世纪法律术语，可能来自丹麦，指贵族身份或领地的完整司法权利。——译者

第十五讲
中世纪神权政体

§1 西部欧洲，主要包括查理曼的帝国、法兰西、西部德意志和北部意大利，这些部分从罗马帝国状态进入封建制度状态，经历了某些步骤。在上两讲中，我简要追踪了这些步骤；我认为，从作为一个核心的加洛林帝国，封建制度扩张开来。通过帝国，它被带入东德意志和丹麦；通过南部法兰西的影响力，它被带入渐渐战胜了摩尔人的基督教西班牙；通过诺曼人的征服，它被带入南部意大利和被（有限地）带入英格兰。尽管在严格意义上，全部西部欧洲并不都是封建制度，我们却可以泛泛地谈及它的封建阶段。我们已经看到，封建制度来自野蛮人国王的企图，他们由于征服而在权力与声望上崛起，通过有着原始日耳曼人的观念和习惯的人力和被征服效应削弱的部落共同体纽带进行文明化的行政管理。我已经说过，作为一种政体形式，其结果可以被描述为，在君主政体和我们所谓的（同希腊城邦中的早期寡头政体相比的）一种分裂性寡头政体之间的一种起起落落的斗争。在封建阶段，我们有了正在塑造中的所谓的现代地理国家。由于政府权力和土地所有制的融合既干扰了明确的边界，也干扰了国内秩序，这种国家往往在整合上是不完善的，在界定上也是不完善的。由于缺少一个足够强大的中央权力以共同体名义镇压和制服任何发起动乱的个人或群体,它在整合上往往是不完善的;由于通过婚姻和继承领土碎片(封建领地)同其他外来碎片以某种方式结合在一起,它在界定上往往是不完善的。

但是,我们已经进一步注意到,由于现代地理国家同古代城市国家相比,在政治进化上更具有复杂性,我们不能仅仅考虑本来意义上的(当封建制度盛行时的)封建制度,和拥有土地的军事阶层与农民的关系。我们也必须注意这种封建组织中的异质因素;尽管当封建制度最强大的时候,它们融入封建制度并且被部分封建化,却依然保持着基本差别。有三项因素。(1)君主。我们已经说过,总要从两个方面对他进行考察:他部分地被作为封建大厦——封建宗主国的压顶石;但是,他也部分地被认为对于他的封建封臣之外的共同体的其他人拥有某些权利与义务关系,这些关系相异于封建制度,它们的发展最终摧毁了封建制度。他既是封建世袭制中的大领主,也是全体人民的国王;尽管当封建制度最强大时这一切的意义并不多,但它总是意味着某种东西。(2)教士阶层。直到宗教改革时,他们都拥有处在一个独立的主权者的领导之下的自己的组织;他们被课税,以换取主权者的支持;他或多或少成功地争取到了作为宗教事务中的最终上诉法庭的权利。一方面,当这个组织扩张到西欧之外的时候,往往将自己同文明秩序团结在一起;另一方面,它最终成为每个个体国家进行组织整合时的障碍。我说到"最终",是因为(例如)在英格兰,我认为诺曼人征服之前,教会的统一有助于从不同居民所构成的一些共同体中形成一个单一国家。(3)城镇。尽管无论是在上层还是在下层，它们都进入封建关系中，拥有封建上级与下级；然而，当它们得到充分发展时，在其特性与组织上基本相异于封建制度。正是在半独立的城镇自治中，大众统治在中世纪欧洲得到了复兴；很久以后，它才在中世纪国家的政府中获得部分的和非常短暂的参与。

那么，如果封建社会组织中的这三种异质的或半异质的势力总是能够充分意识到，它们代表着（某种意义上的确代表着）和封建体系不完善的秩序与整合相对立的文明事业。而且因此，如果它们在反对封建制度中持续地结成联盟，那么在一般认识中，中世纪政体的发展进程会更简单、更容易理解。然而，这不是实情。尤其从希尔德布兰德（Hildebrand）时代以来，君主与教会不断地发生争端；当他们发生争端时，每一方都会为社会中的封建成分提供偶尔的好处，与其结为联盟。而且，尽管君主一般愿意支持城镇的发展，有时候却同他的大封臣合作，镇压它们。

如我所言，最终是君主政体的原则占据统治地位；将现代状态同中世纪状态区别开的更完全的秩序与统一在君主政体的基础上得以形成。中央权威最终强大到足以粉碎封建制度的无序与分离趋势，它是一种君主政体的权威。但是，在这种现象发生之前，一种运动，即以神权政体为基础将欧洲国家体系带往更为统一的秩序的运动已经发生，达到顶峰，然后崩溃。我建议在本讲中简要描述一下这种现象。

§2 研究政治学的现代著者习惯于把一种所谓神权政体（Theocracy）形式包括进他们进行描述和分类的各种政府形式之

中。然而到现在为止，它还没有出现在我的这种研究过程中。因为，虽然在我看来，在某种意义上使用这个术语非常方便，然而，在希腊城邦的历史中，和在我引导你们关注的罗马城邦的那部分历史中，充分发展的神权政体并没有明确地出现在我们面前。因此，它在希腊和罗马思想家的政治理想中找不到位置。宗教在共同体生活中甚至在其政治组织中的地位，的确得到了希腊政治哲学家认可。例如，我说过，亚里士多德将教士列入官员中。但是，它是一种严格从属于国家目的和世俗政府控制的宗教。然而，在追踪中世纪政治制度的发展时，在某个阶段，在意大利的一部分地区，包括伟大的罗马城，和（以一种更为从属的方式）在德意志的帝国中的一些教会国中，我们发现了可以被准确地称作神权政体的东西被建立起来。我们也发现了一种积极的和持续的企图，要让这种神权政府在西欧获得实际上的支配权；这样一种企图，尽管从来没有获得全面的成功，在某些时间与地方却非常令人瞩目。

在考察这种通向神权政体的运动的条件与阶段之前，最好从界定这个术语开始。首先，对于这个术语的使用并不意味着任何神学立场。对于神权政体，我们并不是指一个上帝实施统治的国家，而是指在这样一个国家中，声称对于宣扬神意具有某一特殊权威的人们以此为根据，不仅在宗教崇拜的安排中，而且在世俗事务的管理中，得到了习惯性服从。然而，我并不认为，一个世袭君主被认为通过神授权利进行统治，甚或在不太文明的时代，通过拥有神的世系进行统治，这种情况足以构成神权政体。和神之间的这种特殊关系给予了被相信得到了神的眷顾的统治者以额外的声望,是一种服从统治者的附加动机。但是,这种情况不足以在政府形式中构成一种特有的差别,因为,对于顶戴这种光辉的君主而言,这种情况并不必然在君主职能安排上引起任何变化。然而,如果国王或贵族阶层对于重要的传教与预言功能拥有一种垄断权,并且拥有一种普遍承认的了解某些规则的权利,遵循这些规则就可以避免或平息神的怒火,而且能够对于意见与情感施加影响力,他们可以通过获得这种影响力压制或排斥对于他们的统治的反对,那么情况就有点不同了。在这种情况中,我认为,我们应该说,这样得以强化和变得更加稳定的君主政体或寡头政体获得了一种神权色彩或面貌,尽管它依然是君主政体或寡头政体。①然而,在我看来,最便利的做法是将这个术语严格地用于表示一种社会组织,在这种社会组织中,和上帝具有特别亲密关系、特别熟悉神意的人们,在一个特意致力于宗教使命的职业团体中被组织起来,而且,这个职业团体在大部分情况下不同于普通世俗政府并且与其分离。这样,同这个分离的团体逐渐在世俗事务中获得权力相对应,政府就往往具有一种明显的和支配性的神权政体特性。当这个宗教团体获得最高控制权时,我们就得到了完全的神权政体。

那么,在希腊城邦的历史中,教士的这种影响程度,如果曾经存在的话,肯定是在我们已知的历史时期之前。我说"如果曾经存在的话",是因为,几乎不用怀疑,希腊人曾经比我们首次在荷马史诗中对于他们的了解更加信神。唯一的问题是,这

---

① (例如)这就是罗马的贵族寡头政体在同平民阶级斗争时所处的地位。

种宗教虔诚达到多大程度。但是，在希腊城邦历史中，在已知的历史阶段中，神职人员们似乎在政治领域中从来没有获得过这种独立的和支配性的地位。宗教是政治社会中一种不可分离的因素，但在决定政治变革中不具有可见的普遍重要性。无疑，在特殊情况下它会偶尔被人们使用：比如，庇西特拉图宗族被逐出雅典，部分是通过德尔斐神谕中要求斯巴达人解放雅典人的持续不断的教谕。据说，这是由于某些富有的雅典流亡者慷慨地重建了德尔斐阿波罗神庙。而且，总体而言，宗教在希腊是一种保守力量。的确，哲学家将它作为一种维持良好的政治制度的手段时，给予它一种重要地位；但是，如果我们考虑到在制约革命运动时它实际上的效果非常小，哲学家的这种做法就相当令我们惊讶了。但是，他们总是将它放在哲学家致力于要建构的优良的和明智的世俗政府的严格控制之下。

当我们转向罗马历史时，宗教在早期似乎扮演着一种更为显著的角色。我们听到努马的说法是，在某个时期，起码在罗马历史上的传奇时期，对于国家的统一与发展而言，宗教曾经大有作为。在有史时期，它看起来的确是一种有价值的力量，有利于古老的寡头政体同平民的斗争。不管怎样，它让他们能够推迟他们不能阻止的扩大政治特权的运动。但是，在罗马，它并不更多地比在希腊导致任何寻求这样的权力的宗教等级或秩序的建立。实际上，在希腊-意大利国家观念和中世纪与现代国家观念之间的最重要的区别之一是：在前者中，宗教被认为具有某些职能，然而这些职能在中世纪是与国家分离并被赋予教会的，而现代理论无论如何也不会把这种职能还给国家。因此，思想家的理想自然给予了宗教一种根本重要的责任：通过监督儿童时期的公民教育和纠正公民成年生活中的邪恶与奢侈习惯维护公民们的美德。

当然，教会和国家的分离并不必然导致神权政体。的确，我们可以说，当神权政体完全实现时，涉及教会与国家的融合。虽然如此，如果存在一种独立的职业教士组织，宗教观念与情感具有强烈的影响力，而且存在一种像中世纪早期的社会条件，带着不完善的国家统一和不确定与不稳定的政治秩序，以至于拥有任何战斗力的任何社会势力在使用这种战斗力自我防卫时都被逐出，那么，我们就拥有了一种有利于神权政治企图的条件。

§3 那么，我建议开始追踪这种独立组织的发展。当然，我们所有人都熟悉的是，它起源于希伯来或犹太政体中，这种政体在其重要的历史时期具有彻底的神权性质。在希腊-罗马政体中由市民法所占据的位置，在犹太国家中由神法填充。服从这种法律的常规动机是出于某种信任，这种信任产生于对神的立法者的决断带来的希望与恐惧。立法者立下一项特殊的圣约以保护犹太人民，条件是，他们要给予他应得的服从。发达共同体的法理学揭示，实际获得法律知识的这种源头具有复杂性。基督教继承了一种成文的神的法典理念；这种法典严格地被"真正的以色列人"（现在潜在地包括人类整体，或者至少包括所有国家的上帝选民）承认；基督徒之所以分享了神给予以色列人的承诺，就依赖于对这种法典的真诚接受。尽管古老的希伯来法典中的仪式部分被完全抛弃了，随之而去的还有补充性的以传说与博学评论为基础的全部法理学,然而,神的法律被确信包含在犹太人的圣书中,被有关耶稣教谕的记录和他的使徒的著作所补充。通过对这种法律的认可,教会被构建成了一个有秩序的共同体,在根本上不同于国家。由于早期基督徒从市民生活中的撤离,以避免履行偶像崇拜的礼仪(这种仪式的履行被当作对官方忠诚的正式表达),两者之间的差别被深化与强化。这种深化与强化也来自迫害;当一个对于古代社会框架明显充满敌意的社团的扩张最终引起了帝国政府严重的警惕时,他们就不得不忍受这种迫害。

我们可以说,尽管存在这种分离,基督教社团从一开始就在其内部携带有神权政体的萌芽。但是,长期以来,这个人类团体尽管承认控制所有人类生活的这种神法的权威,构成了一种类政治社团,却生活在罗马法之下的广阔文明社会中,远离世俗组织,不去试图控制它,并且试图根据新的法典修正世俗法律的实施。的确,在早期阶段,基督教共同体采取了一种疏离所有世俗政府的态度。在原始基督徒看来,普通的人类社会是一个暂时屈服于撒旦统治的世界,一场迅速的和突然的毁灭正在迫近它;在这样一个世界中,聚集于教会方舟中的很少一部分人不会参与它或和它共命运。这样,在早期基督教的影响下,爱国主义和公民义务感往往或者扩大成为普世的博爱,或者被集中于宗教共同体中。"我们只承认一个联合体,就是这个世界。"德尔图良(Tertullian)说。"我们知道,"奥利金(Origen)说,"我们拥有由上帝之道所建立的一个祖国。"[1]

---

[1] Compare the author's *History of Ethics*, pp. 111, 112, 119, 120.

当基督教会在君士坦丁的统治下成为罗马帝国的国家宗教组织时，这种态度发生了部分变化，但也仅仅是部分发生了变化。在理论上，基督教神职人员依然远离这个世界及其俗务。在实践中，无论它的主教们有多少世俗兴趣，也不会采取某种努力方式控制世俗事务中的世俗政府。在帝国霸权下，教会有自己的统治者，基本上不和世俗政府发生联系，尽管某些具有道义或人道重要性的管理职能被《查士丁尼法典》授予主教——比如，拜访囚犯阻止非法囚禁、制止赌博、阻止妇女被迫登上舞台。在4世纪自治城市的衰败中，主教开始在城市行政中拥有一种并非不重要的地位。行政管理中教会的使用或许可以被视作通往神权政体的第一个步骤，但也仅仅是通往它的一个步骤而已。无疑，在信仰和道德问题上，教士阶层可以要求任何等级的俗人的服从。一个勇敢和尽责的主教可以责备一个不能履行其宗教与道德义务的皇帝，强制他忏悔，拒绝赦免他。但是，只要罗马帝国在西方或东方继续存在，（无论个体有什么样的野心）作为一个有组织团体的教士阶层就不会企图使用这种影响手段干预皇帝的任命或任期，或者控制他们的日常管理。

§4 这样，我们就在帝国统治下的基督教中，得到了一种独立的组织；在其内部，蕴含着未来神权政体的种子。但是，这颗种子还没有萌发。我认为，这颗种子的萌发主要不是由于教会内部的神权野心的任何发展，而是由于外部环境的影响——紧随西部帝国垮台的是世俗权威的崩溃与混乱。当帝国破碎时，教会团结在了一起。它是（再次使用一种神学比喻）一艘方舟，携带着文明度过了野蛮人入侵后的头5个世纪的混乱。

在这个混乱的时期,西部欧洲社会得以维持团结的源头是西部基督教世界的团结。拥有强大的组织整合能力的教会,意识到它对于野蛮的入侵者有完全的智力优越性。在它的教谕和仪式中的理智影响模式能够有力地感动他们粗野的头脑,在它同混乱的成功斗争中不断获得新的活力。这样,在从罗马帝国的崩溃和外部的日耳曼国家中形成的野蛮人王国中,教会让自己成为一处头等重要的场所,在这些王国中逐渐扩张自己的支配力量。这个事实在英格兰历史中是明显的,更不用说法兰西和德意志的历史,还有在哥特征服与摩尔人征服之间的西班牙的历史。而它在查理曼的帝国中尤其明显,帝国祭司的存在是其最鲜明的特色之一。主要由查理曼本人建立了基督教什一税制度,他的政策可以追踪到一些重要的宗教巨头——大主教选举人(archiepiscopal electors)的出现。在几个世纪中,他们在德意志同在等级上仅次于皇帝的最高世俗君主们相抗衡。的确,我们可以说,如果有人在中世纪文明中用剑征服和战胜了从前野蛮的德意志东部,他就可以用权杖拥有和控制它。

普遍后果是,主教成为重要的行政管理成员,而且在协助世俗统治者管理政府的理事会中也成为重要成员;同时,教会和修道院保持和增加了它们的受赠土地。渐渐地,作为事实在观念上的自然反映,教士阶层开始在世俗事务中提出范围广泛的独立与控制要求。教士阶层独立于世俗司法权,主教与教皇司法权在世俗事务上的扩大,对抗甚至罢黜一个邪恶与残暴国王的权威主张,这些要求早在9世纪就确立了。然而,当时,教会的内部组织还没有达到完全的统一与整合。为了做到这一点，将教士阶层从世俗封建体系中分离是必要的。这种分离遇到了困难，正是因为，尤其在法兰西和德意志，教士阶层在解体与分裂阶段之后的社会建构中扮演了一种主导角色。这样做的自然后果就是一种部分的封建化，以及因此而产生的宗教职位的世俗化。

我已经说过，当社会在查理曼帝国的碎片中借助封建体系重建自身时，人们发现，在世俗封建等级制中，教会的地方权威拥有了非常重要的地位。主教们甚至修道院，就像世俗封建领主一样，获得了一种半独立性，而且在广大地区中行使着一种半政府的权力。这样，可以说他们就将一种零星的部分神权政体引入封建政体中。但是，由于将太多的宗教管理者吸收为世俗管理者，这样引入的一种神权政体往往摧毁自己的原则。在神圣罗马帝国，这种做法在晚期非常明显地表现出来。在这里，随着中央权力变得软弱起来，人们发现，宗教领主在解体过程中形成的公国中拥有了一种非常重要的份额。他们对被统治者的行为，非常类似世俗国王的相应行为；被统治者对他们的思想态度，也非常类似被统治者对世俗国王的相应态度。但是，在中世纪的早期阶段，同样的现象（如果不是以同样的程度）也出现在其他西欧国家中。的确，在法兰克帝国中，源自王国普通司法权的豁免权或免除权——这对政府职能与土地拥有者资格之间的融合起到相当重要的作用——被首先给予教士阶层，然后被给予大的世俗贵族。甚至宗教统治的敌人也难以否认，由于教会在野蛮人入侵后头5个世纪的混乱中提供了一种有力的联合纽带和一种对秩序的有力帮助，从而为文明提供了服务。如果教会想要世俗回报，它就可以从封建体系中公正地获得大份额土地的权利和世俗统治权力；在这种体系中，土地持有和政府权力结合在一起。但是，问题不在于它是否应得到这些世俗回报，而在于它是否在保有这些回报时不失去其与众不同的特性——至少能够拥有一种有效的集权化组织，以及一种对抗世俗化倾向的严格独立的纪律；这些回报不可避免地带给他们这种世俗化。我认为，历史学家将会倾向于根据希尔德布兰德来回答这个问题。如果不存在他所给予的这样一种强大的推动力，那么，巨大财富和极大权力的诱惑，加上父亲情感的影响力和封建体系自身所携带的世袭倾向，所有这些诱惑或许会将教士的尊严变为遍布西部欧洲的世袭财富，而其与众不同的宗教特性必然被抹杀与腐化，其彻底程度将严重超出实际情况——尽管有希尔德布兰德及其继任者的努力。

那么，当教士的独身生活和教皇统治下的有效中央组织成功实现时，几乎不可避免的是，对于他们已经获得如此强大控制的社会，这样构成的权力将会尝试一种彻底的和全面的统治；他们肯定会将精神权威与世俗权威的区分当作一种统治手段的区分，而非一种接受统治的事务的区分。因为，既然作为一个整体的道德是属于精神领域的，那么有什么政治问题不能被说成是一个道德问题呢？的确，教士阶层通过所谓"精神性"所指的手段——逐出教会和教皇禁令、神怒的威胁和神恩的希望——实施统治。但是，只要这些手段是有效的，它们对任何世俗目的的获取也是有效的。如果人们承认，如同教会作家主张的，只有教会才能决定使用它们的限度，那么似乎有可能，这些限度将会拉开得过于广阔，以至于不给真正独立的世俗政府留下空间。由于我们已经谈到过的封建理论与封建实践之间可悲的分裂，①只要能够通过这些手段让世俗统治者恪尽职守，那么，就会存在强烈的需求让他们在教士的监督与告诫下如此做。因此，希尔德布兰德所希望的理想的教皇是成为所有争端的至高无上的仲裁者——在战争与和平问题上拥有最高调停权、裁决诸王国的继位争端、废黜暴君，以及（简而言之）取代国王或皇帝构成封建体系真正的压顶石。十字军东征时期的思想与情感状态，以及封建体系不完善秩序中的实际政治状态，不可抗拒地要求教会去实现这样一个梦想。

§5 这种实现彻底的神权政体的企图的最重要阶段，在英诺森三世担任教皇期间（1198—1216年）达到高潮。而全部企图可以以两场著名的和戏剧性的斗争作为开始与结局。它开始于希尔德布兰德（他在1073年成为教皇格里高利七世）与皇帝亨利四世之间的斗争；结束于14世纪开端教皇卜尼法斯八世与法兰西国王美男子菲力（Philip the Fair of France）之间的斗争。此时，国王在他的整个王国的支持下，公然蔑视教皇的严肃声明——"控制各个民族与王国，将其连根拔起再推倒，将其摧毁和颠覆，将其建立并安置"，在公开场所烧掉他的印玺，抓获他的人马。我将这个时期当作神权政体企图的终结，并不是指教皇权力放弃了它的主张，我也不认为它曾经（甚至现在）正式放弃了任何这样的主张，而是指那时候显然它对于人们头脑的影响已

---

① 这种分裂即前文（边码225）所讲的基督道德观与普通人性之间的差距。——译者

经被大幅度削弱，以至于排除了彻底的神权政体的任何前景，尽管它依然足够强大，可以有效地偶尔干预整个欧洲的世俗事务，可以在意大利的政治冲突中经常拥有主导性地位。

更密切地考察由英诺森三世对欧洲所行使的神权权力的性质与范围是有趣的。它不像我们正在思考的那些时代的那些通常的世俗权力，在它得以扩张的统治区域的中心更为强大，随着它的行使距离更远就会变得更加软弱。相反，距离似乎提高了它的声望。可以明显地看到，教皇对远方的世俗统治者成功地表现出高傲的命令语气；相比而言，即使在英诺森时代，在意大利，教皇政策的特色也是必须谨慎地进行运作与交结。因此，（例如）英诺森命令匈牙利公爵安德里亚斯行军到圣地（Holy Land），以便和平地离开他的兄弟——国王；命令这位兄弟对波斯尼亚领主（Ban of Bosnia）开战，作为对他曾经保护异教徒的惩罚；挑拨丹麦和瑞典国王剥夺挪威国王的王位；迫使一个又一个国王亲自宣布成为圣座（Holy See）的附属。1198 年，根据基督教编年史作者的声称，葡萄牙王国与国王在神圣的彼得（blessed Peter）的保护下，被接受为教廷的附属。1204 年，阿拉贡国王把自己的王国交给教皇英诺森，让它永远成为他及其继任者的属地。1207 年波兰国王和 1213 年（我们都熟知的）英格兰约翰国王接受了同样的地位。

的确，这些对教皇宗主权的接受在上述任一国家中都不是由人民支持的。实际上，如我们在英格兰所知，它们代表着君主政体在同贵族阶层的斗争中依赖教会支持的努力。但是，一个又一个的国王做出这样的行动，这种事实非常惊人。它们向我们表明，根据更古老的中世纪政治理想，教皇致力于获取的地位应该属于皇帝——封建等级制的最高阶层。在英诺森三世之后的一个世纪，但丁试图复兴这种理想，却是徒然。注意到这一点是重要的：如果我们考虑到教皇权威在西部欧洲的世俗事务上确立霸权的长期努力，那么，（我是否可以这样说）在它的这张弓上有两根弦。如斯塔布斯所言："存在一种由格里高利七世及其继任者所声称的一般主张——教皇对世俗主权者具有最高权力；在人世间，教皇是精神权力的最高保有者，就其本性而言，这种权力对于世俗权力具有至上性。"①但是，除了这种主张，我们已经看到，对于建立在特定法律假设和特定行为基础上的特定国家，还存在一种特定的宗主权要求。很容易看到，通过熟练的运作，后一种特殊类型的霸权偶尔会自然而然地从一般霸权中产生出来，并且到头来使自身得以强化。在这个阶段，针对苏格兰和英格兰，像针对爱尔兰一样，这种特殊类型的霸权被确立或被提出。这种霸权针对那不勒斯持续较久，而我们刚刚注意到的在阿拉贡和葡萄牙的情况中，则是暂时的。

§6　今天，支持这些神权政体主张的精确的类法律观点很大程度上已经失去其价值。在大部分情况下，它们只不过是表明了中世纪推理特色的日常悖理、无根据事实和无关事实，尽管这种推理有其敏锐、微妙和执着之处。这种主张依赖虚构的历史、伪造的文献、被荒诞地歪曲的圣经文本、被严肃提出的无关类比。它们包括：9世纪虚假的教皇教令集（False Decretals），包含有伪造的早期教皇的书信，在其中，命令世俗君主

---

① Stubbs, *Constitutional History*, vol. III. ch. xix. p. 300.

给予忠诚；捏造的君士坦丁赠礼（donation of Constantine），首先在791年被提及，但直到11世纪才被明确提出，此文件宣称，皇帝在退回到君士坦丁堡之时，在庄严的宣誓与确认下，不仅将帝国的徽章、礼服、权杖与宫殿，而且将所有的行省与城市、意大利和西方的全部领土，移交给神圣的教皇西尔威斯特（Sylvester）；歪曲的封建效忠誓言，通过此誓言，10世纪恢复了神圣罗马帝国的奥托大帝允诺约翰十二世保护圣座和尊重罗马的自由权；在世俗领域拥有霸权的庞大推理，来自彼得的钥匙赠礼（the gift of the keys to Peter），或者来自"太阳和月亮"分别象征教皇与帝国这样的推理！

在读到这些论点时，我们往往匆忙地得出结论：神权政体的全部力量依赖一个半文明时代轻浮的迷信。但是，这个结论太鲁莽和片面。重要的是要深思真正有影响的观点。我们发现，它们同这些夸大的和荒谬的假设与推论混杂在一起，或者位于其底部。首先，分离的和半独立的教会组织依赖这样的信仰：基督教社会的统一依赖教会的统一。对于后者而言，一种强大的内部整合是必须的；如果不能稳定地保持教士的独立性，就不能维持这种整合；因此，要求教士退出世俗司法管辖和世俗税负。其次，一种真诚信仰——为了权利与正义，需要不断地进行宗教干预——产生了同样结果。因为，中世纪社会的特征是有关神圣与和平秩序的一种高度理想，这种神圣与和平秩序应该在上帝之城（civitas Dei）中维持；皈依的西方世界在理论上塑造了这种理想，然而同时，实际事实表明了强者针对弱者权利的持续的和多样化的暴力、压迫与蚕食。

这样，当用传统基督教信条统一起来的亚里士多德的影响产生出中世纪哲学时，教会相对国家的至上性就得到了用于基督教生活观的亚里士多德思想的支持。亚里士多德说道，反思（θεωρία）作为人类福利的一种要素，相对政治行动具有优越性。这种观点被转而用来支持信仰生活或精神生活相对世俗生活的优越性；因此，其目的是精神福利的组织相对其目标仅仅为世俗福利的组织具有优越性。而且，中世纪思想领会和理解了亚里士多德的古老区别：在为了整体的善根据法律实施统治的国王，和为了其自私利益违背法律的僭主两者之间存在着区别。对于这种无法无天的自私自利，必须有某一疗方；而通过教士训诫进行的干预是一种明显可以获得的疗方。但是，如果可以这样，使用这种疗方的职能必须置于基督的代理人之手，只有他在国王与君主之上。因此，要求罢黜违背圣彼得继任者教令的君主的主张出现了。这种主张自然进一步导致了这种假设：能够实施罢黜的权威也能够拒绝君主登基；这一权威可以否认献祭，普通基督徒的意识认为它对于正当的君主制度是必需的。这一点一旦被接受，一种霸权就被承认了，封建效忠很难做得更为彻底。

不要认为宗教等级制的目标是承担世俗政府的职能。带着中世纪（尤其学术）头脑所特有的微妙区别，它们的倡导者通常小心地指出，尽管教会拥有"两把剑"——世俗的和精神的，但它并不操弄世俗之剑；它把世俗之剑的实际使用留给其他人，但是它声明，世俗之剑必须在教会的控制与同意下使用。

我已经说过，在13世纪末之后，这种主张不再成为世俗政府独立的一种重要障碍。但是，依然存在由一个外国君主控制的教士组织；直到宗教改革，他从来没有放弃（这种或那种形式的）征税权和税收惯例，或者聆听宗教法庭上诉案并且根据宗教法的规定给予豁免的权利；这对于国家的统一与整合而言，依然是一种强度不断变化的障碍。然而，在14世纪，教皇权威被所谓的1308—1376年阿维尼翁的"巴比伦之囚"(Babylonian captivity)削弱，它使得教皇权威大幅度地受到法国的影响；然后是1378—1417年的大分裂(Great Schism)，以及通过让教皇有效地隶属于大公会议(general councils)而在教会内部削弱其君主专制主义的努力。在15世纪，当他的声望因这种努力的失败而恢复时，文艺复兴却如火如荼，削弱了教皇职位影响力所依赖的宗教信仰；教皇君主政体遂将自己的努力集中于巩固它在意大利的领土地位。

第十六讲
中世纪城市——一般类型

§1 我现在转向中世纪政体的三个势力中的一个,由城市所代表的贸易与工业势力。甚至在封建时期,它的发展也难见容于主导的封建制度。

一般而言,可以从两个方面思考中世纪城市。一方面,它是我们称作国家的更大整体的一部分,它的发展对于国家的命运有着重要的影响。在随后的课程中,我将会回到这个方面。另一方面,封建体系所获得的非常不完善的秩序与整合让中世纪城市保持了一种相当程度的独立性;当然,这种独立性具有多样性,其多样性和其作为一部分的更大整体的整合程度相反。正是从这个视角出发,我希望在本讲和下面四讲中追踪其演化。我将首先处理一般类型的中世纪城市。

在上一讲中,我已经强调过西欧国家政治发展的普遍相似性。我的意思并不是说,它们在同样的时间都拥有同样的政府类型;而是说,如果把它们作为一个群体来思考的话,那么我们会发现,就像我们发现的希腊城邦的情况一样,在它们正常相继发展的每一个阶段中,对于它们来说,都存在拥有某种社会结构类型和政府类型的一种主导倾向。这样,就像我在第十四讲中的解释一样,尽管严格而言,封建制度仅仅在西部欧洲一部分地区确立起来，但是，它依然属于很大的地区，而且我们在严格的封建制度之外发现了所谓的类封建状态。那么，关于通往神权政体的运动，尽管我们不能说这场运动同样影响了所有西部欧洲国家（比如，教皇和意大利的关系一直是相当特殊的），但是，它的影响在西部欧洲明显得到了扩散；在教皇声称拥有宗主权的国家清单上，我们可以看到这种情况。那么，我在后面也可以证明，从 13 或 14 世纪到 16 或 17 世纪，中世纪晚期的大部分西欧国家经历了一个某种类型的代议制会议——等级会议（Meetings of Estates）、国会（Diets）或议会（Parliament）——获得了一定份额的国家事务控制权，尽管对这一份额的拥有常常仅是短暂的。17 和 18 世纪绝对君主政体的主导地位也可以说是同样情况；无疑，它是一种广为流行的事实，尽管英格兰作为一个重要例外不是唯一例外。

关于中世纪的城市共同体，也可以做出相似的论断；我现在转向对它的关注。在这里，更需要对这种论断加以强调，因为，由于城市在不同国家所获得的独立、权力和繁荣程度存在着巨大而显著的差别，对于普通历史读者而言，这种类型的普遍一致性会被遮蔽。但是，尽管存在上述情况，我们也可以在不同欧洲国家得以发展的这种类型中找到一种显著的相似性。在英格兰、法兰西和德意志，在挪威和意大利，无论哪个中世纪城市，就它们在政治生活中的充分表现而言，只要它们变得充分重要起来，只要它们获得了充分的独立性，它们就通常表现出一种不像任何现代事物的工业组织，它们所表现出的这种工业组织也同古代城邦生活中所表现出的现象形成鲜明的差别。

这种差别来自某些原因的结合。它可以部分地追踪到古代欧洲文明和现代欧洲文明之间的一种最基本的差别——前者以奴隶制为基础；因此，手工劳动即使由自由民来从事，（甚至对哲学家而言）看起来也是一种天然低下的职业。与之相对，在中世纪城镇中，手工劳动从我们明确了解它的最早时候开始，就是自由的；而后来，在整个西欧，本来意义上的手工业在欧洲历史上第一次崛起并获得尊严与权力。

但是，如果将中世纪城市的宪制与生活同古代城市的宪制与生活比较的话，那么它们之间存在全面的差别。我在前面谈过，这种差别部分可以追踪到欧洲地理国家这种政治现象的更大复杂性；如同斯宾塞所言，可以部分追踪到同希腊城邦相比其组成部分的更大分化。我们已经看到，古代城邦仅仅是由一个小型农业共同体的集中化而形成的；所以，大土地所有者，即古老家族的成员和富人，成为城镇的主导性居民。而中世纪城镇在这样一个共同体中成长起来：共同体的统治阶级一般而言都处在城镇之外。主要的封建土地拥有者保留着其日耳曼习惯，顽固地保持着农村生活。他们大部分生活在工业城镇之外，有时和它比邻而居，有时生活在农村。在这样的地方，随着成熟的封建制度的不完善秩序的成长，他们在大陆各处都在建造攻守的城堡。①城镇最初主要被留给社会中相对卑微的人口，他们必须依靠工业和贸易而生存。一般而言，城镇在其重要性和独立性上越是增长，它自身在政治结构与生活上就越是同农村

---

① 城堡(castle)不同于下文中的城镇或城市(town, city)，城堡是封建领主的统治中心，城镇是新兴阶级的发源地。——译者

相分化。城镇居民,甚至管理城镇事务的主导居民,开始被认为在其生活方式和主要利益上基本不同于整个共同体的主导成员;这些主导成员在周边的农村地区实施统治,而且依然在作为一个整体的国家的政府中占据支配地位。单词"citizen"[公民或市民]开始在新的含义上被使用,不是像希腊语πολίτης和拉丁语 civis 那样指一个拥有政治特权和分享对国家政府的某种控制的国家成员——随着国家走向民主政体,这种特权与控制会增长——而是指一个城市的一位居民,一个"布尔乔亚"(bourgeois),明显不同于农村居民,具有特殊的城市利益与城市生活方式;这甚至也使得作为一个阶级的主导市民明显不同于乡村贵族;在许多情况中,他们长期处在敌对关系中。

由于城市及其统治阶级同邻近乡村的政府及其统治阶级所保持的不同关系,中世纪不同城市群的政治发展有很大的差别。虽然如此,上述论述一般而言是真实的。在这些差别中,最明显的差别最终可以追踪到神圣罗马帝国的制度及它在这个散漫的国度里削弱中央政府时的效果。在这个国度里,皇帝在理论上是主权者。

我们在前面的讲座中考虑过这个问题。① 但是,我现在特别需要关注的要点是,当现代德意志和北部意大利持续经历君主政体起支配作用的时期时,它们并不仅仅是由半独立的公国与侯国构成的。帝国的软弱既是诸王公的机会,也是城镇的机会。在德意志,这使得大批城镇,部分通过赎买,部分通过篡夺,部分通过暴力(尽管存在和它们直接的宗教和世俗领主的对抗,

---

① 第十三讲,第 196—198 页。

有一段时期还存在和皇帝的对抗），让自己获得了帝国城市的地位，被默认为和公侯国一样具有独立的和半主权的地位，即只拥有对皇帝和帝国国会的忠诚。从13世纪末开始，它们在帝国国会中拥有公认的位置。只要帝国持续下去，它们就能够在名义上维持这种地位。必须承认，在现代历史中，它们没有非常明显的重要性。它们保持着沉默，历史学家一般注意不到它们。但在中世纪晚期，情况就不同了。最初，它们单打独斗，反对周边的封建领主；后来，它们结成同盟和邦联（confederacies）。当由北部德意志的大商业城市组成的汉萨同盟（Hanseatic league）为了自己的目的在平等基础上同斯堪的纳维亚诸王国开战时，即使最平庸的历史学家也必须关注它们。

　　在北部意大利，总体而言，皇帝的君主式权力依然比在德意志更为暗淡。他拥有公认的顶戴"伦巴第铁王冠"（the Lombard crown）*的权利，不断地试图在意大利维持有效的主权，但是，从来没有获得过长久的成功。因此，城市在意大利比在德意志获得了更辉煌的尽管也更短暂的自治，甚至暂时获得过一种实际上的完全独立性。的确，在北部意大利相当大的地方，就像在自由希腊的古老时代中一样，城市征服了农村，土地被分割给拥有周边领土的城邦。甚至在12世纪中叶之前，（我们将会看到）伦巴第诸城市已经得到了充分的发展，而且获得了充分的独立性，从而致力于相互间的暴力战争。后来，佛罗伦萨和锡耶纳，威尼斯和热那亚，它们对历史读者的魅力就像雅典、斯

---

　　* "伦巴第铁王冠"为意大利国王的王冠。"意大利王国"只是一种拟制，为神圣罗马帝国的基础之一。——译者

巴达和底比斯一样多。大批其他实际上长期独立的城市被迫将自己的关注转向它们之间的关系。的确，意大利这种中世纪独立的城市生活的丰富发展很少保持到17世纪；但是依然存在一些碎片——卢卡、热那亚和迷人的威尼斯，它们是在中世纪和现代保持寡头政体稳定性的奇迹。

那么，很容易就可以理解，城市获得的独立性越大，它和古代希腊完全独立的城邦之间的可比性就越强。因此，从进行这种比较的角度出发，在接下来的四讲中，我将把注意力集中在德意志与意大利中世纪城市共同体政治发展中的政治结构与阶段。我尤其要指出，同其他西欧国家中的中世纪城市相比，意大利的这些城市的支配地位如何将重要的差别带入城市的政治体制、社会生活和最终命运中。然而，目前，我希望详细论述一下相似之处而非差别之处，即中世纪类型的城市的共同特点。为了展示这些相似之处，我现在转向由中央政府行使严密控制的国家，不同于德意志和意大利的另一极——英格兰。

§2 人们对帝国城市史怀有丰富的罗曼蒂克般的兴趣。然而，然而遗憾的是，在中世纪期间英格兰的城市史方面却缺乏这样的关注。在德意志，我们发现了同坚固城堡的拥有者之间的"难以妥协的战争"；城市反对城市的暴力运动在意大利历史中是如此常见。所有这些都可以被强大的中央政府排除掉；总体而言，这种中央政府在英格兰是在诺曼征服以后得以维持的，仅仅在国内动荡的相对短的时间内遭到过破坏。这种强大的中央政府让城镇的发展保持在狭隘的范围内。它们独立发起战争的权利主张得到了有效的阻止，尽管不时地，它们的不满会引起一定程度的短暂动乱。的确,在斯蒂芬统治20年间的无政府状态结束时,"未拥有许可权的城堡"被摧毁;之后,甚至在封建贵族中间,私人战争也受到了制止。我们会看到,英格兰自治市(boroughs)的发展在国家的政治发展中是重要的;但是,无论经历了何种变化,英格兰城镇的城市政府从来没有要求或者行使属于主权政府的更为重要的职能。它的发展从来不能和一个独立国家的发展相比;它总是被看作一个更大的政治整体的一部分的发展。

然而,尽管存在这种基本差别,在英格兰、德意志和意大利中世纪城镇的结构中,我们依然可以追踪到一种共同类型。这一类型的结构越是得到充分的发展,它的特点就越是明显;也就是说,英格兰城镇虽然保持在全国政府的完全控制之下,但当它自身从地方行政体系中解放出来,并且获得了充足的自治权力时,就会出现这种情况。城镇的两个阶级基本上都是工业共同体,城市政府被置于其中的统治成员之手,这些统治成员忙于贸易与工业,而且通过他们的工业活动与联系发挥影响。不但如此,进一步而言,它们的工业结构(整体的构成成分和这些成分之间的关系)和经济结构影响它们的政府形式的方式,和它们的政府在托付给自己的商业与工业事务上行使权力的方式,这一切都具有惊人的相似性。在意大利最著名和最强大的共和国——威尼斯除外——佛罗伦萨中,正如在一个和平的英格兰市镇,本来意义上的市民(citizen)、典型的市民,是一个忙于贸易与工业的人。当城市得到充分发展时,市民团体是根据这样的原则构成的:公民资格的权利和从事一种独立的贸易与工业职业的权利是紧密相关的。在这两个案例的任一个中，这样构成的市民团体通过市场管制和城市内部协商，致力于确保它能够得到相较于其竞争城镇的所有优势。它认为，所有主要的或重要的职业都应该有自己的组织，有自己的官员，这些官员被期望对它的成员施行一种彻底的工业监督体系。在许多情况中，开始被接受的一种理念是，每一个这样的工业群体都应该在城市的统治团体中拥有自己的代表。①

我要特别指出这后一种特色。由于这种特色，中世纪市民团体成为了一种各工业群体——crafts、mysteries、arts［行会］的联盟。现在，我们在伦敦的服装公司、制衣公司等公司中还能看到它们的残留。每个群体都拥有某些独立的自治权力，这些自治权力的主要公共或公开目标——而且我们相信，这也是最初其主要的实际目标之一——是对每一种贸易与工艺进行监督，以便维持商品质量和公认的良好工作标准。为了经济与政治目的而结合起来的市民团体的这种结构，只有在经历某种过程后才能够达成，这种过程涉及一定量的斗争与冲突。尽管斗争与冲突的强度非常不一样（在英格兰它相对较小），然而，如果我们将这种斗争与冲突在西欧不同国家中加以比较的话，在这个过程的各阶段中依然存在很大的相似性。

首先，在英格兰，正如在大陆一样，城镇只是逐渐让自己从临近农村的社会与政治体系中摆脱出来。因此，公民（市民）资格最初限于那些在城镇边界内拥有土地的居民；只有这种"土地承租人"（burgage tenants）才拥有城镇大会成员的完全资格。

---

① Aahley's *English Economic History*, vol. ii. p. 7.

接着,在城镇的工业面貌变得非常明显之后,在英格兰和在大陆一样,明显不同于技工势力的商人势力走在了前面,在一段时间内实际上垄断了城市政府。13世纪,至少在某些英格兰城镇,手工业者被正式排除在城镇的"自由人"阶层之外。如果一个手工业者想要成为一个自由人,他必须首先发誓放弃他的手艺,并且从家里丢掉工具。甚至为了自治目的而自我组织行会的要求有时也受到抵制;在约翰统治下的伦敦,市民提出,如果纺织工同业公会被废除,每年可以向国库支付金钱。然而,最终,盘面被翻过来了。部分独立的行会组织不仅被容忍,促进和扩展这些组织还成为中央政府政策的组成部分。在爱德华三世的统治结束之前,手工业者非但拥有了市民资格,而且在伦敦,市民资格开始同某一公司(company)的成员资格联系起来。每个"行会"或"公司"有常规会议,并且选举官员;这些官员为公共目的征收一定数量的税,并行使某些司法与搜查权利。

行会成员逐渐获得和商人平等的特权,可以被称作中世纪城市共同体中的"民主运动",某种程度上对应于希腊-罗马城邦的民主运动。在两种情况中,从现代视角来看的话,民主都是明显不彻底的。但是,两种运动之间的差别非常鲜明。在希腊城邦中,在通往民主政体的整个斗争中,无论寡头还是民众,很大程度上保留着农业性质;尽管自由的手工业者(在民主取胜的地方)最终成为完全的公民,然而,手工劳动依然很大程度上保持着低下地位。而在中世纪城镇中,我们已经看到,寡头(如果我可以使用这个术语的话)基本上是商人,民主基本上是手工业者的民主。我们进而注意到,在古老的城邦中,就像在后来的到目前为止在现代地理国家中的民主运动中一样,斗争是为了个人特权的扩大;而中世纪城镇中的行会是组织起来的团体,为了共同的特权而斗争。作为这种现象的部分后果,我们必须看到,当行会获得了自己的特权地位时,在行会内部形成了一种新型寡头政体的倾向。这是中世纪城镇发展的最后阶段,无论是在英格兰,还是在德意志和意大利都有体现,尽管在后者中程度较轻。一种分离发生在雇主-技工和一个不断增加的雇工阶层之间,而行会的特权主要限于前者;障碍出现在雇工成为雇主的道路上,比如高昂的入会费以及为行会成员提供昂贵早餐和晚餐的义务。进而言之,甚至在雇主-技工中间,一种寡头统治体系也发展起来或者得到强化。正是行会政治上的成功倾向于摧毁它们的民主面貌,因为,某种规则被确立起来:一个有组织行会的成员资格是拥有市民权利的必要条件。这时,在财富和社会地位上比普通手工业者优越的人们就会变成"行会"或者"公司"的成员,自然在他们身上确立一种主导地位。因此,我们发现,在许多情况中,公司的统治和由公司构成的市民团体的统治在其最后阶段具有高度的寡头性。

我已经努力对这种发展过程(如果允许它得到充分发展的话)给予一种类型化的描述。必须理解,细节上的变异与例外是众多的;尤其必须理解,就城市政府同农村政府的分离、城市与封建贵族的关系,以及商人与手工业者之间变化着的关系而言,在主要的大陆城市中通常存在一种强烈的和长期的冲突,在英格兰则没有这种情况。尤其在意大利,我们将会看到,市民与贵族之间的关系是一种长期混乱的源头。

§3　城市获得或多或少独立性的时间和它们获得的独立性的程度在西欧的不同地区非常不同。在西班牙，较早的独立性似乎是城市在反对穆斯林的斗争中所采取的角色的自然伴生物；这时，西班牙在慢慢地从穆斯林这里扳回胜利。这样，11世纪的西班牙给予城市的特许状是，它们可以选举自己的官员、法官和军事指挥官，并只为它们的土地支付固定的不多的租金。①在12世纪开端的意大利，我们将会看到，大部分伦巴第城镇和许多托斯卡纳城镇获得了相似的特权。

　　转向法兰西，我们发现了一些半独立的和不同程度上独立的城镇，这种状况是由封建时期国家的不同部分的不同状况所造成的。对于这些差别，值得细思片刻，因为它们说明了中世纪政治现象的丰富多样性。在中心区域，国王权力实际有效的地方，尽管王室政策是为了财富与人口的增加推动城镇的发展，它却仅仅扩大居民的市民权利，而不给予他们任何主权权力。城里人从"佃农"（villeins）变成"国王的布尔乔亚"；这样获得的自由与安全的发展是非常可贵的。洛里斯特是这种城镇的典范，"洛里斯特许状"（charter of Lorris）在12世纪期间得到了广泛的要求与实现。但是，依然是王室官员指挥这种城镇的军队，征收它们的税务，管理它们的司法。然而，古老专断的司法行政、强制的税收与劳役已经被废除；所有的款项与服役都有明确的固定数量。在12世纪处在英格兰统治下的法兰西西部，可以说有许多同样的现象，尽管由亨利二世和理查德所承认的特许状

---

① 同意大利相比，注意到下面这一点是有趣的：在西班牙，许多早期的特许状明确规定，在共同体内部，贵族不能够获得不动产的所有权，或者建立堡垒。

在政治特权上稍微多点自由主义色彩。同时，在法兰西东北部和东南部，某些城市获得了一种实际上同大封建贵族平等的政治独立性。虽然依然处在公爵、伯爵或主教的宗主权之下，它们却获得了对城市司法行政的完全控制，根据自己的利益缔造和平、发起战争和签订条约，选举自己的官员，并且根据自己的法律实施自我统治。但是，这些半主权城市的社会结构和自治类型在北部和南部分别不同。在南部，尤其以前的山外罗马行省，由于野蛮人征服的大潮仅仅部分清除了古老的高卢-罗马社会组织，城市包含某种古老的贵族阶层势力，所以工业势力的主导性不太彻底。在这里，政治制度更像当我们来到意大利城镇时在意大利将会看到的：我们会发现"领事"（consuls）及其特殊或一般理事会（councils）、议会或全体人民大会，在某些情况中，甚至会发现外国人最高长官（foreign Podesta）。与之相对，正是在北部，在亚眠、博韦、苏瓦松，我们拥有了最与众不同的中世纪城镇类型。在这里，商人和手工业者由于工业和贸易而变得富有和强大起来，他们的自由社团团结在一起，"发誓保卫公社"，并且从他们附近的封建上级那里购买或者用暴力夺取大量的独立地位。例如，针对它们自己市民的完整的初级司法权——甚至死刑司法权，以及缔造和平与发起战争的权利。随着法兰西王国走向整合，半主权城市的独立性到处都在缩减，最终成为明日黄花。虽然如此，如我们在后面所见，城市的发展对于全国政府的发展具有一种重要的影响。

第十七讲
中世纪城市——德意志

§1 在关于中世纪城市共同体的这几讲中，我急于马上搞清楚的是，在我们比较不同欧洲国家的中世纪城市时所发现的最重要的相似之处，以及产生于不同国家的不同条件的同样重要的差异之处。然而，我更关注的是相似之处，因为它们易于被普通历史学家所忽视。例如，在弗里曼的优秀论著《古代希腊和中世纪意大利》(*Ancient Greece and Mediæval Italy*)中，他在古代希腊完全独立的城邦的发展同中世纪意大利几乎实际独立的城市共同体之间，指出了许多有趣的相似之处与差别。但是，在 51 页的篇幅里仅仅有几行容易被忽视的文字，它暗示了著名的佛罗伦萨同欧洲其他地方的其他不太有名的城市所共同拥有的特色：严格意义上的市民团体是由商业或工业势力构成的，在联合起来的行业(trades)和行会中被组织起来。

为了把异同之处清晰而简洁地带给你们，我已经把关注转向英格兰；在这里，我们看到了在中央政府有效控制之下发展的中世纪城市。但是，我已经说过，我也希望考察一下德意志，因为在德意志，我们看到了中世纪城市的纯粹类型，以及这种纯粹类型所能达到的最高的独立程度。我也希望看一下北部意大利，在这里，我们看到了拥有最高独立性与支配性的中世纪城市；但也正是它的支配性损害了该类型的纯粹性。因为，封建贵族被迫或被说服在城镇中定居下来，他们在一个工业主导的政体中是一种或多或少的异质成分；而且，我们将会看到，严重的后果产生于同这种异质成分的混合。

因此，当前这一讲的主题是德意志城市共同体，即处在神圣罗马帝国统治下位于阿尔卑斯山以北地区的城市共同体的政治发展。在这里，很容易就可以注意到西欧两个部分之间的一种差别，这种差别在追踪西欧在中世纪的社会与政治发展时是重要的。这两部分之间的差别在于：一个部分已经被文明化，其中的文明（基督教化的古老的罗马文明）由于野蛮人的入侵与征服，已经消沉与削弱，但没有被摧毁；另一部分已经被野蛮化，新文明由日耳曼、罗马与基督教势力混合而成，在中世纪的早期得到了扩张。泛泛而言，莱茵河和多瑙河是古老的罗马帝国在这边的边界，尽管现代语言的范围表明，罗马文明仅仅以一种弱化的形式蔓延到这个边界。无论如何，这些边界之外的德意志必须在中世纪早期的条件下完全文明化。在这个携带文明向东发展的过程中，教会和城市都扮演了重要的角色。长期以来，这两种成分——宗教的和工业的——的文明化行动是携手并进的。的确，在我们概述城市发展时，必须从关注教会所发挥的重要影响开始，这种影响发生在城镇发展的第一个阶段的德意志与意大利。这种影响部分来自教会和帝国的结盟，这是查理曼强大统治的基础。教会是他的政策的一种重大工具，这一点在他征服萨克森并使之改信一事上非常明显，文明正是从八个主教辖区和修道院那里得以扩张。同样的联盟，在复兴于德意志和意大利的奥托大帝的帝国中得以维持。不过,在意大利,教会是残存的古老文明的保护人;而在德意志,它是新的文明的源头。

因此,部分是由于法兰克君主们的政策,部分是由于信仰对他们及其他富有的土地拥有者的头脑的影响,通过王室许可,通过赠予和遗嘱,有时是通过在动荡时代寻求教会保护的小土地拥有者的出让,大片的土地开始被主教和修道院院长所拥有。这样,他们进入封建体系中,成为世俗大封臣的合伙人。他们的军事佃户有义务服从国王提出的兵役征召,就像作为世俗领主的封臣一样。但是,尽管教会这样被半封建化,它却没有褪掉其与众不同的色彩。教会的宗教影响使得其可以提供有特殊效力的保护,通过这种保护,教会在促进城市发展中起到了前驱作用。这是它在莱茵河和阿尔卑斯山以外一般的文明化工作的一部分。

在这里,我注意到,在某个重要方面,德意志的城镇类型而非意大利的中世纪城镇类型让我们想起古老的希腊城镇,也就是说,就它的发展方式而言,属于一种殖民化的类型。它通过土地扩张城市文明,深入匈牙利和波兰,深入斯堪的纳维亚和俄罗斯,就像希腊城镇通过海洋扩张城市文明一样。的确,我们现在所谓的德国的东部地区,很大程度上是在其中植入具有城市宪制的德意志共同体而被日耳曼文明所赢得的,这里本来处在主要由文德人(Wendish)和斯拉夫人血统构成的农业人口中。

同意大利和西班牙相比,德意志城市的显著发展来得并不早，却非常持久；它们的外部重要性直到14世纪一直在上升，而且势头不减地维持了两个多世纪。尽管如我所言，教会在促进它们的发展中起到了前驱作用，但是，它们最终得到了13世纪和14世纪这块土地上的王公和其他领主的慷慨鼓励，很大程度上基于简单的经济理由：它们付给领土上的领主的租金与税款被认为是一种可贵的收入来源。让一座繁荣的城镇坐落在一块大地产上，开始被共同认为是对这块地产的一流改良。然而，在追踪这些城镇共同体的常规政治发展时，我们必须记住，它们是在不同阶段开始与结束的。建立较晚的城镇常常不能经历更古老的城市所经历过的斗争和早期解放阶段；它们中的许多城镇没有经过艰苦奋斗以获得帝国自由城市的地位；它们在经历一场斗争后不得不默认向主教和世俗王公屈服。在12世纪的后期和13世纪的开端，我们看到更古老的城市在奋力追求和意大利城市已经获得的独立性相等的独立性；尤其是主教管辖城市（episcopal cities）同它们的主教进行斗争，争取自行征税、铸币、收取通行费、管理司法的完全权利，宗教目标与工业目标之间的和谐现在已经成为过去。城市暂时因皇帝弗里德里希二世的反对而受到了限制（13世纪上半叶）。但是，它们继续奋斗。最终，大批城镇通过武力或者赎买成为帝国城市，除了皇帝和国会，不服从任何人；在独立性上仅仅稍逊于意大利城市，因为，尽管神圣罗马帝国皇帝太软弱而不能完成统一德意志的任务，但它在阿尔卑斯山的北部同它在南部相比，是一种更现实的存在。

§2 让我们更仔细地考察这个过程的各个阶段。如我所言，古老的主教管辖城镇在其中起到了领先作用。在这里，尽管教会很早就对它的地产上的依附者获得了独立的司法权，但在最初，它对于生活在城镇中的自由土地所有者，或君主与其他世俗领主的佃农没有实施政治控制。实际上，城镇在一开始没有任何政治整合。但随着城镇的发展，以及它们的居民开始在其利益与生活方式中具备特殊的城市属性，镇民们觉得自己需要特殊的权利与特权，以及对法律和司法的特别管理。这种需要与重要的神职人员扩张自己权力的愿望结合在一起，导致了在主教领导之下的城镇的政治整合。在这个第一阶段，城镇与众不同的工业特色已经很明显了。在 10 世纪和 11 世纪的德意志，尤其在匈牙利人的掠夺性入侵最终在 955 年被奥托大帝的得胜军队所遏制之后，贸易与商业进展显著。在德意志的所有地方，被外来人光顾的大市场被建立起来，并且得以繁荣；德意志商人将自己的事业扩张到英格兰、西班牙和远东。而且，我们注意到，对于信仰与贸易的和平追求自然会结合在一起；定期造访各大教堂，以及朝圣活动，自然会让宗教城镇成为形成市场的地方。因此，当为了促进商业，君主同意给予这些城镇一项特有的特权和一项特有的"国王保护令"（king's peace），使市场和造访它们的这些人受到免于骚扰的保护时，正是在主教所在的城市中，上述现象大规模地且非唯一地出现了。

这时，主要城市的行政在主教的统治下得以统一起来。最初，这种做法导致的一种倾向是，将原本自由的城镇居民压制到原本作为主教的依附者的镇民的社会地位上。这导致了主教和城镇两者目标之间的冲突。在 11 世纪晚期，教会和帝国发生第一次重大争议时，这种冲突就表现了出来。这时，一个又一个的城镇站在亨利四世一方，反对反叛他的主教。但是，随着城镇繁荣与财富的增长，它们获得了很大程度的自治。我们被告知，在11世纪后半叶科隆依然处在大主教统治之下时，有"600名最富有的商人"。在更老的城市中，以市民名义行使这种自治统治的机关通常是按等级构成的。它的核心是一个法官团体——市政官（scabini）、陪审员（schöffen），其司法职能来自加洛林王朝时代，由来已久。但是，他们通常通过同其他主导公民的合作，渐渐地获得了行政甚至附属的立法职能；直到最终，一个统治性的市镇理事会在一个或者更多"市长"（Burgomaster）的主持下被建构起来。随着在他们治理下的市镇通过购买或斗争，根据被公认为法律的惯例或明确的契约，逐渐获得以前被主教的官员或王公的官员所行使的权力，他们的行政职能的重要性得到了提升。

这种政府最初而且在很长时间内是一种"自然的寡头政体"，也就是说，行使统治的人即使是被选举出来的，也排他性地属于更富裕的市民。我认为，通常市理事（councillors）任职一年，即将离任的理事决定其继任者；所以，政府实际上由一群所谓的"元老家族"所掌握。我们必须看到，尤其在更老的城镇中，这样通过斗争获得独立的社会一开始并不具有它最终才获得的主导性的工业面貌。它最初包含有自由的非军事市民（non-military burgesses），还有骑士（knights/milites）；在这种情况下，这些骑士在城市政府中拥有一种特别的代表权。无疑，最终，封建势力变得如此软弱，以至于它或者退出城镇，或者被商业势力所同化。虽然如此，在一段时间内，这样产生的拥有完全资格的市民通常拥有一定价值的城镇土地，这是完全市民资格的必要条件。甚至，在后来发展的城镇中，就像在吕贝克和汉堡，一开始根本没有封建势力，自身似乎依然形成了一种相似的商人-土地所有者的寡头政体。无论如何，城镇政府很快就开始被镇民中支配性的商人少数控制。如我所言，政府机关是一个任期一年的被任命的寡头理事会。这种理事会常常采取复杂形式。在早期，这些复杂形式来自垄断政权的家族和商业阶层其他成员之间的冲突，在某些情况中部分是因为某些政府职能被商人的一种自愿性社团所承担。后来，这些复杂形式来自同手工业者的斗争。但是，要注意到，在德意志城镇的全部历史中，其政府大体保持着理事会形式(conciliar)——主要的行政机关是一个理事会或者理事会体系。其宪制并不像古老的希腊城邦，走向公民全体会议的行政设计；也不像古代希腊城邦和中世纪意大利的城镇，落入一个僭主的控制之下。

要看到，自由市民的全民团体并没有被认为完全排除在政府参与之外，尽管它的参与程度在不同地方有很大的变化。当新的法规被提出的时候，当条约被签署或军事行动被决定的时候，当重要的新征税被实施或债务被签署的时候，等等，自由市民常常被召集起来。但是，它的集会处在理事会的控制下，而且随着时间的流逝，集会变得越来越少。有时(尽管不是通常)市民的全民团体可以选举理事。

一般而言，我们可以说，在自治城镇发展的第一个阶段，在重要程度的自治被获得后，出现了一种政府变得更加具有寡头性质的倾向,就像我们在希腊城邦中看到的来自土地财产的不平等的倾向。只是在中世纪城镇中,寡头政体基本上是商人的寡头政体;它在充分发展不久就发现了自己面对着手工业者民众,他们在上一讲所描绘过的中世纪特有的社团中被组织了起来。它们在德意志有各种各样的名称,比如,在科隆叫作"兄弟会"(Fraternities),在威斯特伐利亚城镇中叫作"同业公会"(Gilds),在其他地方叫作"协会"(Unions, Innungen),等等。为了方便与简洁,我将把它们称作行会(crafts)。它们和现代工会的相似之处是明显的;但不同之处和相似之处一样明显。中世纪行会不是受雇佣劳动者的社团,而是为自己而工作的熟练工人的社团,他们雇佣学徒,有时雇佣熟手,但这些人本身不被社团所接纳。

§3 在此探讨中世纪城市的这种特有的经济结构的起源,看起来是合适的。这种经济结构就是它的工业势力的组织,是由不同的行会(gilds、crafts、arti、mestieri)构成的;这些联合起来的团体拥有某些管制工业和控制其成员的权力。在这里,我不敢苟同一位著者——阿什利教授的结论,虽然我因他受益甚多。他看起来反对这样的理论:"在一个特定城镇中的一个特定工业中劳动的所有手工业者,为了某些共同目的"而形成的"行会-同业公会"(craft-gilds)或"社团"(associations)起源于罗马;[①]因为,一个独立的手工业者阶层的发展意味着工业发展的一个相对较晚的阶段,在英格兰到了12世纪才达到这个阶段。他说:"无疑,罗马帝国晚期的手工业者有一种有点类似于后来的

[①] Ashley, *English Economic History*, Book1. ch. ii. §8.

同业公会的组织。此外，有可能，在高卢的一个或两个地方，某些手工业者协会从 5 世纪到 12 世纪持续存在。……但是，当我们看到，不同于到处分散的手工业者，一个手工业者阶层的发展直到 12 世纪才成为可能……指导行会-同业公会的观念不是它们自己所特有的，而是这个时代整个社会所共有的。那么，可能会被认为来自罗马手工业者协会，或者被认为和罗马手工业者协会具有某种联系的些组织成分就变得相当不重要。"

现在，我们会一致同意，在阿什利先生主要关注的英格兰城镇中，从罗马时代以来，不可能有手工业者组织的持续存在。这一点无可争议。但是，在我看来，从中得出这样的结论是鲁莽的：罗马手工业者协会作为来源因而具有次要性。我认为，阿什利先生忽视了，在政治制度发展中必须给予模仿巨大的空间。无疑，在最新出现的城镇中，在欧洲大陆和在英格兰一样，手工业者组织不可能直接来自晚期罗马帝国的手工业者协会（scholae）；但是，通过对更古老的城镇的模仿，它们依然间接地来自这些手工业者协会。在这些更古老的城镇中，这种联合起来的工业组织持续存在。而且，我认为，意大利城镇的经济结构同英格兰或德意志城镇的经济结构之间存在广泛相似性；这种相似性让上述结论成为可能。的确，在大多数情况中，这种结构直到很晚才吸引了编年史作者的关注。但是，在威尼斯，早在 9 世纪，我们就发现了这种组织的两种形式：一种是由完全自由的工人组成的更高贵的行业（比如建筑、马赛克镶嵌等，本来意义上的"工艺"[arti]）；另一种则是由更卑贱的工人所组成的"mestieri"（ministeria，行业），这些工人似乎没有完全的自由，因为他们必须无偿履行某些公共服务。在这里，这种组织至少没有日耳曼渊源，罗马渊源是明显的。那么，当我们开始了解其他意大利城镇，比较它们的结构时，这种结构相似性表明了一种相似的起源：它肯定不可能来自伦巴第人——他们明显是所有日耳曼入侵者中最野蛮的人。但是，如果我们必须接受意大利城镇中经济结构的罗马渊源，那么，在意大利城镇结构和日耳曼城镇结构之间的广泛相似性就使得这种渊源非常有可能存在于后者之中。

附带评论一下，深思这种现象的原因是，在对意大利城镇进行一般考察时，不忽视它同古老的罗马文明中的自治城市的联系也是重要的。我们会想到，更古老文明的遗迹（只要它们的确幸存下来）主要在城镇中得以幸存。因此，我们可以部分地解释：当意大利城市变得强大和繁荣起来时，它们为什么表现出和封建性之间的敌对；以及它们为什么对12世纪复兴的罗马法研究怀抱着满腔热情。

§4 无论如何，在这些社团对从事各种行业的人们所行使的联合控制被正式认可并公认为合法之前，它们无疑就已经长期存在并运作了。我们发现它们在11世纪晚期和12世纪被广泛建立，尽管它们的范围通过新的许可状才得到了扩大。但是，在那时，它们依然处在城市权威的控制之下，甚至并不总是拥有选举其官员的完全权利，尽管就合法性而言，它们有权利集会和规定它们各自工艺的实践规则，以及通过惩罚强制实施规则。

我们看到，这种"手工业者民众"部分是由出身自由但无地的市民组成，部分是由将自己逐渐从奴役身份中解放出来的农奴组成。因为劳动（城镇劳动）在社会等级的向上运动中要经历两个阶段；在中世纪后期，它发起了这种运动。它首先要摆脱农村农奴制的遗迹。早在 12 世纪，我们看到这样一个过程的证据，这个过程在这样一个原则的确立中达到顶点：任何农奴，在城镇中居住一年又一天，就事实上（ipso facto）自由了。那么，当市民自由得到保证后，争取实现独立的联合和分享政治权力的斗争就来到了。前者首先实现，手工业者很大程度上获得了完全独立的组织和他们的工业目的所必需的独立自治的权力。政治权力的分享受到的阻碍更久，这场斗争在其时间与强度上让我们想起罗马贵族与平民之间的斗争，尽管在中世纪城市中，要克服的障碍名义上不是出身，而是职业和地位。我已经说过，这是同手工业者民众相竞争的一种商人寡头政体。斗争开始于 13 世纪，有时甚至开始于 12 世纪，但是，直到 14 世纪才赢得普遍的胜利。我认为，所有古老的城市都经历了这种斗争，仅仅在某些后来建立的城镇中，手工业者从开始就是完全资格的公民。

　　让予手工业者的政治权利份额是非常多样的，有时还发生快速的波动。例如，在斯特拉斯堡，从 1334 到 1482 年，我们可以统计出 16 种不同的宪制。一般来说，当手工业者获得胜利时，他们就会以多种方式分享理事会的权力。有时，手工业者只是被宣布接纳为理事；有时，手工业者的一个代议团体在旧有的理事会中获得一个独立的议席；有时，他们组建为一个新的政府机关，在旧有的理事会之外拥有某些控制与合作的权力。在大部分情况下，他们对一个或多个市长的选举也获得某种控制。如我们所见，最后，在某些城镇中，胜利更进一步。城镇的宪制根据同业公会原则被重新塑造，商人社团在它们存在的地方被拉低到更新的手工业者社团的地位之下；在政府形式上，城镇宪制成为各个行业协会（trades unions）的某种联盟，以至于每个市民都必须作为一个行业社团的成员，这样，行业社团就成为市民共同体的一种政治分界或成分。我在谈德意志，但是要记住，从爱德华三世时代以来，在伦敦的每个市民也必须是某一有组织的行业的成员，否则便会处于"身份不明"的状态。

总体而言，不管早先的市民保留了何种特有的政治特权（几个重要的城镇依然保持着主导性的寡头性质），到处都在确立的一项普遍规则是，公民资格独立于土地所有，公民阶层既包括了商人，也包括了手工业者（为了自己而工作，已经通过了常规的学徒期的熟练工人）。值得注意的是，在这场运动中，寡头政体的堡垒出现在拥有范围广泛的对外贸易的城市中，自然是由于大资本家在城镇的主要商业中占据支配地位。这些城市构成了汉萨同盟。这种寡头政体堡垒从汉萨同盟的权力与声望中获得了力量。在南部和中部德意志，在莱茵河下游地区、威斯特伐利亚，以及北部与东部的许多城镇，甚至在行会几乎到处都赢得了完全的政治平等或者在政府中谋得一席之地之后，他们依然被排除在汉萨同盟的主要城镇的理事会之外，尽管他们的成员被承认为公民，而且来自某种咨询性机构的行会指导性官员偶尔受到约请，为实施统治的城镇理事会提供建议。在这些城镇中，他们争取分享理事会的斗争在14世纪末以后大体上都失败了。

这样，我们拥有大致类似于希腊城邦发展阶段的两个阶段：首先，随着城镇变得繁荣起来，由于财富的不平等，出现了一场从自然寡头政体向更具有鲜明排他性的寡头政体的运动；然后，出现了一场走向更大众化宪制的运动。只是在中世纪城镇中，寡头政体是商人寡头政体，民众是组织起来的手工业者团体。进而，我们可以观察到，由于德意志城市的发展表现出了某些和希腊早期僭主时代类似的东西，它在方方面面与希腊城市的发展相像；这样说只是因为，当政治运动在手工业者中间展开时，他们看起来不是独立的政治权利斗士，而是作为同老公民斗争的宗教或世俗领主的附属者。因此，在13世纪的科隆，一位大主教将手工业者放在官员位置上，作为一种便利的工具。然而，在德意志的发展中，这是一种部分的、偶尔的和暂时的现象，不能给予它过分重视。如我在前文中所说，德意志城市一个值得注意的特色是，当它们自身从低级封建领主那里解放出来，并且成为帝国城市时，它们从来不曾片刻自愿委身于单一个人的统治，就像中世纪意大利城市常常做的那样；或者落入一个僭主的僭政中，就像中世纪意大利的和古代希腊的城邦的情况一样。我假定，这种情况的产生部分是基于它们不太彻底的独立性，以及由此而导致的对外战争在它们的生存中的附属地位；部分是基于它们更为纯粹的工业特性。它们不像意大利城市，受到置身坚固宫室中制造混乱的贵族的劫掠；制造混乱的贵族位于城市外面，躲在他们的贼窝中，而城镇内部的骑士已经被成功地转变为和平的商人。

§5 到18世纪落幕时，这些城市中相当数目的城市(最终有51个）作为德意志的"自由帝国城市",在更大的国家中保持着相当程度的独立性;这些国家是整合无力的神圣罗马帝国的残留物。但是,活跃而充满激情的政治生活不再光顾它们。的确,它们没有表现出任何陷入专制统治的倾向。虽然如此,值得注意的是,从15世纪以来,民主运动停止了。除了在宗教改革时期,它曾有过短暂的复兴,紧随着的则是强大的反动。如果可以感觉到政治变革的话,其潮流就是稳定地通往狭隘的寡头政体。导致荒芜的三十年战争可悲地削弱了德意志城市的繁荣;在战争之后,统治性理事会作为全体市民的代表并向他们负责的观念几乎死去了。市民全体大会完全不再被召集,普通市民对于理事任命的影响几乎走向终结。

我刚才提到,寡头统治的堡垒是由汉萨同盟的城镇所构建的;早在15世纪它就在构成它的所有城镇中,采取了镇压革命运动的政策,采取的可怕惩罚是逐出同盟市场。这样,不久后,反动行为就肆行于其他城镇;以前,在这些城镇中,手工业者曾在政府中获得一种立足点。选举被推选所取代,或者仅仅成为一种形式;理事会成员资格变成了实际上的常任制,或者来来回回在一些数目有限的家族的成员中间轮替。这种现象一定程度上受到临近的地理国家的君主政体观念的影响。大众本来是"臣民"而非自治的公民,这种观念从农村侵入城市;只是在城市中,他们成为一个理事会而非一个君主的臣民。然而,这种寡头性质的变化,一定程度是由于一些社团的特性中的一种逐渐但深刻的转换,这些社团曾在民主的战场上战斗;这种转换对应于我们注意到的英格兰城市发展的一个特色。当它们最初自我组织起来时，它们意识到，要依靠自己的联合能力行使一种公共职能。行业中每个独立的工人必须属于一个同业公会，只有这项规则得到部分地维持，这种职能才能够得到正确的履行，尽管这种规则无疑也具有阻止麻烦竞争的更为自私的目标。尽管同业公会名义上限于履行完一定学徒期的熟练工人，雇工和雇主相比比例很小，一般要求少量的资本，然而，不存在实质性的排斥任何熟练的和受过适当训练的工人的障碍。但是，同业公会在市场上的成功与扩张，往往逐渐把同业公会从实际上由自由的劳动者所组成的社团，转变为由拥有一定资本的人所组成的或多或少封闭的盈利性垄断组织。成员的儿子和女婿容易被接纳。对于外人而言，接纳存在各种困难：他们必须付款，拿出一件昂贵的杰作，准备奢侈的入会晚宴，证明他们拥有资本或房产，不是非婚生子或农民的儿子，诸如此类。这样，同业公会外面的熟手的数目同师傅的数目相比，急剧上升，而且他们开始组建特别的兄弟会。第四等级开始自我组织起来。但是，它还没强大到足以向前推动民主运动。

毫不惊讶，随着同业公会开始代表与劳动对立的资本，它们的内部结构实际上也会变得更加具有寡头性，政府也会越来越落入更富有的少数人之手。因此，城市的整个政治结构变成拥有特权的工业阶级的某种固化的等级制度，就像周边农村拥有特权的土地所有者阶级一样，和现代观念与需求深刻对立。当民主运动在国家（更大的整体）中复兴时，也同样必然被清除掉。

第十八讲
中世纪城市——意大利：伦巴第

§1 在上一讲中，我简要追踪了中世纪城市共同体中我所谓的纯粹类型的发展。我们在一个国家发现了在西部欧洲中所能达到的具有最高独立性的纯粹类型。这个国家就是德意志，或者更严格而言，帝国的阿尔卑斯山以北领土。我们也看到，在阿尔卑斯山以北的其他国家，中央政府的发展压缩了城市的自治和部分独立性。而在我们现在转向的意大利，正是由于某个事实，城市与众不同的工业特色不太明显和鲜明，但也让工业特色的发展更加有趣，这个事实就是，它们在北部意大利的大部分地区对封建势力具有支配地位。我们看到，在封建制度充分发展的地方，每个城市的自由权利，是从自己地区的封建或宗教首领那里获得的，或是通过暴力与冲突、赎买、逐渐蚕食，或是通过免费的许可——当封建首领开始完全感受到他领土内的贸易与人口发展给予他的经济利益时。在许多情况中，封建或宗教首领对于城市保留着一种领主地位。甚至在德意志也是一样，在这里，虽然"自由帝国城市"除了皇帝不接受任何政治上级，但13世纪中叶在皇帝的统治变得非常弱之后，在它们的最近处，依然有强大的和可怕的封建贵族。但是，在意大利，城市起支配作用的地方，它们不仅让临近的封建领主处在

260 它们的权威之下，甚至更进一步，把他们变成城镇内部的一种市民贵族阶层。然而，总体而言，并且泛泛而言，甚至在这些情况中，从经济与社会结构来看的话，工业势力可以被看作在意大利城市中具有支配性。即使在这里，典型的市民也是一个参与工业活动的人。在享有最充分发展的城市中，当通往民主的运动开始时，为权力而斗争的民众像在德意志城市中一样，是由有组织行业或行会所构成的一种民众。此外，必须记住，如弗里曼所言，迫使封建势力进入市民生活的过程"从来没有在王国的全部范围内得以执行。在它的西北部地区，强大的封建王公继续统治皮埃蒙特、蒙特弗尔拉和萨卢佐；甚至在其他地方，不太出名的封建首领还在许多山区堡垒中维持着一种未开化的独立状态。简而言之，名义上属于皇帝的成群小统治者，和任何城市中既不是市民也不是僭主的人，多半被驱入难以接近的角角落落，但他们从来没有被根除干净"①。

一种封建或半封建社会围绕在它们周围，并且或多或少同它们冲突；正是这种和封建或半封建社会的对立，给予中世纪城市特有的品质，这种品质把古代政体的相似性和现代政体的相似性结合起来。作为城市共同体，它们像希腊-意大利文明中的古代城邦；由于工业的支配地位，它们是现代文明中地理国家的先声。一般而言，中世纪王国正在通过斗争渐渐走向现代国家的统一秩序。在这个更大的整体中，军事土地所有者阶层依然占据优势地位。但是，由于他们的生活方式主要是农村的而非城市的，他们放弃了针对城市的支配者角色。即使他们被

---

① Historical Essays, 2nd series, *Ancient Greece and Medieval Italy*.

接纳进城市并且在其中拥有突出地位,也是如此。在整个西部欧洲,无论我们考察哪里的中世纪城市,城市与农村之间的这种反差和城市的显著工业特色基本相同。例如,我们看到司各特在《珀斯丽人》(*Fair Maid of Perth*)*中描绘的这种珀斯地区的明显特色,和我们在任何德意志或意大利城市中看到的一样。

§2 在我们研究意大利城市的发展阶段之前,最好花上一点时间,概述一下它们作为其中一部分的更大的机体的历史。因为,正是这种历史的特殊性不仅给予了这些城市特有的独立发展机会,而且还解释了我们所发现的不同城市和城市群所处的非常多样的状况。

正如我在之前一讲中更详细解释过的,早期中世纪史的一个主要线索存在于这样的事实中:当古老的帝国崩溃时,教会团结在了一起;野蛮人在他们所征服的文明世界中,发现宗教社会拥有一种凝聚力和一种生机勃勃的影响力,这种凝聚力和影响力自然保证了为宗教社会的管理者在新的世俗秩序中提供一种突出的地位,这种世俗秩序已经渐渐地从混乱中走出来。由于意大利和依然在东方幸存的罗马帝国之间拥有特有的长期联系,上述特征在意大利以一种特殊方式表现出来。在阿尔卑斯山的另一边,曾经从罗马帝国被夺走的地方,连一部分也从来没有回到它这里。但在意大利,情况就不一样了。在6世纪,查士丁尼收复意大利,尽管只保持了大约15年(553—568年),当它的大部分土地由于北部的伦巴第各王国和更南边的伦巴第

---

* 英国历史小说家和诗人沃尔特·司各特爵士(1771—1832)描述14世纪末在苏格兰城镇珀斯一对青年男女悲欢离合的故事。——译者

各公国的建立而再次被夺走时，它的重要地区依然实际上或者名义上属于君士坦丁堡的皇帝。

在这里，我必须要求你们注意意大利的中心地带的一种重要特色，在现代历史中，它作为教会国家而为我们所熟悉。我们相当易于把这块领土的建立同教皇的世俗野心联系起来；无疑，世俗野心和它具有某种联系。但是，把它作为一个国家(因为它实际上是一个国家)，在历史上就更具有教益性。它的大部分地区长期以来从来没有同旧帝国分离，直到由于教皇和查理曼之间的伟大条约，通过教士阶层的愿望，它同新的帝国结合在一起。在它最初的状态中，它由两部分构成：一部分位于东北部，受到来自拉文纳的旧帝国"总督"(Exarch)的统治；另一部分是罗马公国(Ducatus Romanus)。在6世纪末之前，在反对伦巴第人的斗争中，罗马公国获得了教皇统治下的实际独立。这很大程度上基于一位能干的僧侣的政治家才能与能量，这位僧侣在590年成为教皇格里高利一世。在6世纪末之后，尽管依然存在一个罗马公爵，但是，在宗教和世俗方面，教皇是令罗马周围这块领土免于野蛮人入侵的实际有效的领导人。甚至在伦巴第王国内部，当信仰阿里乌斯派的伦巴第人皈依正统派的时候，他的影响也是重要的。但是，尽管获得了半独立地位，罗马公国也没有马上打破它同旧秩序的联系。或许，甚至尽管8世纪上半叶在西部和东部教会之间关于偶像崇拜问题存在着宗教争议，只要君士坦丁堡的皇帝能够保护它，它就不会打破这种联系。至少，直到750年，伦巴第人征服了拉文纳和由皇帝所统治的领土以后，教皇才和法兰克国王们建立联盟，(753

年)把"罗马人的保护者"(patricius romanorum)的头衔授予丕平;作为回报,在拉文纳总督领地(exarchate)被伦巴第人占领4年后,丕平重新征服了它,并把它送给教皇。当查理曼在773年征服伦巴第王国时,这项赠礼被他所确认。但是,即使看起来这些赠礼已经送出了,教皇们也没有马上同帝国正式断交。直到781年,教皇才停止用罗马皇帝的年号纪年。然后,经过简短的时间间隔后,罗马不再承认皇帝;但是,这在教会看来是一种不自然的事态,它不愿特立独行。因此,在800年,它克服了伟大的法兰克国王真实的或假装的不满,正式为西方基督教世界恢复了其世俗首领。在该世俗首领的领导下,教会对旧有的帝国领土(更早的拉文纳总督领地和罗马公国领地,两者通过一条更狭窄的地带连接起来)行使一种特殊的类世俗统治,这样,就把意大利北部和南部分割开来。

教皇对领土的统治是一种自然的后果;在文明化的意大利反对日耳曼入侵者的斗争中,曾经以罗马主教为首,这种统治是对他占领的地方的认可。这样做的一个后果是,就我们的研究目的而言,意大利被分为了两部分。实际上,这种两分法在6世纪伦巴第人入侵时代是真正有用的。因为,尽管伦巴第人的入侵大潮几乎到达最南端,越过了由这些中央碎片地区的成功防卫所形成的堡垒,然而,这种障碍的效果还是把南部各公国(斯波莱托和贝内文托)的伦巴第人和王国的伦巴第人给分开了。那么,(对于我们来说要点是)教皇们委身于新的帝国,拥有了罗马公国,获得了重新被征服的拉文纳总督领地;因此,这时候,他们就将自己同旧帝国的其他碎片地区切割开来,这些地区曾经让自己免受伦巴第人的统治。这样，西南部的加埃塔、那不勒斯和阿马尔菲自治城市由于和入侵者的成功斗争赢得了半独立地位。它们是作为旧的东部帝国名义上的组成部分，而不是（像伦巴第的自治城市）作为新的西部帝国的组成部分，才获得了这种独立地位。因此，它们获得独立地位比北部意大利的自治城市更早，而且是从旧帝国的行政体系中发展起来的，没有受到野蛮人入侵为西部基督教世界普遍带来的政治条件的影响。

这些自治城市的较早独立是重要的，因为无疑，这种独立给予了其他城市榜样的力量。但对于它们的历史，我们所知甚少。不过，一个更加重要的城市——威尼斯，也属于旧的罗马统治的碎片之一，对旧的东部帝国保持了一种名义上的依附，从来没有经历过法兰克人的统治。威尼斯的独特历史——它在许多世纪里同北部意大利普遍的政治运动完全分离，或许很大程度上可以追踪到上述事实。①

§3 可以看到，即便威尼斯落入了伦巴第人的统治，它或许也要比内陆城市更早地在独立发展和商业活动与权力上开始自己的事业，因为我们看到，对于商业对手威尼斯、热那亚和

---

① 威尼斯是符合这些条件的唯一中世纪城市：以完全的未被中断的独立性获得发展，外在于封建制度，不曾和野蛮入侵者混杂在一起。来自东北部意大利城市的避难者，由于遭受侵略而反复逃难，渐渐地开始在潟湖中安下家来。起初，他们仅仅暂时住在这里，在入侵大潮消退后还会回去。公元452—568年，城市人口形成。在伦巴第人入侵的最后一年后，他们开始定居下来。威尼斯形成了。从这个时期到18世纪末，它过着未被征服的生活——一种奇迹般的生活。这个长期阶段可以被大致平均地分为两个部分。从568年到1279—1318年大理事会结束（serrata del maggior consiglio）的时期，这个城市国家向寡头政体发展，后来保持了稳定。第一阶段从"整合"开始。最初，潟湖中的不同岛屿似乎是由不同的保民官统治。在584年，"大保民官们"（greater tribunes）作为一种中央委员会被选举出来；而且，为了谋求更大的力量，697年，一个"大公"或"总督"（doge）被选举出来，保民官们成为他的附属机关，和平、战争、条约由一个全民大会（general assembly）决定。

比萨来说，实际就是这种情况。伦巴第人不是航海家，需要它们为自己从事海上贸易。的确，意大利西北角落里的热那亚，位于山脉和海洋之间，维持了相当久的时间而没有被伦巴第人征服，甚至在它被征服后，似乎也享有某种半独立性。我们说不出来比萨在什么时候开始在对外关系上拥有实际独立性。但是，我们了解到，从10世纪中期以来它同海上的穆斯林作战，并且在11世纪早期同热那亚一起从事了征服撒丁岛的事业。根据这种成功完成的伟大事业，我们可以合理地推断出它相当早以前就拥有了半独立性。

当我们转向内陆城市时，必须在两种城市之间做出更进一步的区别：第一种是托斯卡纳的城市，它们构成了伦巴第王国的一部分，尽管在行政上没有联系；另一种是伦巴第和波河流域的城市，包括东北部被称作特莱维索边区(Trevissa Marches)的地区，它后来主要被威尼斯所吞并。托斯卡纳的领先内陆城市——佛罗伦萨、卢卡、锡耶纳，尤其佛罗伦萨——同伦巴第的任何城市相比，都拥有一种更长久的和更有意义的发展。我建议在另一讲中追踪这种情况，因为工业势力主要在这里获得了一种决定性的政治支配性。在伦巴第的城市中，这种势力的政治发展被这样的事实提前中断：在13世纪和14世纪的初期，几乎到处都出现了僭主政体；但是，在更早时期，这些城市领风气之先。从伦巴第王国的角度来看，这似乎是因为托斯卡纳所处的边远位置。当查理曼在8世纪末占领这个王国的时候，他的政策不是让附属统治者更强大；因此，王国的大部分地方被划分为众伯爵领导下的规模不是非常大的多个地区。但是，在边远地区,在边疆,为了有效防卫,需要某种更强大的(因此也更独立的)"藩侯"(markgraves)或者"侯爵"领导下的政府。这样,从10世纪中期的奥托大帝开始,德意志的国王们成功地获得了伦巴第王国的王冠和帝国的头衔,并且更新了同教会的契约。这个时候,托斯卡纳对于他们的一般政策构成了一种例外。这种政策是,削弱藩侯和更强大的伯爵。所采取的手段部分是,通过给予教会封地和让其土地免于伯爵和藩侯的司法权而强化教会;部分是,壮大更小的贵族以反对更大的贵族,例如,让更小的贵族获得世袭地位,并因此走向封建制度。如同最近的佛罗伦萨史学家所言,[①]在托斯卡纳,则是另外一种情况。不管是由于封建制度在那里有更小的扩张力量,还是由于统治亚平宁山脉对面的国土有更大的困难,还是由于需要有一道反对不断增长的教皇权力的屏障,托斯卡纳的公爵或侯爵增加了影响力与权力;他们在压制主教和小封建势力(同伦巴第相比)的同时,也镇压了城市走向独立的运动,以至于这种运动开始得较晚。

§4 现在让我们把关注集中在亚平宁山脉以北的城市,它们在走向独立的运动中走在前面。我们首先看到,10世纪晚期,当这些城市在复兴的神圣罗马帝国统治下开始发展时,它们已经获得了在动荡与危难时代自我防卫和独立地联合行动的习惯,这个时代位于路易二世——最后一个充满活力的加洛林王朝君主——和奥托之间(875—950年)。对于西部欧洲的普遍地区而言,尤其对于意大利而言,这是个"最黑暗的时代"。在这期间,

---

① Villari, *I primi due secoli della storia di Firenze*, vol. i. p. 74.

作为对它们的痛苦的补偿，它们被允许重建古老的城墙，作为对抗匈牙利人和萨拉森人袭击的必要防御手段。城市成为要塞，市民获得了军事训练与军事习惯。"城市被分为4个或6个区，通常以最近的城门的名称来命名，因为，每个区的市民都要接受特别的召唤，防卫这座城门和邻近的城墙。"①每个区都有自己的军旗、一个"连"(company，或两个)重装骑兵(富裕的市民或贵族)、双倍数量的弓箭手和重装步兵。除此之外，当警报响起时，所有18到70岁之间的市民都要装备刀剑来到自己区的阅兵场(place d'armes)。在同皇帝萨利安王朝的康拉德作战时(1035—1039年)，米兰大主教黑里贝特(Heribert)通过引入carroccio[悬挂军旗的战车]而完善了军事体系。这种措施提高了步兵的重要性。

人们可以看到，如果新帝国不惮烦恼，干预这些城市的自治，这将是一项困难的任务。但是，在一段时间内，新的帝国也没有这样的政策。在奥托手中复兴的神圣罗马帝国，实际上是教会同一个德意志国王的联盟。教会代表着意大利社会更文明的势力，它给予国王一种独一无二的高贵头衔，而它自己则拥有现在古老的意大利王国的主权。于是，德意志国王的政策是，依靠教会的支持反对伦巴第的封建势力。因此，奥托"扩大主教的权力以扩大自己的权力"②。每个城市的主教都成为伯爵的竞争者；他的司法权很大程度上取代了伯爵的司法权。教会愉快地把主教任命权给予皇帝，因为它把他视作朋友和反对封建势力的同盟。和教会一起，城市在权力上崛起；大主教和主

---

① Sismondi, *histoire des Républilque Italiennes du Moyen Age*, vol. i. p.374.
② Ferrari, *Storia delle Rivoluzione d'Italia*, vol. i. p.217. 如我们所见，德意志主教是地方上的富豪，而意大利主教是贫穷的和反封建的。

教城市起到了领先作用。

在第一个阶段,在这里像在德意志一样,城镇的工业势力共同体是在教会的阴影和庇护下发展起来的。在10世纪末和11世纪初期,它让自己摆脱了统治农村的封建势力。在旧的主教和大主教城镇中(米兰是其中的一个领先城镇),它集结在它的主教身后做到了这一点;主教(通常在天高皇帝远的地方)获得了城镇的实际主权。然后,像我们在德意志看到的那样,这种(宗教首领和不断发展的工业势力的)联盟发现他们的利益和目标出现了分歧,工业势力走向了获得独立性的斗争,最初是通过静静的蚕食,后来是通过冲突。直到1122年以前,这个过程受惠于教皇和帝国之间关于主教选举与任命的重大斗争。

在12世纪上半叶,当城镇将自己从主教控制下解放出来时,形成的主导宪制类型是,由各种数量的"领事"(consuls)作为行政官员的政府,他们在战时指挥军队,在和平时期执行法律。城镇依然处在寡头控制之下,但统治城镇的统治家族团体变得更大了。我们看到,在它的背后,还没有发出要求平等的呼声,但在组织化力量上不断增长的是行会社团。它们在军事组织中获得了主导地位,把自己变成在悬挂军旗的战车(carroccio)周围集结的"连、营、团"。[①]领事由于数量多和经常更换,并不是一个非常强大的行政机关。为了有效统治,他们需要一个信任与守秘(credentia)的理事会的帮助;它的成员从城市不同的区中被选出,并且被领事召集,为当前的行政事务细节提供建议。此外,通常还有一个"大理事会",为更为重要的事务而

---

① Ferrari, *op. cit*. vol. i. p. 472.

设立，形式多样，在一些地方比其他地方更具有寡头性质。还有一个全民大会，无疑包含主要的行会的成员，它保留对于战争、围城等危机的干预。这些理事会的成员不是由人民选举的，至少不是由人民直接选举的，而是由领事亲自任命的，或者被特别任命的选举人任命。这在意大利是通常的习俗，全体市民的直接选举很少见。随着领事行政职能的增加，我们发现它们开始同司法职能分离。这样，在1134年的热那亚，有3个行政领事(consules communis)和8个司法领事(consules de placitis)。行政领事的数目，从3个或4个直到20多个，和城镇的区相对应，或者是这个数量的倍数。

§5 然后，在12世纪上半叶，城市的伟大独立通过它们彼此的战争表现出来。因为这时，这些城市间残酷的和不断重复的冲突第一次充分而深刻地发展起来。这将意大利史同任何其他西欧国家的中世纪史区别开来，让我们想起古代希腊。

战争的原因看起来是多样的。部分是因为，在古老的罗马城市和其他城市之间(例如米兰和帕维亚之间)长期存在的竞争。这些古老的罗马城市的卓越地位被宗教组织维持，而其他城市是伦巴第王国的军事中心。部分是因为，城市的竞争由于它们在皇帝与教皇的争端中选边站而被强化。有时，仅仅宗教争端也会酿就战争。但是，总体而言，原因看起来主要是经济方面的。随着城市变得富裕和人口众多，它们就会被其他城市为它们的工业与贸易的发展所设置的限制激怒。最初，更大的城市攻击更小的城市：帕维亚攻击托尔托纳；克雷莫纳攻击克雷马；米兰攻击洛迪。这导致了城镇间的同盟，例如，洛迪将自己置于帕维亚的保护之下。通常，更大城市的军队会行军在外，摧毁或者带走敌人的收成。米兰和洛迪之间的战争（1107—1111年）就是这样开始的。但是，它结束于洛迪-维琪奥（Lodi-vecchio）*被毁；它的居民被分散到6个村庄中。一位科马斯诗人将米兰反对科摩的战争（1118—1127年）比作特洛伊战争，开始于被敌对教皇布尔迪诺任命的一个主教同科摩正当的主教圭多之间的纷争。伦巴第城镇主要站在皇帝这边，其中一些帮助米兰。意大利湖区的一些附属于科摩的村庄，部分开始反叛。最终，科摩投降；它的居民同意夷平自己的工事、向米兰付税和作为它的盟友在战争中服役。

12世纪中叶，在北部意大利城镇走向独立的运动中，也即在一场城市同帝国统治的严酷斗争中，危机出现了。帝国统治权现在被坚定的弗里德里希·巴巴罗萨（1167—1183年）掌握，他致力于剥夺这些城市的半主权权利（在他看来，这些是僭权），把它们的政府降低到仅仅相当于一个在统一与有序的国家中的地方政府的地位。最初，城市之间的竞争有利于皇帝的政策。他的军队看起来所向披靡；反叛城市中的前驱——米兰——被占领和夷为平地。但是不久，对于独立的热爱克服了古老的城市敌对感。伦巴第城市组建了一个同盟，既包括米兰的旧友也包括其宿敌。尽管有弗里德里希，它们还是重建了这座古老的大主教城市，成功地抗击了德意志军队，而且在1176年的利尼亚诺战役（the battle of Lignano）中取得了决定性胜利。然后，在1183年签署的《康斯坦茨条约》（Treaty of Constance）中，根据一

---

* 即老（recchio）洛迪城。——译者

项协议它们获得了一些权利。只要伦巴第城市的独立保持下去，这项协议就不会被破坏。它们获得的权利有：仅仅服从自己的法律，被自己的（在某些情况中必需皇帝形式上同意的）官员所统治，媾和、宣战和结盟，管理自己的财政（在偶尔支付给帝国国库的某些款项上例外）。对于权利的这种法律保障，实际上得到了长期的保证，它主要是由和皇帝作战的城市同盟赢得的。但是，给予他的敌人的东西，也不能拒绝给予他的朋友；《康斯坦茨条约》所规定的自由权利也成为所有意大利城镇的共同权利。

§6 现在，我转向意大利城市事业中另一个根本重要的特色，即城市和农村之间的对立。这种对立，就像城市与城市之间的竞争一样，在其原因上主要是经济的。封建贵族（castellani）妨碍交通与贸易；他们用通行费阻碍通行，而且抢劫商人。由于要用武力冲破这些障碍，城市的精力被难以容忍地从和平的工业中分散。同农村中的封建贵族的战争在12世纪的城市战争期间继续进行，但是，其更重要部分是在"康斯坦茨和平"之后。"米兰从灰烬中崛起，剥夺了周边农村所有贵族的司法权"[1]，热那亚在整个12世纪和13世纪蚕食着菲纳莱的侯爵领地。而且，在其他地方（例如在诺瓦腊、阿斯蒂和许多其他的情况中）暴力冲突在整个13世纪持续进行。封建贵族通过让城市反对城市而保全自己，但他们只是延迟了不可避免的毁灭。

如果我们问，为什么只有在意大利，城市赢得了同封建势力的斗争？答案是，它们在意大利这片"帝国的国土"上更为发

---

[1] Ferrari, *op. cit*. vol. ii. p. 105.

达，数量更多；而且，由于前文所描述的帝国政策，封建势力在这里相比而言更为软弱。正在向农村扩张的对市民自由的渴望提供了有利于城市的另外一种力量。①

这样，当大体上是城市在赢得胜利时，最后一个步骤到来了；对于意大利城市生活而言，它具有最重要的后果，而且，总体而言，具有灾难性的后果。它就是，强迫封建贵族进入城市。站在城市一方来说，这样做的动机是，通过让贵族从封建司法管辖中走出来而进入城市司法管辖中，从而让胜利果实保持在合法范围内。贵族的动机是，结束一场他们总是从中得到最坏结果的冲突。因此，他们接受了条件，被迫在城市中建造一座座府邸，每年有几个月住在那里，在战争期间居住时间常常翻倍。如果他们不成为这个他们曾与之作战的城市的市民，也会成为另一个他们曾与之结盟的城市的公民。不久，贵族就采取了充分利用形势的路线："他们向市民献殷勤，而且出于谨慎、时尚、任性，或者作为一种消遣，进入大理事会。"②这样，出于自然的补偿，由于在工业与商业中致富的新家族也进入"理事"家族范围内，城镇中进行统治的寡头政体的范围扩大了。

这就是在波河平原的城市中所发生的事情。在这里，城市对于它们的封建近邻的胜利是决定性的。但是，在其他地方，比如，在特雷维桑边区的主要城市中（维罗纳、维琴察、帕多瓦等），由于农村的多山性质，封建势力是强大的。尽管在这里，农村贵族也大部分进入城镇，但他们似乎是在一种更高的立足

---

① 例如，博洛尼亚在 1236 年买下了"博洛尼亚草场的租赁权"（rustici del contado di Bologna）。Ferrari, *op. cit.* vol. ii. p. 111.

② Ferrari, *op. cit.* vol. ii. p. 126.

点上这样做；同伦巴第相比，这种更高的立足点导致了僭主政体在这里更早地被建立。

我已经说过，城市如此利用自己胜利的目标是，让封建贵族处在城市政府的有效控制之下。但是，对于它们希望达成的结果而言，它们让他们太强大了，而且从宽泛意义上说，让他们太封建了。它们从他们那里带走了"司法权、岗楼、堡垒和常备军"①，但是却留给了他们土地与财富、头衔、府邸与大部分农民（如果不再是农奴，则是依附者）、军事技能与实践、社会声望与家族纽带。因此，贵族瞧不起他们被迫接受为同胞的商人；他们在城市中建造的府邸就是堡垒；他们将依附者武装起来，而且在一部分人口中找到了战斗追随者（clientèle）。简而言之，他们将自己的旧生活作为一种干扰因素带入不断发展的工业社会中。

我们必须看到，城镇中的旧贵族和商业势力之间总是存在某种对立与对抗。在德意志城镇中，商业势力很快就同化了旧封建势力。在那里，新的封建势力并没有被迫从农村进入城市从而强化旧的封建势力。然而，在意大利城镇中，它就这样得以强化，并且成为一种持续的动荡源头。

可以提出一个问题：为什么城市不剥夺这种和平破坏者的地产呢？答案是，它们的独立性看起来几乎是彻底的，但在这个方面却不足够彻底。帝国容忍私人战争，因为人是一种战斗动物；它或许也必须容忍对土地的专横劫掠；但是，它会拒绝认可其后果的合法性。一个城市如果试图摧毁封建势力，将会

---

① *Op. cit.* p. 130.

对帝国-教皇体系和普遍的封建势力构成明显的敌意。城市的生存在它们自己看来要依赖前者的维持，它们也不敢冒险对抗后者。

§7 将封建势力引入城镇，这样做的结果最终对它们作为自由工业城市的繁荣发展是致命的。但是，最先的后果是一种非常特殊的制度——外人担任的任期一年的最高长官(Podestà)。弗里德里希·巴巴罗萨在同城镇的独立倾向进行斗争时，试图通过在每个重要的中心设立总督或最高长官来维持帝国的权威。各处城市都在排斥和反对，有时虐待或者驱逐(甚至暗杀)这些外来的植入者。然而，在《康斯坦茨条约》固化了它们的胜利之后，它们一个接一个地采纳了名义上相同的制度———个最高长官，一个作为外来者的骑士，来自某一其他城市，被赋予最高的行政权力。

这种特殊的意大利制度得以设置的首要原因似乎来自(也是我们已经看到的意大利人所特有的)压制市民纷争的强烈需要，强迫封建贵族进入城市激化和强化了这种纷争。但是，至少在伦巴第的城市中，最高长官并不仅仅具有司法职能，尽管他的司法责任得到了特殊的强调；以前由领事行使的司法职能和某些政治职能被移交给他。至少在某些情况下，对单一领导在对内和对外关系中优越性的认识似乎有助于这种制度的采纳。他的职能首先是，通过维持严厉公正的法律秩序，对抗这种秩序的诸多强大破坏者，抑制城市内部的无政府状态——对外来者的常规选任必须以此为基础。但是，他也必须领导军事出征。为了实现这两个目标，城市的武装部队被置于他的支配之下。

由于这种最高长官制度，典型的意大利城市政府变得更加复杂起来。因为，领事并没有被废除，尽管名称常常变化；他们构成一个理事会，对于城市保持着一般管理。而在同时，另一个理事会——最高长官特别理事会被建立，为这位新的统治者提供建议；这个理事会(在米兰出现在1199年)的成员被称作市镇的干事、理事或"贤者"(sapientes)。当然，也有"大理事会"和偶尔设立的议会(Parlamento)。最高长官宣誓效忠于城市及其法律。他必须和一个规定的包括法官、公务员和重骑兵等在内的班子共事，拥有固定的薪水和公配的家具。对于他的越权行为，要从他的薪水中扣除确定的罚金。在他一年任期后，必须停留一段固定的时间，以便对他的指控进行审查和做出赔偿。他不能在城市中有亲属，不能接受城市中任何人的款待。

城市将自己慢慢交给一个外来统治者的过程在某些编年史中有迹可循。例如，1190年，热那亚发现自己的领事无法胜任处理"阴谋、混乱和分裂无休无止"。[1]因此，一个最高长官被任命。他夷平了其中一个最为凶暴的党徒的府邸，恢复了秩序。两年后，人们还政于领事。但是，市民冲突再次爆发，人们被迫重新设立最高长官制度。第二年，他们还在犹豫不决。但是最终，他们让自己接受了常设的任期一年的最高长官制度。

又如，米兰在1186年拥有了第一个任期一年的最高长官。但是，它又回到以拥有扩大了的权力的领事管理事务的状态，这样相继重复了三年。然后，1191年，米兰设立两个最高长官试图满足双方，但这种做法没有解决问题。在下半年，领事被

---

[1] Ferrari, *op. cit.* vol. ii. p. 172.

重新设立。然后，1193 年，他们又恢复领事，直到 1199 年。接着，最高长官一直设立到 1212 年(间有摇摆)。

在一些情况中，这项制度的建立不是没有经历动荡，而且这个职位有着严重的风险。因此，在 1194 年的博洛尼亚，我们听说一个最高长官不得不逃走，在他被追捕和抓获后，牙齿被愤怒的贵族拔掉，作为对他施加给他们的罚款的报复。在 1208 年的卢卡，一个最高长官被杀死；1213 年，摩德纳(Modena)的一个最高长官的舌头被割掉。

最高长官的工作或好或坏，但是，派系的大潮对于他而言太强大了。在 13 世纪亚平宁山脉以北的城市中，通往君主政体政府的潮流势不可当。我将其称作"僭主政体"，以表明意大利史和希腊史之间的相似性。实际上，在许多情况下，意大利城市中的暴君基于其获得权力的方式，应该被称作 τύραννοι [僭主]，基于其使用权力的方式，应该被称作暴君。但是，尽管僭主政体常常是通过暴力建立的，僭主大部分通过了选举形式。

如我前文所言，在本来的伦巴第同再往东的地方相比，城市势力对于封建势力有更大的支配性。实际上，正是在东部城镇，君主政体最先出现，最先常规化。更常规的类型开始于 1209 年，这一年，埃斯托侯爵阿佐(Azzo)四世被宣布成为费拉拉的领主。"这是第一次，"西斯蒙第说，"意大利人民为了服从一个人的权力而放弃了自己的权利。"① 然后，大约 20 年后(1225 年)，第一个著名的僭主罗曼诺的艾塞里诺(Eccelino da Bomano)在维罗纳确立起他的权力。这是一座紧邻阿尔卑斯山脚的城市，

---

① Sismondi, *op. cit.* vol. ii. p. 312.

因此，比伦巴第平原的城市更加受到封建势力的支配。在这一情况中，突出动因是宗派暴力；这产生了对一个拥有军事才能的更勇敢的领导人的需求。但是，尽管僭主政体也是首先出现在这些东部城镇中，如哈勒姆所言，同样在伦巴第，"在14世纪中叶之前，最新变化是，所有这些曾经拒绝哪怕一丁点儿的向皇帝屈服的印记的城市，现在甚至失去了对自治的记忆。它们像一件确定无疑的祖产一样，在它们新领主的儿子们中间继承"①。为了追踪意大利类型的中世纪城市在全部进化中的政治发展，我们必须转向托斯卡纳。

---

① Hallam, *Middle Ages*, vol. i. chap. iii. pt. ii. p. 408. 1447—1450年米兰共和政体的短暂复兴应该作为这种观点的一种例外，但是，仅仅关注一下就够了。

第十九讲
中世纪城市——意大利城市共同体同古代希腊的比较

§1 在上一讲中,我注意到,意大利远比欧洲其他地方更向普通历史学家(我指的是对所谓的国家形态学没有特别关注的历史学家)表明了它和古代希腊之间的可比性。因为,北部意大利是中世纪欧洲唯一一个这样的地区:其成片地区中的较大部分(尽管不是全部)被分割为一些城市国家的领土,就像古代希腊更文明的地区一样。在德意志,即使在城市最繁荣的地方,它们"对于君主统治而言也仅仅是例外"[①]。也可以看到,在中世纪意大利实际独立的城市共同体繁荣期间,意大利在精神与物质文明上超越了欧洲其他部分,尽管古代希腊在其全盛时期当然不是如此明显。的确,尽管存在我马上就会提出的重大差别,意大利共和史表现出和古代希腊史具有一种明显的一般相似性,我将试图对其简要地加以概括。

首先,意大利城镇像希腊城市从原始野蛮状态中崛起一样,从社会堕入的半野蛮无序状态中强大和繁荣起来,原因在于,(1)在这个注重战争艺术的阶段,有城墙的城镇具有军事

---

① Freeman.

优势；还在于，(2)在一个领先于欧洲文明与工业的社会中，在有城墙的城镇之内，文明化的工业与贸易能够带来经济繁荣。

其次，在中世纪意大利，城市共同体表现出了集中的政治生活和某种类似希腊城邦的强烈的爱国主义。在这两种情况中，这种现象主要来自同一原因：在这里，个人福利同他的共同体的福利比在地理国家中具有更密切的相关性。而且，在这两种情况中，在其历史的早期阶段，当它们的公民-战士团结起来驱逐试图征服它们的一个强大的入侵君主时，这种爱国主义的光辉更为闪耀。足够多(尽管不是全部)的伦巴第城镇抛下旧怨团结起来抵抗弗里德里希·巴巴罗萨的方式，堪比足够多的希腊城邦抛下世代嫉妒和领土战争团结起来抵抗波斯人入侵的方式。

在这两种情况中，我们发现，随着时间的流逝，城市令人失望地开始分裂起来，不仅彼此分裂，而且在其内部由于暴烈的和长期的派系仇恨而分裂。正如斯巴达及其盟友同雅典及其盟友作战一样，归尔甫派(Guelf)城市联盟也同吉伯林派(Ghibelin)城市联盟进行战争。无论是在古代希腊还是在中世纪意大利，早期的城际战争是团结起来的共同体的城市之间进行的战争。但是，在公元前4世纪的希腊战争中，受到攻击的城市的"流亡者"常常是攻击城市力量中一种值得关注的成分。同样，在意大利城际战争中，根据13世纪后半叶及其后的记载，不再是"帕尔马同皮亚琴察作战"，而是"帕尔马和来自皮亚琴察的流亡者攻击皮亚琴察"。[①]

[①] Ferrari, *op. cit*. vol. ii. p. 257.

而且，在两种情况中，文明以及文明所带来的和平生产习惯与奢侈生活习惯，渐渐地让重要城镇的市民个体拒绝战争，他们越来越多地使用雇佣兵进行战争。这部分是因为不能组建一个稳定的联盟，部分是因为个人在战争中的服役能力不断降低，最终，在它们同周边更大的地理国家的竞争中表现出了不平衡性。在希腊的情况中，这些地理国家是亚历山大帝国的碎片；在意大利的情况中，是更大的西欧国家。这样，它们的领土成为"外来者发动战争的战场"①。在意大利，这种事态开始于1492年查理八世的入侵。如同麦考利（Macaulay）所言："当查理八世从阿尔卑斯山走下来以后，意大利政治的整个特性改变了。半岛的各个政府不再形成一个独立的体系了。由于现在接近它们的更大的主体的吸引，它们偏离了旧的轨道，仅仅成为法国和西班牙的卫星国。它们内部的和外部的所有争端，都被外国影响力所决定。"②

转向两者的内部发展，我们随处可见，就自治城市而言，一开始政府管理权掌握在少数人手中，而同时，某些非常重大的决策被提交给全民大会，仅仅要求人民同意或拒绝。在古希腊"广场"（Agore）集会的公民和在中世纪的意大利"议会"集会的公民，都默许了少数主要家族的统治。然后，贵族和人民之间的不和出现了，我们看到了民主政治的潮流。在托斯卡纳城市中，这种现象更有意义。在中世纪类型的城市发展中，同亚平宁半岛北部的大部分城市的内部历史相比，它们的内部历史

---

① Freeman.
② Essay on Macchiavelli.

在关于中世纪城市类型的发展上提供了更充分的教益，因为它们保持了更久的共和独立性。但是，这种现象也发生在伦巴第城市中，尽管采取了不太发达的形式。这种扩大公民资格范围的趋势，可以同作为独立共同体的晚期历史阶段中的希腊城邦的类似趋势加以比较。进而言之，随着走向更彻底的大众政府的运动的发展，抽签作为任命方法的使用，既在中世纪意大利也在古代希腊出现了。最后，在两种情况中，我们发现了在动荡与派系斗争时期沦为一人统治的可能性——一种在某段共和生活时期之后变得更加强烈的趋势，部分是由于共和派系斗争所带来的疲惫；部分是由于已经提到的个人不断增加的对于军事服役的厌恶（文明会渐渐产生这种厌恶），以及随之而发生的对于雇佣兵的使用。

作为希腊城邦中民主运动的领袖，雅典在古代希腊艺术与文学的一般发展中占有辉煌的地位；同样，佛罗伦萨在中世纪艺术与文学的发展中也占有辉煌的地位。为了将比较深入特定国家，我们可以将这两种地位加以对比，因为佛罗伦萨在民主运动中也扮演领先者的角色。我们可以在13世纪后半叶和14世纪的意大利共和政体中发现这种中世纪有组织的手工业者的民主。威尼斯的制度是中世纪与现代意大利具有显著稳定性的寡头政体；如果我们将斯巴达人作为统治者少数的话，[1]斯巴达的制度是古代希腊具有显著稳定性的寡头政体。我们也可以将这两种制度进行富有教益的对比。由于不断增加的严格规定与嫉

---

[1] 参见第五讲，第80页。

妒情绪的限制，威尼斯总督的权力不断下降。①我们可以将这种现象同斯巴达世袭国王权力的不断下降进行对比。与之相对，在斯巴达，由于监督官（Ephors）负责秘密的司法程序和可怕的死刑判决，其权力不断增长。我们可以将其同威尼斯十人理事会的权力增长以及三人检察官的最终创设进行对比。

§2 这些就是明显的相似性。概括而言，在两种情况中，关于外部关系，我们看到，由于城市内部的团结和同其他城市暂时有效的联合，独立得以成功地被捍卫。由于背盟和派系斗争同时发生并且分裂城市，城市失去独立。在两种情况下，就内部政治发展而言，我们看到了原始寡头政体、通往民主政体的潮流，以及向君主政体或僭主政体的普遍堕落。但是，每一种相似点都受到了非常重要的相异点的限定。独立性在程度上有所不同；派系在种类上有所不同。意大利的寡头政体更复杂，和主要的市民家族有着更为不同的关系。在意大利，压制共和宪制自由的君主政体，在较大程度上被正式选举所调节，并被普遍情感视为具有正当性。至少我们认为，不是就居民的数目而言，而是就自由民的数目而言，意大利的民主政体更狭隘，因为它从来没有有效地包括城镇当地所有的自由居民，而仅仅包括某些有组织的行业和行会；它的发展更为不完善，因为意大利民众从来没有尝试像希腊人一样实际上进行统治。如弗里曼所言，议会在晚期通常被召集起来，"投票抛弃自己的自由权利"。最后，中世纪的民主运动在某一点停下来。由于资本的影

---

① 参见本讲末注释 F。

响,有组织的行会具有了寡头性质;在没有沦为僭主政体的地方,整个宪制在其最后阶段往往决定性地走向稳定的寡头政体。

让我们依次简要地考察一下每一个这样的要点。前两个要点相互联系,因为导致意大利城市独立的条件在程度上比导致希腊城市独立的条件要低,这些条件(在派系斗争最激烈和最危险的阶段)也让它们的盛行派系斗争在类型上基本不同。13 世纪和 14 世纪在城市内部和城市之间爆发了归尔甫派与吉伯林派之间的巨大冲突,两派名义上为之战斗的议题完全处在这些共同体的个别政治生活之外。的确,没有什么比这个事实更能够彰显意大利城市的独立性在观念上的不完善。在希腊史的相应阶段,当公民们持续地杀害和驱逐反对派的公民,而流亡者甚至和母国的世仇走在一起对自己的母国开战时,利害攸关的议题明显是政治制度的基本原则——是寡头政体还是民主政体应该获胜的问题。但是,在意大利派系斗争中,是两个德意志公爵世家——皇冠竞争者——的斗争。早在 12 世纪的第二个四分之一的年头里,他们的主张就在德意志激起过内部斗争。一个是威尔夫(Welf)或归尔甫世家,我们的王室是它的一个分支;另一个是霍亨施陶芬(Hohenstaufen)世家,吉伯林的名称来自于被称作魏布林根(Waiblingen)的它的城堡的名称。的确,这项争端仅仅具有的德意志特性是表面的而非实际的。从 1138—1250 年,让意大利人关注的要点是,实际上皇帝在上述这段时间内几乎总是属于霍亨施陶芬世家,而教皇几乎总是支持归尔甫世家的要求。宗派被理解为皇帝派和教皇派(在这之后,除了非常短暂的间隔外,帝国对于意大利人而言,实际上是一种可以忽略的东西）。但是，这又一次表明了，意大利的城市是多么充分地理解自己的位置，将自己视作一个更大的政治整体的组成部分。而这个政治整体是由罗马教会和德意志君主政体之间的特殊结盟而构建的。这个结盟诞生了神圣罗马帝国。如果说，由于城市独立的威胁来自皇帝而非教皇，归尔甫派实际上是为独立而战斗，那么这并不完全正确。的确，在斗争的后期，这在一定范围内是实情，但仅仅在一定范围内是这样。首先，我们必须注意到，在教皇国中，当教皇们致力于塑造他们的现实主权时，他们就是城市独立的敌人而非朋友。而在这些范围之外，一些城市，比如比萨，既为它们的共和独立传统又为它们忠于帝国事业的传统而骄傲。

同时，在中世纪意大利党派冲突和古老的希腊党派冲突之间，也存在比初看起来实际更多的类比性。因为，尽管所有长期存在的党派口号无一例外都有一种混合的和变动的含义；然而，在相当范围内真实的是，在城市中，吉伯林派代表封建势力，而归尔甫派代表工业势力。也并不完全如此，因为有许多贵族家族站在归尔甫派一方，但在相当范围内依然是上述情况。

§3 这种论述将我引向第三个比较点——在古代希腊的寡头政体和中世纪意大利城市的寡头政体之间的不同。在意大利城市中，有两种明显的对抗和冲突。我们熟悉的"寡头政体"和"民主政体"之间的对立或许可以适用于其中任何一种；的确，这种对立在当时实际上也是适用的。首先是封建贵族和从事贸易与工业的人们的对抗。前一种人是土地所有者，拥有军事习惯，并将其带入城市生活中；后一种人构成了小康市民的大多数。其次是商业势力和职业势力之间的分裂与斗争，两者在佛罗伦萨被分为所谓的"大行会"(greater arts)和在社会等级中拥有更低地位的其他群体。

在希腊城市史中，这种双重对立表现得并不是很明显。无疑，对于在自由希腊后期幸存的寡头政体而言，它在某些程度上改变了自己的特性。它往往从古老家族的寡头政体变成富豪的寡头政体——一种完全的财阀统治(plutocracy)；这些古老家族不仅继承了财富，而且继承了古老的声望和具有古老价值的传统。虽然如此，我们没有在什么地方发现，在政治制度与法律中非常明确地表现出，在古老家族和新富豪之间无疑存在着嫉妒与不和。例如，在公元前7世纪，当通往民主政治的潮流在迈加拉得以表现出来时，尽管迈加拉在一段时期内是一个商业与殖民化国家，然而如我们所见，因为富有的土地所有者压迫农业耕耘者，寡头才激起了对抗。①

但是，在意大利城镇，双重对立非常明确。总体而言，封建势力和工业势力之间的斗争首先出现，接着是富豪(popolani grassi)先和有组织的手工业者，后来和劳工之间的斗争。然而，这两种斗争一定程度上是重合的。第二种斗争在亚平宁山脉以北的大部分城市中相对不发达(在上一讲中，我们主要关注的是这些城市)，因为它们普遍陷入僭主政体中。但是，在托斯卡纳的主要城市——佛罗伦萨的历史中，它得到了充分的表现；我们马上会转向它。

§4 最后，就中世纪意大利的专制政体和古代希腊的僭主

---

① 参见第六讲第89页和第六讲末注释C。

政体之间的差别,我应该简单说明。最明显的差别不在于权力的实质或它的获取方式(甚或有利于它的条件),而在于形式。希腊暴君几乎总是以违背宪制而开始和以违背宪制而结束。如我们所见,在我们从历史中所知的任何情况中,希腊城市都不会自愿屈服于一个主人毕生的统治,更不用说是世袭统治了。而当伦巴第的城镇在接近13世纪末陷入专制统治时,如我所言,它通常具有选举形式。意大利城镇中君主政体更符合宪制的特性,而且有更大的倾向采纳与默认它,部分原因在于周边国土的条件的影响。在这片国土上,由于意大利人认可了帝国形式上的霸权,不会像希腊人轻视野蛮的波斯君主政体一样轻视它。它们发现它们周边的城市拥有和它们自己相似的文明,却处在各王公或其他领主的统治之下,那么,一种相似的命运在它们看来不会是不自然和令人憎恶的;而这对于希腊人的政治意识而言,是不自然和令人憎恶的。的确,即使最自由的意大利城市,甚至佛罗伦萨,在陷入外敌入侵的危机时,发现把它们城市的统治权交给某个国王或王公是一种权宜之计,尽管它们在这样做的时候小心谨慎,在内部事务中保持实质的自治。

我们必须进一步看到,从13世纪直到火药投入使用前,重装骑兵的优越性不断增加,而且,雇佣兵战争以希腊所不能比拟的程度得到了发展,这些是有利于意大利专制政体的原因。因此,意大利共和生活所堕入的僭主政体特别对应于希腊的晚期僭主时代。它的特有差别是,在许多情况中(如果不是在所有情况中),其起源与特性更具有合法性;它常常成长于城镇明显的自愿选择所给予的权力;城镇渴望以更大的力量反对外来的或内部的敌人。

我认为，正是由于意大利城市更加民主的起源，我们才发现，其发展很少有和希腊的早期僭主时代相对应的地方。在自己的商业社团中组织起来的工业市民势力，从运动的开始就有了政治上的历练。它并没有给予机会，让一位人民领袖致力于成为一个僭主；而希腊国家中最初的人民运动提供了这样的机会。

注释 F

对总督权力的逐渐限制：威尼斯像早期城邦发展中的斯巴达一样，让政治学的现代研究者产生兴趣，因为它展现了君主权力的逐渐削减。因为，尽管威尼斯的总督是选举的，而且不是从一个家族中选举的，但是，拿西斯蒙第的话（vol. III. ch. xx）来说，他是不能去职的，他是最高法官，是国家所有武装力量的总指挥，享有东方式的富丽堂皇的仪式，常常有权力将自己的尊荣传递给儿子。因此，他的权力逐渐被限制的过程可以称作是一个从君主政体到寡头政体的过程。

697年，首次任命总督后，存在过三个总督。然后，总督爵位被废除，任期一年的首脑职位被尝试设立。但是，这种做法被认为不合适，于是747年，总督被恢复。在接下来三个世纪期间，总督为了争取世袭而斗争，但没有成功。西斯蒙第告诉我们，1032年，于总督之外设立了两个顾问，获得他们的同意对于任何政府行动都是必需的；总督被禁止同他的儿子分享权力，在重要事件上有义务向因"受到邀请"（pregadi）而向他提供建议的主导公民征求意见。140年后（直到14世纪）全民大会都没有被废除，它继续在重要事件中被召集，由480名公民组成的一个任期一年的理事会被建立起来，不被总督行使的所有权力被托付给它，它和总督一起共同行使共和国的主权。但是，在这种理事会的情况中，像在其他意大利选举中一样，选择并不是直接由人民做出来的。12个保民官——每区出两个——每个人都可以选择40名理事会成员，不得从一个家庭中选择4名以上的成员。在12世纪，这些保民官看起来是由人民选举的；后来，选举权落入理事会手中，理事会进而宣称拥有在保民官辞去任期一年的职位前确认或拒绝由他做出的选择的权利。这样，在13世纪，这个一年一度选举产生的（明显代议制的）理事会成为实际上推选产生的团体。然而，一方面是总督，另一方面是人民，威尼斯贵族介于两者之间，不是普通的寡头中的肆意妄为者（ὕβρις）；因为在同人民的任何肢体冲突中，他们不能指望有类似伦巴第贵族在平原上战斗时所拥有的优势。因此，在意大利其他地方的城市中，反对贵族的司法活动如此困难，以至于把它置于拥有危险权力的单一个人手中；此外，在1179年，威尼斯的刑事司法权从总督这里被转而托付给由大理事会的40名成员组成的一个"老法庭"（quarantia vecchia）。

然后，在1229年，对应于其他地方的信仰理事会（consiglio di credenza）的元老理事会在人数上固定为60名，由大理事会选举，作为大理事会的理事会（probouleutic），其特别职责是管理贸易与外交事务。同时任命了5个总督诺言修正者（correttori della promissione ducale）和3个已故总督调查员（inquisitori del doge defunto）。后者的责任是调查对于总督行为的控诉，在定罪的情况下，从他的继承人那里索求赔偿。"总督诺言修正者"的辛勤活动从1240年以来导致了对总督承诺（promissioni ducali）的更多收集。这一活动持续到13世纪期间。如西斯蒙第所言，"诺言"导致了统治权力的放弃。总督承诺：不仅遵守法律和执行理事会法令，而且不干涉外交权力；除非他的一个顾问在场的情况下，否则不打开他的臣民投递给他的信件；不在威尼斯城邦之外拥有财产；不会干预任何有关权利的或实际的判决；不企图增加他在国家中的权力；绝不能让他的任何亲属在共和国内外因为他拥有任何民事、军事或宗教职位；绝不能让公民吻他的手或在他面前下跪。这个单子不是对零零碎碎的没有实质的外表的保留，它通常表明了在君主政体形式下向寡头政体的过渡。无疑，对这种做法的解释是，毕竟威尼斯人不想要总督仅仅具有仪式与象征性质。

第二十讲
中世纪城市——佛罗伦萨

§1 现在,让我们转向佛罗伦萨,我们可以将其看作意大利城市中走向民主(中世纪有组织的行业与行会民主)的运动的一种类型。

佛罗伦萨的实际独立和一般的托斯卡纳城市的实际独立,如我所言,由于托斯卡纳侯爵领地更为强大的统治,在开端上晚于亚平宁山脉以北的城市,但更为持久。几乎所有的伦巴第城市陷入专制统治后很久,佛罗伦萨一直在发展它的共和政体,并且让这种政体的工业特性得到了更为充分的表现。在这个发展过程中,宪制变得极端复杂起来。这些变化的主要原因看起来是:(1)通过更新政府组织,不断反复地镇压无法无天的贵族的努力;(2)行业或行会在政府中不断增加和扩张的代表权。我们已经看到,前一种特点是意大利城市所特有的;后一种特点则表明意大利城市和一般类型的中世纪城市具有基本的相似性。

佛罗伦萨的独立——如果它是在某一时间点开始的话——可以认为开始于1115年,在女伯爵玛蒂尔达(Matilda)去世之后;1076年以来,她一个人统治托斯卡纳的侯爵领地。在她的统治下,城市不享有理论上的自治;但是,实际上,各主要家族的成员参与了执法活动。当玛蒂尔达本人能够出席的时候,

287 她本人就主持法庭活动；但是，在她缺席的时候（政治与行政工作使得这种缺席不可谓不常见），判决常常留给市民法官。在教皇与皇帝之间发生的斗争中，虽然佛罗伦萨城市和它的封建上司女伯爵支持教皇一方，但周围的封建贵族认为自己受到了这个封建上司的压迫，大部分站在皇帝一方。因此，城市与农村贵族的斗争（我们曾在伦巴第城市的情况中追踪过这种现象）在佛罗伦萨开始于任何正式的城市独立性获得之前。故而，向独立的转型在没有很大震荡的情况下发生。主要家族的成员曾经以玛蒂尔达的名义从事政府行政活动，现在以城市的名义从事这种活动。

这个政府不久就开始由被称作领事的12个人构成，每年从城市的6个区中的每个区选举2人。他们属于大部分由封建贵族构成的主要市民阶层，但是，他们得到一个100人或更多人的理事会的协助。在这个理事会中，工业势力被包括进去，而且无疑拥有主导地位。我们可以假定，它包括有组织的行业（后来被称作"大行会"）的代表，或者包括其中一些行业的代表。因为，在12世纪的最后四分之一年头里，我们发现，行会的首领被认为有资格拥有某种职能，这种职能是在城市协商的条约中正式分配给他们的。我们还可以假定，在它们得到政治认可之前，它们作为组织就已经长期生机勃勃地存在了。的确，佛罗伦萨的对外政策看起来一开始就被它的商业利益所支配。在重要时刻也有议会的出现，但它的集会大多是一种纯粹的形式。而且，由于它常常在一个规模不大的广场或一个教堂中集会，显而易见，市民大众对于政府决策没有有效的分享。

§2 目前，还不存在贵族和工业势力之间的对立。但是，从1129年以来，我们看到了附近的城堡被摧毁，它的贵族所有者被强迫进入城市，这样就增加了城市的封建势力。

然后，在12世纪的后半叶，同弗里德里希·巴巴罗萨的斗争开始了。他在佛罗伦萨和其他城市任命了最高长官。但是，这一帝国体系从来不是很有效，在这个世纪末就崩溃了。然而，在这里像在伦巴第一样，引入了一种特殊的制度，即任命一个任期一年的外国贵族作为最高长官或政府首脑。不久以后（1212年），他就取代了领事们——他们似乎转变为一种最高长官的私人理事会。在这里，这种转变的部分原因看起来是，在这个时期，佛罗伦萨正在发动同城堡和邻近城镇的战争，人们觉得，单一统治者具有较高的效率；尽管选择一个外国人表明，在这里像在伦巴第一样，人们同样感到需要一个公正的外国人镇压无法无天的贵族。无论如何，在13世纪的前半叶，贵族间的不和爆发了，并很快融入全面的归尔甫-吉伯林争斗中。这里既有归尔甫贵族也有吉伯林贵族。但是，古老的家族几乎都是吉伯林派；而工业势力，组织起来的行会，主要是归尔甫派。

贵族和工业势力之间的对抗变得激烈起来。1250年，人民自己另外建立了一个组织，既是军事的又是政治的，处在一个人民领袖（Capitano del Popolo）的领导之下。这个组织的目标是有效地控制贵族无法无天的暴力行为。6个区被总共分为20个连队，每一个连都有自己的旗帜。这样，当人民领袖敲响"利昂塔楼"（Torre del Leone）上的大钟时，全体人民可以在军令下编队和集结起来。

不久，这个组织在吉伯林派暂时主政期间被取消，但它在1267年经过修正又被恢复。结果是一种极端复杂的宪制。因为，佛罗伦萨通往大众政府运动的指导原则是，（大体）留下拥有重要职能的现存政府，在它的上面添加一个新的组织，以更好地保护大众利益。这样，我们从1267年以来得到了下述宪制。首先是上文中的最高长官，一个每年选举的外国贵族，他拥有一个90人私人理事会和一个更大的300人理事会；这些理事会由贵族和平民联合组成。但是，为了对行政事务进行日常的调遣，有一个被称作贤人团（Bouni Uomini）的由12个人组成的团体，6个区中每个区产生2人；他们从人民中选举，接受一个100人理事会的建议，这个理事会也是从人民中选举。接着，有一个人民领袖，他像最高长官一样，是一个外国贵族，从一个归尔甫派城镇中选择；他也有自己特有的和一般的理事会；他领导市民军队——由分成连队的人民所组成的步兵。而最高长官是共和国在外交事务上的主要代表，常常是整支军队的总司令，但尤其更常常是骑兵的总司令，骑兵几乎完全由贵族和其他职业士兵组成。① 最高长官主持普通的民事与刑事司法。而我已经说过，人民领袖的特有职能是镇压贵族在反对人民时所犯下的罪行。

结果就是，假如一项措施必须获得所有审议团体的一致同

---

① 虽然从1250年以来，工业势力在城市生活中的支配性变得越来越强，而且在政治组织中越来越多地得以表现自己；然而，与之相对，由于重甲骑兵的改良，就像1260年在蒙塔佩尔蒂之战中的表现一样，封建势力的军事优势变得更大了。从这个时候，开始了雇佣兵战争的发展；甚至贵族家庭的儿子也成为武装团伙的指挥员，并在新的战争艺术中得以扬名。我说过，这是僭主政体的实际源头。

意,这个过程就格外地复杂。由十二贤人团提出的一项措施必须获得下述机关的投票:(1)100人理事会、(2)人民领袖的特别理事会、(3)人民领袖的一般理事会。通常这些投票要在一天内完成。第二天由下述机关投票:(4)最高长官的特别理事会、(5)最高长官的一般理事会。为了避免难以忍受的耽搁,发言受到严格的限制;这就是政治演说从来没有在佛罗伦萨(或实际上在整个意大利)得到丰富发展的原因之一。

§3 但是,这还不是全部情况。和这样建构的佛罗伦萨政府有关的认识还不完整,除非我们考虑一下拥有支配地位的归尔甫派的组织和行业或行会的组织。

关于前者,在这个时候设有6个归尔甫党首(Capitani di Parte Guelfa,这是他们后来的称呼);他们也拥有特别的和一般的理事会,管理本派的基金——它们来自被剥夺的吉伯林派财产。他们渐渐成为一种实现某些目的的常设政府机关,因为人们假定,归尔甫派将一直当政。将党派组织引入常规政府是中世纪晚期政治制度的一种值得关注的特色,迄今,还没有现代国家模仿过。例如在英国,从1715到1760年,一种被确定的准则是辉格党一直当权,但是宪制无论如何也没有认可辉格党(的一直当权)。在谈到佛罗伦萨的党派时,我现在要提到的是,归尔甫派和吉伯林派之间的斗争并不完全同贵族(Grandi)和人民(Popolani)之间的斗争重合,尽管某种程度上是重合的。古老的贵族家族几乎全部是吉伯林派,归尔甫派的力量存在于工业势力的支持中。但是,这里既有吉伯林派贵族也有归尔甫派贵族。实际上,在6个归尔甫党首中,3个是贵族,3个是平民。后来，他们有了自己的官邸，而且（如我所言）拥有了某些公共职能，即作为对吉伯林派进行起诉的首脑。如我们将要看到的，在判断政府特性时，这样一个职能后来变得具有决定性意义。

§4 但是，行业或行会的组织依然更为重要，实际上是1267 年宪制得以运转的中枢。因为正是在这个组织中，而且在它在城市政府中的代表权中，城市特有的中世纪结构首次变得突出起来，所以，我将会更加详细地思考它。

在意大利被称作行会的工业社团的起源，我们已经看到，可以追溯到罗马时代。无疑，在佛罗伦萨，它们在早期阶段就得到了有效的组织。在一个长期存在和有效运作的宪制中，它们被给予一种合法认可（或者被给予更大的确定性和地位），而且在此期间，它们在新的政府结构中被正式给予了一种重要的（尽管是附属的）位置。或许，所有这一切完成于 1266—1267年。这些行业协会的主要统治机关——会首（Capitadini delle Arti），依其职权既出席人民领袖的一般理事会，也出席他的特别或私人理事会。

这样组织起来的行会有 7 个，被称作高级行会（Maggiori Arti）。其中之一是"法官与公证人"行会，初看起来由于不具有商业性质，不同于其他行会。然而，要看到，在意大利，提供优秀的法官与公证人被认为对于商业繁荣，商业争端的裁决，公司法的制定、修订与实施，契约的起草，等等具有极大的重要性。另外 6 个行会代表佛罗伦萨对外贸易的主要分支。在这个时代，首要位置属于从事加工和洗涤进口织物的洗染行会（Arte della Calimla）和处理国产织物的羊毛行会（Arte della Lana）。由于意大利羊毛最初质量低劣,意大利人的品味又高雅,最初是洗染行会开始发达。后来,当意大利的原材料在努力下成功得到改良时,国内羊毛生产变得更加重要起来。和这两个行会在一起并列首要地位的是银行家和货币兑换者的金融行会。接着是丝绸商人的丝绸行会,其重要性在后来增加了。下一个是医生(Medici)行会。它乍看起来似乎具有专业性质而非商业性质;但实际上,这里的"医生"既出售药品也给出医疗建议,他们和药剂师(Speziali)一起,代表着一个并非不重要的东方贸易分支。最后则是皮毛商。

全部这些社团(其中不止一个包括几个结为联盟的工业部门)作为城市工业人口的自然领导者走在前面。无疑,它们此时被较小的行会敬重。这些较小的行会在下一代人期间获得了合法组织地位,然后获得了政治认可。这些行会的名称——亚麻布商、鞋匠、铁匠、粮商、屠夫、酒商、客栈老板、马具制作者、制革匠、盔甲制作者、锁匠、石匠、木匠、面包师——充分解释了它们的差别。这些较小的行会几乎排他性地关注国内商品与服务的零售贸易,因此,和"大行会"相比,商业利益范围有限。这些"大行会"从事从西方到东方广泛扩张的商业活动,自然会熟悉而且敏锐地关注城市的外部政治关系。当然,他们主要根据商业原则指导这种关系。

为了对这些行会的组织有一种认识,我将举例说明当时拥有主导地位的一个行会——洗染行会。每6个月,货栈和商店的负责人集会和挑选选举人;选举人选择4个领事(consoli)。领事在一个财政官(camerlingo)的帮助下治理行会。这个财政官是一位公证人，他负责严格遵守法规，常常在会议上代表领事们和一个12人特别理事会和一个更大点的一般理事会发言。领事检查商店和货栈，惩罚以次充好、质量低劣、缺斤短两和粗心记账等行为；手段是罚款，作为最终制裁是逐出行会。①我已经说过，7个"大行会"的领事被称作会首。他们在1267年被正式包括进人民领袖的特别或私人理事会，它实际上也被称作会首特别理事会。

§5 我们将会看到，在刚刚描绘过的这个复杂得令人奇怪的宪制中，贵族只是占有很小的权力份额，行会首领在理事会中的作用无疑是很大的。实际上，无论大小，行会就政治目的而言，就是人民（Popolo）。但是，当15年后（1282年）主要的行政机关被交到6个执政官（Priori）手中时，行会的支配地位明显提高了。这6个执政官每两个月选举一次；在6个"大行会"中，每个行会产生一个。第七个行会，法官和公证人行会因其职业本性，拥有足够的政治影响力，所以被排除在外。因为我们看到，在每个行会中，公证人是一个重要的官员。这样，是否有资格成为主要行政官员，就依赖于这些有组织的行业之一的成员资格。贵族想要被选上，就得加入6个行会中的一个。

现在看起来，我们拥有了一种正式建立的工业寡头政体。但在这时，它是一种自然寡头政体；这时似乎还没有对大行会独占垄断的抱怨。它们是人民的当然领袖。所有的行会，无论大小，在13世纪看起来依然团结在一起反对贵族。这有点像在

---

① 它们也有领事在国外照管行会成员的利益；现代国家的领事制度直接来自这里。

英国的 19 世纪早期。在反对《谷物法》的斗争中，城市资本家和手工业者团结起来反对领土上的贵族阶层。11 到 13 年（1293—1295 年）后，这种团结表现出来了。当时，贵族面临更不利的局面；在佛罗伦萨，最贵族化的家族正式地失去了获得行政长官职位的资格。我们发现，那时，执政官是被来自不同区的 12 个行会的会首和其他作为行会成员的圣贤工匠（sapientes et boni viri artifices）选举的。的确，一些较小的行会在这个时期的人民运动中看起来已经扮演了突出角色。所有 21 个大大小小的行会在一起，发誓要维护这个时代最显著的创新，即专门用来反对贵族的"正义法规"（Ordinances of Justice）。我建议对这些情况思考片刻，因为它们非常明显地表明了，在 13 世纪末欧洲文明的中心，意大利城市努力完成的基本任务是，对依然野蛮的贵族阶层强制实施所有文明获得的法律与公民秩序；这些城市这样做时，它们不得不挑战这些困难。

显然，在佛罗伦萨，工业势力有了一种特别充分的和繁荣的发展；然而，即使它已经享有了几乎 30 年的在 1267 年获得并且在 1282 年得到增长的政治主导性，尽管有最高长官、人民领袖、把工业势力组织起来进行自我防卫的所有努力——尽管具备所有这一切，但是，由于贵族拥有财富、声望、家庭关系和依附者，他们依然能够以和平市民所不能忍受的程度对抗法律、恐吓证人、营救被捕的罪犯，并因此逃脱对他们屡次犯下的暴行的实际惩罚。为了终结这一切，新的法规和执行这些法规的新机制被设立。

法规的主要特色有如下几点。（1）家族关系本来是违法行为的支持手段，被转变为镇压违法行为的手段。如果一个贵族家族——在其成员中拥有骑士（cavalieri）头衔的家族——的一个成员犯下了一桩罪行，他的家属要承担责任。法规进一步规定，所有的贵族，从15岁到70岁，必须每年一次出现在最高长官面前，给出良好行为的保证；如果存在轻微的暴力行为，担保人必须缴纳罚金，从违法者的财产中获得补偿。如果一个平民被贵族杀死或严重伤害，最高长官的责任是将犯罪分子斩首，摧毁他的住房，剥夺他的财产。（2）但是，最惊人的措施是为了适应难以为受到指控的暴力行为找到证人的困难而提出的措施。法规规定，由两个可信的证人①所证实的日常传闻，足以证明一个贵族犯下了一桩罪行。难以为这项规定进行辩解，但是，法律救济的粗暴证实了违法行为的顽固性。救济的适用受到了这样的附加条款的限制：如果平民参与了贵族间的争端，这些特殊条例不再适用。

  新的机制是设立了一名正义旗手（Gonfalonier of Justice）。在他的指挥下，一个由1000个（后来增加到4000个）平民组成的团体受到召唤时或出现骚乱时有义务武装起来出现在市政广场上。正义旗手必须支持最高长官执行法规；如果最高长官或人民领袖玩忽职守，他必须取代他们而行动。正义旗手和6个执政官组成执政团（Signoria）；最终，他成为它的主要成员。像执政官一样，他由来自城市不同区的12个行会或其他行会的首领每年选举一次。只有行会的成员才有资格当选，贵族被排除在外，即使他加入了一个社团。

---

  ① 后来增加到3人。

甚至这些严厉的法规也没有马上达到其目的。半个世纪里，贵族同这些法规进行斗争。在14世纪发端的"白党"与"黑党"的争斗中，贵族看起来还是以老方式进行斗争。但是，人民坚持这些法规，所以贵族必须做出某些实质努力。实际上，1338年，罗马从佛罗伦萨这里要到了这些法规的一份复制本。

§6 同时，在1323年，对中世纪意大利政治与古代希腊政治进行比较的研究者来说特别有意思的重要的变革发生在官员的选举模式中，即部分引入的抽签方式。到那时为止，执政官虽然每2个月改变一次，每6个月选举一次。但是，人们认为，这种让候选人身份变化过于频繁的做法伴随着阴谋，于是就决定，提前42个月一次性选出所有的(即21任)执政官；然后通过抽签决定两个月任期后的继任，在全部成员轮完之前，没有人可以有再次当选的资格。从民主角度来考虑，这种做法也有这样的好处：实际上让这种职位向更多的人开放。实际上，执政官职位必然在三年半内由126个不同的人所担任；无论如何，可以认为，这些人是他们的同胞认为有资格填充这个岗位的所有人中的相当大的部分。随着同样的方法被扩展到所有的官员中(西斯蒙第估计有136个官员)，肯定可以看到，某种官职几乎肯定属于某一受人尊重的有空闲从事公共事务的佛罗伦萨市民，因为官职没有薪酬，除了那些由外国人担任的官职。西斯蒙第补充道，"几乎所有自由的意大利城市都匆忙地采纳佛罗伦萨的这项创新"[①]；而且他指出，在19世纪早期，这项做法还留存于卢卡和托斯卡纳的各个城市与教皇国的城市中。

---

① *Histoire des Républiques Italiennes*, vol. v. ch. xxx.

在考虑佛罗伦萨官员的数量时，我们必须记住，在 14 世纪上半叶，它已经成为一个大城市。西斯蒙第估计，在 1343 年，它有 150,000 个居民。

要看到，尽管选举方式有了以上描述的变化，向更多数量的人们敞开了官职的前景，在这个意义上具有民主性，然而，做出选择的人依然只是经过选择的少数人，因为被抽签选中的人并不是被全体市民选举的。同时，详尽的方案被采纳，以阻止把任何真正有资格的市民排除在外。如果我追随编年史①中所描述的 1328 年执政官选举和正义旗手选举所采纳的步骤，那么可以对佛罗伦萨 14 世纪政体的特点做出富有教益的说明。当时，在卡拉布里亚（Calabria）公爵（他曾经在三年内拥有佛罗伦萨的执政职位）去世后，②一系列重大的尝试被采纳，让政府建立在尽可能广泛的基础上，和把权力保持在归尔甫派手中的做法保持一致。方案如下。(1) 执政官，增加来自城市每个区的 2 个平民，从适合执政官官职的 30 岁以上的非贵族归尔甫派市民中选择。(2) 军队首领（gonfalonieri delle compagnie），增加来自每个连队的 2 个平民，做法同上。但是，这还不够；党派组织和工业组织也要协助选择，因此，(3) 归尔甫派的首领们和他们的理事会一起，也要提出他们的选择清单；还有，(4) 5 个行会官员，和来自每个"大行会"的 2 个领事，也要这样做。就像在英

---

① Giov. Villani, lib. x. ch. cviii.
② 我可以顺带评论道，没有什么事情比佛罗伦萨的这件事如此惊人地表明在中世纪的意大利维持共和独立的难度，它的主要拥护者不得不时地暂时接受一位外来的主人。在对城市自治权利做出严格的保留之后他才被接受。即使这样，他被接受本身就是一件惊人的事实。

国一样，我们所采纳的政策是一直让自由党人掌权（就像在乔治一世和乔治二世的统治下一直由辉格党掌权一样），在全国自由联盟（National Liberal Federation）的一个委员会和主要工会的代表的协助下，由内阁选择大臣。

当这些清单被制定出来时，有资格在下两年中担任执政官的人选的最终确定是由一个构成成分稍许不同的团体通过秘密投票决定的，这个团体包括：执政官、"在重要事务上为执政官提供咨询"十二人贤人团、19个军队首领、12个"大行会"中每一行会的2名领事，和由执政官与贤人团增补的36个人（城市的6个区中每个区有6个）。获得通过需要68张选票。然后，这些通过者的名字被放在一些袋子里，城镇的每个区有一个这样的袋子。每两个月通过抽签从袋子中选中一个名字。任何一个抽中名字的人就是接下来两个月的执政官。受到的限制是，禁止同一个人在两年内多次成为执政官，禁止一个家庭的两个成员在同样的6个月内担任该官职，禁止两个兄弟或父亲和儿子在同一年内担任该官职。军队首领和十二人贤人团从同样的清单中选择，每个行会以相似的方式选择自己的领事。

要看到，在同时（1328年），前面提到过的复杂的理事会体系被减少至两个理事会：平民理事会，由300个归尔甫派平民组成；市镇（comune）理事会，由被认可的人——贵族和平民组成。目标是，国家所有重大的利益方都应该以某种方式被代表；即使贵族在市镇理事会中也拥有代表权，目的是给予他们阶级压迫的实质性保护。

§7 但是，在这些动荡时代里的宪制持续时间很短。在代表商业势力的"大行会"和包含手工业者势力的较小的行会之间的情感联系已经在减少了。一个层面是贵族和主要的平民，另一个层面是更富有的平民和普通的手工业者，这种双重不和为僭主政体提供了机会；到了这个时候，亚平宁山脉以北的城市已经普遍屈从于这种政体。1342年9月，当雅典公爵沃尔特·德·布里耶纳(Walter de Brienne)让自己暂时成为城市的主人时，正是古老的贵族阶层和低下的手工业者阶层的联盟，在混乱的议会中宣布他为终身的城市领主。

但是，在下一年的7月，所有阶级团结起来，将佛罗伦萨从僭主手中解放出来。为了维持这种联合，短时的努力被做出，给予贵族对官职的分享，反对他们的法规被暂时中止。但是，如同编年史所示，[1]人类的敌人在贵族身上激发出傲慢与无理；人民反对他们的暴行，迫使他们退出主要的官职；短暂的武装斗争发生了，贵族最终屈服(1343年)。古老的贵族作为一个阶级，再也不能为了权力而竞争了。这些法规被再次永久地确定下来，但采取了一种更为公正的形式。贵族犯罪分子的亲属责任被限制为他最近的亲属。贵族的观念也改变了：犯下某些罪行的平民会和其家族与亲属一起被宣布为贵族，除非他们把他交给司法机关；与之相对，作为一项恩惠，一些古老的贵族家族和个人会被公共法令宣布为平民。

具有不同名称的一种相似方案被托斯卡纳的其他自由共和国——锡耶纳、皮斯托亚、卢卡采纳。在保持自由的城市中，贵族一般被排斥在所有官职之外。在不止一个城市中，像在佛

---

[1] G. Villani, lib. XII. ch. xix.

罗伦萨一样，贵族登记簿向公众开放，作为一种惩罚手段，写上公共和平骚扰者的名字。这是中世纪历史向我们展示的最突出的制度之一。

回到佛罗伦萨。既然古老的贵族阶层已经最终失去了权力，留下的问题是，在一个排他性的工业政府中，如何在平民寡头和被组织在较小行会中的手工业者之间分割权力。首先，在1343年之后，看起来好像后者占据优势。在1328年和1343年之间，尤其在1342年和1343年的斗争中，在通往民主的道路上，一项重大进展被做出。如同编年史所言："人民，已经赢得了针对贵族的胜利……地位大大崛起，拥有了胆识和支配权，尤其是中产阶级和更小的手工业者。"①总体而言，城市政府落入由21个行会组成的行政机关中。6个区的旧划分已经变得过时了，城市现在被分为4个区。执政官的数目从6个增加到8个，每个区有2个，（和现在被视为政府首领的正义旗手一起）形成了一个9人行政机关，9个人中的3个应该来自较小的行会。编年史继续说，事实上，直接后果就是，他们超出了这个比例；尤其是，禁止同一家庭的两个成员在6个月内担任执政官，这一禁令对于古老家族的要求要严于新人；众所周知，前者的家属关系可以追溯至很早的时代，而后者则没有可以记录的家属关系。

§8 但是，就像我们前面看到的，寡头政体通常很难消逝。当人们发现（就像我们被告知的）"粗鄙的和无知的人获得执

---

① G. Villani, lib. XII. ch. xxii.

政官职位"①的时候，通往实际的寡头政体的一种反动就发生了，发动方式相当特殊。我已经描述过，占有统治地位的归尔甫派如何组织成一个拥有理事会和首领的归尔甫社团，后来，它的首领们如何在宪制上参与了合格市民名单的编制，通过抽签从这些市民中选择官员。他们也有一个官员，负责指控可疑的帝国分子。在他们的影响下，吉伯林派在四分之三世纪里（1266—1343年）实际上被排除在官职之外。然而，在1343年的变革之后不久，人们相信或假装相信，放宽的任职资格选择已经向吉伯林派开放了。在归尔甫社团中，那些老贵族作为归尔甫派保持着相当大的影响力，并且和重要的平民贵族（nobili popolani）联合起来，有点像在罗马一样，构成了一个具有寡头倾向的新团体。在反对这个普遍被褫夺公权的党派的热情的掩盖下，这个归尔甫社团在20年间努力将权力保持在自己手中。他们让一部法律得以通过，它使得每一个担任官职的吉伯林派易于受到刑罚，由官员决定是死刑还是罚金；对可疑的吉伯林派"提出警告"的职能则授予了归尔甫社团领袖。通过对吉伯林派的这种责难，从1358到1378年，他们想方设法，不仅将吉伯林派而且也将任何反对统治集团的人吓阻在官职之外。

这样就产生了不满，导致了或许是最著名的佛罗伦萨的革命——梳毛工（Ciompi）革命（1378年）。它具有双重历史意义：(1)因为它是佛罗伦萨民主运动巅峰的标志；而且(2)因为在这里，运动第一次超出了常规组织起来的行业或行会的范围，暂

---

① Hallam, *Middle Ages*, chap. III. part ii. p. 429.

时把政府参与给予了还依然处在较低阶层的人民。这个等级部分上由工人群体构成，他们还没有获得独立的联合，而是和这个或那个"大行会"存在依附关系。以羊毛行会为例，我或许可以把它译为更为我们熟悉的说法——"布商公司"，依附于它的有梳毛匠、印染匠和纺织工，但是也有非熟练工——梳毛工。

追踪这场革命的各个阶段要花费太长时间。它是由受到迫害的真正的或可疑的吉伯林派、较小的行会和上述这个较低阶层的一种联合所发动的。在某一时刻，较低阶层武装到了牙齿，在人民热烈的冲动中似乎把一切都带到它面前。这让人想起1789年后的暴动（émeutes）时期。它暂时获得了在九人行政机关（8个执政官和1个正义旗手）中配备三分之一名额的权利。但是，暴动的浪潮继续前冲。反动出现了。结果是产生了一种较小的行会占据支配地位的宪制。但是，这个宪制仅仅持续了3年。1382年，平民贵族重获权力，轰轰烈烈的民主运动结束了。① 的确，较小的行会保留了四分之一官员名额。但是，它们不再是真正的"手工业行会"（craft-guilds）；富裕的年轻人加入它们，它们成为掌握在资本统治寡头手中的被动工具。的确，50年后，出现了共和政体逐渐向美迪奇实际的君主政体的转型，就像罗马共和国末期的转型一样，它获得了大众的支持。

---

① 我只是考虑了佛罗伦萨，尽可能让简短的叙述变得清晰。但是，大约在同一时间，有组织的但低阶的行会在其他城市例如锡耶纳让民主获得了相似的暂时胜利。

第二十一讲
中世纪代议制度

§1 有一种政体类型曾在中世纪晚期的西部欧洲盛行。我现在转而简要描述其起源与衰败。它介于早期中世纪封建或类封建状况与16和17世纪主导性的纯粹君主政体之间。如果忽略这种封建或类封建状态的微小变动的话,我们可以认为它从10世纪持续到13世纪。我们或许可以将这种政体类型称作"被等级会议(assemblies of estates)所控制的君主政体"。要记住,它的一项基本特性是,这些会议的参与者除了贵族和教士之外,还包括城市的代表。

但是,在进入对此的描述之前,我愿意把关注转向古代政治观念和现代政治观念之间的一项重要差别,我必须要讲的将有助于理解这项差别。亚里士多德在我们已经引用的描述审议团体的文段中,[1]没有谈到税收。为公共目标募集资金的职能似乎被他认为具有明确的次要性与从属性,以至于对它没有什么要说的。另一方面,在洛克著名的《政府论》(1690年)中,谁决定税收这个问题看起来甚至比谁决定立法这个问题更为基本。洛克乐于承认,一个民族可以把制定法律的职能移交给一个绝

---

[1] 参见第十二讲,第174页。

对君主，他仅仅受制于这样的模糊条件：法律的目的必须是为了人民的利益。但是，他不愿承认，他们可以同样把"未经人民自己或他们的代理给出的同意而对他们的财产征税的权利"①移交给任何政府。从近世政治理论而非古代政治理论的立场来看，这种观点显得惊人；它对应于历史上的财政问题在17世纪宪制斗争中的突出地位。

我认为，古典与现代政治观念上的这种差别，来自现代政体得以逐渐从中世纪状态中成长起来的方式。在中世纪政体中，严格意义上是没有税收的位置的；国王被认为要从他的领地资源、封建义务、捐献(dues)和其封臣偶尔给的"贡金"中支付王国的花费。这样，由于王室开支的增加，特别是由于在战争中对付薪职业士兵的卓越使用所导致的开支增加，君主筹款的需要和他的封臣中间的一种既定习惯发生了冲突。这种既定习惯就是，作为事实上的权利与义务，只付出固定的租金与捐献或相互服务。如哈勒姆关于法国国王所言，当等级会议时期开始时，"有一项基本特权是，尽管国王权力得以增长，但他不要指望使用武力推翻他的贵族们所享有的税收豁免权"②。我们可以补充道，他们的宪章给予有选举权的城镇的保障是，不能任意地增加每年的付款。这种保障不能被完全漠视。那么，从君主的立场来看，全民大会(general assemblies)制度作为一种手段是重要的，可以克服其财政之路上被这样设置的障碍。

§2 根本重要的是，在中世纪政治发展的某个阶段中，具

---

① *Treatise on Civil Government*, ch. xi. § 142.
② *Middle Ages*, ch. II. pt. ii. p. 223.

有部分代表性的会议成为重要的政府控制机关。这一发展阶段后于而且部分起因于地理国家中拥有独立性的城市共同体的发展。这种独立性可以抗衡封建领主的独立性。但是，它的内在组织原则相当不同于封建原则，基本上是工业原则；在某个时期内具有或多或少半民主宪制倾向。正是由于这种发展，当会议形成时不仅仅是贵族——战士与教士——的会议，而且还吸纳了社会中不断增长的工业势力的代表。正是这种对工业势力的吸纳，非常明确地表明了这些会议意味着国家发展的一个新阶段。

因为，这些会议中的封建成分不是新的；它只是君主的直接封臣会议的一种晚期形式。它以"王庭"(royal court)或"政务会议"(council)的名称成为封建时期一种著名的和为人熟知的机关，尽管它履行自己职能的常规程度是非常不一样的。它代表着原始政体中的首领议事会。它接受召集，在和平与战争问题上为国王提供建议，给予重要的司法裁决，而且偶尔规定战争税(贡金)——这几乎是封建时代公共税收的唯一明确形式。如果这种会议只是继续为君主提供建议，而且在法律和税收上给予同意，即使这样的政务会议变得更为常规，它们也只会继续君主政体与寡头政体之间的斗争；我已经说过，这种斗争是中世纪早期所特有的。但是，由于引入了城市，一种更为民主的成分出现在"等级会议"(meetings of estates)中。从13世纪末以来，它部分帮助了、部分控制了君主政体。

这些会议的形成是国家整合不断增强的一种迹象和表现，这样的论断可以适用于它们全体。但是，关于导致它们的主要原因，我认为，难以做出任何一种可以明确适用于所有情况的论断。有时，组建它们的冲动似乎完全或主要来自上面，而且就君主而言，是出于政策——主要是出于财政政策的考虑。而有时，它似乎来自下面，而且是同样社会条件中的人们与团体自发组建自愿性社团运动的一种更全面与更深刻的结果，这是中世纪晚期的一种特色。当然，这两种原因常常混合在一起。

人们或许会期待，如果使第三等级的代理和贵族与教士比邻而席的运动来自下面而非上面，那么，在这样的地方，它非常有可能发展成为稳定的和长久的立宪政府。但是，事实是另外一回事。正是在德意志，我们看到自发结社的力量在非常明显和深入地运作。正是在(例如)德意志，著名的自愿性城市同盟被建立起来。尤其是汉萨同盟，它非常明显地表明了一些势力的自发结盟所产生的力量与实际独立性；这些势力以个体形式保持着正式的政治独立性。德意志商人在外部地区——英格兰、佛兰德斯、斯堪的纳维亚、俄国——为了保护他们的共同利益，建立了一些同盟；在德意志北部的贸易城市中为了不同的目标建立了更小的同盟。在这些同盟中，我们可以看到这种自发结社的兴起。最终，我们发现14世纪中叶北部德意志城镇的一个伟大同盟。它以汉萨为名；由几个城镇的代理组成的会议通过决议，它就靠这种决议实施统治。它的首要目标是，保证海上与陆地通道的安全，通过仲裁解决作为其成员的城市之间的争端，获取和维持外国土地上的贸易特权。在1367到1370年，它成功和光彩地发起了针对斯堪的纳维亚诸王国的战争。它在随后的长时期内维持着一种生机勃勃的活力，控制着构成它的城市的内部政策。甚至当宗教改革开始的时候，它还关注自己的宗教利益。这仅仅是在帝国权力开始衰落后，中世纪晚期几个德意志城市联盟中的一个例子。在德意志，这种为了捍卫共同利益而自发联合的倾向不仅仅在城市中表现出来。贵族，尤其较小的贵族，同样结为手足情谊以捍卫自己的权利与特权。这场运动甚至蔓延到了农民这里，仅仅只是不完善和暂时的，但瑞士的著名案例除外。最终，尤其在德意志，在14与15世纪（中世纪议会时期），自愿联合的力量得以表现出来，把贵族与教士、骑士与公民结合成为更广泛的联盟，保护自己反对王公们的压迫。然而，在德意志，这种中世纪等级会议体系失去了影响，即使它在17和18世纪幸存下来，也不能对主导性的绝对主义进行有效的抵抗。[1]

与之相对，在英格兰，从中世纪议会向现代议会（parliament）的转型是渐进和连续的。在这里，城市没有表现出这样一种自发的结社冲动。最初，它们不定期地被贵族们召唤，似乎主要是为了获得道义支持，以便给予贵族与国王的斗争以一种更为明显的民族斗争的气氛。后来，它们被定期召唤，主要是为了应国王的财政需要，更便利地筹款。国王为了筹款，同集合在一起的城市的代表进行协商，而不是分别同它们进行协商。在西班牙，即这些会议出现得更早的地方，普雷斯科特说，"第三等级被召唤到国家政务会议上是出于君主的政治算计，还是城市的权力与重要性的不断增长在某种程度上对他的强迫"[2]，

---

[1] 见第二十三讲，第336页。
[2] Presoctt, *History of Ferdinand and Isabella*(in a footnote to the Introduction).

现在探寻这个问题已经太晚了。但是，在法兰西像在英格兰一样，显而易见，这种冲动主要来自上面；尽管在法兰西，当君主统治变得软弱和不成功时，这样接受召唤的会议不久就表现出一种掌控权力缰绳的倾向。

§3 这些中世纪代议制度在英格兰获得更为完全与更为成功的发展，一些例外条件导致了这种发展。在我接着分析这些例外条件之前，让我们通过比较方式考察一下法兰西的情况：部分原因是，当纯粹的君主政体阶段成功取代这种一般短暂的代议制度阶段时，正是在法兰西，它看起来最为辉煌和可观。

我们可以首先注意到，如同基佐指出的，① 当第三等级（tiers état）在中世纪法兰西历史中开始扮演一种重要角色的时候，城镇的独立性已经不再如初了；随着王室权力广泛地和深入地增长（法学家有助于这种权力），与这种权力所带来的王国内部的秩序与整合，一些城市获得的行政独立性，尤其半主权权力，由于和整合秩序不相容而逐渐地被减少和废除；这种整合秩序是法学家的理想，只要它是通过确立王室的主导性而建立起来的，自然也是君主野心的目标。这个过程在13世纪的大部分时间都在持续，尽管它又持续了两个世纪。但是，直到14世纪的开端，城市的代表才接受召唤，在"全国三级会议"（estates-general）的集会中构成一个"第三等级"；而且直到同一个世纪的中叶，这个第三等级才开始具有自我主张和自我行动。我认为，对这种现象的解释是，尽管王权的目标是持续地剥夺城镇的类主权权力，却不害怕它们，也没有明确意识到和它们的

---

① Guizot, *Histoire de la Civilisation en France*, Lect. XIX.

竞争，因为它意识到自己和封建贵族与教士构成了竞争。在王室的一般反封建政策中，一项重大收获就是，不仅和王室领土的城镇而且和整个王国的城镇建立了直接的联系。

在1302年全国三级会议的第一次集会上，国王的目标看起来主要是表明，在他和教皇的争斗中，他得到了整个王国的支持。但是，我已经说过，另一个非常重要的动机是更容易筹款的愿望。我认为，总体而言，在法兰西像在英格兰一样，这才是最为重要的动机。全体会议有利于财政安排，舍此，国王就必须和他的封臣们单个做出这种安排。他或许期望（实际上他也发现了），城镇的代理更容易接受劝说，给予他金钱帮助，所以，他们和封建贵族一起出席，会让整个筹款过程不太困难。然而，不管这种权宜之计多么迷人，尝试它对于君主政体不可能没有一定的危险——这样会给予代表更大的联合机会，一旦君主政体软弱时，将会导致他们接手政府权力，干涉立法与行政。在法兰西，这种情况实际发生在1357年，在普瓦捷战役（battle of Poitiers）之后灾难性的黑暗日子里。当时，人们注意到，改革运动（也可以称作革命）主要由市民发起，由巴黎商人的代表领导。一场类似的运动，也是被城市势力所领导，发起于1413年。当时，国家被相互冲突的派系的暴力行为所撕裂。

但是，不同等级之间，尤其市民与贵族之间缺乏联盟，足以阻止这种阵发性的人民控制政府的企图获得长久的后果。缺乏这种联合的一个原因是，贵族和教士被豁免了向非贵族所征收的土地税（land tax, taille）。这种做法所采纳的原则是：无论如何，就正式的税收负担而言，"教士阶层用他们的祈祷支付，贵族阶层用他们的剑支付，而人民用他们的金钱支付"。这样，由于特权阶级基本上对于和三级会议探讨的财政问题缺乏兴趣，资产阶级终究太软弱，而不能同君主政体单打独斗。考虑到财政具有根本的重要性，这种斗争的转折点发生在1439年。当时，三个等级同意或者被成功地理解为同意永久性土地税(taille perpétuelle)。三个等级的同意对于税收的正当化是必需的，这项原则的确没有被明确放弃。的确，半个世纪后的1484年这项原则得到确认，也提出了每两年举行更常规的会议的要求。王室答应了这种要求，不再召集会议，但照常收税！

追踪法国的全国三级会议和行省三级会议的各种集会的历史，将会花费太多时间。在人民愿望的表达上，它们构成了一种重要的和有影响的机关。当政府明智时，可以从它们那里获得有价值的忠告与建议。但是，一般而言，主要由于被代表的不同阶级之间缺乏联盟，阻止了成分多样的大会对政府权力获得一种重要的和永久的分享。贵族和平民之间的这种致命分裂在1614年的全国三级会议集会上得到了明确的表现。当时，贵族向国王提出的一项正式抱怨是，第三等级的一个演讲者曾把三个等级——贵族、教士和平民——比作同一个家庭的三个兄弟。第三等级仅仅要求成为一个小兄弟；但是，贵族甚至不承认这种级别的兄弟情谊。当下一次三个等级在1789年(一又四分之三世纪后)会面时，就像有时在家庭中所发生的事情一样，最小的兄弟已经成长为最强者，并且让别人感受到了他的力量。

在西班牙，一种相似的原因也导致了相似的后果。在这里，早在12世纪，国民大会(national assemblies)中城市的代表权就被确立。而且，在这里，既在阿拉贡也在卡斯提尔，长期以来，同法兰西相比，这些大会所确立的对于王权的控制看起来更为牢固和常规，而且直到15世纪，看起来更有希望发展成为常规的立宪政府。但是，在这里，君主政体力量的强大也是因为它的权力竞争者之间缺乏联盟，而且这些竞争者愿意以他们的同胞为代价接受特权。这样，在14世纪，王权大胆地减少了拥有代表权的卡斯提尔城镇的数量，从而削弱了这种代表权的力量。这时，可以派出代理的城市的数目被降到18个。这一数字一直保持着，仅有小的变动，享有特权的城市抵制增加这一数字的任何企图。在这里，贵族也声称，他们的个人军事服务可以让自己获得纳税的豁免权。这样，正是在贵族与市民之间确立的这种分裂使得16世纪的向绝对主义的转型如此顺利。

斯堪的纳维亚诸王国的议会具有一种更为坚实的大众化结构，它既包括贵族和市民的代表，也包括农民的代表。的确，甚至在18世纪，瑞典就提供了一种议会权力有效运作的例子。然而，我们可以看到，1660年把丹麦政府转变为一种纯粹的君主政体的政变同样表明了在财政利益上的分裂。当时，贵族们拒绝当他们住在庄园里时被征税，激怒了市民们。国王灵巧地煽动他们的愤怒，发动了一场大众革命，其结果就是绝对君主政体。

§4 那么，如果我们问，在西欧较大的国家中，为什么只是在英格兰，中世纪的等级会议通过一个不间断的过程被导向现代议会制政府？我认为，主要答案必然是，导致它在其他地方失败的原因——不同阶级和阶层之间联盟的缺乏——在英格兰根本没有起作用。我不是说15世纪的英格兰没有地区之间或阶级之间的猜忌，只是它们在这里的作用远不如其他地方。我认为，关于这种现象有两个主要原因：英格兰的岛国孤立性和诺曼国王们的强大政府。

我倾向于相信，岛国的明显边界所产生的孤立性对于人民的想象力造成了直接影响，使得国民情感更容易凝聚起来，岛屿外面的人民被明显地视为外来者。因此，这种孤立性在诺曼征服者和被征服的英格兰人之间造成了明显彻底的（和在这种环境下迅速的）融合。如果我们相信《财政对话录》（*Dialogus de Scaccario*）的真实性，这种融合实际上是在一个半世纪里完成的。孤立性带来的另一个更为重要的后果或许在于，由于长期缺乏被侵略的严重恐惧——孤立性带来了相对和平的状况——如同赫伯特·斯宾塞先生所言，同大陆国家相比，"尚武"（militancy）在英格兰不具有支配地位。在英格兰，总是有根据非军事占有制而持有的土地，即"索克保有制"（free socage）*，大规模地和根据军事占有制而持有的土地混杂在一起。而且，由于孤立性所带来的相对和平的环境，土地所有者中更和平的成分往往同化另一方。王室必须捍卫它在大陆的领地。但是，在这些战争中，跨海服兵役的义务开始逐渐地被认为是一种负担。骑士们乐意通过"免服兵役税"（scutage）逃脱这种负担。但是，当这种负担转换为金钱的时候，骑士身份上的金钱义务被认为具有压迫性；而且，我们发现在13世纪它必须被强制实施。这样，

---

* 中世纪自由持有土地制度的一种形式，佃户向领主提供确定的劳役或货币就可以在一定时间内（不少于终生）不受限制地使用土地的一种土地持有形式。——译者

在更小的土地所有者中间的军事成分与非军事成分之间的差别往往自然被抹去；乡村绅士和城市商人更容易联合成一种强大的和生机勃勃的"平民"(commons)团体。

英格兰社会具有更大内部凝聚力的另一个重要原因是，征服者威廉建立的君主政体具有特定的优势和活力。封建制度某种意义上是被威廉引进的，但是，封建制度的主要后果——政府权力的分离(disintegration)——被仔细地排除掉。他的强大控制和娴熟运用的政策避免了与他分赃的追随者获得某种法兰西与德意志封建主的独立性。这样，我们看到，①在英格兰，这样一项原则无论如何在理论和形式上都得到了维持：对于国王的直接效忠不仅应当来自他的直接封臣，也应该来自这些封臣的封臣。威廉在慷慨地分配抢劫来的英格兰土地时，小心地以分散的形式进行分封，目的是尽可能不让任何强大的贵族在任一地区具有极大的主导地位。切斯特和达拉谟属于可以在领地内行使王权的郡，任务是军事上对抗威尔士人和苏格兰人。除此之外，行政体系阻止大量权力被置于任何大贵族之手。

在英格兰，从12世纪以来，通过巡回审判，对地方司法进行的有效控制得到了维持。这种王室法院通过驯服地方习俗而提高了人民的同质性。必须记住，同大陆国家相比，在前诺曼时代，这种地方习俗非常多。从亨利二世以来，除了不值得考虑的例外，英格兰仅仅有一部普通法。进而言之，当代议制度开始时，在英格兰，除了一个议会，没有什么可以和"行省等级会议"相对应的东西。

---

① 第十四讲，第206页。

而且，在英格兰，阶级之间的整合得到了英格兰特殊的贵族观的帮助，即贵族出身作为一种优品，不能遗传给小儿子们。这看起来部分是由于这样的事实：贵族院[①]——"王国伟大的政务会议"——被用来作为我们强大的集权化诺曼政府的一种标准成分，在大陆国家中，某种程度上是难以找到可与之类比的机构。诺曼国王并不担心他的贵族政务会议会反对他的措施；他害怕的是地方上对这些措施的对抗；而政务会议的赞成往往会阻止这种对抗。因此，被个别地召集到政务会议的贵族和那些没有被召集到政务会议的贵族之间的区别在英格兰比在其他地方更明显；而那些没有被召集的贵族和王室更小的封臣混合在一起，最终成为乡绅。

因此，我们就拥有了一种强大的君主政体、一个相对软弱的贵族阶层，和一群同质而和团结的人民。这样，当贵族阶层受到驱使对抗王室的暴政时，自然会导致和其他感受到这种压迫的阶层联合起来，以便使自身得以强化。[②]这种联合由于这样的事实而得以促进：我们常常在大陆历史中遇到的市民与封建贵族之间的那种斗争，在英格兰城市的发展中并没有表现出来。要牢记于心，在这个时代，英格兰是一个农牧业主导的国家。

---

① 全国政务会议（National Council）的民主成分在诺曼政府很久之前就已经消失了；在威廉采纳的封建制度的影响下，它几乎不知不觉地从智者的会议变成国王的封建附庸的法庭（Stubbs, *Select Charters*, p.15），实际上是更大的贵族的法庭，尽管所有的直属军事封臣都拥有宪制上的参与权利。这样，从具有连续性的议会发展的角度来看，正是贵族院代表着古老的全国政务会议。

② 因此，正是贵族从1215年约翰王以来曲解了《大宪章》。但是，贵族依赖人民，而《大宪章》的含义并不是根据从坏的含义上得以理解的寡头政体的利益制定的。它的目标是，至少保证所有自由的土地持有者免于专断税收的自由，保护所有自由人免于专断监禁与惩罚的自由。

但是，那时的大城镇主要直接依赖国王，在它们的历史中并没有同贵族阶层之间发生长期的、尖锐的和激烈的冲突的记忆，这种冲突在其他地方往往会阻止两者之间的联合。而且，活跃的集权化行政如其表现，出于各种目的，让较小的城镇服从郡的权威，所以让农村势力与城市势力习惯于共同行动。

因此，在诺曼征服后的这一个半个世纪里，格外有活力的君主政体和其他原因共同运作，在英格兰社会的各种势力之间造就了一种独特的合作能力。所以，这是议会拥有特殊力量的主要原因，而这个议会在 14 世纪开端成为政府的常规组成部分。在这里像在其他地方一样，议会的机会在于王室的财政需求。但是，由于在议会中各种代表势力得到了坚实的整合，①在这里，对于机会的利用比在大部分其他国家更为坚定和持续。在 14 世纪末之前，一些重要的原则被确立起来：如果没有议会的同意，新的税收②是不合法的；立法需要两院的共同认可；③

---

① 代议制原则在《大宪章》中并没有体现。但是，就自由的土地持有者而言，我和哈勒姆与弗里曼假定，很大程度上，代议制作为一种便利的筹款方式逐渐地被采纳。的确，城市的代表并非基于财政原因被西蒙·德·孟福尔（Simon de Montfort）在 1265 年首次召唤到议会。然而，财政原因发挥作用，让这种做法成为常规，并且在 1295 年爱德华一世统治时期，首次产生了三个等级的全面的代议制。在这之后不久（1297 年），征收新税必须得到议会的同意的做法得到正式的认可。最初，议会会有三个等级，骑士和市民分开投票和对自己征税。在 14 世纪，教士不再出席，而是选择分开召集的会议，骑士和市民混合在一起。但是，我们可以注意到，在 15 世纪，选举人资格变得不太大众化起来。在 1429 年，"50 先令"不动产持有者的限制剥夺了相当多的选举人资格。而且，在许多市镇，市政统治团体由现任委员推选产生，篡夺了选举产生代表的权利。这种现象和我们曾经注意到的德意志与意大利更独立的城市共同体中的现象是类似的。

② 在做法上具有不确定性，这种不确定性后来变得非常重要，直到最终被长期国会（Long Parliament）所解决。

③ 最初，习惯做法是，新的法律是"应平民院的要求和贵族院的同意"而制定的。然后，慢慢地，请愿书以法案的名义采取了完整的法规的形式。人们认为，王权不能总是可以实际批准所请愿的事情。

平民院可以调查和有权利修正行政机关的权力滥用。这样的原则也被确立起来，尽管不太明确和彻底：只靠君主的命令或法令，不能合法地侵犯或改变英国人的权利和自由。

这些原则深深地扎根于英格兰的政治意识中。甚至当玫瑰战争(the Wars of the Roses)之后议会精神暂时衰败和王权实际上具有支配性的时候，王权也不敢公开地非难和践踏议会的权利。都铎王朝的君主们有自己的处事方式，在某些方面严重蚕食了英格兰人的传统权利。但是，他们通常通过讨好议会来践行自己的处事方式，避免侵犯它的宪制权利。

第二十二讲
通往绝对君主政体的运动

§1 在前面的课程中,①我们大体上将西欧地理国家的发展同古代希腊城市国家的发展做了比较。在这样做的时候,我把注意力放在后来这种发展的一种非常明显的差别。在关注后来这种发展时,我们是从严格的政治方面来看待它的,把我们的注意力集中在政府及其形式。这种差别就是君主政体的持久性问题。世袭君主政体经历了各个发展阶段;然而,在其中,我们可以追踪到某些政府形式,它们和在城邦发展中前后相继的不同政府形式相类似。它经历了和城邦中的早期寡头政体——古老家族的寡头政体——的阶段相对应的阶段。在中世纪的这个阶段,历史学家所谓的"强横的贵族"掩盖了君主政体的辉煌,减少了它的权力。在这个阶段,我们听到公爵们或侯爵们和君主们激烈地竞争权力,他们对于后者付出名义上的服从。然而,即使在这个阶段,他们从来没有成功地摧毁世袭君主政体制度,也不曾梦想要摧毁它。在大部分欧洲国家,君主政体依然生存在我们现在经历的民主阶段。这时,在几乎所有文明国家中,至少大部分立法权力由人民代表所掌握,在大部分这样的国家

---

① 第十三讲,第188页。

中，他们对于管理当前事务的行政机关实现了重要程度的控制。因此，我已经指出，位于这两个阶段之间*的近似绝对的君主政体，在17世纪后期直到接近18世纪末，在重要的欧洲国家居于主导地位。君主政体的这个阶段尽管或许和希腊历史中的早期僭主时代具有某种相似性，却不是对一人统治的非常规的和非法的回归时期，而是在长期确立的政府中一人成分对于其他成分的渐进的或突然的主宰时期。

如我所言，这种现象的主要原因来在我看来来自一个地理国家对于权力统一与集中的更大需求。由于一个民族分布在这么大的空间中，在这个民族中维持国家统一与政治秩序具有更大的困难，而终身领导可以造就这种权力的统一与集中。我们从法兰西和德意志的历史中看到，居于主导地位的贵族针对国王权力的增长最终导致的往往不是一种集权的寡头宪制的形成，而是国家的支离破碎和个别贵族的非法压迫与无序争斗。这和希腊与罗马早期寡头政体向我们展现出的由阶级实施的有组织的与类法律的阶级压迫形成对比。因此，由于在国家中国家意识已经形成，它支持将君主政体作为一种反对这种分裂的必要堡垒；而且，随着文明的发展，人们希望和邻人生活在和平的法律关系中，这样的人不断增加，他们要求国王的帮助，并且准备支持他反对非法与动荡。

但是，尽管这是主要原因，我们也必须把来自罗马帝国的观念的影响纳入考虑。这些观念以各种方式得以传递，首先是通过被征服人民的服从习惯，然后是通过查理曼在800年时所

---

* 即作者所谓的贵族政体阶段与民主政体阶段之间。——译者

恢复的古代头衔的尊严与声望，接着是通过教会的影响（尽管我们已经看到，这种影响程度深浅不一），最后是通过法学家的影响。

由于这些原因的共同影响，君主政体在经历了各种震荡与摇摆后挺了过来；这些震荡与摇摆是它在中世纪的漫长过程中和随后的宗教冲突时期遇到的。到了18世纪初，它最终在总体上获得了胜利，尽管不是在所有地方。在威尼斯的古代寡头政体中，在荷兰和瑞士的现代邦联中，共和政府形式得以维持。在英国，从1689年以来，君主政体不得不和一个议会面对面一起进行统治。这个议会总体代表着一个基础广泛的寡头政体，它在立法与财政上的最高权力最终得到了君主政体的承认。君主政体仅仅靠某种方式维持着对行政机关的有效控制。有教养的人把这种方式称作影响力，没有礼貌的人把它称作靠职位与年金实施的腐败。在北方的瑞典，经过从1693到1718年一段短暂的实际的绝对君主政体时期后，由于查理十二世的军事冒险过度地使用了国家资源，导致了议会控制的回归。它像在英国一样，具有主导的寡头性质，持续了50多年（1720—1773年）。同时在东边，波兰贵族获得了既针对秩序也针对君主政体的实质独立性，为当代观察者提供了历史上已知的最坏的寡头政体的有意义案例。然而，这些都是例外。在罗曼语系和日耳曼语系的其他国家，在法国、西班牙、葡萄牙、两西西里，在丹麦（包含挪威），在奥地利和（神圣罗马帝国事实上所分解的）德意志与北部意大利大多数更小的国家，君主政府形式取得了胜利。

因此，如果在18世纪中叶，一个公正的欧洲大陆观察者根

第二十二讲 通往绝对君主政体的运动

据我在这些讲座中试图概述欧洲历史进程时的视角简要回顾这个进程,他或许会将这种所谓绝对的(absolute)①君主政体类型视作最终的政府形式。有序的地理国家的长期形成过程导致了这种政府形式。总体而言,通过这种政府形式,建立与维持一种文明政治秩序的任务得以成功完成,而在之前,其他政治结构模式没有实现这种政治秩序。

正当这种君主政体看起来非常彻底地建立起来时,正是在它最为辉煌与成功的国家——法国,开始了一场思想与观念运动。这种运动逐渐产生了一种对于自由、平等与大众政府的强烈要求。在北美伟大的联邦共和国的命运的形成与确定中,这场运动首次找到了强大的合作者。然后,由于这场运动通过这次成功获得了力量,它推翻了法国的君主政体。接着更进一步。尽管伴随这次颠覆行动的血腥灾难造就了幻灭,和随后向拿破仑军事专制的沉沦,尽管在其他国家,在强烈的爱国主义情感的支持下,出现了针对好战的拿破仑专制及其革命前辈的反动,然而,通往大众政府的这场运动得以复兴、发展,在共享西欧文明的所有国家中很大程度上实现了其目的。所以,到了现在,在经过一个半世纪的间隔后,绝对君主政体不再被视作一个文明化地理国家中的标准政府形式,而是通常被视为仅仅适合半文明化的俄国,对于西欧发达的诸共同体没有价值。

在本讲和随后的讲座中,我建议考虑一下这两场运动,即通往所谓的绝对君主政体的运动和从绝对君主政体到立宪君主

---

① 为了简洁,我让自己使用这个术语,虽然我们发现它必须加以界定(参见第336—339页)。

政体或共和政体的运动。根据某种观点(普通的观点),它们看起来直接相互对立。大体而言,一场运动是从自由到专制,另一场是从专制到自由。但是,这仅仅是一种视角。根据另一种视角来看,它们只不过是通往一个方向的一个连续过程的两个阶段——通往同中世纪政治社会概念相比的现代政治社会概念的实现。必须从这两个视角来考察整个过程,才能对它获得一种完全的和适当平衡的视角。

§2 但是,在这里,我或许可以富有教益地岔开话题,回答由我刚刚谈过的话所引起的一个简单问题。然而,对于这个问题,不容易给出一个简单答案。我提到过中世纪和现代的政治社会概念。但是,可以问,现代历史从哪里开始?这个问题难以明确回答,因为,从中世纪的观念与事实到现代的观念与事实的变化过程是渐进的和连续的。这个日期应该确定在哪里,存在重大的不同意见。

例如,布伦奇利[①]把它确定在晚至 1740 年。他说,从宗教改革到 1740 年,我们在欧洲普遍看到的是古老的时代与中世纪精神的衰败,而不是一个现时代的早期特色。直到大约 1740 年,我们才感到一个新的时代正在到来。我认为,在这种说法中有某种真理。直到 18 世纪中叶,西欧君主才实现了从一个成熟的封建领主到一个现代的绝对国王的转变。

因为,值得注意的是,一方面,在封建和类封建时期,我以前说过,君主政体仅仅具有半封建性;另一方面,在君主政体有效地压制封建制度后,封建观念的遗迹看起来依附于它。

---

① *Theory of the State*, bk. I. chap. V.

一方面，在封建时期，国王虽然是最高封建领主，然而，和作为一个整体的共同体及其成员具有封建关系之外的关系；这种关系来自古老的日耳曼和罗马帝国观念的一种混合，或许带有来自《旧约》的亚洲君主政体的一点色彩。另一方面，当封建与类封建制度在现代国家发展面前让步时，在公共权利与私人权利之间造成混乱的封建遗迹依然依附在君主周围。他认为自己对土地及其居民拥有某种所有权，而且认为自己不只是被任命增进他们福利的一个官员。对路易十四而言，法国完全是国王的领土。1710 年，当他对他的臣民征税时有一种暂时的顾虑，但是，他这样想时又宽心了：他是他们所有财产的实际所有者。那么，尽管国家不能像财产一样在统治者的孩子们之间分割，但依然正确的做法是，它们应该像财产一样，通过婚姻连接起来。因此，汉诺威王室让英格兰感到痛苦。一个君主把他的臣民派往一场冲突中进行战斗，这场冲突和他们没有直接利害关系；他这样做不是在做错误的事情——这个观念属于同样的残存物。这场变革是渐进的。但是，我认为，泛泛而言，我们应该像布伦奇利一样，把它设定在大约 18 世纪中叶。大约在那时，主要的西欧君主普遍被视为、他们也明确把自己视为公共官员，国家权力被认为为了公共目的而被集中在他们手中。

虽然如此，我不能像布伦奇利一样，把这种在观念与情感中的变革看得如此重要。它的确没有改变政治权力的分配，也没有实质上影响它的日常行使。那么，布伦奇利设定的日期在我看来令人奇怪地有些晚。

与之相对，相当常见的做法是，让现代历史开始于 1453 年君士坦丁堡的陷落。无疑，这一年，人们看到了土耳其人作为一流的欧洲强国取代了古老的东罗马帝国。而且同时，通过来自君士坦丁堡的希腊移民，人们看到了西欧的学术复兴获得了一种强大的推动力。从不止一个角度而言，这是特别关键的一年。实际上，现代历史的开端可以根据所采纳的不同视角，正确地设定在不同日期。

但是，就当前的课程目的而言，刚刚提到的这个日期在我看来还是太早了，就像布伦奇利的日期太晚了。在这个时期，君主政体依然在同封建性进行斗争，依然受到中世纪议会制度——等级会议的阻碍。的确，在法国，它显然在取得进展，在15世纪末之前，它的支配地位已经暂时实现。而且，在15世纪末的法国、英国和西班牙，我们都明显观察到了有作为的君主的出现，以及在通往君主政体的过程中起支配作用的运动。但是，这个过程依然没有完成。在法国，由于宗教改革时期的斗争，君主政体的权力再次被削弱。在16世纪后期和17世纪初期反复爆发的国内冲突中，我们不仅看到了新教同天主教的斗争，而且也看到了贵族同王权的斗争；全国等级会议也再次变得暂时重要起来。在英国，都铎王朝的统治小心地避免绝对主义的出现，保留了议会对于立法的正式控制。在西班牙，议会传统也依然强大；费迪南德使用技巧而非强制，才能有所作为，绝对主义直到腓力二世（1556—1595年）时才建立起来。在法国，建立绝对主义的最后决定性工作在17世纪必须由伟大的黎塞留和在他之后由马扎然做出。君主政体获得完全胜利最终稳定下来是在投石党人的斗争之后。这次胜利把它带到17世纪中叶；

而正是在这个时间，就作为一个整体的欧洲而言，通往这个方向的最具决定性的潮流才被人们感受到。

这样，（我在前面已经说过）在1660年，欧洲历史提供的最戏剧性的向绝对主义的转型发生在丹麦。国王在市民和教士的帮助下战胜了贵族；两者因为贵族拒绝承担应交的税额而被激怒。1665年，国王确立了一部基本法律，给予他及其继承人以无限的主权。在葡萄牙，代议会议（Cortes）最后一次集会是在1674年。正是在同一世纪的第四分之三个年月（1650—1675年）里，某个过程在持续进行；通过这个过程，在勃兰登堡、克里夫和普鲁士，起码在普鲁士，作为在后来的普鲁士所发生的事情的雏形，"大选帝侯"粉碎了等级会议的权力，让王权摆脱了它们的财政控制，尽管这一过程遭遇了顽固的对抗。

因此，从我们当前研究的角度出发，对"现代历史从哪里开始"这个争议问题的回答，我倾向于把现代历史的开端置于17世纪中叶，把文艺复兴时期和宗教改革与随后的宗教冲突时期看作构成了中世纪观念与现代观念之间的一场漫长的转型。到了17世纪中叶，《威斯特伐利亚条约》（1648年）结束了宗教战争时期。然后，或者不久之后，显而易见，在大部分西欧国家，君主政体针对国家中曾和它斗争的势力占据了优势地位。君主政体决定性地拥有了对大贵族的继承者的支配地位；在封建时代，这些大贵族常常在权力与尊严上和君主竞争。君主政体也最终拥有了对一个分裂的基督教世界中被削弱的宗教权力的支配地位。当基督教世界团结一致的时候，宗教权力提出了高度的权利要求；在伟大的13世纪，它看起来几乎要确立起高于所有世俗国王与王公的基督教教皇的王权，有权力随心所欲地罢黜他们。在君主政体治下，君主政体很大程度上也吞并了城市——城市在西欧的许多地方曾经取得过高度的独立性。最后，在大部分情况中，君主政体也彻底支配了这些代议制会议。在转型的几个世纪里，当西欧国家从封建制度的分裂状态中走出来，并且走向更彻底的现代国家的统一与秩序时，它们牵制与制衡了君主政体。这样，由于君主政体的支配地位，一些国家最终在整个西部欧洲建立起来；这些国家的内部整合、统一与秩序与作为中世纪制度特色的分裂的权威、不确定的整合和不完善的秩序形成鲜明的对比。

§3 让我们更密切地考察一下这种转型。当我们将中世纪人类政治与社会关系同希腊-罗马历史展现给我们的人类政治与社会关系加以比较时，或者同我区分为现代时期的这个时期的人类政治与社会关系加以比较时，我们发现中世纪的这些人类政治与社会关系以合法性与不合法性的一种独特结合为特征。它们以形式合法性为特征，因为每个人都拥有权利。这是针对古代共和国文明所做出的巨大进步，这种进步涉及它的大批奴隶——主人的合法财产。从在位的国王到面朝黄土的农奴，中世纪每个阶级都拥有被法律与习俗所保障的重要权利。但是，中世纪国家又具有实际不合法性的特点，因为没有人可以充分地确保得到自己的权利。由于权利具有令人困惑的多样性、复杂性和波动性，权利争端是一种高度可能的事件。当在权利上出现争端时，或者当它们被强横的侵犯行为公然践踏时，国家中没有一种最高中央权力可以以绝对的决断来裁决争端，并且以不可抗拒的压力使用共同体有组织的物质力量，镇压任何公然不服从的个人或个人的团体。

现在，在普遍接受的现代国家理论中，这样一种权力被假定为具有必要性。的确，正是在共同接受的政治共同体定义中，它得到了含蓄的表达。什么是决定政府的立法、行政与司法机关的任命、职能、相互关系的最好方式？在关于这个问题的所有现代探讨中，人们假定，无论在不同的政府形式之间有什么差别，应该存在某种权力，可以最终决定什么是法律，可以将它坚定地用于任何可能出现的特定争端的解决中，而且可以有效地实施法律。的确，在整个西欧国家体系中，这种假定并没有完全实现；但是，尽管它没有得到完全的实现，却近似于实现。在中世纪，某项事实是，个人和阶级如果希望享有自己的权利，他们必须准备好为此而战斗。中世纪社会从这项事实中产生了受到人们浪漫关注的一群人。泛泛而言，在具有正常条件的现代政治社会中，这群人是不存在的。

正是根据这种观点，当我们现在回顾绝对君主政体的转型时，这种转型看起来是朝向某个方向发展的一个阶段，19世纪的立宪君主政体是这个方向上的一个进一步阶段。君主政体的胜利象征着，通过有效地让国家中所有其他的权威服从于君主的权威，近似彻底的统一与秩序被首次确立。这样的事实，如我所言，是变革为什么发生的一种主要解释。随着文明进程的缓慢发展，人们更强烈感受到需要更完善的秩序。因而，对于强大的个人与团体的无政府对抗行为进行更彻底的镇压，这种做法越来越得到公共舆论的支持。要求国家统一的情感不断增加，和它相伴的是一种认识，即让这种统一更为彻底是十分重要的，这不仅涉及内部秩序，而且涉及和外国斗争的力量。这样，在国家内部倾向于保持国中之国（imperium in imperio）的任何事情，都会被爱国主义情感以厌恶与怀疑之情来对待；因而，在君主同所有这些无政府力量与倾向的冲突中，这种情感给予了他强大的支持。

这些力量是多样和变化的。因此，以君主政体为基础争取更彻底秩序的斗争是漫长的，在大部分情况中具有明显的波动性。在一个强大君主之下，君主政体获得进展，大部分程度缓慢。然后，在一个软弱的君主之下，它失去了这种进展，有时是突然的崩溃。并不总是君主在斗争中获胜，例如，在罗曼诺-德意志帝国。但是，尽管君主自己没有胜利，总体而言，君主政体形式获得了胜利；甚至在德意志，王公们变成了实际上的君主。我们已经看到，君主轮流地同国家中的每一种不同的势力进行斗争：有时同贵族，有时同城镇，有时同宗教团体；在每一种情况中，在不同时代与国家，斗争采取了多种形式。有时候，强大的贵族代表着拥有古老声望和大片领地的其他家族同君主竞争。那么，当这些贵族被打倒时，有时（例如在法国的情况中）意味着同王室家族本身更年轻分支的斗争又开始了；世袭君主曾让他们变得富有而强大。在早期的封建时代，通常是同强大的个别封建主进行斗争；到了后来，当合作趋势发展起来时，则是同贵族的联盟或社团进行斗争，或者像在德意志一样，是同城镇联盟进行斗争。同宗教组织的冲突采取了不同形式。在12和13世纪，它是一场同一个西方基督教世界教会的斗争；这个教会在位于罗马的一个外国统治者之下团结起来，这个统治者的目标是建立宗教霸权。在君主政体最终确立支配权不久前的时期，即大约从路德对赎罪券的抨击到《威斯特伐利亚条约》，宗教纷争持续不断。在这些纷争中，正是教会分裂后的碎片威胁要解体西欧的政治秩序，因为它们的分界线同把国家分开的分界线相抵触。但是，在所有这些摇摆与变动中，把君主政体带往胜利的普遍主导趋势是非常明显的。由于君主政体权力的增长同政治秩序的增长实际捆绑在一起，文明的风浪有利于君主政体。

§4 当我们思考君主政体的消极方面时，同样的事实——君主政体代表国家的统一——给了我们对于下述问题的答案：为什么现代国家获得的更完善的秩序最初不能在宪政的基础上确立起来，直到19世纪，它才实际获得了这种基础？我们已经看到，概括而言，答案是：在中世纪晚期，如果要执行政府工作，君主必须依赖一些阶级，以某种方式取得他们的同意。这些阶级即使在等级会议中出现在一起，通常也不能够获得一种充分的和稳定的联盟，可以逐渐地把阶级的代表权转化为国家的代表权。英国是一个例外，我已经试图解释过原因和方式。但是，在大部分情况中，在前一讲考察过的中世纪等级会议中，不同阶级的代表依然仅仅是且明显是局部利益的代表和捍卫者。在同王权的任何斗争中，这种情况给予他们一种双重的弱点：弱点来自相互的不团结，还来自以下事实——每一个代表团是在或者看起来是在维护部分的利益而反对整体的利益，维护局部的特权而反对国家的共同利益。我们已经看到过，虽然在财政方面，他们赢得政府权力份额的机会增加了，但是，也正是在财政方面，利益的分歧往往非常强烈。

如同我们回顾的，在中世纪晚期，等级会议看起来是王权追求最高权力的实际的或可能的竞争者；我们已经注意到了等级会议中的弱点。但是，即使除了这种弱点，我们也很容易就可以看到，为什么纯粹君主政体提供了第一种这样的政府形式，在这样的政府形式中，足以维持秩序的最高权力的概念实际上体现了它自己。第一讲①给出了君主政体同文明社会中其他政府形式相比普遍具有支配地位的理由。我们的确只能将某种理由用于上述特殊案例；这种理由就是，它是实现决定与行动一致性的最简单和最明显有效的方式，这种决定与行动的一致性属于我们对政府的一般理想，不管政府是如何建构的。根据中世纪晚期思想家的学术风格来表达它就是："统一"应该是一种有秩序的国家的特色；通过把它置于内在的和本质的(per se)一人统治之下，非常容易实现。

而且，我认为，如果我们考察一下在欧洲政治思想史中首次出现时的现代主权学说，上述思想倾向就可以得到明显的说明。让·博丹是首次清晰、充分表达这种学说的作家。当我们在他的大作《论共和国》(De Republicâ，1576年)②中考察他对主权学说的阐释时，我们发现，虽然在理论上，主权学说不仅被用于君主政体，也被用于贵族政体和民主政体，然而，如同F.波洛克(F. Pollock)爵士所言，博丹"往往在理论上将最高统治者等

---

① 第一讲，第10页。
② 博丹的著作或许可以被视为有关政治科学的第一本现代系统作品；但是，最好认为它具有转型性质。

同于存在一个国王的国家中的实际国王"①。的确,博丹(像奥斯丁一样)坚称,在被法律所统治的每个独立的共同体中,必须存在一种权力,法律来自它,并且由它来维持(由于假设法律绝对不能改变和撤销是没有根据的和空想的),不管这一权力属于一人或多人;这种权力作为法律之源,本身必须高于法律,因此在法律上不受限制。②在理论上,我可以说,他在所有政府中发现的这种无限权力值得采用这种名称。他坚称,对于一个独立国家的生存,它是必需的。实际上,我们在他的著作中拥有了被提出来和中世纪观念相对立的现代国家的基本的一般概念。而且,在对现实政府进行分类时,他在理论上往往完全被事实引导。但是,实际上,当他开始把这种学说用于具体政治事实时,他有一种强烈偏好:如果他可以做得到,就在事实支持他的地方,把理论上的最高统治者等同于在位的君主。在他所处时代的德意志帝国中,在面对事实这样做时,或许是草率的;因此,他把帝国政府归类为一种贵族政体。但是,他毫无疑义地认为,在法国,国王拥有无限权力;这是他给予理论上的最高统治者的无限权力。

如同在后面的一次讲座中我将要表明的,下个世纪的霍布斯几乎可以说具有同样的偏好。他的绝对主义学说在君主政体、贵族政体和民主政体之间表明了中立性,但是,该学说的倾向或许是君主政体。他的一般理论要求的是一个位于某处的绝对权力;只不过,他偏爱把它置于一个国王之手。

---

① *History of the Science of Politics*, p. 49.
② 即不受实在法的限制;因为,博丹并不否认最高统治者受到自然法的限制。

第二十三讲
通往绝对君主政体的运动(续)

§1 在上一讲中我认为,我就自己试图简要描述的事实与观念之间的对应运动给出了主要的因果线索,这条线索渐渐地、起起伏伏地,但总体明确地导致了17和18世纪的纯粹君主政体。但是,如我所言,我们也必须把基督教神学和罗马法的特定影响纳入考虑。在前面,我已经观察到,一定程度上在这两种情况中,但尤其在罗马法学的情况中,我们可以看到灭亡的罗马帝国的间接影响。让我们考察一下每一种情况。首先考虑神学影响,它需要被认真地对待,因为它实际上是复杂的,而且其不同成分以不同方式运作。

有时,人们说,站在君主一方的教士在(例如)17世纪宣教的"君权神授"学说是一种中世纪的学说。这种说法具有部分的真实性,但是也仅仅具有部分的真实性。无疑,这种17世纪正统基督教学说是来自中世纪的普世与人类社会观的一种残留或遗产。但是,作为一种残留,由于它继续存在的条件发生了变化,它的政治效果已经完全被改变。一位中世纪思想家无疑会坚称,正当的国王们靠神授权利实施统治。但是,同来自《圣经》的某种主张相比,这种主张不能够用来判断他们的君主权力的限度。这种来自《圣经》的主张是,根据现代正统的基督教观念,"由神授予的权力"决定了不列颠宪制中政府职能的分配。根据中世纪观念,所有权力、所有统治都是由神安排的并且来自神。这种观点对比如说法兰西国王和他之下的大贵族来说是等效的,后者通过世袭权利拥有领地,而国王不能够减少或带走这种世袭权利。

同时,依然正确的是,中世纪思想家被他们的神学引导,明确偏爱君主政体。在他们看来,如同被认为是托马斯·阿奎那所写的一篇论述君主统治的论文的主张,最好的政府形式非常接近一位最高的神之下的整个宇宙的统治。由于基督教在一种君主政体之下成长起来,自然,教会有关政治秩序的概念具有君主政体性质。它的要求——通过将最高世俗统治者加以神圣化而实施控制——适用于君主政体也更为自然;难以想象,将一个议事会或人民大会神圣化或施以涂油礼可以成为一场感人的仪式。基督教理想首先具有君主政体性质。但是,要看到,这种理想至少就其最早的和最严格的中世纪形式而言,并不会导致具有理想基督教世界观念的思想家在理论上认可不同国家的君主的绝对独立的主权;西方基督教世界渐渐地开始在这些国家中明确地被组织起来。这种理想反而导致思想家渴望根据君主政体组织把整个基督教世界团结在一个领导权之下。根据中世纪思想家所构想的理想条件,人类社会不仅应该建立一种普世教会,而且应该建立一种普世世俗共同体(上帝之城);一个在教皇之下根据君主政体原则组织起来的教会,一个在皇帝之下的世俗政权,分别行使福音故事中的"两把剑";这两把剑象征着宗教政府和世俗政府。

符合这种双剑和(宗教和和世俗的)双政府基本二元论的基督教政体的基本统一以何种方式得以维持？关于这个问题，我们已经看到，存在一种贯穿于整个中世纪思想阶段的根本性争议，至少从希尔德布兰德以来就存在了。根据支持英诺森三世和卜尼法斯八世要求的宗教派系的观点，简单地让世俗之剑服从精神之剑，这种统一就可以实现：教皇被神任命，作为道德问题的最高仲裁者；所有政治问题都是道德问题；因此，教皇(如卜尼法斯声称)"被神安排在高于所有国王与王国的正义宝座上"。这些主张如果得以实现，就会将西方基督教世界转变为一种彻底的神权政体；实际上，它甚至从来也没有实现过。但是，这些主张被一部分重要的思想家质疑。他们诠释了宗教政府的优越地位，认为这种优越地位仅仅意味着它所关注的人类的精神福利的更大重要性，根本不能让它拥有一种权利，可以推翻位于自己领域的世俗统治者。他们认为，神领导之下的基督教世界的理想统一在精神和世俗领域分别由教皇和世俗君主代表。

当帝国日渐虚弱，使得在一个皇帝之下获得世俗统一的想法越来越明显地不可能的时候，阐释政治的宗教作家并没有马上给予各个国家的君主政体以一心一意的支持。因为，他们和世俗权力的冲突导致他们强调国家的自然——仅有一点点神意——起源，同宗教统治的直接神意起源形成对比。的确，中世纪晚期，从13世纪末以来，最广为接受的信条是，世俗政府依赖人民的同意，人民有原初权利选择他们自己的政府形式。所以，尽管"统治者是神的代理"的主张没有被正式放弃，却变得毫无意义，不再能给予君主政体任何支持。后来，在宗教冲

第二十三讲　通往绝对君主政体的运动(续)

突时期，基督教的影响是混杂的和不断变化的。无论是天主教徒还是新教徒，当他们分别处在新教政府和天主教政府之下的时候，都有一种强烈的意向，赞成倾向于让君主政体服从其他权力的学说。1648 年，这个时期结束，并且基督教世界的既定分裂永远终结了让一个神权组织处在一个教皇之下的宗教努力。在这之后，改革宗和天主教的主导影响力再次明确地具有君主政体性质。我们可以说，它支持秩序——尤其君主政体秩序——的自然倾向现在得到了自由的表现，以至于对"由神授予的权力"这一文本的 17 世纪正统解释是，基督徒不能够合法地对抗一个正当的君主。①

因此，总体而言，宗教改革及其后果是一项有利于君主政体的重要因素。甚至在最纯粹的天主教国家里，在世纪斗争结束后，在世俗主权上教皇同国王的竞争也一去不返了。教会发现，它最大的利益在于，为了获得物质上的支持依赖君主政体，同时给予它道义上的支持。在圣公会和路德宗国家，教会对王权的服从甚至更为明显。

宗教改革引起了基督教世界的分裂，这种分裂造成的强化世俗权力的广泛趋势在西班牙的情况中得到了明显的说明。在宗教改革之前的时期，西班牙作为正统天主教的伟大堡垒而傲

---

① 可以看到，早期的宗教改革者路德、莫兰顿甚至加尔文部分在他们所理解的对《圣经》文本和早期基督教的回归的引导下，部分在源自再洗礼派等的反对的引导下，强调对值得服从的权力表示服从，而且远离革命性政府方案。此外，一般而言，教会内部反对教皇权力的运动自然将自己同几个世纪之久的国内权力就反对宗教权力的斗争结成联盟，但是，这种结盟不是永远的和普遍的。宗教改革后期的浪潮不是同路德而是同加尔文联系在一起；的确，在这股浪潮中，我们发现了宗教权力支配国内权力的主张，非常类似教皇的主张。但是，它们缺乏政治影响力，因为改革家不是强烈需要世俗权力的帮助。

然挺立。正是在这个国家里,天主教既具有非常难以抗拒的支配地位,又具有非常强烈的狂热性。它是依格那丢·罗耀拉(Ignatius Loyola)*的国家,尤其是宗教裁判所的发源地。尽管在这时的西班牙,我们找不到任何重要的新教运动,或任何其他异端形式和支持分裂的活动。然而,在腓力二世统治期间,宗教裁判所在连续的"信仰行为"中设法烧死了6000个人。那么,会有人认为,在这里的任何地方,教皇的精神权力或许已经成功地维持了它优越于世俗权力的主张。但实际上,情况相当不同。的确,这几乎不是一种夸张的说法:在宗教事务中,腓力二世在西班牙的实际作为像在英格兰的亨利八世一样专断。他是西班牙所有大教堂的保护人,选择大主教、主教和修道院院长,调整宗教戒律的细节,拒绝承认与他的政策相悖的教皇法令。宗教裁判所是他的工具而非教皇的工具;正是他向它发布命令;他命名、解散和控制宗教裁判所。的确,虽然他拥有宗教狂热,我们却发现,当普通行政手段失败时,他就会为了纯粹的世俗目的而运用它。例如,当他的海关官员不能阻止马匹出口到法国时,他就假装相信马匹被意图用于新教军队,因此让宗教裁判所禁止它们的出口。教皇虽然抱怨,但必须顺从;他的精神武器无效了。国王的狂热是强烈的,但也是有限的,被用于对他自己和他的主权权力的一种更为强烈的信仰上。

同样,在路易十四的法国君主政体中,教会全然屈服于王权,对王权效忠,虽然它也保留了重要的特权,这些特权在法

---

* 依格那丢·罗耀拉(1491—1556年),西班牙人,天主教耶稣会创始人,在罗马天主教内进行改革,以对抗新教宗教改革。——译者

国不同地方有所不同。它的最杰出的雄辩家,像17世纪英国圣公会教士阶层的代表一样,给予最极端形式的绝对主义君主政体以最无限的支持。"君主,上帝选定的人,"波舒哀说,"对于他发布的命令,不向任何人承担责任……没有人可以对他说,为什么你这样做……国王们,你们是神。"(因为他觉得这种措辞处在偶像崇拜的边缘)这位雄辩家补充道:"你的权威具有一种神授的性质,在你的额头上有神意的标记。"[①]

§2 我现在转向法学家。在这里,罗马法学的影响始终如一且更为稳定地支持君主政体。在12世纪罗马法学研究的伟大复兴之后,这种影响首先变得重要起来,最初是在博洛尼亚大学。因为,古代罗马法学辉煌的晚期阶段当然是在帝国时期,而传授给中世纪学者的著作正是来自这个时期。他们吸收了罗马法学家的智慧,后者的一项基本信条是,所有政府权力都要集中在君主手中。因此,尤其在法国,国家的封建化解体最为彻底。大批法学家在对罗马法学家的研究中得到训练,他们把一种对无限君主政体的专业偏爱用在服务国王的任务中。他们坚定地认为法国国王继承了罗马皇帝的权力。这种信念让他们热情地挑战所有对立的主张。因此,他们成为重要的和不可或缺的工具,用来削弱大贵族的独立性,让君主的司法管辖权在整个国土上具有有效的至上性。

中世纪德意志议会制政府尝试的失败,罗马法的影响可以提供一部分解释。在更早的讲座中我说过,[②]不仅仅同一阶级的

[①] Bossuet, *Politique tirée de l'Ecriture*, Books III., IV., V.
[②] 第二十一讲,第305—306页。

个人与个人之间为了捍卫阶级特权结社和结盟，团体与团体之间也结社和结盟。这种趋势从13世纪以来在德意志的社会与政治史中是如此明显，比在英格兰更为明显，以至于我肯定应该期待，在由帝国碎片构成的一些地理国家中，维持代议制会议会比实际情况更为有效。当时显而易见的是，帝国已不能作为一种一致的整体得以维持。无疑，在有对抗力量的阶级之间存在着普遍的分裂。由于帝国权力在中世纪晚期不可避免地崩溃，这种原因在帝国或许更为明显。它们结盟但没有融合。宗教冲突阶段内部不和所造成的暴力（比如说，从路德的反抗到三十年战争末，中间偶有中断），无疑也是另一种原因。对于君主政体所提供的秩序，精疲力竭的国家碎片有一种特别强烈的渴望。但是，对于罗马法的"接受"是重要的。由于德意志国王是罗马皇帝，所以，在德意志，罗马法的重大影响是一种重要原因。

当我们记起，罗马法学家的观念——"人生而自由和平等"后来对于前革命思想运动提供了一种重要的贡献，所有这种情况就更值得关注了。这种运动最终摧毁了西欧的绝对君主政体。

§3 我现在必须指出，在构建作为西欧政体发展中的一个阶段的绝对君主政体概念时，我们必须把一些限定与例外牢记于心。我从限定开始讲述。首先，在王权主导的不同国家，不同程度地保留着我所谓的流产的中世纪议会的残余。尽管在和王室的权力竞争中，它们不再构成严重的威胁，却对它构成某种制约；或者，起码稍微妨碍它，而且让征税须经人民同意的观念保持活力。

这样，在法国，尽管全国三级会议在 1614 年之后不再召开，行省三级会议依然在某些地方存在。在朗格多克、普罗斯旺、勃艮第、布列塔尼和主要位于王国尽头附近的一些更小地方存在。这些会议名义上具有为这些地区的税收投票的职能。它们从来没有对王权进行过有效的对抗。但是，有时，如果没有一点操纵、一点腐败或者一点恐吓，它就不能得到它想要的财政供给。

在西班牙，也存在类似的残余。而且，在这里，在王国的不同地方有着明显的差别。卡斯提尔王国的代议会议在查理五世的统治下失去了作用。但是，在阿拉贡王国（在中世纪王室权力比在卡斯提尔更令人嫉妒地受到了限制），直到接近腓力统治的末期，它的议会依然保持着对君主意志的实质制约，而且在税收事务上的制约时间还要更长一些。的确，甚至迟至 18 世纪的最初几年，阿拉贡王国的行省议会还对西班牙王权构成障碍。直到 1707 年，西班牙才利用了对一次反叛的镇压，废除了行省的特定权利与特权。到 1714 年，在加泰罗尼亚人经过一场顽强与英勇的对抗后，一种相似的命运才降临在加泰罗尼亚宪制之上。

同样，由于地方等级会议残余的存在，在帝国领土几乎瓦解后形成的不同规模的德意志诸侯国家中，王公们的权力继续受到某种阻碍，在不同地方程度有所不同，虽然这些会议行使的控制并不是在所有地方都非常有效，并且随着时间的流逝在减少。在大部分情况下，它们首先失去对立法权的分享。会议被迫仅仅拥有咨询职能，甚至在宪制规定法律须经各等级正式同意的地方，每一次努力仅仅使它被视为一种形式。尽管对税收的控制饱受抨击，但这种控制保留得更久一点。但是，甚至在这种情况中，各个等级通常更关注的是为特定阶级获取特权与豁免，而不是实现它们对于普遍税收的有效控制。

但是，其次，即使君主的意志开始在理论上变得难以抗拒，西欧的君主政体实际上还是受到了限制，不仅受到传统的法律、习俗、宗教等的限制，而且还受到某种对抗性力量的限制，这种对抗性力量是它不得不以人类为手段运作时所产生的：尤其是贵族的个人尊严感、法学家的理智习惯和两者的团体精神（esprit de corps）。这一点被大约18世纪中叶在当时的政治理论上最有影响的作家之一——孟德斯鸠所指出。的确，他为了表明某种差别，使用术语君主政体（monarchy）表示一种明显区别于专制统治（despotism）的含义。我将会在随后的一讲中，把孟德斯鸠推理的一般倾向作为前革命思想中的一种因素加以考察。但是，孟德斯鸠关于这一点的观点，我将用罗伯逊在他对于欧洲国家的评论的结尾所使用的语言加以表达，①他是我们自己的18世纪最明智的历史学家之一。

他说，当君主政体确立起完全的支配地位时，有两件事情依然阻止法国政府堕落为纯粹的专制统治。首先，尽管法国贵族作为一个整体失去了政治权力，他们依然保留了个人特权与卓越等级。他们保留了一种高于其他阶级且无须背负其他阶级负担的意识：这是一种获取标志尊严的旗帜的特权，一种在和

---

① Robertson's *Charles V.: Introductory View of the State of Europe*, Ⅲ.［随后的两段主要是罗伯逊的话，但有所删减。——编者］

平期间需要得到某种尊重的权利，和一种在战场上得到各种荣誉的要求。许多这些自负并不是来自实在法。它们被荣誉的准则所界定和肯定，并且得到一种强烈的个人尊严感的全部力量的支持，实际上为君主权力设定了限度。这样，一个拥有传统特权的中间等级被放在君主和他的臣民之间，总体而言，他有非常强大的动机不去侵犯这些特权。

针对王室专断的另一种（法国特有的）障碍是高等法院（Parlement）的管辖权，尤其是被赋予最高司法权的巴黎的高等法院。当法国的国王们最初开始获得立法权力时，是在巴黎的高等法院出示自己的法令与条例，使它们在这里得以登记。这种传统的登记职能给予了高等法院一种机会反对它不赞成的条例。它偶尔会有效地使用这种机会。①

在这两种情况中，国王可以积极地运用意志力压制对抗。但是，贵族和法学家的团体精神如此强大，以至于它使得国王在压制对抗时会面对相当大的麻烦。

§4 在正在进行的这个课程讲座的大部分研究中，我们在每个阶段都关注了对一群独立的或几乎独立的共同体的主要政治特色进行的比较。这些共同体具有有点相似的生活条件和拥有一种共同的文明，它们是希腊城市国家、中世纪城市共同体、中世纪和现代地理国家。而且，我们已经努力看清了各种政府

---

① 高等法院最初是一个国民议会（national assembly），像我们的国民议会一样，行使包括司法职能在内的一些职能。1302年它被"美男子腓力"专门用于承担司法职能，而且法学家在其中获得了主导性（在14世纪，它有88个法学家和12个贵族）。1566年（查理九世统治下），大洛比塔尔（L'Hôpital）引入了严格的年龄与能力条件。成员资格常常传给后代而且总是终生拥有，获得了实际的独立性。而且，高等法院作为一个团体，无论是出于好的目的还是邪恶的目的，其团体精神得以维持。

形式中的一般相似性，在各个国家群体的不同成员国中政府和被统治者的关系，发生在它们中的变化和变化原因。但是，我的目标是在所有这些比较中，既关注相似也关注差别。而且，在我谈到一种"主导的"政府类型时，我的目标是通过搞清楚主导类型未被接受的特殊例子，对观点仔细地加以限制与限定。在积极案例中考察某种类型起主导作用的原因和条件时，这些消极案例一般具有最高的价值。因此，在上一讲中，当我指出纯粹君主政体在17和18世纪的西欧国家中往往如何占据支配地位时，我小心翼翼地注意到了针对这种普遍结果的重要例外的存在。

现在，让我们稍许更加密切地考察一下主要例外及其原因。省略掉威尼斯和德意志城市（中世纪共和生活的遗迹），和卡尔十二世之后暂时陷于寡头控制的瑞典，这些重要例外是英格兰、尼德兰、瑞士和波兰。首先，我们注意到，在这四个例子的三个中，自然条件的影响显而易见。我已经指出过，英格兰的一些特殊生活条件特别有利于中世纪议会制度，这些特殊条件是如何很大程度上来自英格兰的孤立性；阿尔卑斯山脉是如何格外地保护了瑞士农民将自己从其领主压迫中解放出来的斗争；从政治角度而言，尼德兰主要地区几乎水陆兼备的条件在狂热的宗教力量的帮助下，在紧跟宗教改革的宗教冲突世纪里，是如何让这些地区成功地挑战了西班牙明显压倒性的军事优越性。这些都是熟悉的历史观察。这两个共和联邦，我将在论联邦制度的收尾讲座中重新提起。在这里，我只是简要地关注和解释它们中长期存在的差别。在瑞士的情况中，其自然条件和独立起源使得其联邦与共和政府形式自然而然，在整个18世纪得以成功维持。在荷兰的情况中，我们所谓的同样的政府形式也可以由其起源条件加以解释，并也在这个时期名义上得以维持。但是，在这里，它的成功是不完善和交替变化的。它往往陷入实际上的君主政体中，直白地讲，我想是来自于更大的战争危险，而低地尼德兰遭受到了这种危险。正是在1672年法国入侵所引起的惊恐危机中，威廉三世被宣布为拥有无限权力的荷兰总督，直到1702年他去世时都在维持着这种支配地位。1747年一场相似的恐慌导致了七个联省的一个世袭总督的任命。

转向波兰，在这里，我们看到了在同君主政体的斗争中强横的贵族阶级的最终胜利，我们拥有了工业因素没有发挥作用的一个有趣案例，这种作用是在其他西欧国家的城市中形成的。这既指在它同封建或类封建贵族阶级的斗争中对君主政体的作用，也指对社会生活和政治秩序的作用。因为，同更西部的一般国家相比，波兰的特点是，国家中没有形成一个强大的工业阶级；城镇的贸易由外国人掌握；因此，该国的寡头政体战胜了君主政体，明显表现出了中世纪寡头政体分裂的无政府的倾向。从1650年以来，波兰议会（Diet）的单个成员可以利用"自由否决权"（liberum veto）拒绝同意整个议会的决议。在欧洲寡头政体的发展中，这种"自由否决权"是波兰地位的特有表现与象征。

§5 不仅作为英国人，而且作为政治科学的研究者，我们必须仔细考察作为例外的英国政治发展进程，因为在一般的西欧政治史中，它是一种非常重要的因素。因为当欧洲国家采取进一步措施从纯粹君主政体迈向19世纪宪制——至少有相当大一部分权力被给予由广泛扩大的投票权选出的代议制议会——的时候,很大程度上正是英格兰特殊发展进程的结果给出了在这一宪制制定中追随的典范。由于立宪观念和驱动立宪的强大情感来自作为焦点的法国而非英国,这种典范就显得更加突出。

在英国,我们在一段时期内看到了君主政体权力不断增加的一种趋势,或至少,君主政体维持其支配地位的一种斗争。这段时期大约持续了两个世纪,从亨利七世的即位到1688年革命。这段时期的特色我将一笔带过,因为其一般面貌广为人知;而且,在西欧政体发展的一般研究中,细节具有从属意义。我们都知道,在玫瑰战争之后,旧的贵族阶层的权力看起来遭到了瓦解,议会实际上比它在前面的两个世纪里更为屈服于王权。然而,尽管都铎王朝的统治者们可以为所欲为,他们的政策却是让议会的最高立法权名义上不受损害,他们尊重议会两院在自己的传统特权上所表现出的戒备。宪政理论从来不抨击这些特权;英国人对诺克斯"丑陋的女人帮"的讽刺的回应是,英国政府是一个混合的或有限的君主政体。[1]

直到伊丽莎白晚年,在外国威胁过去后,平民院在对王权行为的批评中重新获得了某种独立精神;在玫瑰战争之前,议会曾经展示过这种独立精神。同时,"绝对与最高权力正是君主职位的内在性质"[2]这样一种理论尤其在法学家中间传播,就像在大陆一样。它得到了圣公会的支持,复兴了这样的学说:国

---

[1] Hallam, *Constitutional History*, vol. I. ch. v.
[2] Taswell-Langmead, *English Constitutional History*, p. 490.

王的神授权利作为类父亲的权利,和自然法相和谐。

然后,随着斯图亚特王朝承继王权,君主和议会之间争夺最高权力的冲突最终爆发,直到1688年革命议会一方获胜才停止。冲突具有两种不同成分——政治的和宗教的。新的绝对主义同旧的议会限制进行斗争;圣公会同清教和天主教进行斗争。圣公会总是站在王权一边,实际上支持向绝对主义方向上的发展,直到詹姆斯二世时代。1688年革命中的决定性事件是圣公会同詹姆斯的疏远;如果不是因为这个事件,甚至连议会在立法与税收上的支配权作为一种未曾断裂的传统能否阻止君主政体在英国像在大陆一样获得支配地位,或许尚在两可之间。

在这个方面,从都铎王朝到斯图亚特王朝君主的个人方向的变化是凑巧的。都铎王朝君主的目标是为所欲为——一般也能够做到。但是,在推动一些反对英国议会传统的权利时,他们会足够谨慎以避免惊恐性反对。詹姆斯一世是一个书呆子和教条主义者,因此倾向于推动一些权利,这些权利往往在理论上扩大王室特权,而非扩大了他实际上打算维持的王室特权。①这种做法导致了平民院明确地提出反特权声明。查理一世和詹姆斯二世的错误是不同的,但是,或许很少有国王像他们一样,拥有同样的才能与勤奋,对统治艺术却知之甚少。泛泛而言,当人们阅读历史时,议会的胜利看起来根本不具有必然性;它的胜利依赖对14世纪与15世纪先例的坚定支持。但是,如果没有宗教因素,单单这一点是不够的;值得怀疑,如果宗教因素

---

① See his *True Law of Free Monarchies* (cf. Hallam, *Constitutional History*, chap. vi.)

缺席，事情是否会如他们所愿地发生。

对于1688年获得的结果和英国政体随后的发展，我在后面会重新提起。但是，首先我建议，在下面三讲中从政治事实的发展转向政治观念的发展，或者将关注转向在最重要的政治事实中观念的发展。我认为，只要政治科学学科处理的是文明社会的现象，这就是它的一种必要组成部分；作为一种组成部分，随着文明的进步，它的重要性就会增长。

第二十四讲
政治思想——霍布斯和洛克

§1 在本讲及相继的两讲中,我建议非常简要地追踪一下现代政治思想运动,一直到它在法国大革命中发挥作用这一点为止。

首先,关于政治观念与政治事实的一般关系,我要说几句。对于政治观念,我主要指的是,政府在一个受统治的人类共同体中应该是什么样的观念。这样的观念涉及:(1)政府机关应该被任命的方式;(2)它们应当拥有的权力;(3)这些权力针对被统治者应当被行使的方式;(4)在不同政府之下这些团体——国家和民族——的范围与构成;(5)这些团体的外部或国际关系。这些问题都或多或少有所关联,但是有时候,会更多关注其中某一个;而且,在我们一起进行考察的这条思考线索中,关注主要集中在头两个问题上——政府应当如何被建构的原则和它对被统治者行使的正当权威的范围与理由。

在说到政治观念主要是应然的政府观念时,我并不是指,它们不是有关现在的和过去的政府的观念。在和平时代,应然的政府对于大部分人而言是现存的政府,尽管他们愿意某些细节有所变化。甚至在革命时代,当存在对于某种非常不同于实际存在的事物的普遍渴望时,针对实践的任何政治观念都可能根据已知的其他地方存在的事物加以塑造，或至少根据被认为已经存在的其他地方的事物加以塑造。甚至当这种理想是根据抽象的先验的(a priori)方法设计出来的，我们也常常清楚地看到这种现象。经验如何控制与限制了甚至最理想化的政治哲学家的想象力，这一点很明显。例如，柏拉图的理想国是一个经典术语，被用于一种乌托邦式的政治社会制度。的确，柏拉图这样的废除私有财产和私人家庭的共产主义方案从来不曾存在，而且我们相信将来也不可能存在和实现。然而，甚至柏拉图也受到了希腊社会实际事实的如此限制，以至于他只能够把主要着眼于战争而组织起来的一种城镇共同体作为一种政治理想；而一个蔓延于整个大陆的、战争只是一种次要的考虑的自由共同体，从来没有进入他的头脑中加以想象。

但是，还得表明，政治观念同政治事实相关联，这种关联对于它们的发展具有不同的影响方式。观念和政治历史中的事实相关，不仅和作为事实的相对于原因的后果相关，而且和作为事实的相对于后果的原因相关。人们（不管是统治者还是被统治者）的实际行为受到他们关于什么是正确的和正义的观念重要的影响；因此，政治理论虽然部分被先前存在的事实所决定，它们反过来又会变成政治力量，和其他力量一起发挥作用、修正事实。这样，它们作为获得这种实际目的的工具，受到重要的型塑。

那么，理论对事实所发挥的这种影响在不同时代和不同国家的程度非常不同。值得注意的是，这种影响明显在现代甚至在中世纪欧洲历史中也要比在古代更大。就我们所看到的而言，希腊历史进程在重要方面并没有受到苏格拉底、柏拉图和亚里士多德思想观点的影响。苏格拉底和柏拉图在哲学原则上主张贵族政体，他们的观点在有教养的人们中间散布。但是，雅典政治变迁的潮流依然是稳定地走向民主政体；而且，就我们所知，从来没有出现任何最轻微的机会，或任何最小的努力，以实现柏拉图和亚里士多德的政治理想。然而，从公元800年以来的欧洲历史中，思想对于事实的影响在各个方面都非常明显。我们几乎可以说，在中世纪神圣罗马帝国存在的大部分时间里，帝国理论上的权利主要是一种理论，而非一种可靠的事实。除了一些微小的和更具争议的影响，没有人能够怀疑，正如我在前面一讲中所言，①这种理论上的权利很大程度上有助于迫使德意志和意大利的历史进入那种非常不同于法国或西班牙的发展道路。没有人能够怀疑，在现代国际法中，自然法的理论观点对实际得到接受的国际行为准则产生了重大影响。②最后，没有人能够怀疑，关于人权和人民主权的抽象学说在从1789年以来的伟大运动中具有决定性的影响，这场运动已经突然地或在渐渐地塑造了现代欧洲政体。

政治理论与体系的演化被两种不同的原因——内部的和外部的——制约。将这两种影响分开是一项相当困难的任务，尽管对于政治哲学史的研究者而言，这具有根本的重要性。首先，在这种演化中，我们总是可以追踪到内部发展法则的活动。我们发现，通过思考，最初模糊的概念和原则变得更为明确和精

---

① 第十三讲，第196—198页。
② Cf. my *Elements of Poeitics*, chap. xv. p. 243, 2nd ed.

确,它们含蓄地包含的推论被更为明确地加以阐释。这样,无论主导学说中潜藏着什么不连贯性,都变得明显起来,而且它的毫无根据的假设也受到了审视。结果,仅仅由于人类理性的进步活动,它往往被推翻或受到限制,从而有利于某种对立的理论。这种对立理论,最初受到了它自己的相对模糊性的保护,由于它的胜利,被迫进入一种相似的发展进程。例如,在最近年代里,我们已经看到,"自由"(Liberty)作为一种渴望目标,最初既意味着个人做自己喜欢的事情,又意味着多数遂自己心愿;后来,在这两种含义之间的对立与冲突被发现,民主让它自己成为可能的"即将到来的奴役制度"。①

但是,如果政治理论仅仅停留在研究或演讲室中,这种发展进程就会非常不同于实际的演化进程。因为,由于政治学说是有益的斗争武器,当在行动中必需它们时就往往会被拿起来,而且很大程度上由于斗争的紧迫性而被塑造。这种现象在中世纪期间的一种学说的命运上得到明显的说明;对于这种学说,我们将有许多话来说。这种学说是,世俗政府权威的正当来源是被统治者的同意。在中世纪的大部分时间内,这种学说在法学家中间得到了某种接受。因为,根据中世纪基督教世界的政治秩序观,皇帝们的权威是最高的世俗权威;在查士丁尼的《法学阶梯》的论证中,它是由罗马人民传递给他们的。只要教会与国家和谐相处,这种学说就依然仅仅具有文物价值。但是,当教皇和皇帝失和时,教皇的热情党羽就会想起,人民可以正当地收回人民所给予的东西,一个"破坏自己契约的皇帝应该像一

---

① Cf. Mr. Herbert Spencer in *The Man versus the State*.

个有偷偷摸摸习惯的猪倌一样被解雇"①。这样,一种"权力转让"的严格概念就马上具有了实际意义。这个问题被提出:假定人民最初的权利就是现在君主所拥有的权力,一旦它被放弃后还能够被人民重新收回吗?如果可以,怎样收回,有什么条件?不管这些问题怎样回答,这种学说赢得了一种逻辑发展;主权权力转让的基本概念变得更加准确和精确起来。而且,政治思想走向了17和18世纪复杂的"社会契约"理论。

但是,社会契约理念被主要思想家所使用的方式依然明确表明了事实对于思想的影响。因为,霍布斯将它用作绝对主义的一种基础,洛克将它用作有限立宪政府的一种基础,卢梭将它用作人民主权的一种基础。

§2 让我们从霍布斯开始,因为实际上,现代政治思想可以说开始于他。在事实领域中,以君主政体为基础的政治统一与秩序制度将思想领域内的霍布斯的学说作为其对应物。正是他对于现代主权学说明确的、毫不妥协的阐释,决定性地表明了现代思想的转型。

他的观点看起来最早成形于1640年。当时,我们的伟大反叛(Great Rebellion)* 已经迫近,但还没有到来。但是,我对他的观点的处理将根据在他的最著名的论著《利维坦》中表现出来的形式。它出版于1651年,位于1649年国王被处决和1653年议会被解散的中间。并不令人惊讶的是,在这样一场危机中,

---

① Manegold von Lauterbach (born A. D. 1060) apud Giesebrecht *Sitzungsber. der bair. Alcad.* 1868.

* 指英国内战。——译者

一位哲学家对无政府状态的罪恶应该具有一种敏锐的甚至夸大的感受，而且对于秩序状态应该有夸大的强调。

霍布斯像博丹①一样强调，在每一种值得青史留名的政治共同体中，即在每一种享有稳定的政治秩序的共同体中，必须将某种权力赋予某处的某一团体或个人；这种权力是法律的源头，但不能从属于法律的限制。也就是说，这种权力不能受到实在法（Positive Law）的限制——我们将实在法称作领土之上的法（the laws of land）、人定法。这种权力是且必定是国土上最高的人定法创造者，不会受到自己的法律的约束。的确，它服从于高级的道德法典——自然法，或神的和最高的理性，这种法典自然被所有作为一种理性的存在的人所知。在霍布斯的时代，没有人试图否认，每个人在某种意义上都要受到自然法的约束，因此，主权者也必须受到这样的约束。但是，实际上，在霍布斯看来，这种法律仅仅约束在上帝面前的主权者。因为，自然法必需一位诠释者，臣民必须接受主权者的诠释。不能允许每个人都声称，他有权利根据他对自然法的私人诠释评判主权者，有权利对抗他认为是违背自然法的事情。因为那时候，通往绝望的无政府状态的大门就被打开了。因此，②（1）"主权者的行为不应当受到臣民的指控"；（2）"主权者不管做什么，都不能受到臣民的惩罚"；（3）"属于主权者的权利"是判断和做出"对于他的臣民的和平与防卫所必需的事情"；（4）主权者"判断什么信条适合传授给他们"；（5）主权者拥有"制定规则的全部权力，

---

① 第二十三讲，第 328 页。
② *Leviathan*, chap. xviii.

借助这种规则,每个人都可以了解,他可以享受什么利益、采取什么行动,而不被他的任何同胞-臣民所骚扰";(6)主权者拥有"所有司法与争端裁决的权利";(7)主权者拥有他认为何时最适合进行"奖励和惩罚"的权利;(8)主权者拥有"他认为何时最适合宣战和媾和"的权利;(9)主权者拥有"选择所有顾问和大臣"的权利;(10)"这些权利是不可分割的"和不可让渡的。

要注意到,"对于信条的控制"被给予了特别的重要性。所谓对于信条的控制,霍布斯特指的是宗教教谕。几乎半部书都充斥着对于这种基督教共同体特征的辩护,因为霍布斯打算让他的这部书这样做。在整个中世纪晚期,从11世纪末以来,西欧国家往往感受到服务于宗教和世俗两个主人的困难。但是,由于基督教世界的分裂、新教与天主教之间的暴力冲突,这种困难被暂时强化。当霍布斯的观点最初成形的时候(1640年),在西部欧洲,由于宗教纷争,已经有了大约一个世纪的国内冲突或国内冲突的危险。我们可以理解,为何对于霍布斯而言,确立起"反对法律的原则和反对世俗权威的一种幽灵般的权威"的信条①似乎是共同体最坏的疾病之一。在霍布斯看来,唯一疗方是让国内主权者拥有一种不可让渡的权利——成为"意见与信条"的法官,并且制止任何无益于和平的教谕。

因此,霍布斯的政治信念可以被描绘为绝对主义,但是,它在根本上不是或者主要不是君主绝对主义。它是政府绝对主义,秩序原则在理论上胜过所有对立的政治建构原则。因为要

---

① *Leviathan*, chap. xxix.

看到，在霍布斯的基本信条中，只有这种不容置疑的、不可分割的和不受法律限制的最高权力由某一团体或个人拥有，对于政治秩序才是必要的。他不认为这一权力必须被赋予给一位君主；如果它被赋予一个贵族团体或全体(en masse)人民，他的条件同样可以实现。所以，他的基本学说同样适用于君主政体、寡头政体和民主政体。他坚称，任何秩序井然的共同体中的个人都同样应该默许任何既定的政府形式，除非是服从义务被更为基本的自我保存法则所压倒；只要政府能够保护他，就应该服从，否则就不服从。最后这个限定在1651年非常重要。我可以观察到，这种冷静的绝对主义将臣民的忠诚限于君主的保护性权力，根本不适合暂时被驱逐的英国国王的普通忠心拥护者的口味。

然而，霍布斯对于抽象意义上的君主政体的偏爱显露无遗：它不是唯一正当的政府形式，但它是最好的政府形式；它和任何其他政府形式相比，有更多的好处和更少的缺陷。他的信念也是明显的：如果他的主权学说一旦被英国人接受，如果英国人认可了在不列颠宪法中的某处存在一个不受限制的主权者，那么，不用怀疑，根据我们的宪制传统，世袭君主就是那位主权者。若君主对一个议会拥有明确的解散权利，那么显然，在他看来，这个议会不是符合他的定义的主权者；它仅仅是对主权的一种麻烦的现实制约，因此对秩序是一种威胁。

或许，这种观点表达了这个时代有关主权概念运用的普遍观点。在欧洲历史的这个阶段，一个国家所必需的不受法律限制的主权信条尽管在理论和本质上不属于君主政体，在效果和适用上一般都属于君主政体。和君主政体竞争的团体实际上要求的东西不是分享主权,而是限制主权。

§3 但是,还得回到霍布斯的主要理论。他如何证明他所确认的这种必要性?个人如何被降低到对他的主权者的这种彻底的依附状态?在这里,霍布斯建立自己学说的方法并不具有现代特色;他使用的概念和假设来自更早的时代。他假定了这种(我已经谈到过的)政府来自于臣民同意的信条。这种信条是,政治社会通常是由一项契约建立起来的,通过这项契约,生活在一种"自然状态"中的众个体将自己构建成为一个共同体,并且将自己约束起来服从一个政府。他认为,所有这样的个人因此而联合起来建立一个稳定的共同体,这具有至高无上的利益;因为,自然状态是一种无政府状态,必然是一种普遍的战争与悲惨状态。而且他认为,只有一份把所有人约束起来确定无疑地服从一个拥有无限权力的主权者的契约才能真正建立一个稳定的共同体;把任何条件引入这项契约中必然为不能明确解决的争端打开大门,因此也为无政府状态打开大门。

在这里,重要的是要看到霍布斯学说中传统成分与原创成分的差别。政治社会状态之前是自然状态,这是一种被长期接受的观点;政府和被统治者之间的相互权利与义务依赖于他们之间的某种古老的契约,也是这样的观点。但是,已经被接受的观点是,在自然状态中,个人受到自然法或理性的约束;而且,即使承认人性的不完善,他们通常也有可能服从这些法则。人一般被认为是一种理性的和社会的存在,他由于具有和其同胞和平结社的趣味和服从理性指导的倾向,而区别于其他动物。

因此，当在自然状态中（不是在人类政府之下），他通常承认，他应该避免侵犯他的同胞，并和他们一起遵守契约。无疑，由于人是一种不完善的造物，他有时会打破他的契约，而且袭击他的邻人并且和其争斗。那么，无疑，对于邻人而言，没有政府恢复秩序，他必须为自己的权利而战斗。这是麻烦的。无疑，在自然状态中，（现在在现代国家的相互关系中也表现出来的）战争会发生，而且必须被允许为正当行为；但是，战争依然是一种例外的事故，是在人们对于简单规则的遵守中的一种偶然的中断，这些规则禁止相互伤害并且要求服从契约。

这是被接受的观念；但是，霍布斯勇敢地翻转了这一切。他说，人在本质上是一种自私的存在；人的浮夸的社会倾向实际上让人渴望从他人那里获得利益或荣誉。无疑，人需要他人；但是，如果人的所有恐惧都被消除的话（例如，如果他在能力上的优势明显的话），这种需要会导致他寻求支配他人，而不是和他人平等地交往。因此，必须认为，在自然状态中，由于人们的愿望相互冲突，并且意识到各自具有实际平等的力量，所以战争不断发生。他们觊觎彼此的财货，相互攻击以便得到它们；由于害怕这样的攻击，他们出于安全而征服邻人；当不存在其他动机的时候，他们为了荣誉而发动战争。因此，只要一个共同体没有被建立起来，即使一个理性的人发现自己处在这种状态中，和平愿望和有益于维持和平的遵守规则的愿望也必然仅仅成为一种渴望。在这种状态中，我们不能正当地限制每个人让自己占有任何事情的"权利"或这样的自然自由，甚至让自己占有另一个人的人身的"权利"或这样的自然自由；因为这样一

第二十四讲 政治思想——霍布斯和洛克

种强占是保存自己的生命的最好手段。理性禁止他忽视可以使自己的生命得到最好保存的办法。让他服从道德规则而不给予他互惠,只会让他自己成为他人的猎物,而且这样做不是他的义务。

在这种状况下,以霍布斯鲜活的英语来说,人的生活无疑将会是"孤独、贫困、下流、粗野和短命"的;[1]但这就是人的自然状况。尽管本质上他对于和平有一种至高的需要,但却(比如,离开了建立政治秩序的约定)不能获得它。他获得和平的一个机会是,同意服从一个政府;只要它能够保证他获得最好的和平祝福,他就同意不怀疑它的指挥权利。

你们看到,这种观念的两个部分相互配合:正是因为无统治的国家是如此悲惨,所以政府必须被允许拥有这种不受限制的权力。如果你驳斥这种有关自然状态的观点,霍布斯的回答是有说服力的;即便它只包含一半真理,它也有一种痛苦的真实成分。我将直接引述他自己的话:"在人们靠小家庭生活的所有地方,相互抢劫和破坏成为一种行当。而因为这不被认为是违背了自然法,以至于他们抢劫得越多,他们的荣耀也就越大。"[2]但是,你可以说,这是因为他们是野蛮人。不,霍布斯说:"就像小家庭那时所做的一样,现在,城市和王国(不过是更大的家庭)为了自己的安全,在威胁、惧怕入侵或惧怕入侵者受到帮助所有这些借口之下,扩张自己的领土,竭尽自己所能,通过公开的武力和秘密的手段征服或削弱自己的邻邦。由于缺

---

[1] *Leviathan*, chap. xiii.
[2] *Leviathan*, chap. xvii.

乏其他警告，这样做是正义的，而且在后世还因为这样做被记起和称道。"①他又说，请看，"从前生活在一个和平政府下的人们往往在一场内战中堕落为一种什么生活方式"②。如果你依然怀疑，那么，霍布斯对他的当代人说，请考虑一下，甚至在一个有政府的社会中，一个人的行为意味着对他的同胞有什么看法："当他旅行时，会武装自己，寻求和好的同伴一起出发；当他睡觉时，会锁上他的门；甚至当他在自己家里时，也会锁上箱子；当他知道有法律和武装官员会报复他所受到的所有伤害，他还这样做。"③

那么，对于这样一种造物，可以产生稳定政治秩序的唯一契约是在某处——国王、元老院或人民大会手中——确立一种绝对的、不可让渡的、不可分割的、不受限制的命令权力；仅仅严格受到个人抵抗或逃避惩罚的权利——自我保存的权利——的限制。

因此，霍布斯的学说以一种非常强化的和片面的形式代表着一种普遍信念；我已经说过，这种信念伴随着西部欧洲向现代国家的伟大转型，这种转型建立在君主绝对主义基础之上，结束于17世纪。这种信念是：为了稳定的政治秩序，在国家的某处必须存在一种权力，具有不可分割和不可置疑的至上性；通过把权力授予一个世袭君主，就会最好地达成这种目的。

但是，我已经说过，他的学说主要是而且基本是政府绝对主义，仅仅在次要意义上和当它被用于当代事实时才是君主绝

---

① *Leviathan*, chap. xvii.
② *Leviathan*, chap. xiii.
③ *Leviathan*, chap. xvii.

对主义。要注意到，它对于随后政治思想的重要影响倒是在它的第一个方面：在每个秩序井然的政治共同体中，必须在某处存在不受法律限制的主权；这种学说在当前政治理论中依然是一种广为接受的要素。作为在英国斗争中对于君主政体的一种支持，霍布斯的学说并没有太大影响。它与辉格党人的自由情感和托利党人的效忠情感都不相容，因为它不承认对于一个被逐君主的义务，而它令教会毫不妥协地服从国家的要求也不会取悦任何人。虽然如此，如我所言，在观念领域，它代表着把西欧政体带往纯粹君主政体阶段的运动。

§4 但是，正如我们所看到的，这个时期的君主政体大体可以被称作绝对君主政体。尽管它是西欧国家一般发展的一个标准阶段，但是，英国的发展进程是不同的和例外的，君主绝对主义的尝试在英国失败了。君主和议会之间争夺最高权力的长期冲突突然在1688年的一项协议中终结。由于倔强的斯图亚特家族被逐，这项协议具有了决定性意义。这样，最终结果是，英国君主要求英国人服从的权利被严格归属于只能由议会修正的法律规则；由法官适用的法律规则只能由议会改变；政府支出必需的人民税负只能由人民的代表决定。

将这种长期斗争的重大结论加以合理化的一般政治理论可以在洛克的《政府论》中发现。当研究他的学说时，重要的是要记住，他为之写作的是这样一个民族，其4个世纪的连续传统已经导致了将由两院构成的一个议会——对于英格兰王国而言是一个单一的议会——的合作与同意视为对法律制定和税赋征收是必须的。这样制定的法律，英国人有义务服从；这样征收的税赋，英国人有义务缴纳。由于非常熟悉法国的不同事态，他们习惯上将这种做法视为英国人的一种特权。

像霍布斯一样，洛克开始于传统的和普遍接受的观点：任何政府要求被统治者服从的正当权利通常必须以一项契约为基础；为了获得政府的好处，通过这项契约，一个政治社会的成员们交出一部分权利，这些权利最初属于作为独立的人而存在的他们。①但是，洛克对于契约术语的认识基本不同于霍布斯。根据洛克，通过某项契约，众个人形成一个社会，并且同意受到这个社会的多数人决定的约束；这项契约为了某些明确的目的而被实施；当这样构成的社会中的多数人建立一个政府时，必须只能认为，为了实现这些目的，才把权力托付给这个政府；如果这种托付被违背了，对于政府的服从义务也就停止了。

在基本契约上的这种根本不同的观点及其后果，与一个观点联系在一起，这个观点非常不同于霍布斯；它涉及人们在进入一种政治生活之前本来所处的条件。在这里，我们必须看到，洛克关于这种自然状态的观点，尽管在某些重要方面不同于这个思想时代中传统的和被普遍接受的观点，但是，同霍布斯所描绘的阴暗图画相比，依然更接近传统观点。

我已经说过，传统观点是，人类远离政治社会的时候，由于理性能力而区别于其他动物，肯定已经（而且肯定总将）服从自然法；由于上帝赐予每个人的理性的真正使用，人能够懂得自然法。一种普遍适用于本来的人的自然法，比特殊人类社会

---

① 我认为这是一种传统观点，例如参见胡克（Hooker）的《论教会政体的法律》（*Laws of Ecclesiastical Polity*, Book i. chap. X.）。

的易变的实在法具有更高的来源和更高的有效性。这种概念已经从中世纪思想传递到现代思想中。中世纪思想家将它从罗马法学中提取出来,[①]最初主要是通过宗教传统的渠道,后来是通过对西塞罗和古代帝国中伟大的罗马法学家们的直接研究。在宗教改革之前,天主教会对于西部欧洲行使着真实的(尽管不完善)管制性影响。在宗教改革后的时代里,在这种影响的崩溃中,人们感受到,特别需要某些独立于宗教权威的普遍接受的权利原则,这种需要使得自然法概念——连带和它在一起的先于政治社会的一种自然状态的概念——有了更为突出的地位。这项法律中和成年人相关的最重要的规则是否定性的,概括在普遍规则中:避免所有对他人的人身伤害,和所有对他人使用地球上的财货的干涉,这些财货最初属于所有人。但是,作为对避免伤害的义务的引申,是为犯下的伤害做出补偿的义务。还有一项重要的积极义务是履行自由签订的契约。我们必不能忘记父母对于孩子的权利;它在政治上是重要的,是因为从洛克引起争议的观点中可以看出,某些绝对君主政体的党徒在17世纪从已被接受的自然法观念中拼命地为绝对君主政体寻找一种基础,把它看作从父母对于孩子的自然权威中发展出来的。

　　简而言之,根据古老的个人主义国家观,国家的首要义务就是要强制实施自然法的规则。但是,在自然状态中,个人必须捍卫自己的权利,并且为自己受到的不公正行为索求补偿。因此,获得这种补偿的私人战争必须被承认为自然状态的一种不可避免的事件,尽管——正如霍布斯的矛盾证明——不是它

[①]　参见前面的第十二讲,第181—183页。

的一种正常状况。

那么，如果这是现在已被接受的法律与自然状态观，政府权威如何建立于这样被理解的自然权利原则之上？已被接受的答案是，有两种这样的方式：它可以来自被统治人民的原初同意，或者以正当战争中的征服为基础。因为，看起来，击退一次入侵的战斗者必须有一种杀死入侵者的自然权利；而且看起来，如果允许他们拥有屠杀的权利，也必须允许他们实施奴役这种更温和的惩罚。

§5 到目前为止，洛克接受了正当政府起源的传统观点。但是，在这一点上，他引入了一种重要的变革。因为你们会看到，只要承认（一般也这样被认为）每个人都有一种将自己投入奴役状态中的自然权利，那么，我迄今所陈述的学说或许可以被用于为最不受限制的专制政治辩护。因为这样，对于一个民族的奴役可以起因于一项原初的自由同意，或者作为对不公正侵犯的一种应得的惩罚。实际上，格劳秀斯在他于1625年出版的划时代作品《战争与和平法》(*International Right in War and Peace*)中的确主张，一种永久的专制政治可以通过这些方式中的任一一种正当地、永久地建立起来；他说道："对于一个民族的奴役顺理成章是永久的，因为民族内部个体的更替并不会阻止它继续成为一个民族。"①

在这里，洛克的观念存在广泛的不同。据他说，没有人有权利同意成为一个奴隶，因为，一个人对于他自己的生命没有

---

① Grotius, *De Jure Belli ac Pacis*, Book II. chap. v. §32. 大致来讲，关于自然权利，现代思想的任务是，将罗马法学家用于私法的观念与原则用于公法观念与原则。格劳秀斯的划时代性主要在于，他将它用于国际法。洛克工作的重要性是将它用于宪法。

绝对的权力(自杀是不被自然法允许的),而且,"不能通过契约……使自己被任何人奴役,也不能让他自己置于他人的绝对……权力之下,随心所欲地带走他的生命"①。前人的侵略行为也不能为对他们子孙在所有时代都实施的奴役辩护。的确,自然独立的状态不能被视为仅仅存在于遥远过去的某种东西。在政府拥有对于每个人的权利之前,每个个体必须自我确信地,通过给予明确的或默许的同意从这种自然独立的状态中走出来。只有在一个国家中拥有财产的人——甚至包括居住于这个国家土地上的暂时居住者,他在暂居期间因暂居而使用这个国家的土地——须被理解为,他们已经同意了服从这个国家的政府,只要他们还拥有和使用土地。

在理解最初形成一个国家的政府的契约时,由于我们对此没有直接证据,我们就必须假定,生活在自然自由与独立中的人们会理性地联合起来制定这样的契约。既然如此,由此而产生的政府就不能是一种专断的和无限的权力。因为,不能认为,人们会放弃他们惩罚攻击行为的自然自由与自然权利,除非这样做比自己身体力行能够更好地获得生命、自由与财产的保障。简而言之,政府的权力应当自然地和合理地受到它的建构目的的限制;这种目的就是,纠正自然状态的缺陷。

这些缺陷有三种。洛克的话是:"首先,这里缺少一种既定的、稳定的和周知的法律,被共同允许和接受为正确与错误的标准和裁决他们之间所有争端的共同手段。因为,尽管自然法对于所有理性生物而言是明显的和可理解的,然而,人们由于

---

① Locke, *Treatise on Civil Government*, Book II. chap. iv. §23.

利益所造成的偏见,也由于缺乏研究它而造成的无知,在将它用于他们的特定案例时,往往不会把它作为一种对他们有约束力的法律。

"其次,在自然状态中缺少一个周知的和公正的法官,拥有根据既定法律裁决所有争执的权威。因为,在这种状态中的每个人都是自然法的裁判者和执行者。由于人们偏爱自己,激情与报复非常容易让他们走向极端,并对于自己的事情有太多热情;疏忽和漠不关心又让他们对其他人的事情太过马虎。

"第三,在自然状态中,常常缺乏支持公正判决并且让其得到合适执行的权力。如果以不公正行为进行冒犯的任何人能够通过强力让自己的不公正行为得以实现,那么他们极少会失败;对于他们的对抗往往会让惩罚充满危险,并且对于那些尝试这样做的人常常具有毁灭性。"①

简而言之,自然状态在这三个方面是缺乏的:对于法律的明确规定、公正的适用、完全有效的执行。这些缺陷肯定使得自然状态不安全和不舒服,尽管不像霍布斯所坚称的仅仅是一种永久战争与悲惨状态。因此,对于人们而言,合理的做法是,如果政府可以为这些缺陷提供一种救治措施,就要接受政府所带来的这种对他们的自然权利的限制。但是,如果不是以这种条件来接受,对于他们而言就是不合理的。因此,必须把政府权力理解为受到这种条件的限制:它必须被用于对既定的众所周知的法律的执行,这些法律由公正的法官所适用。政府权力也进一步受到以下条件的限制:在未经被统治者亲自或其代表

---

① Locke, *Treatise on Civil Government*, Book II. chap. iv. § § 124 – 1126.

所给出的同意之前，它不能够带走他们的财产。因为，个人的财产权利不来自政府或来自同其他人的任何契约（这是洛克的一个重要的和原创的观点）。它来自任何个人对混杂了他的劳动的物质材料的自然权利；这种权利的前提条件是，他对它们的占有能够把"足够的和同样好的物质材料……留给其他人共有"①。在自然状态中，地球上的财货在自然权利上是共有的。但是，在同样状态中，一个人的劳动明显是他自己的。当他将后者赋予前者的任何部分时，这一部分就在权利上成为他的了——前提是，其他人的机会没有被削弱。那么，这种权利独立于且先于政府得以产生的契约。因此，不能认为，任何理性的人会给予他同意建立的政府以一种未经他同意可以带走他的财产的权利。如果政府没有满足这些条件，如果它依赖专断的强制（超出对法律的正确执行），而且依赖没有给予同意的税收，那么，它就违背了政府建立的目的，而且被统治者有权利认为契约已经终止。

与之相对，虽然被统治者有选择他们所喜欢的任何政府形式的原初权利，但是，它一旦被选定且满足了它被托付的条件，他们就没有改变它的权利。但是，当任何政府终结的时候，或者是因为一个王室家族的自然衰亡，或者是因为政府违背了信托，最高立法权力就要回归人民，随其自由选择，或者自己保有或者授予他人。这样，就可以说人民拥有一种不可让渡的和永远拥有的潜在的主权，但是，仅仅是潜在的主权。

还有一个条件必须提一下。最初由人民任命的最高政府没

---

① Locke, *Treatise on Civil Government*, Book II. chap. v. § 27.

有权利把它的权力移交给他人。这样的移交没有任何效力。那么，最高政府机关必须是制定法律的机关，而不是执行法律的机关，也就是说，它是立法机关——在英国就是国王与两院，而不是行政机关——没有两院的国王。因此，如果或者是由于立法机关自己的同意或者是由于其他方式，被改变得不同于最初所任命的立法机关，那么，对它服从的义务也就停止了。洛克说，当只是立法机关一部分的国王推翻了或中止了由立法机关制定的法律，反而要求服从他自己的专断命令时，立法机关就是被改变了。当君主阻碍立法机关在合适时间集会或者自由行动，立法机关实际上也是被改变了；或者，如果他用专断权力未经人民的同意或有悖于人民的共同利益改变了选举人或选举方式，或者让人民屈服于一种外国权力，情况也是如此。一个做这些事情的君主改变了他的人民同意服从的宪制，因此失去了要求他们服从的权利。辉格党人声称，这就是詹姆斯二世做过的或寻求去做的事情。

第二十五讲
政治思想——从洛克到孟德斯鸠

§1 在上一讲中,我简要地概括了霍布斯和洛克的观点。在观念领域中,霍布斯代表着一种运动,这场运动将西欧从中世纪的分裂权威和不完善政治秩序与整合带入建立在君主政体基础上的现代国家;洛克的学说对应着例外的事件进程,它在英国建立了立宪君主政体而非绝对君主政体。霍布斯在伟大反叛(Great Rebellion)的危机中写作,提供了一种正当性理论。它对于查理或克伦威尔同样适合,但是它拒绝任何权力分割。洛克的著作在1688年的伟大革命(Great Revolution)后马上出现,给出了为它进行辩护的理论。①

让我们考察两者共同的观念。两者都开始于自然状态概念,在自然状态中,成年人在权利义务上是独立的,没有人有权利统治任何其他人,不管他通过使用强制会做些什么。两者都同意,把这种最初独立的人们的一种"原初契约"视为建立一种正当性政府的标准方法。我可以增补的是,两者也都把征服作为政府权利的一种来源,尽管霍布斯坚称,在胜利者和被征服者

---

① 当然,它给出的是一种学说,根据这种学说,这次革命可以被宪政理论家合理化,而不是一种观点,可以用这种观点来进行这次革命。

365 之间也有一种契约；而洛克坚称，仅仅在正义战争中的征服才能建立起正当的支配，而且这种支配只能针对参与战争的人们。

你会注意到，这种探讨中的全部问题是一个权利义务问题。它不是一个政府在一开始如何存在的问题，而是一个政府如何变得正当的问题。通常的解释似乎在于这种契约。现在看起来，如果政府权利依赖一个古老的契约，对它们进行判断是历史学家的问题。但是，无论是霍布斯还是洛克，实际上都没有使用历史方法，除非在不重要的地方验证他们的结论。霍布斯的确在原则上否认这种方法；①而洛克尽管没有打算走这么远，他实际上这样做了，因为他认为，在自然状态中，理性的人们在签订契约时必须被认为考虑到了目的，通过对这些目的的考察，来判断契约必须被认为是什么样的。

此外，两者都将他们有关无限与有限政府权力的相互对立的学说分别用于所有政府形式。霍布斯的绝对主权者可以是一个人、少数人或共同行动的人民总体，虽然他对君主政体有一种偏爱。同样，洛克的理论接受所有的政府形式，只要它们对权力的行使符合他的条件。原初契约可以建立民主政体、寡头政体、君主政体或任何混合政府形式；不管选择何种形式，只要它忠于对它的信托，服从就是应该的；如果不再忠于这种信托，则服从就不应该。但是，正如霍布斯对君主政体有一种偏爱，洛克则认为这样一种政府是可取的：它的立法权力同行政权力相分离，被完全或主要交到"各色各样的人们"手中；他们作为一个整体制定法律，随后必须作为个体服从法律。它是可

---

① Cf. *Leviathan*, end of chap. xx.

取的，因为它避免了人性的弱点所产生的诱惑。当同样的人们拥有制定法律的权力，"也握有执行它们的权力，借此，他们让自己免于服从他们制定的法律，而且在制定和执行中，让法律适应他们自己的私人好处，这时，就会产生这种诱惑"①。

当这种分离生效时，立法机关自然和必然高于行政机关，因为执行法律的机关必然从属于制定法律的机关。的确，像在英国一样，行政机关的最高首领也是立法机关的一部分，因此他没有立法上的上级；这样一来，如果他被称作至高无上者或主权者，就像实际上他的传统称呼一样，在含义上也是可以接受的。但是，依然真实的是，他仅仅是真正的最高政府或主权政府的一部分；针对他的效忠与忠诚誓言被给予他，不是因为他是最高立法者，而是因为他是他和他人共同制定的法律的最高执行者。②洛克就是这样回应霍布斯观点的。霍布斯的观点是，这么多世纪里，在英国，只有世袭君主才被称作主权者。洛克的回答是，在立法机关明显不同于行政机关的地方，立法机关必须是至高无上的；在几个世纪里，英国的君主只是立法机关的一部分。

因此，可以认为，当君主破坏或者中止由议会制定的法律时，或者当他"未经人民同意且有悖于人民共同利益"改变平民院的选举或选举方式时，或者当他阻挠议会"在应有时间集会或阻挠议会自由行动"时，他实际上改变了既定的立法机关。而且，当他作为行政机关的首领，确立起自己的专断意志，反对

---

① Locke, *Treatise on Civil Government*, chap. xii. § 143.
② Locke, *Treatise on Civil Government*, chap. xiii.

他被任命来执行的法律时，或者当他"使用社会中的力量存储和官职腐蚀议员和为了自己的目的而拉拢他们"时，他的行为就和他受到的委托相悖。在上述任一情况中，他就失去了要求他的臣民服从的权利。他们可以正当地在他的位置上扶植一位新的君主。①

但是，洛克如何回应霍布斯最有力的主张——如果这些制约条件被这样引入政府所立足的基本契约中，无政府状态会出现——呢？洛克部分承认了，无政府状态的确会出现：被统治者拥有对抗违背其委托的政府的权利，它不是一种属于政治秩序状态的权利；它是对对抗不义行为的权利的一种回归，这种权利属于自然状态。洛克完全承认的是——他以良好的修辞效果，使用这种主张反对他的对手：违背信托的政府的罪行极其严重；正是这种严重性带来了无政府的祸害。②

但是，我们不要夸大这种危险。一个民族不会轻易让自己面对一场革命所带来的艰难、危险和不可避免的祸害；只有他们的既有政府对于信托严重和长期的违背，才会让他们这样做。实际上，他声称，通过确立一项普遍的认可——政府权力是一种有条件拥有的委托，而不是一种专断的权力，你实际上就可以减少而非增加叛乱和无政府的危险，因为，你减少了压迫的危险。而且，历史表明，无论思想家制定了什么样的理论，压迫实际上会导致革命。

§2 当我们追踪现代欧洲政治思想的发展，从17世纪转

---

① Locke, *Treatise on Civil Government*, chap. xix.
② Locke, *Treatise on Civil Government*, chap. xix.

向18世纪时,学者的主要兴趣开始于英国。但是,在追踪18世纪中叶之前的这种发展时,其主要兴趣转向了法国。甚至,我认为,当一个法国人在追踪导致1789年大革命的思想运动的主要因素时,对于他而言,霍布斯和洛克比17世纪任何法国作家更为重要。同时,我也认为,哪怕是在研究政治思想史时对现代英国的前例有着一种特别兴趣的英国人,研究到18世纪中叶时,也必然会暂时将其主要关注从英国转向法国。因为,在18世纪后半叶的英国政治思想中,最有价值的因素可以追踪到法国影响。这些影响或者是积极的和具有直接激发性的,或者是由于唤起了激烈的对立而具有间接激发性的。①

在该世纪前半叶,英国的思想运动相当萧条;但是,对于认真的研究者而言,它的价值有时正在于它是一个乏味的和停滞的阶段。这个阶段位于理智压力与理智运动两个阶段之间,人们可以在其中追踪到古老思考方式的衰败和寻求新观点的新生努力。

洛克关于作为政府权利源头与限度的基本社会契约观点被广为接受,但很大程度上仅仅作为一种传统而被接受,而不是出于充满活力的理解。就对它进行的思考而言,它所经历的发展处在和实际问题相分离的方向上:政府此刻的义务与权利如何判断?根据历史(或史前)研究,我们的祖先最初同意根据什么条件服从政府?人们(不仅是具有革命倾向的人们)越来越感觉到,前一个问题不应该根据后一个问题的研究结果来判断。假设我们的祖先做出了不经自己同意就接受税赋这种"严重的荒

---

① 后一种情况的例子,我可以提及柏克(这个时期我们最伟大的作家)的著作。

唐行为",那么,我们有什么理由应该一直服从他们的蠢行导致的难以忍受的后果呢?不,(比如)一位非常节制和冷静的伦理哲学教授弗朗西斯·哈奇森(Francis Hutcheson)这样回答。他从1730到1746年在格拉斯哥大学教书。他说,我们不受这样一种不合理的契约义务的约束,而且"可以坚决要求一种新的政体模式"①。洛克的观点在这样的限定下,被作为正统的辉格党信条。但是,对于这些观点的关注并不是非常明显。而对立的君权神授学说(洛克的主张主要被用来反对它)尽管继续被神职人员所传播,却已经完全不再对我所谓的世俗世界有任何严肃的影响。因此,博林布鲁克(Bolingbroke)认为它是一种古老的荒唐信条,太幼稚而不值一驳。他对莱利斯·斯蒂芬(Leslie Stephen)所谓的"沃波尔时代"(Walpole Era)做出了主要的政治思考。

在政治哲学史中,博林布鲁克很难拥有一席之地。但是,在政治思想或政治观念史中并不确切如此。尤其在英国政治观念史中,他不能被忽视。因为在议会不断增加的和沃波尔的对立中(1725—1741年),他不仅是"……向导、哲学家和朋友",②他的思想也对于理解我们宪制的当代阶段大有裨益。在他的政治事业结束之后,其思想仍保有生机,并对于英国政治进程有相当大的影响。我们甚至可以在休谟更深刻和易懂的政治思考中追踪到它们的影响。他在《党派论》(*Dissertation on Parties*)中总结了他对沃波尔的长期反对。这样,在该书中,他在休谟之前关注到了在前两个汉诺威国王的统治之下英国议会党派的特

---

① Hutcheson, *System of Moral Philosophy*, Book III. chap. v. §4.
② Pope, *Essay on Man*, Ep. IV.

殊地位。辉格党人正是通过他们获胜后的影响力成为保王党；而托利党人却不可避免地走向同在位君主的对立。这样，每个党派发现，由于形势的驱使，他们各自走向了自己最初原则的对立面。在这种形势下的党派自然会堕落为宗派；随后的恶果被博林布鲁克讲得非常清楚。对于政治党派非常不利的看法在随后一代人中间盛行；他的影响或许部分来自于他的这种看法，尽管事实是，它们是公认的议会制政府的工具。直到柏克在《论当前不满之情绪的根源》(Thoughts on the Present Discontents)一书结尾做出了精彩的表达，我才几乎在沃波尔垮台30年后看到了在英国文献中对于议会党派联合机制的有力辩护。

那么，博林布鲁克的政治理想是什么？是一种相当模糊和肤浅的政治理想；由于在西欧政治发展中英国宪制史特别重要，我只能有这种看法。为了保护自由，他想要维持"宪制平衡"。为了这个目的，他希望终结威胁议会独立性的腐败；手段是组建一个真正的"国家党"，在其中，辉格党同托利党的区别被消除。他的确没有看到（对于拥有更自由与深刻的思考的休谟而言却显而易见），实际上，正是腐败或至少是王权通过职位与年金对议会成员的影响，才在18世纪维持了王权和平民院之间的平衡。摧毁这种影响会把权力从王权转移给由议会任命的大臣们；而且，像随后的历史所表明的，新宪制的倾向也必然会导致这种后果。博林布鲁克不会看到这一点；他详细阐释了他的"爱国国王观"：这个国王要消除腐败，而且要既统又治，要终结宗派的危害，同时维持宪制的平衡。

这种观念基本是不可行的，但它有实际的影响。正如一位

《每季评论》(Quarterly)的评论家所言：一个国王凭借神授权利要求服从，另一个国王则凭借超越党派的爱国、持续和专注地关心国家的真正利益要求和赢得服从；用后者替换前者，"一点也无助于产生一场伟大革命，把菲尔麦和罗彻斯特的托利主义转变为约翰逊和皮特的托利主义"①。无疑，后一种国王是乔治三世在其统治的开端形成的理想。而且，尽管任何消除腐败的想法必然很快消失，部分通过求助于国家中现有的情感模糊的强大团体支持这种理想，乔治三世和小皮特在1783年制服了辉格党人。

在追踪博林布鲁克的影响时，我超出了他所生活与写作的时期。我已说过，如果这个时期的思想被当作一个整体，则其特点是一种冲突之后的情感懈怠和某种或许对于光荣革命成果的稍许失望。如此热烈追求的目的已经达成：法律统治被确立；君主政体在立法和税收上决定性地受到了议会的控制；宪制的"平衡"看起来颇为牢固。但是，英国人在他们的平衡宪法中所感到的骄傲被一种令人不安的信念稍许减轻。这种信念就是，议会实际上是寡头宗派的巢穴，被腐败带入了和王权之间的危险而不稳定的和谐关系中。

1748年，孟德斯鸠《论法的精神》出版。英国人突然发现自己的宪制被理想化了，被当成文明的欧洲羡慕的对象，被说成了一个比拥有古老声望的民主共和国更能彻底保障自由的东西。孟德斯鸠对英国宪法微妙的、详尽的和高度溢美的分析不仅把外国观察者的关注导向它，而且让英国人自己既对它更感骄傲，

---

① *Quarterly Review*, vol. cli. (for 1881), p. 343.

又对它的特点采取了一种稍许新颖的认识。①

§3 当我们在该世纪中叶前将关注点从英国作家转向法国作家时，我们看到了，随着革命前思潮开始崛起，在英国革命和法国革命之间、理论与事实之间有着不同关系。无论是霍布斯还是洛克，都不是直接导致政治效应的重要原因：霍布斯的著作预见了但几乎没有影响来自反叛行动的反应；洛克的作品合理化了已经结束的一场革命。法国作家则为一场即将到来的革命铺平了道路。你可以打开一本法国政治观念史，我推荐珍尼特(Janet)的《政治史》(*Histoire de la Politique*)，一本具有可靠价值但不免严重错误的书。打开这本书，你就会发现，珍尼特将孟德斯鸠的《论法的精神》视为"18世纪确定无疑的最伟大作品"，将其同卢梭的《社会契约论》一起归类为革命运动的文学源头与源泉。

的确，前一部作品的英国读者现在有些难以理解，它如何有助于一场运动，这场运动的理想目标是实现一种建立在永恒的、不可改变的和普适的自然权利原则之上的政治秩序。因为，对于我们而言，孟德斯鸠的原创性和相关性主要在于这样的事实：他代表着将历史方法引入现代法理学和政治学的第一次重大系统尝试。我们认为，这种历史方法同卢梭的先验方法和他关于普适政治建构原则的假设相敌对，势同水火。因此，我毫不惊讶的是，梅因②认为孟德斯鸠的影响同卢梭的影响相对立，

---

① 英国人最熟悉的对于这种观点的陈述出现在布莱克斯通的书中(Book I. chap. ii.)。他的著名评注的第一卷出版于1765年。布莱克斯通作为内行详细阐释了英国法律，而不是详细阐释了任何政治理论。但是，为了满足有教养的读者的口味和让他的阐释获得显著成功，必要的做法是，他对法律细节的叙述要在一种政治理论背景中完成。他这样做时，材料主要来自于孟德斯鸠，尽管根据当时的做法，它在被引用时没有被承认。

② *Ancient Law*, chap. iv.

并且被后者盖过。我认为这是一种错误的观点，珍尼特的观点更为正确。但是，我毫不惊讶于梅因的错误。因为，实际上，孟德斯鸠的基本学说是，抽象地和普遍地判断法律和政府形式好或坏是不合适的，而只能历史地和相对地判断。他首先坚称，在判断特定的法律和政治体制的好与坏时，必须同它们被确立的社会的政府形式联系起来加以考虑：首先，一项法律，对于君主政体或寡头政体是适宜的和优良的，对于民主政体可能是坏的，反之亦然；其次，他坚称，不应该抽象地考虑政府形式的好处，而应该同人类特定地区的各种自然、习惯和环境联系起来，这些不同形式实际上是在其中建立起来的。根据孟德斯鸠的观点，如果我们不知道这个民族的（如果我可以这样说的话）里里外外，我们就不能回答，一个民族是否应该拥有一个民主政府。也许，它的道德太软弱了而不能应对共和体制的压力；或者它的气候太热了，所以必然落入专制政体。

　　这两个主要论题——法律与政府的相对关系，和政府与内外条件的相对关系——运用了大量丰富的学识加以说明和例证，非常具有原创性和洞察力，而且甚至更具有独创性和启发性。因而容易理解，该书为何获得了辉煌的文学上的成功。但是，它如何成为革命运动的一个源头？解释是，孟德斯鸠的历史公正性是有限的，没有非常明确地排除对于某种政府形式甚于另一种政府形式的偏爱。他的关注是要指出，他认为三种政府形式——共和政体、君主政体和专制政体——在性质和原则上基本不同，适于不同的民族，而且需要各自不同的法律类型保持它们的运作。但是，他并没有因此在它们的原则上保持中立；

相反，他认为这些原则的差别在于光明、昏暗和黑暗。

共和政体的原则作为保持共和政体运作所必需的行动源泉，只有共和政府真正发达了，共和政体才能维持这种原则的有效运作；这种原则就是政治美德(Political Virtue)，即爱国主义、公共精神和牺牲任何私人利益以履行公共义务的自愿性。他说，这种美德更是民主共和而非贵族共和的特点；的确，后者越接近前者就越完美。①这种美德在君主政体中并不同样必需；你要把君主政体理解为他那个时代的西欧君主政体，法国是其最辉煌的例子。它的确不像共和政体一样需要政治美德。这是幸运的，由于它肯定不会推动这种美德，因此，如果它的确需要它，无论如何也不会非常充分地利用它。君主政体运作的主要源泉是荣誉——特权阶级尤其贵族和法律专业首领的荣誉感；他们在君主和他的臣民大众之间拥有一种中间地位。孟德斯鸠说，这种荣誉感对于君主政体是一种力量源泉。因为，只要君主尊重他们的传统特权与规则，它就会在这些特权者身上产生一种更为忠诚的和热烈的服从。同时，如果他试图制服他们，它也会成为一种弹性对抗的源头。我把它称作弹性对抗，因为君主毫无争议的权威可以在他能够集中自己意志的任何时候压制它。但是，它实际上也是一种有效的制约，如我前文所言，②在孟德斯鸠看来，这构成了西欧君主政体和东方专制政体之间的一种基本差别；在后者那里，所有人在奴役之中都是平等的，政府运作的主要源泉是纯粹的恐惧。

---

① 贵族政体和民主政体不具有重要的差别，这是孟德斯鸠所特有的观点。
② 第二十三讲，第338—339页。

那么，你看到了孟德斯鸠的历史公正性是怎么回事！的确，他没有将民主政体作为一种现实理想推荐给他的同胞。他的实际目标是，将法国君主政体从他在它身上所看到的堕落为专制政体的危险趋势中挽救出来。这样做时他希望采取的手段是，向君主和人民强调贵族的荣誉感和法学家的团体精神的价值。它们既为君主提供了比纯粹的奴隶所能提供的更好的政府运作手段，又对他的专断意志施加了一种弹性的但真实的制约。但是，尽管孟德斯鸠没有推荐民主共和政体，他却使用了他的全部历史知识储备，运用了他的全部修辞力量，传播了对它的一种理性赞赏；它作为一种政府形式，既需要也促进爱国主义与公共精神。共和政体拥有（我们几乎可以说，独家拥有）卓越的政治美德；这种观念可以被称作法国革命思想中的主要历史成分；或许，甚至同自然权利与平等观念相比，而且，同不可让渡和不可分割的人民主权观念相比，它做的是一样多，唤起了革命激情的大火。

§4　但是，这并不是孟德斯鸠对"1789年观念"做出的唯一贡献；在由1789年革命给出第一次动力的立宪中，它最终也不是最有影响的观念。最终，不是希腊-罗马世界的民主共和政体为现代大众政府提供了模式，而是孟德斯鸠挑出来加以赞赏的其他宪制——通过1688年革命所确定的英国宪制。

孟德斯鸠对英国宪制的描述所体现出的重要性在于，他明确地感知到：尽管民主共和是值得赞赏的，但民主制度并不必然是最自由的制度；例如，它的建构并不必然给予理性的个人自由以最大的（maximum）保护。他从历史中知道，实际上，民主的多数人由于对个人不公正的强制，可能会像任何暴君一样专制。同时,他发现,政治自由是英国君主立宪制这种复杂制度的独特而显著的目标。他说,如果我们对它进行考察,我们就会发现,"自由在其中就像在镜子中一样清晰"①。

在孟德斯鸠看来,一个适于实现自由的政府必须根据某种基本原则来建构:在不同机关即被分别任命的团体或个人中间,对政府基本权力进行分离和平均分配,以便通过整个组织的自发运作,使任何一个政府机关的压迫倾向都会被另一个机关所制约。因此,他追随洛克,倡导立法权力同行政权力的分离。立法机关只能拥有制定一般法律的权力,不能拥有对任何特定行政行为发布命令的权力,尽管它拥有优势,可以通过批评控制行政机关的行为。行政机关首脑的同意对于法律应该是必需的,可以阻止立法机关的任何不当越权;但是,他不应该制定法律。

但是,他进而规定(洛克没有注意到这一点),司法权力也应该同其余两种权力中的任一权力分离。如果法官也是立法者,就难以让他一心一意地专注于阐释既定的法律。如果行政权力和司法权力掌握在同一个人手中,那么,合在一起的权力被用于压迫个人的危险就会很大。此外,孟德斯鸠坚称,对犯罪实施惩罚的"可怕权力",就像在英国一样,不应被给予一个常任法官,而应该给予时常来自全体人民的陪审员。他强调英国的《人身保护令》(Habeas Corpus Act)所给予的保障,由于它,行政机关在审判之前监禁公民的权力受到严格限制。

立法和税收应该像在英国一样,被托付给一个大会,它是由真正独立的公民整体所选择的,这个公民整体根据地方单位

---

① *Esprit des Lois*, Book XI. chap. v.

来划分。但是，这个大会也应该受到一个贵族团体的制约，以阻止对富有少数和杰出人士的压迫。

377　　只有通过这样一种宪制——一种权力相互制约的精致的平衡体系，我们才可以有效地保障政治自由，也就是说，可以保证，"没有人被迫去做法律上他没有义务去做的任何事情，或被制止做法律允许的任何事情"①。因此，孟德斯鸠的理想——他的现实理想——是理想化的英国宪制。

三种基本政府权力的分离原则构成了革命方案的一种明显和重要成分。在著名的1789年11月*的权利宣言中，我们发现了它被强调论述为："每一个社会，如果其权力分离没有明确地加以确定，它就实际上没有宪制。"另一项条款强调了必须通过法律严格限定行政机关逮捕和监禁公民个体的权力。这些是孟德斯鸠的观念。他的观念得到了英国宪制范例的支持；或者我们倒是应当说，英国宪制的制度安排恰如孟德斯鸠所解释与阐释的；总体而言，在《论法的精神》出版后的这个世纪的立宪中，这些观念在重要性上决不是次要因素。

这场思想运动在我已经引用的权利宣言中得到了最终的概括；然而，在这场运动中，他的影响和卢梭相比，非常具有次要性。的确，如果你想要以简要明确的形式表达卢梭的《社会契约论》的基本信条，你只要一项接一项地读一下这个宣言的前几条条款就行了。

---

① *Esprit des Lois*, Book XI. chap. iv.
*　原文如此，应为8月。——译者

第二十六讲
政治思想——卢梭的影响

§1 在上一章,我关注的是,我们必须从双重视角来看待孟德斯鸠。这是在鲜明对比中表现出来的双重性,是由珍尼特和梅因分别描述他的不同面目时表现出的双重性。

珍尼特在他的关于孟德斯鸠的章节开头,① 提到了法国从 1789 年以来所经历的一系列革命;并且说:"当我们把自己的思路转向作为所有这些变革的最初来源的著作——《论法的精神》和《社会契约论》时,我们如何才能从我们的大脑中消除这些记忆?"或许,通过这样的措辞,在法国大革命的原因与结果中,珍尼特把太多的影响力给予了(或看起来给予了)政治观念和文献,而把太少的影响力给予了政治事实。但是,如果我把自己局限于观念——革命运动的文学上的源头——的影响时,那么,珍尼特在如此一句简短的语句中陈述了真实情况,并且肯定表达了主流的法国观念。

与之相对,在《古代法》有趣的第四章中,梅因表达了一种完全不同的和明显对立的观点。他并不认为孟德斯鸠和卢梭共同带来了大革命,而认为他们是直接对立的。他描绘道,法学

---

① *Histoire de la Politique*, vol. ii. Book IV. chap. v.

家在法国历史中扮演了重要角色;历代法国国王在同贵族和教会的斗争中通过同法学家结盟而赢得了"巨大的好处";法学家作为一个特权等级拥有了和封建贵族相比肩的强势地位,这一地位分配给了全法国的大的特许社团。然后,他接着描绘,他们如何将他们的抽象观念和理智偏好同他们的职业兴趣和习惯相调和;他们是通过我所谓的一种对自然法的热情的柏拉图式的热爱做到这一点的。他说道,"不同于欧洲的所有其他国家",法国实际上遭受了"不规则和不调和的法律的诅咒",遭受了地方法律的多样性与混乱,尽管这个国家具有政治与社会的统一性。"法律的完善在于简单与一致",法学家对"这些完善"是敏感的。但是,"他们相信,或者似乎相信,法国法律实际包含的缺陷是难以清除的;所以,在实践中,他们常常执拗地对抗过度的改革,这种做法在他们不太开明的同胞中并不多见。但是,有一种弥合这些对立的方式。他们成为自然法的热烈爱好者。自然法跨越了所有省界和市界。它无视贵族和市民、市民和农民之间的所有差别。它把最崇高的地位给予了明朗、简洁和系统。但是,它不让它的热爱者进行具体的改良,并不直接威胁任何可敬的或获利的做法"①。

容易理解,如果对政治变革的热烈与广泛要求变得强大起来,足以压倒法律职业的有成见的保守主义,那么,这种对自然法的热情赞赏将会如何有助于一场革命运动。梅因继续描述这种革命热情的火焰如何被卢梭传播。但是,他谈到,孟德斯鸠的观念完全是在相反方向运作,尽管总体上是无效的。他说,

---

① Maine, *Ancient Law*, p. 85.

第二十六讲 政治思想——卢梭的影响

孟德斯鸠"在历史方法上获得了成就；在历史方法面前，自然法从来没有获得其片刻立足之地"。那么，为什么他没有阻止革命运动走向人的与生俱来的权利的实现？梅因说，那是因为他的作品"没有时间"产生对思想的影响，"因为它注定要毁灭的对立假说突然从论坛走向大街"。这一对立假说由卢梭提出。"这位知名的人虽然无才无德，缺乏个性力量，但是，通过运用鲜活的想象力，在对他的同胞的一种真正的和急切的热爱的帮助下，在历史上留下了永不磨灭的印记；为此，只得给予他大量谅解。"①

在这种学术权威的冲突中，我不怀疑，双方的论述都具有真实性。《论法的精神》的影响肯定有助于革命运动，如同珍尼特所言。然而，毫无疑问，孟德斯鸠的观念正如梅因所看到的，基本上和卢梭的根本假设是对立的。这种根本假设是：存在不可改变的和普遍适用的自然法规则；赖此，人类自己就可以为政府找到一个正当基础。

把作为一种理想的对自然法的柏拉图式赞赏转变为一种实现它的实际热情，而且把它从（单单和法学家相关的）市民关系扩张到政治与宪制关系中，在法国，这是卢梭及其学派的工作。在这个时代的革命乌托邦的根部，我们发现了古老的由来已久的和广为接受的自然法主张："所有人生而自由"和"所有人生而平等"。它们仅仅拥有相当新颖的信仰热度，作为一些前提，以相当新颖的方式将非常惊人的和意义深远的政治破坏和重建合理化。

§2 一种老生常谈是，法国的绝对君主政体为革命铺平了

---

① Maine, *Ancient Law*, pp. 86, 87.

道路。但是，不仅是君主政体的绝对性，而且是它从封建制度中成长起来的方式为革命铺平了道路。君主政体满足于将所有权力集中在自己手中的目标，继续执行同古老的封建社会中原本会对它形成制衡的其他势力讨价还价的原则。这样，君主政体从贵族阶层那里带走政治职能和所有最重要的社会职能，让他们很大程度上成为无用的赘生物；为了诱使他们体面地接受这种政治灭绝，它留给他们大量的金钱特权，以至于让他们成为一种造价相当高昂的赘生物。同时，为了阻止他们更加有效地采取一种针对王权的对立或敌对态度，并且赢得这样做的足够影响力，君主政体完全切除了主要贵族的在大地产上自然形成的社会职能。它这样做的手段是，让他们形成一个庞大的和辉煌的宫廷，来自国库的王室恩惠像金色暴雨一样倾泻而下；然而，后者依然不够慷慨以至于不足以弥补这种辉煌所带来的花费。

在政治和管理上，路易十四的体系在许多方面都是成功的。凡尔赛的辉煌似乎既恰当代表着又提高了法国在他的统治下赢得的荣耀。总体而言，贵族完全满足于他们在这种辉煌中所占有的份额。集权化管理为人民普遍带来了许多好处——免于非法的人身压迫的某种保护、启蒙过程的某种扩散等。但是，在财政上，它具有致命的软弱；它的财政弱点加固和恶化了严峻的社会不平等的悲惨状况。这些社会不平等和痛苦在某些方面更加糟糕，因为由于惯例与历史，它们是古老的、合法的和神圣的。

让我们详尽地考察一下这两个相互依赖的事实：一种极端

邪恶的政府财政体系,和骇人听闻的社会不平等与压迫。我们必须回溯到一个攸关时刻:此时,法国从封建向现代的发展进程明显地同英国的相应发展进程相分离;查理七世被允许在1439年确立一种不经国家三级会议同意的永久税。如我们所见,在封建体系下,国王像任何其他封建领主一样,用自己地产的收入供应日常开支,而特别支出是通过投过票的捐款提供的,不同阶级自然占有合理的份额。但是,在查理七世的统治下,一场可耻的交易达成。通过这场交易,贵族同意放弃钱袋子的权力从而牺牲了宪制自由,"让人民被征税而不需要他们的同意,前提是只有贵族自己被免税"①。从此以后,不平等就被确立起来,即使开明的大臣萨利、黎塞留、科尔伯特做出极大的努力,也不能永久缓和它。在封建时代,贵族阶层被免除土地税,作为对他们的军事服役义务的补偿;现在,它成为常规王室税。

托克维尔描述了来自这种征税方式的所有罪恶:"不向那些最有能力纳税的人收税,而是向那些最没有能力的人抵抗纳税。"②如我刚才所言,为了缓解罪恶,持续的努力被做出。但是,政府必须有钱。而且当新的直接税被实施时,它虽然名义上对所有人都是平等的,通过减免安抚有钱者和有权者的邪恶做法依然保持下来。组织起来而且有集会的教士阶层获得了公开的减免;贵族们运用个人能力通过不太常规的方式获得减免。王室劳役(cornée royale)——低工资的强迫劳动,最初是为了修

---

① Tocqueville, *L'Ancien Régime et la Révolution*, Book II. chap. x. p. 169.
② Tocqueville, *L'Ancien Régime et la Révolution*, Book II. chap. x. p. 171.

路，但是逐渐扩大到其他公共工程上——被维持下来，而且由于政府需要而变得更糟糕。就此，贵族和他的"家族"也被豁免。

在大革命前整整一代，我们看到政府越来越试图采取家长般的行动。但是，由于缺钱和这种邪恶的税收体系，它无法这样做。①于是，我们有了一个这样的政府：它贫困，财政上变化多端，合法地和不合法地进行压迫；拥有土地的贵族，拥有土地的教士，合法地和不合法地获得了纳税的豁免权。

但是，在压迫性的免税权之上，我们还必须加上压迫性的特权。在法国，封建制度衰败的特殊性使得它成为大革命最合适的土壤。这种特殊性是，封建制度的一般特点本来是政府和土地财富以一种非常精巧的分层等级制混合在一起。但是，在18世纪的法国，我已经说过，贵族不再参与政府。整个税收和豁免体系本来属于作为管理者的他们，而且只能根据他们这种成绩加以合理化，现在却成为了这些不过是"第一等居民"的人的牟利源头。在贵族的所有特有权利中，"政治部分已经消失了；只有金钱部分保留下来，而且有时还会大幅增加"②。这样，由于封建制度不再是一种政治制度而成为一种纯粹的民事制度，尤其对于变成业主的农民而言，已经仅仅成为一种令人讨厌的事物。③贫穷的农民自身承受税赋，被迫劳动，被迫从事军役，却看到贵族被豁免。不但如此，他还发现要根据个人的最大能

---

① 关于政府获取金钱的其他可耻的权宜之计，参见托克维尔的《旧制度与大革命》(*Ancien Régime*, Book II. chap. x)。

② *Ancien Régime*, Book II. chap. i. pp. 60, 62.

③ 农民业主的数量非常多。尽管贵族和教士阶层分别拥有法国的大约五分之一土地，大革命中通过对后者全部地产的出售和对于前者地产的大部分出售，业主的数量似乎没有大量增加。Cf. Tocqueville, *op. cit.* Book II. chap. i. p. 58.

力被迫付给同样的贵族一些压迫性的税款。如果农民不是业主，他就不会感受到许多这些事情。如果他被贵族统治，这些税款在他看来或许是政府的自然伴生物。实际上，它们通过一切机会骚扰他；而由惯例加给贵族的支出负担使得他难以放弃这些税赋。对于所有这些，我们还必须加上古老的封建权利——司法。它已经受到大幅度限制，而且正在衰落，却依然是对（司法）实际重要性的滥用，常常被贫困的贵族作为一种赚钱的源头。我们还必须注意到由富有的大业主带来的不在地主制度（absenteeism）和更小的业主的贫困、孤独与社会无能性，这使得他们的权力实际上比在其他情况下更具有压迫性。

这种事态为卢梭所宣扬的自由与平等情感的发展提供了一种格外有利的土壤。

§3 博学多识的人们通常从两个方面看待卢梭的作品；对每个方面进行深思都是重要的，以便对于他的整个非凡影响力有一种充分的认识。他被视作同"所谓的文明化生活"的造作与轻浮相对比的自然的信徒，而且被视作不可转让的人民主权的信徒。通过给予古老的社会契约学说以新的和明显的转向，这种学说得以确立。但是，我认为，梅因误解了这两个方面的关系。

他认为卢梭具有这样的信仰：一种"完善的社会秩序应该逐渐形成于对自然状态的独立思考"。关于自然状态，梅因指的是先于市民社会的形成的原初状态。无疑，这也是霍布斯和洛克的意思。他告诉我们，根据卢梭的观念，"如果社会的每一次转型都让它更相像自然生物所统治的世界，那么，这种转型就是可取的，而且值得以任何明显的代价来发起"。"每一种法律或制度，如果不符合在这些理想环境下想象出来的这种存在，都应该被谴责为是从原初完美性的堕落。"①

如今对在《社会契约论》中卢梭所持目标的这种认识流传甚广。但是，尽管这种错误认识是非常"自然的"（如果我可以使用这个不可靠的词语的话），但它也错得非常彻底。认为卢梭不拥有梅因所归之于他的观念，这样说过于客气了；他的确不拥有任何这类观念。

卢梭的工作在某一个时刻捕获了公众的头脑；根据法国历史作家几乎毫无异议的观点，在这个时刻，以伏尔泰为首的批判性与消极性工作在严重腐化着这个有教养的世界。由于君主政体的蓄意政策，这种工作同政治现状中的倾向相互合作并且促进这种倾向，产生了一种奢华的和轻浮的贵族社会，宫廷是其中心。

我们已经看到，君主政体几乎从一个富有的和有教养的社会中撤出了出于政治权力的责任性所行使的持续的和高贵的影响，不再履行针对他们同胞的严肃的和重要的社会服务。通过强烈的宗教信仰，这样一个社会可以被部分地从纯粹的轻浮中解救出来；就像在17世纪君主政体的伟大岁月里一样，这种宗教信仰支持了深思熟虑的观念和雄辩的阐释者的声望。但是，当正统天主教对最有教养的人们的思想控制被伏尔泰无可匹敌的文学技巧给击碎时；当沙龙和宴会中的谈话者谈论到（使用柏克利的措辞）"好像无神论是由法律确立的，信仰只能被容忍"

---

① *Ancient Law*, chap. iv. pp. 88, 89.

时；当哲学追随从英国习得的新冲动，放弃笛卡尔俯就洛克，把洛克的教导往形而上学上的物质主义与感官主义和赤裸裸的道德利己主义的方向上发展时；反对奢华的轻浮与造作的主要理智障碍就被移除了。

泰纳说道，①"封建贵族阶层"成为一种"沙龙社会"（société de salon），以难以类比的程度沉溺到沙龙生活中，屈服于其他利益与责任，丧失的不仅仅是对于公共事务的所有深刻的爱国主义关注，而且也丧失了家庭情感中的所有真实的力量与活力。的确，理智兴趣依然保留；沙龙以同情和喝彩追随狄德罗、达朗贝尔及其同人教导人类的伟大事业。但是，对于严肃话题的关注只是因为，他们将严肃话题变成了一种娱乐手段，而且变成了谈话中的一种丰富性与多样性源头。如果说他们相信什么的话，这些沙龙居民相信进步。物种的进步、艺术和科学的进步——德国人所谓的"启蒙"（Aufklärung）在各个方向上的传播。但是，良好社会的唯一事务是，要在宴会、妙语（bon mots）和玩笑的间隔中谈论这种进步，而且，过度耗费国家财富，在极端虚伪的高昂的优雅与辉煌氛围中谈论它。

正是这样的一个社会，被卢梭惊醒了，这样的社会被他的宣教热烈地打动。他宣扬，人的自然生活优于文明的人造产物。

把他带入人们关注视野的第一件工作是一篇获奖论文。它不仅赢得了第戎科学院的奖金，也赢得了首都的喝彩。论题是，科学和艺术的（比如中世纪后）的复兴有助于纯化还是腐化行为。但是，据他本人所描述，卢梭受到激发，几乎狂迷于自然优于

---

① Taine, *Origines de la France contemporaine. L'Regime*, L. II. ch. i.

艺术的伟大主题，通过回顾看到了最初科学与艺术的确立。他坚称，未开化的自然人本来拥有快乐的无知、诚实的行为和简单的美德，由于追求理智而带来的怀疑与欺诈、傲慢与虚荣、浮夸的冒名顶替、无益的推理，还由于伴随艺术进步的空虚的奢华，失去的比得到的更多。在一系列论著中，这个主题以各种形式和方式得以坚持。在其中，我们不应该试图寻找观点的完全一致；但是，的确出现了腔调与情感的一致性。

进一步深入卢梭工作的这个方面不在我当前的任务范围内。但是，简而言之，他的确是"高贵的野蛮人"的一位欣赏者；由于这种人生存在政治社会之前，所以是一位"高贵的野蛮人"。我们很自然地认为，他在《社会契约论》中的目标是尽可能地模仿这种自然状态；而且他认为，通过社会契约可以完善地做到这一点。但是，我也说过，这种想法是完全错误的。错误在于这样的事实：在"最初是什么"和"应该是什么"观念中的"自然"一词中，自古以来就存在着意义深远、根深蒂固的交融；这种交融在卢梭的政治观念中很大程度上已经消失了，但同时在他的语言中依然存在。卢梭在政治建设上的目标是，拥有一种正义在其中可以实现的宪制。而且他认为，只有在一种以他和他人依然称作自然权利(droit naturel)的原则为基础的宪制中才能实现正义；如梅因所言，不但在法国而且在整个欧洲大陆，这种自然权利原则就是被革命前的法学家以无限的赞颂加以认可的尊严与要求。

但是，在法学家的自然法(droit naturel)概念中，这个观念突出的和重要的内容不是所谓的这些规则针对假定的人类原初条件的适用性,这种原初条件位于政治社会构建之前。而总是这些规则针对人本身的普遍适用性,同任何特殊政治社会的法律对于那个社会的成员的有限适用性形成对比。我们已经看到,在这个内容中加入了自然法的永久性与不变性的概念。它可以用于作为理性存在的人,通过抽象的理性可以发现它,同任何特定国家的法律的易变性形成对比。

政治与社会秩序应该同自然权利相和谐,这是一种老生常谈;自然权利意味着某些外部的和不变的原则,甚至孟德斯鸠也没有明确否认。这种自然权利概念就是卢梭所坚持的,在他的政治推理中是根本的。在这一点上,梅因无疑没有误导。

错误是,假定卢梭认为自然权利在人的原初状态——野蛮状态——中就已经实现。在《论人类不平等的起源和基础》中,① 他是从描述这种野蛮状态开始的,他将其称作"真正的自然状态"。在这一点上,卢梭的语言是相当明确无疑的。在真正的自然状态中,原初的人并不依自然法、自然权利生活,因为他根本没有法或权利的概念。卢梭说:"一点也没有你的东西和我的东西这样的理念……没有真正的正义观念……没有恶习与美德……除非我们将这些术语用于表示有益于他的自我保存的品质。"这种观点非常像霍布斯的观点。但是,卢梭认为,在自然状态中的原初的人身上实际上没有发现导致冲突的激情,而霍布斯错在把这些激情归于原初的人。卢梭所认为的原初的人是一种更为孤独和自给自足的存在,"没有对他的同胞的需要,也没有伤害他们的愿望";因此,尽管他"理所当然地把他需要的

---

① *Discours sur l'Origine de l'Inégalité parmi les Hommes.*

所有事物的权利归为他自己的",但在这种自我保存冲动的主导下所产生的对于他人的危险却处在最小状态中。除此之外,每个人的自我之爱都被怜悯中和,在这种原始状态中,怜悯"取代了法律、民情和美德"。

那么,即使这种原初的自然状态或许不是最快乐的状态,无论如何它也是最远离不平等的状态;但是,它肯定不是一种自然权利得以实现的状态。后来,在卢梭描述的后一种状态——总体而言最快乐的状态中,某些社会交往已经开始了。尽管在这种状态中,他假定了和住所——树枝与泥土做成的小屋——有关的某种财产,他却小心地描述道,对于这种财产的尊重不是来自财产权利的意识,而是来自在试图占有邻人小屋时的不合适的意识。他告诉我们,在这种新形势下,由于家庭情感、生产技艺,尤其歌舞升平的社会生活发展起来,算计的愿望导致了伤害意识。但是,直到财产权被认可后,"第一批正义规则"才出现。直到重大的冶金与农业技艺造就伟大的革命,这场革命摧毁这第二种状态——最快乐的状态以后,财产权才出现。这时,家庭具有了家务性和社会性,但是独立的。

因此,显而易见,在希望建构一种建立在自然权利之上的政治秩序时,卢梭没有想到模仿甚至没有想到完美地实现真正的自然状态(véritable état de nature)。人们已经永远失去了它。自然人拥有独立性这种优势,在真正的(不同于霍布斯的)自然状态中——他既不需要他人,也没有伤害他们的愿望。但是,卢梭远比任何人更没有这样的愿望:改造社会,让它尽可能地接近这种原初的独立状况。人已经失去了这种状况,其最好的替代物是一种对公意的完全依赖,他自己的意志只不过是公意的一种成分。实际上,卢梭远没有认为,(用梅因的话来说)一种"完美的社会秩序可以通过对自然状态的独立思考中产生出来";他明确地说,没有社会秩序是完美的,只是因为它不是自然的。"不存在于自然中的所有事物都有其缺陷,而市民社会比其他所有社会更是如此。"①

的确,我几乎可以说(尽管听起来有点矛盾),就卢梭所认为的自然人与社会人的差别程度上,而且(因此)就我们所发现的在卢梭的社会契约和霍布斯的社会契约之间的相像程度上,他比任何其他作家更像霍布斯,并肯定是霍布斯的后继者,尽管在他们之间还存在着重大的差别。对于卢梭而言,像霍布斯一样,原始状态中的自然人绝对独立于他人。两者的差别在于,对于卢梭而言,自然人并不和他人处在战争状态中,不需要他们的帮助,但是也没有任何必要伤害他们。但是,他认为,正是在文明进程的早期阶段,这种独立性结束了。"从一个人需要另一个人帮助的时候开始,一旦一个人认为拥有两个人的食物是有利可图的"②,早期状态中的平等与快乐就会失去,人类很快就会落入像霍布斯所提出的一种战争状态中去。但是,根据卢梭的观点,人类不能从这里回到原初独立性。为了把人从奴役中拯救出来,我们的唯一资源在于一种契约,它将人置于对他人的完全依赖中——完全的,尽管是相互的和平等的依赖。在卢梭的政治体系中,个人将自己的意志完全交给他作为其中

---

① *Du Contrat Social*, Book III. chap. XV.
② *Discours sur l'Origine de l'Inégalité*.

一成员的团体的意志。除了在契约可以撤销这一点上，像在霍布斯的体系中一样，个人是完全地和无条件地这样做。自然人起码在观念中被消灭了，再次作为公民或市民——一个联合起来的整体的成员或整体的部分而生活。

§4 我们已经看到，在这种革命学说中达到顶点的思想运动仅仅是带着我们离开现代历史开端的这个过程的最后阶段。它是根据抽象正义原则决定政府结构与权力的一次尝试；这些原则的源头明显可以追溯到"自然法"——在晚期希腊哲学影响下被罗马法学家发现和运用的自然法。我现在简要地概括一下这种发展过程。这种革命学说的特性是，它依赖两个或三个非常简单的原则：(1)人们生而自由和平等；(2)政府权利必须以某一契约为基础，它是被这些平等和独立的个人自由签署的；(3)既对个人公正又充分实现社会联合的唯一契约是，在这样的契约中，每个个人成为一个团体不可分割的一部分，这个团体——拥有主权的人民——保留一种决定其自己的内部制度与立法的不可让渡的权利。这些是卢梭向人类发布的解放宪章的三个主要要点。这样，我们可以简要地给出这三个要点的历史起源。(1)属于罗马法学家的自然法，仅仅被他们作为民事关系的一种理想准则。它被留给中世纪晚期与现代思想，被用于宪制与国际关系。(2)是同这种自然法相联系的一种推论，被作为存在于自然状态中的唯一法则，先于政治社会，而且被普遍作为现代思想的开端。但是，对于契约的认识是非常多样的：根据霍布斯的诠释，它有利于秩序和专制政治；或者根据洛克的诠释，有利于自由和立宪政府。(3)是卢梭的观点；是通过对霍布斯和洛克思想线索的一种原创性结合而得到的。

卢梭和洛克一样认为，基本社会契约就其目的和目标而言，应该是对签订契约的每个个体的人身与财富的更好保存。但是，洛克坚称，这样必然会对政府权威施加限制，尤其让政府不经被统治者的同意而征税具有不正当性。卢梭却坚称，唯一能够产生这种效果的契约是霍布斯的契约，它彻底地把个人及其全部权力完全提交给共同体，而且让他的意志彻底服从于从社会联合中产生的统治意志。虽然霍布斯采取的观点是，这种统治意志完全可以是签订契约的个人同意服从的任何政府的意志，不管它是一人的、少数人的或全体人的政府，但卢梭坚称，它必须是整体的意志、真正的公意。由社会联合形成的整体拥有根本的永久存在的和不可让渡的主权。他说，普遍被认可的不同政府权力——立法、行政等，作为主权的组成部分是不合适的，而应是它的产物；主权者必须一直保持最高立法权力，而且不可让渡。所谓不同的政府形式——君主政体、寡头政体等，顶多作为行政部门的形式才是正当的；它们的活动肯定是执行拥有主权的人民的意志。如果某一观念、原则就其自身而言是伟大的1789年大革命的理智源头，那么，它就是这种永久存在的和不可让渡的人民主权原则。

由于社会联合的条件对于所有人都是一样的，没有人有任何兴趣让它们为他人制造麻烦。因而，卢梭不像洛克，没有为整体对它的成员的绝对权力施加限制，除非是一个非常重要的限制，即公意必须在同样影响所有公民的一般法律中得以表达。以前存在的个人权利对于它的立法能力没有限制；个人对共同体的服从是无限的和彻底的,但是,它必须以所有其他人的一种平等的相互服从为条件。因此,拥有主权的整体的意志必须是一种真正的公意。①

§5 保证公正政府必需的一件事情是,保证法律是由全体人民的公意制定的,所有个人都是全体人民的平等组成部分;这种公意总是通过一般法律得以表达。将上述观点同一个学派的对立观点加以比较是有趣的。这个学派在1789年的影响几乎感觉不到,但是在18世纪政治观念史中它是不能忽视的,因为它随后的影响间接而言是非常大的。我指的是重农学派(Physiocrates)或"经济学家"(Economistes),即亚当·斯密的先驱和自然自由主义或不干涉主义(Laisser faire)体系的开创者。我现在不关注他们特有的生产与税收理论,而仅仅关注他们关于实现自然自由与共同利益所必需的政治秩序观。它和卢梭的观点形成奇怪的对立,尽管在这个时代的法国思想中,在通往同自然公正相和谐的社会重组的一般运动中,它依然是其中的一个组成部分。这种社会重组即建立某种社会秩序,它应该既实现个人的自然权利,又应该为共同体获得最大的功利。卢梭学派坚称,基本要务是通过建立人民主权,改变政府结构的基础;而根据经济学家的观点,重要的事情不是政府应该如何被建构,

---

① 要看到,在这种最新形式的社会契约学说中,和一项契约的历史事实有关的所有问题都变得无关紧要起来。契约变成一种理想的概念;它表达了在一个根据正义建立起来的国家中应该存在的关系:一方面是个人和他们构成的共同体之间的关系,另一方面是共同体和它的政府机关之间的关系。可以注意到,如果我们想把1688年的纯粹观念(idée mère)同1789年的纯粹观念加以概括比较的话,除了洛克的《政府论》第13章第149节和卢梭的《社会契约论》第1卷第6章外,我们不能做得更好。

关于卢梭的公意观念参见本讲末注释G。

而是政府应该做什么。卢梭及其信徒认识不到限制立法范围的需要。而重农学派坚称,政府的一个责任是,它必须在立法时保持头脑清醒。它必须要做的事是:查明和保护简单的、永久的和不变的自然法不被蚕食;保护每个人在不伤害他人的前提下根据看起来最适合他的方式从事劳动的自然自由,即废除所有的工业特权、限制和禁令;保护每个人的劳动成果。他们似乎认为这种任务是简单的,可以由一个绝对君主得到最好的履行;至少,在大部分情况下,他们愿意让绝对君主政体保持原样。实际上,他们反对孟德斯鸠赞赏的英国宪制中的权力分离,因为它往往复杂化和弱化政府行动。①

但是,对于这个学派而言,由于反对绝对主义的潮流太强大了,在1789年以前,它在法国没有产生很多的直接影响。无可否认,重农学派所主张的大部分措施②是有益的和必要的:消除对于工业生产过程的限制与束缚,解除强制劳动,禁止垄断,等等。如果以适当的审慎,对由一种长期的政府监护方法所形成的希望与习惯表示应得的尊重,对在与这种方法相联系中发展起来的正当既得利益给予应得的补偿,那么,这样的改革或许有可能在窘迫的法国财政中恢复秩序。但是,当这个学派最

---

① 这种瞄准(泛泛而言)同一最终目标——保护个人免于压迫——的方法的基本差别,对于我们来说格外有趣,因为它依然存在于当今时代的大众自由主义中。公民自由与宪制自由——一个不受政府管制,另一个则对政府进行控制——是非常不同的两件事情。对于选举团体的多数人而言,它们实际上是一致的——多数人将会阻止政府令人不快地干涉他们;但是,对于少数人而言,它们不会一致。例如,一个喜欢在周日喝上一杯啤酒并且去上一趟剧院的人,在一个绝对政府之下可能比在一个具有普选权的国家中觉得更具有人身自由,因为在绝对政府之下,他被允许有这些嗜好,而在普选国家中,多数人会阻止他。

② 除了令人不愉快的单一税制(impôt unique)。

著名成员杜尔哥（Turgot）在简短的间隙（1774—1776年）里成为财政总监时，即使他付出了必要的小心谨慎，他的努力却明显失败了。他的改革以一个教条主义者毫不妥协的僵化性得以坚持，疏离了公共舆论，把他带入同高等法院的冲突中。高等法院是对王室权威的唯一传统宪制制约，在不断增长的大众自由情感中拥有强烈的支持。当杜尔哥垮台时，显而易见，通往系统变革运动的领导权已经离开了重农学派。在卢梭影响下，通过重组政府结构而非限制其职能而寻求国家繁荣的倾向将会难以抗拒地支配即将到来的革命。

注释 G

卢梭的公意观：根据卢梭的观点（*Contrat Social*, bk. II. chap. iii.），我们必须在众意（la volonté de tous）和公意（la volonté général）之间加以区分。前者是特定意志的集合（somme de volontés particuliéres），和私人利益有关；后者仅仅涉及公共利益（l'intérêt commun）。但是，如果我们排除掉个人意志中相互抵消的成分，剩下的就是公意。只有公意才能够根据制度的目的正当地指导国家的力量，它正是这些不同利益的共同之点（ce qu'il y a de commun dans les différents intérêts, bk. II. chap. i.）。但是，这种意志要成为真正的公意，它必须表现为同等地约束或照顾全体公民（obligent ou favorisent également tous les citoyens）的法律，而不是表现为指导特殊情况的特权或决定（bk. II. chap. iv.）。卢梭的错误在于：（1）没有看到一个集合体的决策实际上必须是多数人的决策；（2）一项法律不能必然平等地影响到所有人，除非他们在条件和环境上绝对相同。

在第4卷第1章中，他解释道，在一个制度良好的国家里，若干人结合起来，自认为是一个整体。在这样的国家里，立法是一件简单的事务；公共福利到处都在明白确切地表现出来，只要有理智就能看到它们。

但是，当特殊利益开始为人所感觉，而且一些小社会开始影响到大社会的时候，公意就不是被摧毁或腐化了，而是被支配了。它们总是稳固的、不变而又纯粹的，但是，个人宁愿选择私人利益而非普遍利益。甚至被收买的投票人在他身上还有不曾熄灭的公意；但他所表达的却是特殊意志。他的投票回答了一个错误的问题——不是"它对于国家是否是重要的"，而是"它对我和我的党派是否是重要的"，等等。集会中公共秩序的法则是……让公意经常地受到质问，而且经常要它做出答复。对此，我们可以评论道，看起来惊人的是，卢梭认为，他所考虑的目的可以通过任何公共秩序的法则(loi d'ordre public)来获得。真正的困难在于局部利益之间的对立。进一步而言，认为卢梭在特殊意志和公意之间所划出的抽象区别在个人头脑中实际上可以实现，是一种心理学上的错误。更通常的情况是，个人对共同利益的认知实际上会被他自己的强烈欲望所扭曲。

第二十七讲
1688年以来英国政体的发展

§1 英国与法国作为主角，以根本不同的方式带来了西欧政体最近的重大变革，即我们所谓的"立宪君主政体"政府形式的建立。现在，这种形式差不多在俄国之外的欧洲普遍盛行，法国亦已不是一种例外，尽管它初看起来或许如此。的确，法国是一种共和政体，而不是君主政体。但是，西欧立宪君主政体基本上不是普通意义上的君主政体（这看起来似乎是矛盾的）；也就是说，一个常任的世袭国王对于它不是必不可少的。在许多情况中（我不是说在所有情况中），如果由世袭君主履行的职能被交给根据一定任期选举的一位总统，由此产生的差别肯定不会是根本性的，以至于会让我们把它视为一种基本不同的政府形式。

你会看到，正是西欧政体中的这种一般变革，而不是我们称作法国大革命的这种特定明显现象，才是我希望描述和解释的。我必须把特别的关注转向法国革命前的思想运动；但是，我在这样做时，看到的总是它在引起西欧一般变革中的效果，而不是它在引起法国一系列特定事件中的效果。如果我试图解释法国大革命这种特殊现象，我本应该把我觉得可以合理忽视的其他原因纳入视野。因为，西利教授曾经在这里发布的一个讲座课程中明确地解释道:"非常明显地和无可置疑地导致法国大革命的罪恶是法国政府的破产。正是银行家内克尔在单独处理赤字的绝望之中,才决定通过召集全国三级会议壮大自己的力量。"如果我们进一步追溯,深入研究这次破产的原因,我们肯定不能满足于把它归因于我在上一讲中谈到的非常坏的财政体系——税收的不平等。因为,这些不平等尽管是破产的部分原因,却不是唯一原因。西利谈到,破产是由战争引起的。如果进一步研究,我们会得出这样的结论:它是由路易十四的野心引起的;它是由他所燃起的欧洲战火的一种结果;也是他的政策给予法国在欧洲的地位的结果,这种地位阻止了它的不干预政策,单单不干预政策就可以减轻财政负担。但是,这种有趣的思想线索,我把它留给法国历史的研究者。我们现在关注的是,在欧洲政治发展的不同阶段倾向于占据优势的一般政体类型,以及从一种优势类型向另一种优势类型转变的原因;根据这个观点,法国的破产及其原因具有次要意义。

现在我提到这种情况,是因为我建议在本讲把特别的关注转向英国历史中的事实。我这样做的理由是,到了19世纪第四分之三时段的末期,几乎在西欧普遍存在某种政府形式。当我们试图解释它时,英国的事态同法国的事态相比,肯定是一种更明显和更难以质疑的解释成分。我不是说,它是一种更为重要的解释成分;如果这样认为,我就不会这样强烈地要求你们关注18世纪政治观念的发展。我的确认为,革命思想与情感潮流——支持自由、平等与人民主权的运动——是从法国流入临近国家的。在这些国家,从辉煌的路易十四时代以来,有教养的圈子已经习惯于阅读法国文学，把法国视为新观念、新文化、新生活方式的源头。我的确将这作为实际上最重要的因素，作为这种普遍转型的一种原因。但是，法国在这种因果关系中的分量更为模糊，更难以精确地测量，而英国的分量更清晰和无可置疑。因为，这些邻国无论受到法国思想多大影响，它们不曾试图模仿法国的任何这些特殊宪制。这些特殊宪制是善于精巧建构的法国头脑在由革命变革所导致的快速重复发生的危机中产生的。这些邻国也不曾试图模仿1791年宪制、共和三年宪制、共和八年宪制，也不曾试图模仿回到基督教时代的1848年宪制、1870年宪制、1875年宪制。它们明显模仿的是英国宪制，就像在法国，它在1814年和1830年受到模仿。

§2 那么，我现在转向英国宪制。我必须首先看到，它的模仿者总是不知道在不同阶段它是什么或如何不同。他们总是不能透彻地把握在1688年光荣革命和19世纪制宪阶段之间持续发生的变革过程。这种不完善理解持续到晚近时期，甚至现在依然在某些地方存在。的确，我们可以说，有两种错误理解形式。有时，19世纪宪制太大程度上被等同于实际上在18世纪存在的宪制；有时反过来，太大程度上将18世纪宪制等同于19世纪宪制。

为了说明第一种宪制，我直接把注意力转向布伦奇利①对这个主题的处理。在考察这种处理时，我们必须记住，布伦奇利作为政治家，是一位具有广博知识的人，拥有自由主义目标。尽管他不是一位深刻的思想家，但也不是一位散漫的或粗心的

---

① *Theory of the State*, Book Ⅵ. chaps. xiv-xvi. (English translation).

思想家。在他的书中，你可以得到从一个现代德国人的视角对一场运动的一种富有教益的描述。借助这场运动，君主立宪政体在西欧国家中变成主导政体。据布伦奇利所言，某些"结果"是由1688年革命达成的。根据某些原则，绝对君主政体受到抵制和限制，或者说，君主立宪政体被建立。他说，汉诺威王朝的国王们觉得难以理解这些原则，但是"对于他们而言，形势逼人"，他们不能拒绝承认这些原则。在我们自己的时代，英国的"王室家族"已经毫无保留地接受了立宪政体，而君主政体"既没有（因此）失去声望也没有（因此）失去权力"——可以看到，"没有失去权力"①。然后，他简要描述了在19世纪的罗曼国家（漏掉了法国），在比利时和荷兰，在斯堪的纳维亚和日耳曼国家，大致类似英国的宪制如何建立起来。我之所以说"大致类似英国"，是因为在每个地方，最高立法权力掌握在君主、代议会议和一个参议院或理事会（council）手中，而行政权力掌握在一个国王或责任部长们手中。

然而，最后一个说法把我们引向一个微妙的问题：行政权力如何在国王和他的责任部长们之间分割。在这里，布伦奇利表现出了对于我在说的事情的误解。因为，他继续比较了有关君主立宪政体的"真实的"和"虚假的"观念。在这种比较中，显然，英国的君主立宪政体像任何其他君主立宪政体一样，在他看来符合"真实的观念"。他说，假定实际权力已经从国王转移给了他的大臣们，则这是一种"虚假的君主立宪政体观念"。这时候，他的意思是，它是一种对于英国君主立宪制的错误认识，

---

① *Theory of the State*, Book VI, pp. 373, 374.

和对其他君主立宪政体的错误认识一样。他说，君主立宪政体和下述观念不一致："君主从属于国家代表或他的大臣们，他在他们的强制下表达一种意志而不是表达他自己的意志"；①"君主立宪政体不会把政府中的重要中枢交给议院或大臣们"；②立宪"君主在立法中具有一种责任，在一项法律的实质内容上，这种责任通常具有决定性"；③"整个政府"，即法律规定范围内的整个统治职能，实际上而不是形式上"集中于君主"。④当他这样说时，他显然相信，所有这些对于大陆类型和对于英国类型一样，都是真实的。的确，他意识到了施加给王室权利的限制在范围上的差别，而且他也承认，"同我们大致发现的大部分大陆君主政体相比"，英国宪制"对王室权利施加了更多的限制"。⑤但是，他仅仅将这视作一种程度上的差别；他并不认为它的作用可以使上文我们所引用的主张不适用于英国。

我把布伦奇利作为在德国广泛传播的一个思想学派的代表。他认为，关于英国政体事实的这些观点是真实的，当他在1852年出版他的书时这样认为，而当他在1875年出版该书的第5版时更加这样认为。那么，就他的观点而言，我不认为任何受过适当教育的英国人会怀疑他是错误的。显然，他在一定程度上认为这些观点是真实的。但是，在他有关"真实的和虚假的"观念的谈话中，他一定程度上将事实问题同一种应该是什么的问

---

① *Theory of the State*, Book VI, p. 405.
② *Theory of the State*, Book VI, p. 406.
③ *Theory of the State*, Book VI, p. 408.
④ *Theory of the State*, Book VI, p. 408.
⑤ *Theory of the State*, Book VI, p. 407.

题混杂在一起，而且一定程度上同一种仅仅和词语有关的问题混杂在一起。由于在探讨这种主题时常常会造成这两种混乱，我会花一两分钟时间澄清它们。

一定程度上，布伦奇利认为，如果名义上的政府首脑的权力被减少到"虚假的观念"所描述的程度，那么，这个名义上的首脑不应该被称作君主。这仅仅是一个词语问题；我们可以把这种政府形式（像坦尼森［Tennyson］一样）称作一种"共和王政"（crowned republic）。名称无关紧要，实际问题是，它是否是一种好的事物。但是，无疑，布伦奇利的意思是主张它不是一种好的事物：如果君主在法律规定的限度内、在因需要大臣合作所施加的限度内，被允许拥有自己的意志，并且实施他自己的想法，我们就会得到总体而言更好的政府。这是一个关于应然的站得住脚的认识，但它不应该同在英国或任何其他国家实然的认识混在一起。然而，如果一种宪制不是唯一地或严格地依赖法律，而是很大程度上依赖习俗与惯例，依赖一个政府的任何成员应该做什么的这种普遍观念，依赖一种普遍的认可；且如果政府成员试图做任何其他事情，这种普遍认可会带来系统的抵制；那么，当我们在这样一种宪制中考虑任何要点时，这种混淆是非常常见的。对于君主和其大臣之间的权力划分，这就是实际情况。

实际上，在英国式的和德国式的君主立宪政体之间，存在着一种广泛的差别，但它主要不是一种法律上的差别。在两种类型中，君主的每一项政府行为同样必需一位责任大臣的合作；而在英国无非像在德国一样，都有一项法律要求——首相应该被当作代表院的多数派的公认领袖。差别在于，如果英国女王现在（1899年）要将索尔兹伯里（Salisbury）勋爵解职，就像威廉皇帝要将俾斯麦解职一样，只是因为她不赞同他的政策，那么，她的行为将会遇到几乎全体一致的反对。这种反对会通过平民院压倒性多数的拒绝提供补给产生效果，也将会很快地和明显地在君主的羞耻与屈服中结束。无疑，这是发生在英国的现象。因此，在英国，如果说，解除一位获得平民院多数信任的首相的职务具有实际的不可能性，这种不可能来自对立宪君主职能的"虚假的观念"，那么，这样的说法看起来是荒唐的。如果任何人真的这样说，他显然可以被理解为是在表达一种意见——什么惯例与期望应该普遍发生，而不是在表达他认为什么实际上普遍发生。

但是，如果情况是另一回事——无疑，就像在布伦奇利著书时的德国，如果是在宪法留给君主的权力的恰当且常规的范围是什么的问题上存在意见分歧，那么，关于这种权力范围应该如何，一个作家对此所表达的个人意见或许在修正普遍意见上具有重要影响。因此，在帮助将关于立宪政府的"真实观念"确立为主导观念的希望下，就会存在一种强烈的诱惑去说这一"真实观念"是如何如何。

而且，如前文所言，我认为，研究1688年以后我们历史的一些英国作家受到了布伦奇利所屈从的同样诱惑的影响，但是，却被它引向了对立方向。他们似乎模糊地相信，或至少愿意他们的读者相信，就维多利亚时期的英国政体而言，根据这种体系，君主经常性地并且常规性地接受拥有平民院占多数的政党领袖出任首相；允许首相选择他的同僚，允许这样组成的内阁在大部分重要事务上决定王权的行动；这种体系在时间上始于1688年光荣革命，或者至少始于威廉三世统治时开始的对于王室否决权的滥用。我认为，这完全是一种错误。洛克的论著打算建立的立宪君主政体——法律具有无可置疑的至上性，只能由国王、贵族院和平民院针对所谓的主权者做出修正——既是1688年革命所追求的，也是在1688年革命所建立的。但是，把行政权力——这些范围内的政府权力——从国王移交给一组大臣（其首领实际上由议会多数选择），这种做法不是人们追求的，甚至在一段时间内不曾有其萌芽。直到大约乔治二世统治的中期，才出现了王权明显衰败的征兆；而在这之后，在乔治三世统治下，国王的实质权力还有所恢复。

§3 维多利亚政体的萌芽仅仅在18世纪才得以显露，从第一次《改革法案》以来才大体拥有其当前形态。18世纪的既定观念是，首席大臣和其他大臣是由君主选择的。无疑，他们必须在平民院中保持多数支持；但是，这被当作王权据此使用他们的事务的一个组成部分。如果他们不能做到这一点，他们必须离开；这个事实没有成为对王室权力的一种限制，不会比下述事实对王室权力有更多限制：由于君主希望他的军队赢得战斗，在最绝对的君主统治下，一位不能维持军纪的将军必须离开。

但是，或许可以说，如果一位大臣必须建立起和保持住多数支持，他就必须依赖平民院，必须最终实际上被它挑选。他不会这样，是因为下述事实：他作为国王的大臣，有助于他以相当多的方法获得多数支持。在这里，我可以看到，如果1688年的后果通常被高估了，那么，像西利指出的，1660年后发生的变化被低估了。①在18世纪，英国君主对付议会的方法在时间上来自复辟时期或者此后不久。在复辟之后不久，影响力成为一项重要因素；影响力作为一个术语，包括王权能够对个人所施加的所有不同说服手段，这些说服手段一定程度上依靠它的声望，一定程度上依靠它的财富与资助。②因为，长期议会在时间上来自复辟时期；如西利所言："当议会成为长期议会时，王权拥有的补偿是，议会也处在了它力所能及的范围内，而且这样开始服从于它的影响力。"③

这样，我们可以说，在行政管辖上，君主与议会之间的冲突在18世纪蒙上了双层面纱。议会保持着一个君主政体的所有法律形式，在法律范围内，君主政体行使实际的行政权力，并且分担立法；但是，在这个背景中，议会拥有钱袋的权力和拒

---

① Cf. Seeley, *Introduction to Political Science*, p. 253.

［在这篇讲稿之外，西季威克先生做的笔记是："部分借自西利；如果出版，这些内容必须仔细留意。"任何人进行比较就会发现，从此处往后这篇讲稿实际上很大程度上来自西利的《政治科学导论》(*Introduction to Political Science*)一书第二系列的第三讲和第四讲，尽管两位作者的观点绝不完全一致。不仅一些片段被引用，而且在其他段落中，没有严格的引用，观点和措辞也被采纳。约翰·西利爵士的这部书是在他死后的1896年出版的，是由西季威克先生筹划出版的。我相信，泛泛而言，正是在他编辑它的时候，现在的这篇讲座采取了目前这种形式。我当然无法说如果他活着将这些讲座变成书的形式，它将被改变到什么程度。

当西季威克先生编辑约翰·西利爵士的这些讲稿时，它们对于他而言并不是全新的；看到这一点是有意思的。他以前在手稿中读过它们，在他的稿纸中有关于它们的相当完整的笔记，显然是为了和西利探讨而写下的，表达了赞成与不赞成的观点。似乎在同一时间，西利阅读了已经成为现在这部书的这些讲稿或其中的一部分，并无疑提出了批评。显然，我的目标是要尽可能地保证在处理这篇讲座时的一致与和谐。——编者］

② Cf. Seeley, *Introduction to Political Science*, p. 261.

③ Seeley, *Introduction to Political Science*, p. 261.

绝叛乱法案的权力。国王知道这一点，并不试图同议会公开冲突。他废弃了否决权；但是，在这个背景中，他也拥有一种令人敬畏的力量——影响。国王从关注中退出，在国内政治中不再是一个引人注目的人物。但是，那些生活在18世纪，处在这些历史上默默无闻的国王之下的人们总是抱怨，他们拥有太多的权力。在乔治三世统治的中期，几乎在光荣革命一百年之后，在平民院建议提出的一项决议是："国王的权力已经增加了，还在增加，应该被减少。"仅仅在18世纪中叶一个相对短暂的阶段，它变得黯淡起来。

让我们简要地回顾一下1689年以后的君主。威廉三世，没有人认为他仅仅具有仪式作用。安妮女王以自己的意志任命和撤换大臣；在决定政体的重要变革上，她的意志是一项主要因素。①当我们走进乔治一世和乔治二世时代，显然，仿佛沃波尔已经长期得到了权力；但是，同样在法国国王之下，甚至在路易十四之后，权力看起来常常集中在大臣手中。在两种情况中，基本都是因为国王的宠爱被确保给予了大臣。②这就是沃波尔的同代人的看法。在1689年后的半个世纪里，看不出平民院甚至希望使用它对立法与税收的控制迫使君主任命它所选择的大臣。被平民院多数支持的一个大臣，就像沃波尔，无疑权力强大，

---

① Cf. Seeley, *Introduction to Political Science*, p. 274.
② 然而，在沃波尔和（例如）黎塞留或马扎然之间的类比不是完全的，由于后者并不是从任何源头而只是从王权处取得他们的权力，而沃波尔一定程度上是从他操纵平民院的能力中取得他的权力。我认为，当议会成为常任议会并且获得了钱袋的权力时，议会制大臣的趋势就被确立下来。如果一个国王倾向于因为其首席大臣操纵议会的能力而选择他，那么，国王会发现，把多数派领袖需要的大臣安排到职位上是必要的，这一步子不是很大。

但不存在他"具有强大的反对君主的权力"这种想法。①君主从来不会试图将他解职,也不会这样做了却不能达成目的——不存在对君主的力量的考验。但是,不存在这样的想法:有某种东西阻止君主这样做,除了他相信,沃波尔对于他的事务做得比任何其他人更好,能够为他得到他想要的金钱,等等。允许大臣很大程度上按自己的方式做事,这种现象可以在专制政体中发生。无疑,当反对沃波尔的联盟变得足够强大时,他就不再能够为国王做事,他必须被换掉。但是,这并不意味着对于国王选择的任何新的限制。"在我们的历史中非常遥远的过去,议会偶尔会命令"国王"不能向哪些大臣咨询"。②这是一件非常不同于从他的手中拿走选择权的事情。

然而,当汉诺威王朝的国王们出场时,无疑,倾向于让大臣独立于君主的原因的确开始运作,尽管我和西利认为,这种体系首次明显的发展迹象出现在乔治二世统治的最后 15 年里。无论如何,这些迹象不是来自光荣革命,而是来自"和汉诺威王室一起出现的非常特殊的政党体系的运作"③。简而言之,这就是让辉格党人一直当权的体系,汉诺威王朝的国王们必须接受这种体系,直到随着时间的推移,托利党人让自己避开了詹姆斯党人为止。这种体系实际上把国王交到辉格党人手中,因此,他们能够团结起来,迫使他接受他们的选择。这样,在 1745 年,佩勒姆内阁(the Pelhams)被强加给他,或许不是出于任何

---

① Seeley, *Introduction to Political Science*, p. 276.
② Seeley, *Introduction to Political Science*, p. 276.
③ Seeley, *Introduction to Political Science*, p. 278.

策划巧妙的"推动光荣革命发展的意图和将王室权力降低到低位的意图"①。然而,它的确产生了这种效果;看起来,乔治二世"意识到了一种瘫痪症已经在君主政体上蔓延。当他听到有人赞扬英国宪制时,他说,它……对于国王来说,不是一种好的宪制"②。

但是,当我们走近乔治三世时,出现了一种复辟。实际上,布伦奇利书中的一个注释表明,当他甚至把君主立宪政体"真正的观念"扩展到英国宪制时,在他视野中的正是乔治三世统治下的宪制。他的错误是,假定维多利亚宪制同乔治宪制实际上是一致的。但是,英国作家看起来常常会陷入相反的错误,把乔治三世描绘为在同光荣革命所确立的政体进行斗争。乔治三世无意恢复詹姆斯二世的任何斗争;他无意中止、驱散,或者以任何方式违背或逃避任何法律义务,或者怀疑或限制议会的立法权力。他所斗争的事情是辉格党在 1745 年引入的新的篡权。我已经说过,这种篡权被下述事实所推动:由于古老的保王党人中的一个重要组成部分依然积极地或消极地忠诚于斯图亚特王朝,乔治二世不能信任托利党人的政府。

对于乔治三世而言,这种对辉格党人不可避免的屈从停止了。总体而言,他成功地对抗了把佩勒姆内阁强加乔治二世的"新的篡权"。西利说道,"在他的全部统治期间,你会发现他坚定地坚持……大臣应该是他的大臣";"总体而言,他是成功的。1770 年前的不安时期结束于诺斯勋爵的政府;诺斯勋爵显然是

---

① Cf. Seeley, *Introduction to Political Science*, pp. 278—281.
② Seeley, *Introduction to Political Science*, p. 283.

国王自己的大臣,他在职 12 年。第二个短暂的不安时期结束于小皮特政府,它对国王也是友好的,持续了 18 年。皮特去世之后,另一派只能在任一年"①。

  有时人们假定:皮特拥有全国的支持,实际上独立于王权;在选择他时,国王实际上让自己委身于一个主人之下。我建议任何这样想的人读一下一封信件,其节略本已经被罗斯伯里勋爵(Lord Rosebery)出版;他是关于这样一个话题的无可指责的权威。它是"对平民院的一种分析,标注日期为 1788 年 5 月 1 日,是最近在皮特的一个私人秘书的信件中被发现的。在其中,'王党'被估计为 185 名成员。'这个党派包括所有那些或许支持陛下政府的人,这些人支持任何大臣之下的政府,不包括特别不受欢迎的大臣之下的政府。''独立的或不相关的议院成员'估计为 108 个;福克斯的党派有 138 个;皮特的党派有 52 个。甚至这种毫不恭维的计算也由于这样的评价而大打折扣:'在这个党派中,如果有一个新的议会,而且皮特先生不再是大臣,那么,不到 20 个人会回来'"②。那么,对于乔治三世的这种强大影响,这个文献给出了这样明显的证据;通过这种影响,"曾经让先人蒙羞的党派被乔治三世力所能及地拥有。佩勒姆的党派,在纽斯卡尔退职后由罗金厄姆领导,在罗金厄姆时代以后由福克斯领导,在乔治三世统治下被称作辉格党。在这段统治期间,它只能在长久的间隔后踏上权力之路。如果国王找不到替代人选,他短时内会容忍他们,但总是极不情愿。他们不是他的大

---

① Seeley, *Introduction to Political Science*, p. 283.
② Lord Rosebery's *Pitt*, p. 78.

臣；他的固定想法是，他有权利随心所欲地任命大臣。因此，他沉着脸对待他们，严密地警惕他们；如果他不能任命整个内阁，至少拼命把他的代表——某个瑟洛或埃伦伯勒——塞进去。然后，他会等待自己的机会，机会通常大约一年内到来，将他们解职，再一次独自选择一个政府"。

"在大约半个世纪里，乔治三世能够把我们的体系保持在这种状态。但是，在乔治四世和威廉四世之下"，大臣对议会的依赖"很快又增长了。坎宁把自己强加给乔治四世；如果说格雷伯爵把自己强加给威廉不太确切，起码实际情况是，国王在他的任命中的分量同人民的分量相比，相当于1比100"①。

§4 在1834年的《改革法案》之后，国王被认为已经失去了任命大臣的权力。"威廉四世倦于改革派政府，抓住了奥尔索普勋爵被召进上院的机会，像他所说的，做出了'一项新安排'，将他的大臣们解职，任命了罗伯特·皮尔爵士。然后，我们的宪制被不知不觉地改变了。向罗伯特爵士提出的问题是无解的。……议院并不质疑国王任命他的大臣的权利，他们以应有的尊重对待这个大臣。然而，当他向议院展示自己的政策时，它不能够获得多数的批准。"②

注意到斗争的细节是有意思的。没有拒绝行政拨款的建议；甚至休谟将它们限制为3个月的动议也被放弃了；也没有一项不信任动议。如果皮尔采取将自己限于行政职能而把立法职能留给议院的路线，会发生什么呢？我们不能够肯定地说出；但

---

① Seeley, *Introduction to Political Science*, pp. 283-284.
② Seeley, *Introduction to Political Science*, pp. 284-5.

是，或许他会被迫辞职。然而，他认为，拥有一项政策是必需的，它就是，提出立法措施上的建议，以便"实现在民事法律上的改良、在教会法上的改革、爱尔兰什一税问题的解决、英格兰什一税的减轻、对教会内任何实际恶习的消除、对异议者有任何公正理由可以抱怨的不满的纠正"。这样，当多数不接受他的政策时，他采取了必然让他辞职的一种立场。

那么，已经发生的改变确切来说是什么？假设"一项相似的任命是在乔治二世统治中做出的，……大臣以什么方式避免同样的命运"？答案是："在18世纪，一个大臣得到多数支持，因为他是大臣。"①这样做并不必然通过贿赂。参见老皮特在废除《印花税法案》时的演说："这位绅士不能告诉我们，是我们自己通过的这项法案，因此也应该像他一样同样为它承担责任。不！我们这样做是根据他作为大臣的信誉。……我希望议院没有这种习惯；但是，它有。议长先生，甚至这张席位看起来在绝大多数情况下都朝向圣詹姆斯宫。"但是，职位和津贴的影响对这种"习惯"是一种稳定的支持。②议院知道，他们要为立法承担责任；皮特在这里的演说是一位支持者的演说。像西利所做，假如我们将立法包括在政府里，如果说"代表们还没有想到这个国家的政府被托付给他们"，那么，在我看来，这是一种过分的夸

---

① Seeley, *Introduction to Political Science*, p. 285.
② 参见休谟的论文六《论议会的独立性》(*Independency of Parliament*，出版于1742年)："王权有这么多的职位归它支配，所以，当它得到议院诚实和公正的人们的帮助时，至少在保持古代宪制免遭威胁方面，它总是可以得到全体的决议。因此，我们可以用我们喜欢的名称称呼这种影响；我们可以用腐败和依附这样招致不满的名称称呼它。但是，它具有何种程度和何种类型，和宪制的性质不可分离，这些对保存我们的混合政府而言是必需的。"也参见佩利的观点(Paley, 1785年)。

大。虽然如此,"他们的思维习惯是,统治国家是国王的事务。因此,当他喜欢通过他的大臣解释"拥有某些行政治理所必需的措施时,他们会考虑到,由于这些措施具有普遍的适宜性,他们有资格"根据国王的信誉采取这些措施;只有他们自己拥有考虑这些措施的义务,由于他们影响着人民——他们的选民"。①

这就非常接近威廉皇帝和帝国议会(the Reichstag)之间的关系。这样一个例子表明了,维持这种形式的立宪君主政体并不必然依赖腐败,尽管在18世纪的英国实际上是这样运作的。在德国,这种手段没有被使用。某种观念是,由于君主政体的传统和军队的忠诚,国王如果受到苛刻的强迫,可以反对议会并且取胜。但是,除了有利于国王自由选择的议会立场外,还有其他支持手段。这种类型的君主立宪政体,在德国明显是牢固的,在斯堪的纳维亚国家中正在挣扎。对于它的未来进行推测是有意思的;但是,预言既不是我的责任,也不是我的乐趣所在。

在英国的变革中,我们可以认出几种原因。首先,在乔治三世统治下,王室影响存在一种逐渐的衰败。对于这种衰败,国王以特有的坚定性加以对抗,但是对于这种衰败,乔治四世自然无能为力。罗金厄姆的辉格党人减少了给王室的经费,或许,国家在财富与人口上的大规模增长降低了王室的相对重要性。②"在乔治四世拥挤的、商业化的、工业化的英国",议会成员"不再是谄媚者"。③

---

① Seeley, *Introduction to Political Science*, p. 287.
② Cf. Seeley, *Introduction to Political Science*, pp. 288-289.
③ Seeley, *Introduction to Political Science*, p. 289.

410　　议会立法事务的增加是另一个原因。这样,"不仅要对王位继承、对王位觊觎者、对测试与弃位誓言,或者对国王感兴趣的其他事务立法,还要对车间与工厂、银行、关税与航海立法"。关于这些问题,①王权的传统不会让它采取积极的干涉。当立法成为一位大臣的主要事务时,对于大臣,一种自然倾向就是成为议会的大臣。为了对抗议会,王权需要一个相当不同于乔治四世甚至威廉四世的君主。而且,乔治三世的这些儿子们(尤其乔治四世)作为个人不得人心和缺乏声誉,并非不是一项重要因素,以至驱散了乔治三世统治时"国王的朋友们"的个人忠诚成分。最后,观念的运动,以及缺乏对最近政体与较早政体之间差别的清楚认知,推动了这种变革。这种现象不可能再发生了。如果霍恩索伦王室的一位君主顺从地接受一位国会的首相,他会知道他在做什么。

---

① Seeley, *Introduction to Political Science*, p. 290.

第二十八讲
19 世纪的立宪

§1 在前面的一些讲座中,我们看到了,在我们所认为的现代国家的形成中,尤其同中世纪国家对比,它的第一个阶段如何自然伴随着通往绝对君主政体的趋势。我们在17与18世纪发现了这种绝对君主政体。对于现代国家观念,看起来根本的是,应该存在一种能够立法的权力;因此,它是法律的源头,不能被任何法律束缚。对于现代国家理想,根本的是,在一种正常的而非无政府的状态中,这种权力应该是至高无上的;它应该受到压倒性的多数公民的彻底服从,而且通过他们的服从,能够使用共同体的组织化力量粉碎个人或群体的任何公开对抗。我已经指出,近乎完美地实现这种理想的最容易方式是,把这种权力建立在君主政体基础上,把整个最高权威集中在一个人手中。因此,从16世纪到18世纪,有一个包括思想家和实干家在内的重要群体坚持认为,这样获得的秩序的优势——对无政府罪恶的排除,完全超出绝对君主政体的公认缺陷。

这种有利于绝对君主政体的立场并没有必然被观念的进步影响;我在前文说过,这种观念的进步逐渐将国王现代化,使他脱离了在国家中拥有某种所有权的类封建概念。实际上,甚至在1787年法国大革命前夜,王室印章的保管人向被称作巴黎高等法院的司法团体断言:"在法兰西,主权权力只属于国王;对于它的使用,他只对上帝负责;立法权在他一个人手中,独立而不可分割。"王室印章保管人并没有与时俱进:在路易十四时代,这种主张表达了压倒性的主流意见。但是,随着时间的流逝,随着自由批评在法国的发展,以及它的影响在欧洲其他地方的扩散(首先是对宗教统治的批评,然后是对世俗统治的批评),我们已经发现,出现了另一方向上的一种强烈的受过教育的观念潮流。当然,我们不会假定,这种政治思想潮流是革命的唯一原因,这种革命导致了一种新政体形式。我已经注意到了财政方面的特有原因,这些原因来自法国从封建制度中成长起来的方式,它们起到了重要的协同作用。尽管如此,我不会怀疑,实际上,这种思想潮流是一种重要因素。

要看到,在绝对君主政体中有两种不同类型的缺陷。一种缺陷是,最高立法权掌握在一个人手中,他或许不会为了共同体的利益而使用它。进一步的缺陷是,如果法律的执行在同一个人的最高控制之下,那么,不能充分地保证,如果有激情或偏好推动他破坏法律,他会遵守哪怕是由他自己颁布的法律。两者之间的区别是重要的,因为 G. C. 刘易斯(Lewis)曾经说过:"在故意的、普遍的和公然的贪婪与不公正和非预谋的、特殊的和偶然的贪婪与不公正的政府之间,存在一种重大的区别。许多习惯以最为压迫的方式对待自己的臣民的政府,也会羞于忽视某些准则;在这些准则的引导下,它们实际上遵纪守法,并且向它们的臣民和整个文明世界公布法律。"[1]

---

[1] *Government of Dependencies, Preliminary Inquiry*, p. 30.

因此，即使同一个人在立法和法律执行上是至高无上的，不管怎样，如果能够相信他会遵守他自己的法律，这对于他的臣民来说，会是一种重要的好处。这导致我们发现，除了主权问题，根据某种方式将立法职能同行政与司法职能分开有一种明显的好处。这样，那些执行法律的人像那些他们对之执行法律的人一样有义务服从法律；他们是否守法的问题始终由公正的法官来裁决。而且要看到，甚至当主权被置于一群人民手中或代表人民的一个大会手中的时候，这种职能划分对于少数人的安全而言并非不是必需的。最高会议并非不比个人专断；民主制度可以严格地被称作比君主政体"更自由"的制度，其唯一意义是，在君主政体之下，多数可能受到压迫，而在民主政体下，可能只是少数受到压迫。[①]

在我们刚刚考察过的这个立宪世纪的第一个阶段，对于这些真理的普遍认可主要归功于孟德斯鸠。我已经说过，他发现这种权力分离在他时代的英国宪制中得到了明显的实现。他的影响导致作为一种模式的英国宪制吸引了世人的眼光。简要地说，孟德斯鸠颂扬的英国宪制的主要特色是：通过将三种政府职能——立法的、行政的和司法的——给予不同构造的、大体分离和独立的机关，它保证了个人免于非法压迫的自由；同时，通过让作为人民代表的一个大会成为基本立法成分，它大体保证了，无论如何，没有人民的重要组成部分的同意，就不能通过法律，尤其不能征税。

的确，在孟德斯鸠时代的英国宪制中，而且在《论法的精

---

① Cf. Elements of Poeitics, chap. xx, § 2.

414 神》出版后的 80 年间，代议制原则还没有得到非常完善的执行。但是，我们可以认为，这种不完善的代议制被一种扩大的和正确分配的选举权矫正；而且我们可以认为，我们得到了这样一种宪制：在其中，由于代议制大会对于立法与税收的控制，由于从这种大会中获得行政拨款的必要性而对行政机关行使的制约，人民主权理想如果没有得到完全的实现，至少也得到了相当程度的实现，尽管采取了一种间接方式。同时，司法机关包括陪审团的独立性，以及对行政机关在审判前的逮捕与监禁权的严格限制，保证了法律的统治和对个体公民自由的有效保护。

概括而言，在这里，我们就拥有了大多数西欧国家中的最近政治发展成果。我指出过，它是一种变化非常广泛的类型，以各种程度实现了刚刚概括过的理想。大致而言，英国和德国作为其中的两极，在其间出现了变种。它并不限于君主政体形式，它的最基本特色可以在当前的法国共和政府中找到。①

在这样一种宪制中，我们可以看到，孟德斯鸠的理想和卢梭的理想都在相当程度上得以实现。但是，我应该补充道，卢梭会拒绝接受这种看法，因为他认为必不可少的是，人民主权应该直接行使，不能通过代表间接行使。"英国人民，"他说，"仅仅在议会选举的时刻才是自由的。"②我提到这一点是因为，在两个现代国家中，民主理念得到了最充分的发展，它们已经往卢梭理想的方向上采取了重要的步骤：美利坚合众国通过宪

415 法限制普通立法权；瑞士更进一步，通过全民公决（Referen-

---

① Cf. my *Elements of Poeitics*, chap. xxii. §5.

② 英国人民自以为是自由的，他们完全错了；他们只有在选举议会成员的期间才是自由的——《社会契约论》第 3 卷第 15 章。

dum），把由代表拟定的法律提交给全体拥有投票权的公民。

这两个国家都是联邦制国家；现在，我仅仅关注不同于联邦制国家被称作单一制国家的制宪。我不会详尽地描述它；在我设定的限度内，这种做法会造成无益的日期排列和枯燥的概述。但是，我可以注意到，法国处在领先地位，而且直到19世纪中叶，她的实验既是最大胆的，对于其他国家的影响也是最广泛的。也就是说，改革与革命的政党从法国获得冲动。一系列短命宪制实验伴随法国的革命危机、向军事专制政治的陷落、欧洲对这种专制的反对，以及法国君主政体在欧洲强制下复辟这些事件。甚至在这些实验之后，在所有这些事件之后，在这个世纪的第二个四分之一年头，法国在政治观念领域再次成为一个主导的影响中心。这种影响一直延续到第二共和国（1848年）成为第二帝国，人们对于法国达成可取的自由与秩序的联合的方法产生了一种普遍的失望，且这种失望扩散到了整个西欧。第三共和国（1870—1875年）建立在灾难之上，迄今被邻国以冷淡的好奇心而非赞赏的同情心所注视。

§2 英国和这场运动的关系则截然不同。我已经说过，在斗争与冲突之后变革最终导致的政府形式中，英国提供了主要模式。我们也有机会观察到，英国宪制在被当作一种模式开始使用之前，在这场法国作为焦点的思想运动中拥有一个位置。因为，在这场运动中，一个重要因素是，由某些有影响的法国作家——首先是伏尔泰然后是孟德斯鸠——做出的一种对比，即18世纪中叶他们在英国实际看到的自由和法国自由的缺乏之间的对比。的确，我们可以说，尤其在孟德斯鸠的影响下，英国宪制从一个事实转化为一种观念。但是，这样形成的观念并不确切地代表那个时代的事实；而且，在上一讲中我们也看到，基本上也不像现在的事实。我们的 1688 年革命的最终结果非常不同于它的直接目标。

最终结果是达成了白哲浩所谓的"内阁制政府"（Cabinet Government）体系：行政权力实际上掌握在两个议院的一个委员会手中；这个委员会由它们的首领——首席大臣挑选；而反过来，首席大臣一般情况下实际上是由平民院的多数决定的，平民院在任何时候都可以将他和他的同僚解职；平民院又被全体选民的诉求支配；靠解散议会的权力，首相受到保护，免于完全服从这个议院。世袭君主和贵族院的权力都是属于从属类型的权力，尽管并非不重要。贵族阶层可以通过贵族院制约立法。但是，在任何问题上，如果平民院的意见明显地和选民中的决定性多数的意见具有稳定的一致性，在这个问题的主要面貌上，贵族院实际上不会要求对抗平民院；他们仅仅有权利实施搁置权和重新审议权，并向全体选民呼吁。君主有权利知道任何事情，要求任何事情都要同他讨论，而且通过这种讨论，影响关键决策。他还拥有的重要权力是解散平民院，查明内阁或平民院多数是否真的得到人民的支持。①但是，政策方向属于首相和内阁。所有这些在最近的争论中都得到了承认。

但是，我们看到，这样一种政府形式，相当不同于 1688 年

---

① "也就是说，即使君主的大臣拥有代议制大会中的多数信任，君主将他们解职并且任命其他人不是违宪行为；然后，其他人可以解散这个大会，通过一场新的选举，希望改变议会中政党的平衡。"See the author's *Elements of Politics*, chap. xxii. p. 439. 2nd. 为了进一步处理这一段和本讲的其他部分的主题，可以参考这一章。——编者

光荣革命打算造就的政府形式；而且在很长时间内，甚至敏锐的观察家也不能完全地理解逐渐造就它的过程。光荣革命打算让议会在立法上至高无上；但是，它并不打算把实际任命行政机关的权力交给平民院的多数，甚至也不打算让它能够强迫君主立法，君主的同意依然是法案所正式必需的。这显然是洛克的观点。我认为，他关于国内政府的作品可以被看作提供了1688年光荣革命的理论。对于洛克而言，君主是行政机关的实际首领，在行政上具有最高地位，实际上也是制定法律的这个复杂机关的一个成员。洛克的完整观点是，君主在立法上不是至高无上的；他的责任是遵守议会制定的法律；他对这种法律的中止与解除是对他的信托的一种违背。

如果你看一下在布莱克斯通（1765年）的书中对君主权利的官方描述，你会发现，君主不仅被认为可以通过他的"发起战争与和平、缔结条约与联盟的唯一特权"指导外交事务，而且甚至在国内事务中，他作为立法机关的一个组成部分、军队的最高统帅、正义与荣誉的源头和教会的首领，拥有极大的权力范围。平民院被布莱克斯通理解为可以通过对大臣的弹劾，阻止这些权力的滥用。但是，布莱克斯通的读者不会想到，这些权力的实际内容可以交给由一个首领挑选的委员会，而这个首领实际上是由这个议院的多数选择的。实际上，我们在上一讲中看到，这种变革在布莱克斯通的时代还没有完成。但是，依旧使君主和平民院保持平衡的东西不是对立法的否决权——它实际上已经被废弃了，而是王权对这个议院的成员施加的影响力。这种影响力一定程度上是通过一种（尤其是在托利党中）残存的对真正的守法的君主政体统治的偏爱实现的,但在很大程度上是通过职位和津贴这些可靠的诱惑才实现的。如我所言,后者的必不可少,在冷静但有点愤世嫉俗的休谟看来是明显的。他告诉反对腐败的抗议者,他们正在攻击维护宪制平衡的力量;他告诉他们,如果腐败被终结,英国制度变为共和政体的趋势必然不可抗拒。[1]但是,孟德斯鸠不明白的是,他欣赏的宪制是官方认可的宪制,不是实际运作的宪制。它的主要优点被认为在于权力分离,通过这种分离,任何一方威胁个人自由的专断性主宰将会被阻止。而在内阁制政府中,如我们现在所知,立法职能与行政职能在议会的一个小委员会中达到了实际的亲密联合,它享有平民院多数的信任,这是最明显的特色。在内阁制政府体系下,立法机关与行政机关之间实际行使的强力相互制衡,与孟德斯鸠构想的东西都不一样。

这种误解具有历史的重要性,因为美国宪制的创立者正是将被布莱克斯通和孟德斯鸠感知到的英国宪制放在自己面前,没有严格地将它当作一种模式,而是当作一种他们可以复制其优点同时避免其缺陷的类型。实际上,如果将美国宪制同我们自己的各个阶段的宪制加以比较,就会看到,这种结果很大程度上已经达成了。美国总统实际上拥有否决权,[2]它是英国国王长期仅仅在形式上保留的权力;总统实际上任命和解除他自己的部长们;行政机关的决策实际上是他的决策而非他们的决策;为了不让他使用这种权力控制众议院或参议院,他的部长被阻

---

[1] Hume, *Essay VI*.
[2] 然而,可能会被国会三分之二的成员否决。

止在任何一院任职。

但是，在西欧国家中，立宪政府大部分是19世纪的产物；在这些国家中，正是这种晚期发展阶段——内阁制政府——在许多情况中被采纳；尽管由于在两种发展阶段之间缺乏明确的区分，君主的权力稍许保持着模糊性和多样性。实际上，我已经说过，立宪君主政体在两种类型之间波动，这两种类型大致对应于布伦奇利所谓的"真实的"的类型和"虚假的"类型。但是，称其为德国的和英国的（或新英国的，因为德国非常像旧英国的）似乎更公正：在一种类型中，世袭君主实际上是行政机关首领，尽管代议大会的同意对于立法和税收是必需的；在另一种类型中，行政权力的主要部分交给由政党领袖所领导的一个内阁，他在代议制大会中拥有多数。

要看到，由于这种差别主要依赖习俗与意见，而不是法律，总是不可能说出在一个特定时间内一种特定的政体接近何种类型。因为，如果国王的信任被给予一个首相，首相也拥有国家的信任①和代议制大会中一种明确的多数的支持，我们就不能清楚地指出，权力在哪一方。问题是，如果君主试图将大臣解职，会发生什么；我们只能在这个时刻到来时才能回答这个问题。②要点不是在任何特定时间，君主是否无足轻重，大臣是否无所不能；因为这种情况常常发生在一个软弱国王治下的绝对君主政体之中。问题在于，如果君主希望将大臣解职，他是否发现

---

① 这是乔治三世统治时威廉·皮特（小皮特）的情况，也是我们自己时代德国的俾斯麦的情况。

② 此外，即使这种做法被尝试而且失败了一次，如果更好地利用了机会，它就有可能在另一个时候成功；这样，权力的平衡或许会摇摆。

大臣太强大了。

§3 在谈到英国类型是盛行类型时，我忽略了并非不重要的微小差别。例如，就第二院而言存在的一种差别。在英国，第二院对下院批准的立法的继续抵制可以通过封授贵族来克服；而在大部分大陆国家，情况并非如此。但是，我并不认为这一点像看上去的那样非常具有实际差别，由于大陆的贵族阶层没有很大的抵制力量，主要斗争是在君主和民主之间。

但是，泛泛而言，我所谓的英国类型实际上已经在比利时被模仿。在60多年里，它是英国类型的立宪君主政体一种特别常规和精确的运作案例。在荷兰，自从1848年以来，这种类型也被采纳。在经过本世纪第四分之二时段，即带有革命倒退与进步的暴风雨阶段后，葡萄牙从1852年以来已经（根据我的理解）拥有了和平的议会制政府；在其中，议会多数派领袖作为首相的原则已经被实际接受。1848年的撒丁宪制，在1860年和1870年之间已经扩散到意大利其他地区，也是根据同样的原则运作的。西班牙从1876年以来也可以说是同样情况；然而，在19世纪的前四分之三时段中，它经历了明显骚动的和不稳定的政治发展。

在一般的罗曼国家里，议会制政府明确无误地在盛行。在所有情况中，除了法国，都采取了君主政体形式。在所有地方，议会都根据两院体系来建构，尽管由代表组成的议院的多数，或者由更直接或更简单的代表组成的议院的多数被认为对于当权大臣的支持是必不可少的。

我说"代表或者更直接或更简单的代表"，因为几乎在所有这些情况中(意大利是唯一的例外)，参议院或上议院的成员是全部被任命的或者部分被选举的。选举采取各种形式。在比利时，大部分参议员是由和选举第一个代表院相同的选举人选择，但只有相对富有的少数人才有被选举资格。在西班牙，参议院的一半是被选举的，资格部分上也由收入决定，但是，参议员也必须履行某些民事的、军事的和专业的职能中的一种，拥有大学教席就是其中之一。然而，在这里，参议院的选举人不是众议院的选举人，选举团体除了其他成员外还包括省议会成员。在法国，参议员的选举同样被给予地方统治团体的成员或代表；但是，被选举资格受到收入的限制。在荷兰，省政府也参加选举，但是，被选举资格限于相对富有者。在意大利，参议员被终身任命。

我担心这些细节可能让人迷惑，但是，我之所以仍旧给出这些细节，是为了表明两个要点。首先，就罗曼国家而言，对于英国模型的模仿并没有延伸到贵族院；在西班牙的情况中，这种模仿是部分的。其次，不同国家的方案非常多样；如此多样化，以至于我们或许可以推论，没有国家已非常成功地解决了建构一个第二院的问题。或许，我们可以说，由被选举出来的人自己来选举，尤其由被选举出来的地方政府机关来选举，对这种原则的偏好是一种趋势。现在，这样的原则以更明确的形式，被认为在根据两院制方案构建的联邦制立法机关中得到了常规应用。[①]当我们转向斯堪的纳维亚国家时，我们也在瑞典发现了这种原则。在西欧国家中，只有挪威的第二院是由第一

[①] 作者在世时未看到澳大利亚联邦的建立。——编者

院从第一院中选举的。但是,值得注意的是,在瑞典和挪威,尤其在挪威,两院的分离没有在其他地方彻底。这样,在挪威,两院联合起来,在他们有争议的任何法律上进行最后的投票;在瑞典,这种方法被用于阻止财政事务上的僵局。

关于选举权的范围,英国模式没有被追随。英国不是引导而是落后于大陆的发展;往普选权方向上的发展趋势,几乎无处不在。

§4 与之相对,对于英国司法体系存在非常重要的模仿。首先是陪审团。然而,在这里,必须接受民事审判和刑事审判之间的区别。就我所知,在联合王国之外,民事审判中的陪审团仅仅在葡萄牙得到采用。但是,在刑事审判中,它作为一种重要的保障自由的成分,传播到了大部分西欧国家。很大程度上,它是"立宪"政府的要求。

而且,英国提供的丰富的反对行政机关对个体公民自由的侵犯的司法保护,以不同形式和程度得到了或多或少的模仿。但是,在这里,我们必须注意到,在不同国家,尤其英国和法国,对"权力分立"原则进行诠释时存在一种明显差别,甚至直接对立。奇怪的是,两个对立观点都来自对同一原则的真正(bona fide)运用,都以某种方式来自孟德斯鸠。他有史以来第一次将关注转向具有根本重要性的个体公民保障原则。①

英国人对于孟德斯鸠原则的阐释一直是:"为了保证公民的

---

① 我可以说,在相关的具体要点上,孟德斯鸠的观点在我看来相当模糊;实际上,在他著名的论英国宪制的章节(第 11 卷第 6 章)中没有明确地对它加以处理,他对"行政机关"和"司法机关"的定义也是不清晰的。但是,他的一般观点很明确:"为了阻止专断的压迫,把政府权力置于不同人手中。"

合法自由，让一个机关(立法机构)制定法律，另一个机关(司法机关)判断对法律的公然违反是否应该被判刑，还有一个机关(行政机关)组织和领导必需的物质力量，以保证对法律的服从，并做使法律生效所必需的其他事情；此外，要让所有三个机关保证充分的独立。"如何保证充分的独立是一项困难的事务；尤其孟德斯鸠坚称，行政机关对于新法律的同意是必须的，以阻止立法机关对于行政机关不适当的干涉；这样，正是分离所要求的理由要求这种不彻底的分离。但是，关于行政机关和司法机构的关系，在英国人头脑中，这个原则的运用看起来总是简单和明显的。既然要点是行政机关应该被保持在法律范围内，那么显而易见，它的任何成员或下属是否在任何特殊情况中超越了法律限度这一问题，不应该留给行政机关自己来判断。"没有人可以在自己的事务中被信赖为一位公正的裁判者"；因此，英国人的头脑认为，这些事情的判断必须被留给一个独立的司法机关。

但是，法国的阐释是直接对立的。如同戴雪在《英宪精义》(*Law of the Constitution*，第2部分第12章)中在关于这个主题的章节中所说，"被法国历史、法国立法和法国法庭判决所诠释的表述'权力分立'……恰好意味着维持某项原则：虽然普通法官不应该被行政机关所撼动，因此独立于行政机关，但政府及其官员(在采取官方行动时)应该独立于普通法院，并且很大程度上被免除普通法院的管辖权"。他继续说，因此，孟德斯鸠的学说"被大革命中的法国政治家误用了；他们的判断出现偏差，是因为认识到了法国高等法院对国家事务的干涉所导致的麻烦也是由于增加中央政府力量的特有与传统愿望"。结果是,"政府及其官员和个体公民之间的关系被一整套特定规则所调整……不同于支配私人之间关系的法律"。而且,"一般而言,普通法庭不会关注和这个所谓的行政法有关的任何事务。个体公民之间的私人权利问题以及和所有犯罪指控有关的私人权利问题落入民事法庭的管辖范围内。……但是,任何官员——高级的或低级的——所做出的真正的具有官方性质的任何行为……普通法官没有资格宣判"。对于一名官员在履行官方职责时所造成的不公正行为,个体公民必须从行政法庭这里寻求救济。在这些行政法庭中,戴雪说:"这些所谓的'法庭'在相对较近的时代一定程度上获得了一种类司法性质。……然而,我们必须当心,不能被名字欺骗。行政权威可以裁决和行政法事务有关的所有争端,它们或许被称作'法庭',或许采纳根据法庭程序所形成的形式;但是它们全部……是由行政官员构成的。官员们提出申诉,为将行政法问题从民事法庭撤回这里而辩护。正是他们的这种行为表明,他们根据政府立场看待他们面前的争端,根据某种精神裁决它们,这种精神不同于影响普通法官的情感。"

于是,你看到了法国人对于"权力分离"原则的理解如何不同于英国人。对于英国头脑而言,它意味着,"在司法上判断行政机关的一个成员或下属是否处在法律范围内,这项职能必须从行政职能中分离出来"。对于法国头脑而言,它意味着,"在司法上裁决个体公民之间的权利争端,这项职能必须同另一项职能——裁决行政机关的成员或下属是否违背法律——分开。因此,后一项职能必须给予专门的行政法庭"。在我看来,显然,英国诠释更符合同孟德斯鸠的观念所带来的一般潮流。①

---

① 当然,不能得出这样的结论:由于法国观点在是否合适的一般理由上,在政治建构的一般原则上,不同于孟德斯鸠及其观点,它没有什么值得说的。See Mr. Dicey's book. pp. 326-328(4th, ed), and my *Elements of Politics*, ch. xxiv. §8.

第二十九讲
现代联邦制度

§1 在上两讲中,我简要描述了单一制国家的立宪史,并且区分了两种类型;我们可以说,通常被冠以立宪君主政体名称的现实宪制位于它们之间。在一些情况中,像在英国一样,在立宪君主政体形式下所谓的议会制政府被建立和被接受。在另一些情况中,在这种政府形式和所谓本来的立宪君主政体或简单的立宪君主政体之间的斗争依然还在继续;在后一种政体中,君主既统又治。而在德国,权力的缰绳依然牢牢地和无可争议地控制在世袭君主手中。只有在法国的情况中,议会制政府以共和制而非君主制的形式建立。但是,还不能说,这种变体的成功与稳定对我们来说已经非常明显,可以把任何迷人的影响力给予这种变体,或者预言,其他西欧国家可能会模仿法国。这个时代的迹象看起来表明了,政府职能扩张问题比国内政体形式的变革问题更能吸引下一代政治家的主要关注。

然而,我的听众或许已经想到,在对英国和德国各自作为两种类型的现代立宪君主政体的比较中,我忽视了作为典型而挑选出来的两个国家之间的一个重要差别,即德国的宪制是联邦制的,而英国的宪制不是;作为对比,把英国称作一个"单一制"国家是方便的。其实我没有忽视这一点,只是在我的论证中间接提到它是不必要的。因为，我必须强调的要点是君主和执行行政职能的大臣之间的关系，以及君主和代议制大会（它的同意对于立法和预算是必需的）之间的关系。这种关系在德意志帝国和构成它的主要邦国——尤其是普鲁士——中实质上是相同的。所以，联邦体系涉及的职能划分不会对这种关系造成实质影响。不管霍亨索伦王室的威廉是作为德国皇帝而行动，还是作为普鲁士国王而行动，在任一情况中，他都可以任命他自己的大臣；不管是联邦的还是普鲁士的代议制大会，都不会企图向君主强加由议会多数实际选择的一位首相。然而，我所谓的德意志的"联邦制"是，为了某些目的尤其是为了外交事务和战争，除奥地利外的德意志邦国——联合成为一个更大的整体，而依然在内部的和民事的立法及行政管理等许多重要事务上保持它们的独立性。当我们考察西欧政治发展的总体结果时，这是一个非常值得注意的事实。

也要注意到，在奥地利，可以看到一种有点相似但更复杂的联邦制。复杂是因为在奥地利和匈牙利之间的一种相当特殊的联合，再加上立法职能在奥地利帝国议会（imperial diet）和各个地区的地方议会（local diet）之间的一种划分，或者和不同于匈牙利的构成奥地利国土的地方议会之间的一种划分。所以，在奥地利事务上有三种审议团体。（1）一种双重团体，即同等人数的两个代表团，分别由奥地利议会和匈牙利议会选择，对奥地利和匈牙利共有的属于共同利益的事务进行审议；但他们通常是分开的，相互沟通，偶尔集会。（2）奥地利帝国议会。（3）波西米亚、施蒂利亚、蒂罗尔等的地方议会；在行政职能上也有一种相应的划分。进而言之，在匈牙利事务中，联邦制又一次以一种特别奇怪的形式被引入。这种形式像曾被建议引入联合王国的"爱尔兰自治"（Irish Home Rule）。我或许应该说，它不像在这里实际建议的爱尔兰自治形式，而是像与代议制政府一般原则非常一致的政府形式。更确切地说，在匈牙利王国的一个特定部分——克罗地亚，从 1872 年以来就有一个单独设立的议会。它对某些事务中的一部分事务立法，这些事务对于匈牙利王权的整个领土来说，并不被视为共同的；剩下的部分事务在布达佩斯的匈牙利议会中立法，克罗地亚派有代表；克罗地亚代表在匈牙利议会中并不对所有事务投票，仅仅对在克罗地亚议会中没有单独立法的那些事务投票。

你会看到，在我所谓的联邦制的运作中，这是一个多么复杂的案例。换句话说，这种联邦制就是为了某些重要的政府目的而将共同体联合起来的方案，同时，为了其他重要目的，它们是分开的和独立的。我使用这些模糊的术语，是因为我们会看到，职能划分在不同情况中是不同的。但是，我们可以说，无论什么样的联邦制被引入，分配给共同政府的事务包括全部或大部分的外交管理事务。

在北方，在斯堪的纳维亚，我们也看到由瑞典和挪威构成的一个双重国家；尽管在这里，联盟纽带比把奥地利和匈牙利联接在一起的纽带实质上要更薄弱。

§2 最后，在瑞士，我们拥有一个在现代欧洲历史上独一无二的著名的联邦制历史案例；它从中世纪到现代传递下来，几乎没有中断。在发展的连续性上，瑞士联邦对于联邦类型，几乎就像英国对于单一制类型。在最近的欧洲历史中，瑞士联盟在中世纪的成长与发展，在戏剧效果上是少数可以同希腊人与罗马人对抗外敌的斗争相匹敌的故事之一。在1291年，乌里、施瓦茨和下瓦尔登的农民集结在一起，最初不是为了政治独立——因为他们宣布，要丝毫不减地维持对皇帝的忠诚，甚至维持他们领土上的附属封建领主的权利——而是结成一个防御联盟，对抗代表封建领主行动的管家或经纪人的压迫。1315年，这些质朴的战士赶走了奥地利利奥波德的封建军队，从莫尔加滕的高地上向他们投掷石块和树干。这个胜利的联盟开始摆脱对封建领主的依赖。邻国寻求加入它，直到1353年，它成为一个由6个国家组成的同盟，包括帝国自由城市伯尔尼和苏黎世。25年后，在著名的森帕赫战役中，这个扩大的联盟针对另一个利奥波德领导的另一支奥地利军队取得了胜利，它实际上永远摆脱了哈布斯堡王朝的霸权。所有这些都固定在那些阅读历史的人们的记忆中；他们具有老式的但依然不过时的精神，搜寻可以吸引他们同情的人物与事件。这样，在这个"历史性的14世纪"之后，随后到来的一个世纪在道德上不太令人赞赏，但依然繁荣。联盟进行了征服，把它的保护扩张到更软弱的邻国；直到在同勃艮第的查理进行了一次战争（1474—1477年）并取得胜利后，它的军事技艺在整个欧洲获得了确认——所以，在随后的意大利战争中，瑞士被各方视为一流雇佣步兵的首要源头。在15世纪末，它们实际上独立于帝国，在1648年正式宣布从帝国脱离。其实早在16世纪，它们就已经从8个邦国增加到13个邦国，拥有受保护人和受保护国；它们经历了宗教改革时期的

430 斗争而没有分裂,这是联邦在这时所获得力量的明显证明。从那以后,直到18世纪末,它没有重大的变化。

在这期间,联盟在构成上绝不是同质的和民主的。从14世纪以来,它已经是由非常不同的政体所构成的一个邦国同盟,部分是农村地区,还有部分是城市——著名的有伯尔尼,它是这个同盟的领导者。在城市中,我们发现了正在缩小的寡头政体倾向;我在中世纪城市政体发展的最后阶段注意到了这种倾向。①城市鄙视依附于它们的农村地区,特别是伯尔尼的城市寡头政体严酷地统治它的从属领土;所以,法国革命运动发现了热切欢迎它的部分,老的联盟在1798年垮台。这样,联邦制看起来第一次也是最后一次失落了:"赫尔维蒂共和国,唯一且不可分割"被正式宣布。但是,联邦传统太强大了;1802年,波拿巴对它做出让步,恢复了一定规模的联邦制,而且1814年,出现了对以前宪制的某种类似反动。

然后,经历了一场内战后,在1848年,一种新的联邦政体被构建起来,在重要方面上模仿一种新的模型——美利坚合众国。因为在这里,瑞士和英国之间的相似性消失了。瑞士并没有给出决定性的联邦制模型——它是由美利坚合众国给出的。这把我引向欧洲政治发展所导致的所有联邦国家中最重要的国家——美利坚联邦,由于它维持着庞大领土而尤为重要。但是,我马上就会对此谈得更多。

§3 我已经对瑞士政体的发展给予了简述,不仅是基于我提到的戏剧性或浪漫性关注,而且是因为,就像我说过的,瑞

---

① 第十六讲,第240、241页;第十七讲,第257、258页;第二十讲,第301页。

士像英国一样，作为一种政体类型的样本，是从中世纪状态向现代状态独特地连续发展的一个例子，而同样类型的其他一些样本没有能够继续存在。

因为，一定不能认为，瑞士的地区(canton)*与城市的联盟在它的最初阶段是一种孤立的和特殊的现象；我的意思是说在14和15世纪，联盟依然保持对帝国霸权的完全承认的时候。相反，在前面的一次讲座中我已有机会指出，①必要时通过军事力量捍卫共同权利与利益的联盟在这个阶段的德意志是一种常见现象。13世纪中叶之后不久，显而易见，神圣罗马帝国不能够完成它维持德意志与意大利秩序的任务。例如，你们会记得，由德意志北部城市组成的伟大的汉萨同盟(1367—1370年)成功地发起了反对斯堪的纳维亚的一些王国的战争。如我所言，相似的尽管不太著名的城市同盟数目众多。不仅城市，较小的贵族也结成相似的同盟抵御较大的贵族的蚕食；联合的趋势进一步发展，贵族和城市结成相似的联盟。的确，中世纪代议制度来自在上位者的冲动，这种情况大部分发生在德意志；同样，由于这些联盟大部分也发生在德意志，我们可以认为它们的目标中有一种联邦性质。尽管在它们最终形成的政体形式中，这种联邦性质被德意志分裂成的地理国家的君主政体领导权所模糊；而把这些地理国家整合在一个帝国中的联邦纽带也越来越薄弱。

瑞士联盟就城市而言是对一种孤立现象的逆转；但是，对

---

* 即后来瑞士的州。——译者
① 第二十一讲，第305—306页。

于农村地区而言，不是这种情况。因为大部分情况下，在德意志，农民被排除在自由联合运动之外；残余的封建社会组织非常有效地控制着他们。瑞士之外仅有的例外和瑞士一样，要通过国土的性质来解释。看起来必须有阿尔卑斯的山脉或者弗里斯兰和迪特马什的海岸，才能让农民的自由共同体发展和联合起来。但是，我们注意到，海洋保护没有山脉有效；在弗里斯兰，自由民主政体和联邦政体的萌芽在15世纪枯萎了；而迪特马什，对于总的事态进程而言，是另一个海岸线上的例外，它在16世纪末之前就不再是一个例外了。

但是，提起海洋和弗里斯兰会让你们想到，我漏掉了一个欧洲国家。它长期拥有一种联邦政体；它的一段历史，在导致胜利与辉煌繁荣的戏剧性斗争中，可以同瑞士相匹敌。当然，我指的是荷兰，或者尼德兰联合王国。我在对欧洲联邦制的概述中略过了它，是因为在19世纪，尼德兰的联邦制不过是一种残存物。总体而言，它的政体是普通立宪君主政体；以前拥有主权和联合起来的旧联省的地方政府，被给予稍许更大的权力与更高的尊严。因此，我不会追踪它们的联邦政体的形成过程和主要联邦机关"全国三级会议"（Estates-General）与准君主"总督"（Stadtholder）之间复杂且多变的关系；后者在18世纪往往具有支配地位。我不会深入尼德兰联合王国的斗争历史中去。它甚至比瑞士更具有戏剧性，因为荷兰人的成功不太连续。实际上，在陆地上，他们的地位显然低于西班牙；西班牙正在试图挤压他们。他们明显是被他们与海洋的关系所拯救，就像瑞士被他们的山脉所拯救一样。但是，在这里，我们又一次看到，海洋的保护不太彻底；显然，更大的战争威胁迫使政体从联邦共和形式转向有限君主政体形式。

§4 我们是时候该更密切地考察联邦制的理念和往往有利于引进联邦制的条件，以及一个联邦国家的明显特征。

我首先注意到，德国人凭借渊博学识与细微区别将"联邦国家"（Bundes-Staat）的概念同"国家联盟"（Staatenbund）的概念区分开来。我认为，获得清楚与明确区分的目标或许被给予了过多的重视。不管怎样，我不会建议探讨可以划出的各种可能界限，或者判断打算构成一个长久存在的联盟的各个共同体确切何时不再个别地拥有主权，尤其是因为瑞士的联邦制在声称拥有任何主权之前就有了一种长期的事业。一个联邦制共同体可以通过以前独立的共同体的联合而构成。但我会马上评论道，这并不是唯一的方式，尽管它是引入联邦制的最重要方式。当联邦制共同体这样构成后，随着时间的流逝，联合往往会变得更紧密，条件往往会更明确和稳定。从我们的角度而言，看到这一点更为重要。所以，国家联盟、联邦国家两种观念代表着联邦制发展的两个阶段。在这里，我会把自己限于考察处在一种相对稳定条件下的这种联合；术语"联邦国家"在宽泛意义上可以用于它。

我可以首先指出，一个联邦国家仅仅是复合国家（composite state）的一种类型。我在《政治学要义》中已经说过，[①]一个国家包括各个部分，这些部分出于某种原因拥有一种高度的政治分离性，这样一个国家可以被称作复合国家；即使它的各个部分的

---

① Cf. Elements of Politics, ch. xxvi. §1.

政府受到一个最高立法机关的常规控制,以至于它的宪制依然保持形式上的单一性。如果这样构成的一个国家在大众政府之下,而且它的最高立法机关仅仅由居住在它的领土的一部分上的公民所选举,或者仅仅由这些公民所构成,那么,这个国家的其他部分通常被称作由立法机关正式负责的这个部分的"属地"(dependencies)。一种类似的差别也可以实际存在于其他政府形式之下,尽管大部分居民正式的宪法权利在这个国家的全部领土上都是相同的。例如,在绝对君主政体之下,尽管这个国家的任何部分在形式上都不是其他部分的一个属地,但有的部分实际上是这种情况。君主可以排他性地或基本上从他的领地的一个部分选择他的主要下属,而且实际上处在该部分领地的公共舆论的排他性影响之下。这种附属地位不管是形式上的还是仅仅实际上的,很可能引起不满。如果一些共同体习惯于大众政府,觉得自己和统治共同体处在同一文明水平之上,这种附属地位就不可能被永远默许。的确,除非它们在规模上非常不对等,或者除非对它们政治权利的排斥被经济好处所补偿,但这种补偿又可能会激起国家统治部分的居民的嫉妒;否则,它就不可能被永远默许。因此,除非这样一个复合国家的一个部分在规模和力量上具有压倒性的优势,不然,在各个部分中将会存在一种政治特权大致平等化的趋势。如果同时又存在一种普遍愿望,既要保证各部分在更大的整体中的联合,又要保证它们的政治分离,那么,将会有进一步的倾向,要求在整体政府与局部政府之间的职能划分由一部宪法来决定,整体共同的立法机关无论如何都没有资格通过普通立法程序改变它。

第二十九讲 现代联邦制度

我认为，这些就是联邦国家现代观念的基本特征：整体由政治地位大致平等的部分构成；整体政府和局部政府的政府职能在宪法上的划分，是平衡且稳定、清楚而精确的。然而，在历史上看，后一种特征获得得晚。在联邦制的主要历史案例中，我们发现，很长时间内在宪法中没有这样一种清楚的和精确的权力分割，尽管实际上各部分保留其独立性，同时在一个整体中有效地联合起来。因此，权力的某种平衡比权力划分中的清楚与精确更为基本。但是，无疑，如果不存在这样一种清楚的划分，那么看起来，在局部政府和整体政府之间将会有一种明显的摩擦与冲突的危险，且存在一种维持联邦国家特有的权力平衡的困难。因此，在19世纪，当立宪观念获得良好发展时，对于这种划分的维持自然带来了在普通中央立法机关和特别立法机关之间的某种区别。根据对权力的宪法划分，前者对没有保留在国家局部权限内的事务制定法律；后者如奥斯丁所言，拥有改变基本宪制的权力。这种区别可以存在于一个单一制国家中，但是，它对于一种有组织的和协调的联邦宪制而言，自然是一种保障。

在关于联邦国家的稳定性上，从这里出现了一种奇怪地混合起来的结果。一方面，同单一制国家相比，各部分更大的独立性往往会让它更不具有凝聚性；所以，可以这样说，如果纷争出现，各部分就会更容易地和更顺利地分裂。这种现象由美国的内战（1861—1864年）得到了说明。如果合众国是一个单一制国家，由于一部分地区存在奴隶制，无疑会出现一场内战。但是，反叛者不可能坚定地集中起来，以一种明显有条理的和按部就班的方式将自己切割开来，就像南部各州那样一个接一个地投票退出联邦，而北部各州却袖手旁观。另一方面，只要无序和分裂得到阻止，这种宪制往往不同寻常地稳定。这种现象又一次被合众国所证明。在这里，对于宪法的变革，构成联邦的四分之三的州的同意是必需的。这种做法实际上在一百年间几乎阻止了任何变革，除了由于内战而在赋予黑人选举权上的重大变革。

在整体的共同政府和各部分单独的政府之间的职能划分自然有所不同。一般观点是，在对外关系上，联邦要成为一个整体，而在内部事务上，各部分要保持独立。但是，（1）这个原则不能决定，对于各部分属于外部的而对于整体属于内部的事务如何解决，这些事务涉及各部分的关系，例如，它们中间的自由贸易。（2）某些事务表面上对于各部分是内在的，由于缺乏一致性可能会引起危害与麻烦，留给整体政府是合适的。属于这一类的有，（例如）对货币、破产、专利和一般商法、刑法等的管制。在现代联邦国家里，这两类事务被留给共同政府；它们范围相当大，尽管多变。

§5 现在，让我们考虑适合联邦制政体形式的条件和自然导致它出现的条件。这些条件中，迄今最重要的是对外关系中对于力量的需要。在我们所追踪的整个历史阶段，直到相对较近的时代，甚至现在，这一点都比任何其他条件更重要。如果一些毗邻的共同体急于保持真正的独立，但又担心孤身同周边的强国在一起保持他们自己的独立会显得太软弱，那么，一种联邦制联合就是一种明显的资源。我们已经看到，这一点被联邦制度在整个希腊历史中扮演的角色所证实；它同样被出现在中世纪晚期和早期现代历史中的各种或流产或成功的联邦制联合的尝试所证明。

这样，和上文所给出的例子有关，北部德意志城镇的"汉萨"同盟被组建起来维持它们的商业利益，莱茵城市同盟也是这种情况。更为持久的瑞士各地区的联邦联合起源于山民组成的小农共同体维持其独立性的努力。在16世纪的最后四分之一时段里，在反对西班牙军队迫害的非常英勇的斗争中，荷兰各省的联合被建立起来。在所有这些情况中，显而易见，正是在对外关系中获得更大力量的需要在组建联邦的共同体中产生了如此持久的一种联合类型。因此，从13世纪以来，有别于罗曼诺-日耳曼帝国的地区联邦的各种努力很大程度上是由于中央政府的软弱。

甚至在更近的美利坚合众国的情况中，对那些脱离母邦束缚的殖民地而言，这种动机总的来说也是一种克服相互嫉妒且热爱独立的决定性动机。然而，在合众国的情况中，尽管第一次联邦联合是由于独立战争，但在产生第二次和更稳定的1789年的联合中，商业考虑看起来具有一种重要作用。在将来，只要各州努力通过精心安排的关税排斥或妨碍外国生产者在它们市场上的竞争，这种考虑可能会重要起来。一般来说，对于由一个大国的各个成员所构成的集合体而言，一种好处是，它们享有相对较大的不受限制的贸易区，但是要假定内部贸易真的不受限制。当合众国的情况被用来作为由保护所产生繁荣的一个例子时，这样答复是公正的：合众国带来了这个世界迄今所看到的最大的不受限制的自由贸易区。

§6 我现在转向联邦制度的某个特性。由于这个特性，同单一制政体相比，它让自己同现代民主的理想更加一致，被当作实现同秩序相适应的最大自由的一种手段。

卢梭传播的人民主权学说具有世界主义性质。一旦卢梭的直接民主观点被放弃，在理论上判断拥有主权的人民的行动范围就变得有点模糊不清了。那么，在法国的重大变革危机之后不久，当革命宣传从作为中心的法国开始时，它容易同强化国家的古老愿望混合在一起。这样，以自由宪章中的共和理论的名义对欧洲进行的热情宣传，转向了拿破仑在欧洲为法国确立一种帝国地位的努力；这不是一种强烈的或突然的转型。"民族性"（nationality）运动和立宪运动一样是19世纪的特色，很大程度上既是法国革命运动的一种连续，又是对它的一种反动。"多数暴政"（tyranny of the majority）曾被卢梭忽视，但被托克维尔这样的作家强调，对于它的危险的清楚理解让人们把关注转向地方自治提供的对自由的重要担保。

无疑，在另一方面也有重要考虑。可以看到，这些考虑变得越强大，一个国家就会越拥有更高的文明和更稠密的人口。在地方立法机关里，平均政治水平必须被视为较不进步的；为了主导阶级的利益进行有害立法的危险更大，因为这种阶级主导在一些地区的这个或那个地方，比在整个国家中有更多的机会。但是，我现在的关注是要指出，我以前已经注意到，我们在这里拥有另一种方式，不同于原先独立的共同体的联合；在当代，通过这种方式，联邦制开始发展起来。这种方式就是，在过去曾是单一制类型的国家里,主要是在民族情感的影响下,确立有保障的地方自由。可以观察到,这样的国家常常拥有一种联邦制,只是由于共同的君主政府的主导性才被模糊。在封建阶段和从封建制度转型的阶段,通过世袭贵族同女继承人的婚姻,国家建构自然倾向这种联邦制。奥地利是一个明显的残存案例。但是,许多其他国家也曾处在这种条件下,只是中世纪代议制度的衰败和君主权力的发展逐渐地消除了联邦制。

§7 我不愿去预测立宪君主政体的未来。我更愿意预测联邦制的发展。这种发展部分来自刚才提到的民主趋势的运作;部分来自在整个文明史中表现出来的不断构建更大的政治社会的趋势,即斯宾塞所谓的"整合"趋势,它看起来与文明的增长相伴。这种趋势,我们在希腊-意大利城邦的早期历史中追踪过。罗马和雅典显然是由一些成分的集中而构成的;在这些成分中,以前曾经存在一种敌对状态。我们也注意到,日耳曼部落的历史表明他们逐渐地在越来越大的集合体中联合起来。我们尤其注意到,40年间,希腊城邦曾经在亚历山大继业者的争斗中无助地摇摆,仅仅由于规模,它们不能有效地对抗这些人的军队。在这之后,公元前3世纪,亚该亚同盟得以复兴和扩张,把几个重要的城邦和古老的、相对微小的亚该亚城镇团结成为一个整体,给予它们一种短暂间隙中的真正独立。在最近的时代里,我们在德国和意大利的形成中看到了同样的趋势。在北美,我们看到了一个感人的范例:一个政治社会在比西欧更大的地区中维持着内部和平。因此,我认为,这样猜测不会超出一种严肃预测的范围：某种进一步的整合会在西欧国家中发生；如果它发生了，看起来有可能的是，美国的范例会被追随，新的政治集合体会在一种联邦制政体的基础上形成。①

当我们把自己的凝视从过去转向未来，在我看来，联邦制度的扩张是最有可能的关于政府形式的政治预言。

---

① Cf. *Elements of Politics*, ch. xiv. §1.

索 引

（索引页码为原书页码，即本书边码）

Achaea 亚该亚，63，64，72，80，94；Achaean League 亚该亚同盟，88，119，134 seq.

Aesymnetes 正义分配者，90，130

Aids 贡金（封建~），参见 Taxation 税收

Alexander 亚历山大，对他的权力的限制，38；liberator of Ionian cities 爱奥尼亚城市的解放者，101

America 美国，United States of 美利坚合众国，168，319；她的宪法，418；~的联邦制度，430，435，437

Anne 安妮，~女王，403

Aragon 阿拉贡，309，337

Arcadia 阿卡狄亚，72，91，92，94，101，137，138

Archons at Athena 雅典娜执政官，73 seq.

Areopagus 阿勒奥珀格斯山，~的议事会，104

Argos 阿尔戈斯，72，80，94，112，117，137

Aristocracy 贵族（政体），aristo-cratic 贵族（政体）的；亚里士多德分类中的贵族政体，110；理想国家中的贵族政体，123，126，127；罗马的贵族政体，151；封建贵族政体，205 seq.；大革命前法国的贵族政体，385 seq. 参见 Oligarchy 寡头政体

Aristophanes 阿里斯托芬，115

Aristotle 亚里士多德，~论迦太基，12（注释）；~关于作为城市的国家的理想，68，125；~论斯巴达的寡头和民主，79 seq.；~论克里特，80；~论重装兵和寡头政体，84，第五讲文末注释；~论僭主政体，88；~论正义分配者，90；~论民主政体和政府的持久性，101；~论寡头政体，102；~论民主政体，105；~对政府的分类，107 seq.；~的理想国家，120 seq.，347；~的现实理想，127 seq.；~论君主政体，129 seq.，188；~的可以用于罗马的分析，142 seq.；~对于基督教政府观的影响，230；~在税收上的沉默，302

Arti 行会（参见 Crafts 行会）

Artisans 手工业者；希腊~，123，125；中世纪~（参见 Crafts 行会）

Ashley 阿什利，~教授，~教授论行会-同业公会，251 seq.

Assembly 公民大会、大会或会议，原始时代的~，29 seq.；早期希腊的~，75，76，80 seq.；斯巴达的~，77 seq.；寡头政体中的~，102；雅典的~，付薪参与~，104；~的职能等，105；亚该亚同盟的~，139；罗马不同种类的~，143 seq.（参见 Estates 等级会议，Parliamentary Government 议会制政府）

Athens 雅典，被模仿的~，23；作为一种类型的~，61，103；~的早期变革，73，75；通过整合形成的~，82；~支持民主政体，97，99；~的宪制，103 seq.；~的立法，106，175，176；~的宗教，219seq.

Augustus 奥古斯都，166 seq.，184 seq.

Austria 奥地利，318；~的联邦制，427 seq.，438

Babylonian captivity 巴比伦之囚，231

Basileus 巴塞勒斯（参见 Monarchy 君主政体）

Bishops in medieval states 中世纪国家中的主教，224，267

Blackstone 布莱克斯通，371（注释）；417 seq.

Bluntschli 布伦奇利，320seq.，397seq.，419

Bodin 博丹，328

Bolingbroke 博林布鲁克，369 seq.

Boniface VIII. 卜尼法斯八世，227

Boule 议事会（参见 Council 议事会）

Brienne, Walter de, in Florence 佛罗伦萨的沃尔特·德·布里耶那，298

Buoni Uomini in Florence 佛罗伦萨的十二贤人团，289 seq.

Cabinet Government 内阁制政府，401，416（参见 Ministers 大臣）

Cæsar on early Germans 凯撒论早期日耳曼人，32，45

Capitano del Popolo 人民领袖，288 seq.

Castellani in Italy 意大利的封建贵族，270 seq.，288

Castile 卡斯提尔，309，310，337

Catalonia 加泰罗尼亚，337

Cavalry 重装骑兵，84，289，第五讲文末注释

Chalcis 卡尔基斯，一个商业中心，72，85；~的希波波塔伊，75，第六讲文末注释

索 引

Charles the Great 查理曼，~的帝国，192，209，224，245，317

Charles VIII，查理八世，法国的查理八世，279

Christianity 基督教（参见 Church 教会）

Church in relation to State 教会与国家关系，7，170，196，216，220，222 seq.；早期基督教会，221；它对君主政体的有利影响和不利影响，193，330 seq.；在德意志它和城市的关系，246；意大利的教会，261，267 seq.（参见 Theocracy 神权政体）

Ciompi 梳毛工，~革命，300

Cities 城市，希腊的~，75—141 passim；中世纪的一般~，232—243；英国的~，237 seq.；法国的~，242，243，307；西班牙的~，241；德意志的~，244—258；伦巴第的~，259—276；意大利和希腊的~比较，277—285；托斯卡纳的~（尤其佛罗伦萨的~），286—301 它们在等级会议中的代表，302—315 passim

City-State distinguished from Country-State 不同于地理国家的城市国家，66 seq.，134，148，186 seq.，194 seq.，278

Cives sine suffragio 政治特权，153

Cleisthenes of Athens 雅典的克里斯提尼，104

Clergy 教士阶层（参见 Church 教会）

Climate as affecting political development 影响政治发展的气候，13，14

Code 法典，~编纂者，89 seq.，177

Colonies 殖民地，希腊的~，60，81，87，93，94，第六讲文末注释；罗马的~，151 seq.

Comitia curiata 罗马人民的大会，145；centuriata 百人团大会，143 seq.

Commons 平民，House of 平民院（参见 Parliament 议会）

Compact 契约（参见 Social Compact 社会契约）

Concilium plebis 平民大会，144

Constance, Treaty of 康斯坦斯条约，270

Constantine 君士坦丁，~皇帝，187，222；~的赠礼，229

"Constitutional Government"(Polity) in Aristotle's system 亚里士多德思想体系中的"立宪政府"（政体），110，127 seq.；现代立宪政府（参见 Parliamentary Government 议会制政府）

Consuls 执政官(领事)，罗马的执

政官，160 seq.；中世纪城市的领事，243，268，287；行会的领事，292，297

Corinth 柯林斯，一个商业化和殖民化国家，72，85；~的僭主，96，97，133，138

Cortes 葡萄牙中世纪代议会议（参见 Estates 等级会议）

Council (Boule) of 600 at Athens 雅典600人议事会，105；亚该亚同盟的议事会 139（注释）；中世纪城市的理事会，从 232 页开始，passim

Country-State distinguished from City-State 不同于城市国家的地理国家，66 seq.，134，148，186 seq.，194 seq.，278

Crafts and craft-gilds 行会和行会——同业公会，238 seq.，250，251 seq.，281，287，288，290 seq.，297，299

Crete 克里特，~的宪制，80 seq.

Croatia 克罗地亚，428

Crown 王权（参见 Monarchy 君主政体）

Curiae 库利亚，the Roman 罗马的库利亚，50

Cyclopean family "独眼巨人式"家庭，54

Cypselos of Corinth 柯林斯的库普塞鲁斯，96

Dante 但丁，228

Democracy 民主（政体），democratic 民主（政体）的；希腊国家的民主政体，62 seq.，100—119，120 seq.；亚里士多德理想国家中的民主，126；中世纪城镇中的民主，240，253 seq.，260，283，300 seq.；中世纪等级会议中的民主，304；通往封建制度的运动，439（参见 England，France，etc. 英国、法国等）

Denmark 丹麦，向~扩张的封建制度，211；~的政变，189，310，322

Despotism 专制统治（参见 Monarchy and Tyranny 君主政体和僭主政体）

Dicey, Mr. A. V. 戴雪先生，423

Diocletian 戴克里先，~皇帝，187

Divine right of kings 王权神授，368

Dorians 多里安人，他们征服的后果，81（参见 Sparta 斯巴达）

Droit administratif 行政权利，第六讲文末注释

Empire 帝国，~的开端，罗马的~，165 seq.；罗马~，184 seq.；东部的罗马~，261 seq.（参见 Rome；Holy Roman Empire 罗马；神圣罗马帝国）

England 英格兰（英国），~的封建制度，206，211；~的早期封建

制度，212；~ 的城市，237 seq.，306；~ 的议会发展，310 seq.，341 seq.；~ 的贵族阶层，312；孟德斯鸠论它的宪制，375 seq.，413；从 1688 年以来它的宪制发展，395—410；19 世纪的宪制类型，415 seq.

Ephialtes 厄菲阿尔特，104

Ephors in Sparta 斯巴达的监督官，78 seq.

Estates 等级，~ 会议，302 seq.，337

Ethnos distinguished from polis 在"国家"一词上 ethnos 与 polis 的不同，135

Exarch of Ravenna 拉文纳的总督，262

Executive 行政机关，它同立法机关和司法机构的关系，171，376 seq.，413 seq.；英国的 ~，396 seq.（参见 Ministers 大臣）

False Decretals, the 虚假的教皇教令集，229

Federalism in Greece 希腊的联邦制度，119，134seq.；现代联邦制度，426—439；通往联邦制度的现代趋势，439

Feudalism 封建制度，195，201，202—216；封建制度同等级会议的关系，304；英国的封建制度，311 seq.；在法国，封建制度的衰败，383 seq.

Filmer 菲尔麦，菲尔麦同洛克的论战，44

Florence 佛罗伦萨，265；~ 的政体，286—301

France 法国，~ 的市政发展，242；~ 的（全国和行省）三级会议，306 seq.，337；欧洲变革中的法国角色，395；法国后来的宪制，397，415，438

Franchise 选举权，罗马的选举权，147；19 世纪的选举权，422

Frankish monarchy 法兰克人的君主政体，199seq.，204（注释）

Frederick Barbarossa 弗里德里希·巴巴罗萨，270，288

Freeman, E. A. 弗里曼，~ 论原始政体，15，29，30，76（注释）；~ 论政治中的模仿，21（注释）；~ 论荷马史诗中的政体，35；~ 论亚该亚同盟，137seq.；~ 论城市共同体，244，260

Gelo of Syracuse 锡拉库扎的革隆，97

Genoa 热那亚，264

Gens 氏族，罗马的 ~，49，57 seq.

George I., II., III. 乔治一世、二世、三世（参见 Monarchy 君主政体，Hanoverian 汉诺威君主政体）

Germany 日耳曼（德意志），日耳

曼人的早期政体, 33 seq., 45, 66, 67; 德意志王国, 德意志同帝国的关系, 196 seq.; 德意志的城市, 235 seq., 244—258; 德意志的等级会议, 305 seq., 335; 德意志的罗马法, 335, 336; 同英国相比, 德国的宪制, 400 seq., 419; 德国的联邦制度, 427

Gervinus quoted 对格维努斯的引用, 7(注释)

Ghibelins 吉伯林党人, 278, 281 seq., 288, 290, 300

Gilds 同业公会(参见 Crafts 行会)

Gladstone on Homeric polity 格莱斯顿论荷马史诗中的政体, 35

Gonfalonier of Justice in Florence 佛罗伦萨的正义旗手, 295 seq.

Gracchi, Tib. and C. 提比略·格拉古和盖约·格拉古, 150, 153, 154, 158, 163

Græco-Roman politics 希腊-罗马政治, 它如何不同于现代政治, 7

Gregory VII. 格里高利七世(参见 Hildebrand 希尔德布兰德)

Grote 格罗托, ~论荷马史诗中的政体, 35; ~论希腊寡头政体的起源, 71 seq.; on Xenophon ~论色诺芬, 112

Grotius 格劳秀斯, 359

Guelfs 归尔甫党人, 278, 281 seq., 288 seq., 297, 300

Guizot on Third Estate 基佐论第三等级, 307

Hadrian 哈德良, ~皇帝, 185

Hanseatic League 汉萨同盟, 236, 249, 256, 305, 431, 436 seq.

Helots in Sparta 斯巴达的希洛人, 76 seq., 207(注释)

Henry IV. 亨利四世, ~皇帝, 227, 248

Herodotus on number of Spartan warriors 希罗多德论斯巴达武士的数目, 76, 和附录 441(第五讲文末——译者); 希罗多德论斯巴达国王, 77(注释); 希罗多德论佩里安德和色拉西布洛斯, 96; 希罗多德论曼提尼亚人的民主政体, 103(注释)

Hildebrand 希尔德布兰德, 225 seq., 332

Hindoo family 印度的家庭, 55

History 历史, 它的一致性, 它和最终目的的关系, 4; 它和实际政治的关系, 5, 6; 提供类比的~, 6, 7

Hobbes 霍布斯, 210, 329, 349—367 passim., 389 seq.

Holland 荷兰(United Netherlands 尼德兰联邦), 340, 341; ~的联邦制, 432

Holy Roman Empire and Romano-

索 引

Germanic Empire 神圣罗马帝国和罗曼诺-德意志帝国, 196 seq., 225, 235, 256, 267, 317, 318, 325, 336, 431

Homer 荷马或荷马史诗, Homeric 荷马史诗的；他的描述有多大历史价值, 31, 32；荷马史诗中的政体, 34 seq., 65, 75, 83, 178

Hungary 匈牙利, 427 seq.

Hutcheson 哈奇森, 368

Iceland 冰岛, 冰岛的宪制, 46

ideal states 理想国家, 120seq.

Imitation affecting polity 影响政体的模仿, 20 seq.

Industry 工业, mechanic 手工劳动的（参见 Cities, Medieval 中世纪的城市）

Innocent III. 英诺森三世, 227 seq.

Integration 整合, Aggregation 结合；forming polities 形成政体的整合, 44 seq., 82, 85, 92, 131, 135, 439

Isocrates on democracy 伊索克拉底论民主政体, 112, 117, 120

Italy 意大利, ~ 的中世纪城市, 236 seq., 259 seq.；~ 的宪制, 420, 421；~ 的统一, 439

Janet 珍尼特, 372

Jews 犹太人, 他们的神权政体, 221

Judicature 司法机关 (Judicial 司法的, Judges 法官, Jury 陪审团, Justice 司法), 早期政体中的 ~, 40, 59, 178；雅典的 ~, 106；封建 ~, 207, 208, 213, 225, 243；诺曼征服之前和之后的英格兰 ~, 212, 214, 312；~ 的独立性, 376, 413, 414, 422 seq.

ius civile 市民法, 180

ius gentium 万民法, 179 seq.；第十二讲文末注释

ius naturale 自然法（参见 Nature, Law of 自然法）

Justinian 查士丁尼, ~ 皇帝, 186, 222, 348

King 国王, kingship 王政（参见 Monarchy 君主政体）

Kinship 亲属关系（参见 Patriarchal Theory 父权制理论）

Law 法律, ~ 和政府的关系, 古代法与政府的关系, 168—383；罗马法, 罗马法的发展, 176—186；它对君主政体的影响, 192, 385 seq.；它对革命学说的影响, 390；意大利城市的罗马法, 258

Lawyers 法学家, 法国的 ~, 307, 339, 379

Legislative 立法权, 171, 376, 410, 413, 417 seq. (并且参见

Law 法律）

Liberum veto in Poland 波兰的自由否决权，341

Licinio-Sextian Laws《李锡尼－绥克斯图法》，143，149，161

Locke 洛克，44，302，357—369，391，417

Lombardy 伦巴第，~的城市，259 seq.

London in Middle Ages 中世纪的伦敦，239

Lords 贵族，~院，416；在新宪制中~院没有被模仿，421

Lot 抽签，通过~任命，105，128，295 seq.

Louis XIV. 路易十四，189，321 seq.，334，381，396 seq.，412

Lycurgus 来库古（参见 Sparta 斯巴达）

Macedonia 马其顿，它的君主政体和公民大会，38；马其顿的霸权，132，138

M'Lennan on Primitive Marriage 麦伦南论原始婚姻，52 seq.，58

Madvig 马兹维，176

Magistrates 官员，官员的任命，希腊寡头政体中的官员任命，102 seq.（参见 Consuls 执政官［领事］，Executive 行政机关）

Maine 梅因，Sir Henry 亨利·梅因爵士，他的父权制理论，47 seq.；

Ancient Law and *Early History of Institution* ~的《古代法》和《早期制度史》，172 seq.，177 seq.，180 seq.；~论孟德斯鸠和卢梭，372，378 seq.，384 seq.

Mantinea 曼提尼亚，~的民主政体，103（注释）

Marius, C., 马略，165

Matilda 玛蒂尔达，托斯卡纳的女伯爵~，286，287

Medici in Florence 佛罗伦萨的医生，301

Megalopolis 特大都市，92，138

Megara 迈加拉，116，138，283；第六讲文末注释

Milan 米兰，270 seq.

Mill, John Stuart 约翰·斯图尔特·密尔，114

Ministers 大臣，~同王权与议会的关系，401 seq.，416 seq.

Modern history 现代史，~从何处开始，320 seq.

Mommsen on original Roman constitution 蒙森论最初的罗马宪制，30，41；蒙森论罗马向城市的集中，147（注释）；蒙森论罗马官员，150

Monarchy 君主政体(kingship 王政，royalty 王室)，绝对~，定义绝对~，10，为什么绝对~这样普遍，10，11；通往~的运动，日

耳曼原始政体中通往~的运动, 32, 33; 荷马史诗中描绘的~, 34 seq.; 早期希腊的~, 62 seq., 72 seq.; 亚里士多德思想体系中的~, 110, 129, 130; 中世纪~的开端, 191; 西欧的绝对~, 194; 德意志~同皇帝的关系, 196 seq.; 封建~, 209 seq.; 英国的~, 212, 312 seq.; 绝对~, 通往绝对~的运动, 欧洲通往绝对~的运动, 316—344; 汉诺威王朝的~, 369 seq., 404 seq.; 法国的~, 382 seq.; 绝对~的缺陷, 412

Montesquieu 孟德斯鸠, 338, 371 seq., 380 seq., 413 seq.

Napoleon 拿破仑, 319

Nation defined 定义国家, 26, 27

Nature 自然, ~法(ius naturals 自然法), 180 seq., 328(注释3), 350, 357 seq., 379 seq.; 卢梭论~法, 387 seq.; 第十二讲文末注释

Nature 自然, ~状态, 霍布斯和洛克的~状态, 354—361; 卢梭论~状态, 388 seq.

Nomothetae 立法者委员会, 106

Norman kings 诺曼国王(参见 Monarchy in England 英国的君主政体)

Norway 挪威, 318, 421, 428

Numa 努马, ~国王, 56, 220

Oligarchy 寡头政体, 希腊早期的政府形式, 62 seq., 71; 反对~的运动, 89, 90, 93—95; 亚里士多德对~的分类, 102; 亚里士多德思想体系中的~, 110; 德意志城市中的~, 249, 250, 256, 257; 意大利的~, 270 seq., 283; 分裂性的~, 分裂性的封建~, 317; 英国等的~, 318, 371; 希腊~同重装兵的关系, 第五讲文末注释; ~和贸易, 第六讲文末注释

"Ordinances of Justice" in Florence 佛罗伦萨的"正义法规", 294 seq.

Otto, Emperor 奥托大帝, 196 seq., 229, 248, 265

Papacy 教皇职位, Pope 教皇(参见 Church, Theocracy 教会, 神权政体)

Papal States 教皇国家, States of the Church 教会国家, 261—264

Parlamento in Italian cities 意大利城市的议会, 274, 279, 287

Parlements in France 法国的高等法院, 339, 394, 424

Parliament 议会(参见 Estates and England 等级会议和英国)

Parliamentary government 议会制政府, ~的类型, 19世纪~的类

型，420 seq.（也参见 Ministers 大臣）

Patriarchal Theory, the 父权制理论，43 seq.

Patricians in Rome 罗马的贵族，143 seq.；法兰克王国的贵族，262

Periander of Corinth 柯林斯的佩里安德，96，97

Pericles 伯里克利，104，114

Philip the Fair 美男子菲力普，227

Philip II. of Spain 西班牙的腓力二世，322，334

Phratriae at Athens 雅典的氏族集团，50

Physiocrates 重农学派，392 seq.

Pisa 比萨，264

Pisistratus 庇西特拉图，96

Pitt, William, the elder 老威廉·皮特，408

Pitt, William, the younger 小威廉·皮特，371，406

Plato 柏拉图，他关于作为城市的国家的思想，68，125；~论政府；107 seq.；~论国家的退化，113 seq.；他的理想国家，120 seq.，169，346，347

Plebeians in Rome 罗马的平民，143 seq.

Plutarch 普鲁塔克，116

Podestà, the 最高长官，243，273，288 seq.

Poland 波兰，341

Polis 国家，135，passim.

Political Science distinguished from Political Philosophy and Political History 不同于政治哲学和政治史的政治科学，2

Political Society defined 定义政治社会，1，25（参见 State 国家）

Political thought 政治思想，~和政治事实的关系，345—349

Polity defined 定义政体，1

Polybius on successive forms of government 波利比乌斯论政府形式的交替，62 seq.；波利比乌斯论亚该亚同盟的倾覆，72；波利比乌斯论曼提尼亚的民主政体，108（注释2）；波利比乌斯论亚该亚同盟，139（注释）；波利比乌斯论罗马宪制，157

Polycrats of Samos 萨摩斯岛上的波利克拉特斯，96

Praetor 裁判官，Praetor Peregrinus 外邦人的裁判官，159，161，162，166，180（注释），181

Praetorian Edict 裁判官的法令，178 seq.

Prime Minister 首席大臣（参见 Ministers 大臣）

Primitive Polity 原始政体，29—42，60，62

Priori in Florence 佛罗伦萨的执政官，298 seq.

Private war 私人战争，208，214，237

Proconsul 总督（代理执政官），proconsular 总督（代理执政官）的，158，162，165，166

Provinces 行省，罗马~，161

Referendum 全民公决，415

Reformation 宗教改革，323，333

Responsa prudentium 法学家解答 185

Revolution 革命，英国的~，英国 1688 年~，343，356，364，401 seq.

Revolution 大革命，法国~，法国~的思想根源，392，394；由法国破产所引起的~，395 seq.

Rhodes 罗德岛，116，139（注释）

Robertson's Charles V. 被引用的罗伯逊的《查理五世》，338，339

Rome 罗马，它的帝国分裂与重建后形成现代国家的地区，8；它的早期宪制，30，41；~的早期法律，48 seq.；它的政体，141—167；~的法律发展，176—186；~的帝国，192，209 seq. and passim；古代~的宗教，220；行会—同业公会的~起源，251（也参见 Holy Reman Empire 神圣罗马帝国）

Rousseau, J. J. 让·雅克·卢梭，372，378—394，414，438；~的公意观，第二十六讲文末注释

Salisbury 索尔兹伯里，~地方议会，206

Scandinavia 斯堪的纳维亚，213（注释），310，421；~地区的联邦制，428

Schism, the Great 教会大分裂，231

Second Chamber 第二院，420 seq.

Seeley, Prof. Sir J. 爵士约翰·西利教授，396，402 seq.

Senate, Roman 罗马元老院，146，150，154，155，159 seq.，162 seq.，166

Separation of Powers 权力分离，376，377，413，422 seq.（和参见 Executive and Legidative 行政机关和立法机关）

Serfs 农奴（参见 Slaves 奴隶）

Servius Tullius 塞尔维乌斯·图利乌斯，143

Sicyon, tyranny in 西库翁的僭主政体，87

Slaves 奴隶，slavery 奴隶制，serfs 农奴，7，76，80，106，114，125，126，183，207，240，253，324，第十二讲文末注释

Social compact 社会契约，352 seq.，357 seq.，368 seq.，384 seq.，390 seq.

Solon 梭伦, his constitution 他的宪制, 83, 90

Sovereignty according to Hobbes 霍布斯的主权观, 350 seq.; 人民主权, 392

Spain 西班牙, ~的市政发展, 241; ~的等级会议, 306; ~君主政体权力的增长, 322; 代议会议对~君主政体的限制, 322, 337; 基督教世界的分裂强化了~的君主政体, 333; ~现代宪制, 420, 421

Sparta 斯巴达, 它的宪制, 38, 76 seq.; 支持寡头政体的~, 97, 99, 100; 它的稳定性, 117; 反对亚该亚同盟的~, 138; 它对于公民的控制, 169; 同封建领主和下属相比的~人和希洛人, 207 (注释); 关于~人数量下降的注释, 第五讲文末注释

Spencer, Herbert 赫伯特·斯宾塞, ~论政府起源, 41—45; ~论巫医, 56

Stasis in city-states 城邦的内乱, 121

State defined 定义国家, 1, 25—28; 地理国家与城市国家, 7, 16, 18, 67 seq., 134, 148, 194; 国家与教会, 7, 170

States, general 一般国家 (参见 Estates, assemblies of 等级, 等级会议)

Stoics 斯多葛学派, 他们对于罗马法的影响, 181, 390, 第十二讲文末注释

Stubbs, Dr. W. 威廉·斯塔布斯博士, ~论早期日耳曼人中间不存在王权的现象, 32, 33; ~论英国封建制度, 206; ~论早期英国君主政体, 212; ~论教皇的最高权力, 228

Sulla, L. Cornelius 卢基乌斯·科尔涅利乌斯·苏拉, 161, 165

Sweden 瑞典, 318, 421, 428 (参见 Scandinavia 斯堪的纳维亚)

Switzerland 瑞士, 340; ~的联邦制度, 428 seq.

Synoikism in Arcadia, etc. 阿卡狄亚地区等的村镇联合现象, 92, 135

Tacitus on early Germans 塔西佗论早期日耳曼人, 30 seq., 45; 塔西佗论混合政府, 128

Taille 土地税 (参见 Taxation 税收)

Taine 泰纳, 385

Taxation 税收, Taxes 税; 希腊的~, 114; 古代和现代的~观, 302; 中世纪的~, 205, 303, 304, 308 seq., 314; 绝对君主政体和~, 321, 322, 336, 337; 洛克论~, 302, 357, 361; 孟德斯鸠和~, 376, 413;

Ancien Régime 旧制度中邪恶的税收体系, 381 seq., 396

Teutonic 日耳曼人的 (参见 German 日耳曼人的)

Thebes 底比斯, 它的早期寡头政府, 81; ~的民主政体, 101

Theocracy 神权政体, 中世纪的~, 215 seq.

Thessaly 塞萨利, ~的贵族, 81, 第五讲文末注释

Third estate 第三等级 (参见 Estates 等级会议)

Thrasybulus of Miletus 米利都的色拉西布洛斯, 96

Timocracy 财阀统治, 102

Tocqueville, A. de 阿列克西·德·托克维尔, 382seq.

Tories 托利党人, 370 seq., 405 seq.

Towns alien to feudalism 和封建制度不相容的城镇, 216, 217(参见 Cities, also Germany, Italy, etc. 城市, 还有德意志、意大利等)

Tribunes 保民官, Tribunate 保民官职位, 罗马的~, 144, 161, 167

Turgot 杜尔哥, 394

Twelve Tables, the 《十二表法》, 177 seq.

Tylor quoted 引用泰勒, 13, 60

Tyrannis 僭主政体, 希腊的 ~, 16, 85, 86—99, 193; 中世纪意大利的 ~, 272, 275, 276, 284, 285

United Netherlands 尼德兰联合王国 (参见 Holland 荷兰)

United States 合众国 (参见 America 美国)

Venice 威尼斯, 同斯巴达监督官相比, 它的十人理事会, 78, 280; ~的早期发展, 238, 264; ~稳定的寡头政体, 280, 340; ~对总督权力的限制, 第十九讲文末注释

Walpole 沃波尔, 369

Warde Fowler 沃德·富勒, 104 (注释), 120

Whigs 辉格党人, 370 seq., 405seq.

William II., Emperor of Germany 德国皇帝威廉二世, 409, 427

William III. of England 英国威廉三世, 408

William IV. of England 英国威廉四世, 407

Wilson, Woodrow 伍德罗·威尔逊, 168 (注释)

Xenophon 色诺芬, 108, 112

译后记

正如本书的编者——西季威克的妻子埃莉诺·西季威克所言，西季威克对于政治学研究有三种视角：一、对政治学基本理论的分析与演绎研究，体现在他的著作《政治学要义》中；二、对政体历史演变的发展性研究；三、对欧洲现代国家及其殖民地的比较研究。本书即体现了他的第二种研究视角。本书是在西季威克去世后，由埃莉诺根据他为剑桥大学历史与道德科学专业学生所做的讲座编撰而成，成书保留了讲座的结构与措辞。

本书的英文名称为"The Development of European Polity"，从字面上看，应该译为《欧洲政体的发展》。作者将政体理解为政府形式以及政府与社会的关系，他关注的是政体在实践与观念上的历史发展。那么，既然带有历史研究的明显特色，西季威克为什么没有将其称作《欧洲政体发展史》呢？这涉及作者在本书中选择的研究对象和基本观点。他在这门讲座中的主要关注对象为一群共同体的政体，这些共同体虽然所处年代和地域有极大不同，却拥有相似的生活条件和一种共同的文明，它们就是古代希腊罗马、中世纪城市共同体和现代地理国家，而现代地理国家又包括绝对君主政体和立宪君主政体（含共和政体）两个阶段。他将西方古代、中世纪和现代这几个阶段的历史作为一个连续的整体，它们的政体具有共同的源头、内在的联系与一致性。他的一个基本观点是，在人类政治发展史上，这几个共同体中的人们，包括希腊人、罗马人和西欧人，不但发展出了政治制度，而且发展出了宪政的实践与观念，这使得它们在政治制度方面不同于或领先于世界其他地方。这种观点如果放在当今时代，带有明显的文化或西方中心主义，但在他那个时代，或许还不算太明显。既然他拥有这种观点，并在行文中多次强调在不同年代的这几个共同体的政体具有内在的一致性与发展逻辑，那么显然，历史性将不会是他着意强调的特征，所以他也就没有将本书称作"政体发展史"或"政治发展史"。当然，他的讲座的主线是历史的，他实际考察的是上述政体在实践与观念上的历史发展，他在很多时候也采取了历史研究方法，该讲座是历史方法与比较（含类比）方法的完美结合。所以，在将本书译为中文时，为了让读者更明确地把握本书的内容与方法，译者将其擅自改为《欧洲政体发展史》。

当然，虽然本书采用了历史方法，但历史方式只是为他的论点而服务。所以，他在本讲座中的一个基本观点是，他要做的是一种政治科学研究，这种研究不同于历史研究；它关注的是一般法则与类型，而后一种研究关注的是特殊事实。所以，政体的细节并不是他关注的重点，而只是他的材料，从属于并且服务于他的论点。在行文中，他注重从具体历史细节中挖掘普遍的历史动因，将有关具体史实的论断与政治学普遍原理的论证相结合。

本书中另一个基本观点或特色是，他强调事实与观念之间的对应运动，从政治实践和政治观念这两个角度描述政体的发展。而且他还明确地认识到观念在不同时代的影响力。他认为，随着文明的进步，观念的重要性会逐步增长，观念在现代社会的影响远远超出古代社会。政治理论虽然来自政治事实，但它会反过来作为一种政治力量，和其他力量在一起，修正政治事实。所以，该书在内容选择上既包括对于政体实践的分析，也包括对政体思想的阐释，在行文中又往往将两者结合起来，考察两者之间的互动关系。

本书存在大量深刻与原创观点，不必赘述。但值得注意的是作者以不揣冒昧的口气提出的两项预测，也应该是本书仅有的预测。首先，他认为，在即将到来的世纪里（即20世纪），更吸引政治家们的是政府职能扩张问题而不是政体形式变革问题；其次，联邦制度（他往往将其大而化之，理解为政治联合或结盟）的扩张将会是他有关政府形式的最可能实现的预言。的确，政府职能问题成为了20世纪大众与政治家一致热议的政治议题；各种超国家组织包括地区联盟与全球性组织虽然暂时遇到了瓶颈，但依然是未来全球政治发展的明显趋势。

该书在基本观点上虽然有内在的主线，但对欧洲政体的考察在时间跨度上从史前时期一直到19世纪末；在观照地域上主要包括拥有西欧宪政传统的一些历史上的国家与地区，包括古代日耳曼、希腊、罗马，中世纪英格兰、法兰西、瑞士、意大利与德意志，近代英国、法国与美国等。由于时间与空间跨度极大，涉及政治名物多，而且涉及语种较多，翻译难度非常大。尤其是同一个单词，在不同行文中却具有不同的含义，使得译者斟酌再三，颇费思量。现举几例，也许会对读者阅读本书有所裨益。

上文说过，对于 constitution 的关注是本书选择研究对象的最主要支点，也是本书的前提性观点。而 constitution 被作者理解为一种对于政治制度的约束或限制制度，它具体体现为立宪政府；但是，他有时也在一般性政治制度的含义上来使用它。所以，译者会根据他在具体行文中所赋予它的含义来使用不同的译法，如果该词带有明显的权力制衡（包括人民对于政府的制衡或政府内部的制衡）的含义时就译作"宪政"，如果这种含义不明显时就译作"宪制"。

还有一个单词是 consul，意大利语为 console。熟悉古罗马政治制度的人对于这个词想必都不陌生，它指的是共和罗马的执政官。但是，这种官职到了中世纪城市中再次出现，还可以将其译作执政官吗？就其在城市政体中的角色与作用而言，当然可以。但是和这个官职在一起的还有一个 priori，也可以译作执政官，还出现了一个 Podestà，多个政府元首的存在正是意大利城市共和国政体叠床架屋的特征之一。于是，译者只好把第一个单词在有关古代罗马的讲座中译作执政官，在中世纪城市中出现时译作领事（领事的前身即为执政官，这样译也不算太离谱），第二个词译作执政官，第三个词译作最高长官。还有其他的一些单词在翻译时也面临这种困境，就不再一一列举了。

译者在翻译本书时，感觉自己的知识储备实在是捉襟见肘，难以应付。光语言就是一个难关，它涉及的非英语语言有古希腊语、拉丁语、意大利语和法语。谬误与疏漏肯定存在，万望方家与读者不吝指正，译者的邮箱为 huyongwhu@foxmail.com。

译者曾经从事过《西方政治制度史》的教学，感觉国内有关西方政治制度史课程的研究比较薄弱，《西方政治制度史》教材只有寥寥两三部。国内出版的这些教材和本书相比，存在着描述肤浅、内容支离、体系不完善等诸多缺陷。本书的出版，必将会提高国内西方政体发展研究的整体水平和西方政治制度史教材的编纂水平。此外，由于该书编写于19世纪末，其意识形态立场较为淡薄，可以作为研究生和本科生的参考教材。

译者

2019 年 9 月 1 日

图书在版编目(CIP)数据

欧洲政体发展史 /(英)亨利·西季威克著；胡勇译. —北京：商务印书馆，2022
ISBN 978-7-100-20888-8

Ⅰ.①欧… Ⅱ.①亨… ②胡… Ⅲ.①政治制度史—研究—欧洲 Ⅳ.①D750.9

中国版本图书馆CIP数据核字（2022）第043501号

权利保留，侵权必究。

欧洲政体发展史
〔英〕亨利·西季威克 著
胡 勇 译

商 务 印 书 馆 出 版
（北京王府井大街36号 邮政编码100710）
商 务 印 书 馆 发 行
南京鸿图印务有限公司印刷
ISBN 978-7-100-20888-8

2022年6月第1版　　开本 889×1194 1/32
2022年6月第1次印刷　印张 16

定价：98.00元